SANCTI GEORGII FLORENTII

GREGORII

EPISCOPI TURONENSIS

LIBRI MIRACULORUM

ALIAQUE

OPERA MINORA

LES LIVRES DES MIRACLES

ET AUTRES OPUSCULES

DE

GEORGES FLORENT GRÉGOIRE

ÉVÊQUE DE TOURS

TOME III

PARIS. — IMPRIMERIE DE CH. LAHURE ET Cie
Rue de Fleurus, 9

LES LIVRES
DES MIRACLES

ET AUTRES OPUSCULES

DE

GEORGES FLORENT GRÉGOIRE

ÉVÊQUE DE TOURS

revus et collationnés sur de nouveaux Manuscrits

ET TRADUITS

POUR LA SOCIÉTÉ DE L'HISTOIRE DE FRANCE

PAR H. L. BORDIER

TOME TROISIÈME

A PARIS

CHEZ JULES RENOUARD ET Cie

LIBRAIRES DE LA SOCIÉTÉ DE L'HISTOIRE DE FRANCE

RUE DE TOURNON, N° 6

M DCCC LXII

EXTRAIT DU RÈGLEMENT.

ART. 14. Le Conseil désigne les ouvrages à publier, et choisit les personnes les plus capables d'en préparer et d'en suivre la publication.

Il nomme, pour chaque ouvrage à publier, un Commissaire responsable, chargé d'en surveiller l'exécution.

Le nom de l'Éditeur sera placé à la tête de chaque volume.

Aucun ouvrage ne pourra paraître sous le nom de la Société sans l'autorisation du Conseil, et s'il n'est accompagné d'une déclaration du Commissaire responsable, portant que le travail lui a paru mériter d'être publié.

Le Commissaire responsable soussigné déclare que l'Édition du tome III des OPUSCULES DE GRÉGOIRE DE TOURS, *préparée par* M. BORDIER, *lui a paru digne d'être publiée par la* SOCIÉTÉ DE L'HISTOIRE DE FRANCE.

Fait à Paris, le 8 *décembre* 1862.

Signé JULES MARION.

Certifié,

Le Secrétaire de la Société de l'Histoire de France,

J. DESNOYERS.

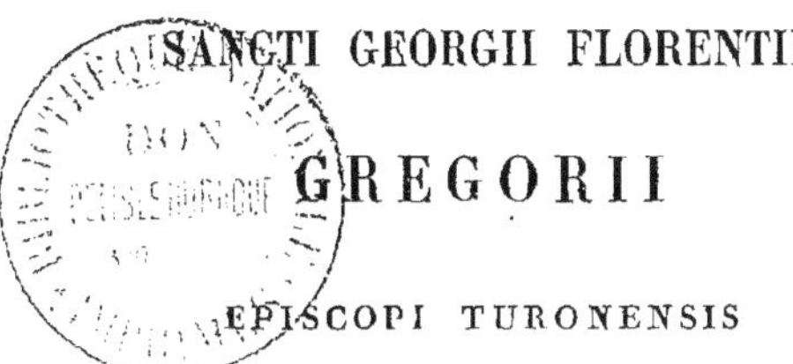

SANCTI GEORGII FLORENTII
GREGORII
EPISCOPI TURONENSIS

LIBER MIRACULORUM

SEPTIMUS

SIVE DE GLORIA CONFESSORUM.

(CONTINUATIO.)

LES LIVRES DES MIRACLES

PAR

SAINT GEORGES FLORENT GRÉGOIRE

ÉVÊQUE DE TOURS

LIVRE SEPTIÈME INTITULÉ
DE LA GLOIRE DES CONFESSEURS.

(SUITE.)

GEORGII FLORENTII GREGORII

EPISCOPI TURONENSIS

DE

GLORIA BEATORUM CONFESSORUM

(CONTINUATIO.)

CAPUT LI.

De lilio sepulcri sancti Severi.

Unde qualis fuerit vita ejus in hoc sæculo, ita Domino coöperante clarescit, ut evidentibus nunc prodigiis designetur. Igitur lilium, quod diximus ab eo collectum, atque in basilica sepulcri ejus positum, prætereunte tempore, laxatis deorsum florum foliis, arente coma emarcescit : et ita siccatum videtur, ut si contingatur manu, putetur in pulverem extemplo resolvi, totumque annum in hac ariditate perdurat. Adveniente vero die quo confessor migravit a corpore, in rediviva viriditate resurgit; videasque foliis paulatim revirentibus ipsos flores attolli, et sine ullo aquæ ac telluris humore, in ea specie qua quondam fuerat, renovari. Et sic beatus confessor profert novos flores e tumulo, qui cum sanctorum reliquis ut palma floret in cœlo.

DE LA GLOIRE

DES BIENHEUREUX CONFESSEURS

PAR

GEORGES FLORENT GRÉGOIRE

ÉVÊQUE DE TOURS.

(SUITE.)

CHAPITRE LI.

Du lis sur le tombeau de saint Sévère.

La sainteté de la vie de Sévère en ce monde brille d'un tel éclat, par l'intervention même du Seigneur, que maintenant encore elle se reconnaît à des miracles évidents. Ainsi un lis qu'il avait cueilli, comme nous l'avons dit [1] et qui était placé dans l'église où se trouve son tombeau, avec le temps laissa ses pétales tomber, sa tête fanée se flétrir, et sembla tellement desséché qu'en le touchant avec la main on eût cru le faire tomber en poussière, et cet état de dessèchement dura toute une année; mais le jour venu où le confesseur sortit de cette vie, le lis se releva plein d'une verdeur nouvelle. Vous eussiez vu à ses feuilles peu à peu révivifiées se joindre la fleur elle-même et, sans être aucunement humecté ni par l'eau ni par la terre, le lis se renouveler dans sa forme primitive. Ainsi, du fond de son tombeau répand des fleurs nouvelles ce bienheureux confesseur qui, en compagnie du reste des saints, fleurit, comme une palme, dans le ciel.

---

(1) Tome précédent, p. 441.

CAPUT LII.

De sepulcris quæ elevantur.

Sub termino quoque vici Juliensis sunt tres presbyteri consepulti, ut fertur per antiquam relationem, nullius consanguinitatis propinqui vinculo nisi tantum in amore Dei socii, e cœlo fratres effecti, qui unius loci spatium, sepulcris juxta positis, assiduitate miraculorum illustrant. Qui cum multorum annorum curricula in his ubi sepulti sunt loculis quiescerent, scissum nuper pavimentum, quod calce atque comminuta testa quasi silex durissima fusum erat, unius sepulcri cacumen apparuit. Quo paululum elevato, tellus scissa apicem alterius patefecit. Illoque emicante, secutus est tertius tumulus, qui nunc juxta initium ostensionis suæ gradatim elevantur super terram[1]. Sed nunc jam primus liber a mole terrena, liberum se visibus præstat humanis; duo adhuc sequuntur, sed annis singulis proficiunt ad egressum. O admirabile mysterium Deitatis! quod artuum sepultorum puritatem manifestat sæculo, dum prodit e pavimento et præparat ad resurrectionem, non vermi non morituro dandos, sed luci solis claritati æquandos, ac dominici corporis conformatione clarificandos. Sunt autem hæc sepulcra

---

(1) Canonizatio olim per elevationem corporis defuncti a terra fiebat, super quod altare erigebatur. Unde magnum sanctitatis indicium erat, si miraculo alicujus sepulcrum a terra absque hominum ministerio elevabatur. Quod sancto Droctoveo primo S. Germani a Pratis abbati contigit, ex ejus Vita, num. 18, sæc. I Act. sanctor. ord. S. Bened. (R.)

CHAPITRE LII.

Des sépulcres qui s'élèvent de terre.

Sur le territoire du bourg Julien [1] sont ensevelis, comme le rapporte une ancienne relation, trois prêtres que ne rapproche aucun lien de parenté, si ce n'est seulement qu'ils furent unis dans l'amour de Dieu et devinrent frères par la volonté du ciel; le lieu unique où sont placés leurs sépulcres contigus l'un à l'autre est illustré par les miracles non interrompus qu'ils produisent. Ils reposaient depuis de longues suites d'années aux places où ils sont ensevelis quand, récemment, le pavé s'étant fendu, pavé qui, formé d'un mélange de chaux et de brique pilée était comme le silex le plus dur, apparut le dessus d'un premier tombeau. Ce tombeau s'étant exhaussé peu à peu, le sol entr'ouvert laissa voir le sommet d'un autre. Celui-ci sortant à son tour fut suivi d'un troisième sépulcre; et depuis le commencement de leur apparition l'on peut voir ces deux derniers s'élever graduellement de terre. Déjà le premier, dégagé maintenant du sol qui pesait sur lui, se montre librement aux regards humains; les deux autres ne font encore que le suivre, mais ils avancent toutes les années leur dégagement. O admirable mystère de la Divinité, qui manifeste au monde la pureté des membres ensevelis, en les faisant sortir de dessous le sol, en les préparant pour la résurrection, pour enseigner qu'ils ne doivent pas être donnés au ver et à la mort, mais qu'ils doivent être égalés en clarté à la lumière du soleil et glorifiés par la ressemblance avec le corps du Seigneur! Ces

(1) Nom qui n'a pas subsisté et qui dès le temps de Grégoire, comme on le voit par la fin du chapitre, tendait à céder la place à celui de *Atroa* ou *Atora*, Aire (Landes).

infra terminum quem superius diximus, apud vicum Atroam[1].

CAPUT LIII.

De sepulcro Thaumasti episcopi.

Thaumastus[2] quoque, juxta expositionem nominis sui, admirabilis sanctitate, Momociacensis[3] urbis fuisse fertur episcopus : de qua urbe nescio qua causa demotus, Pictavum oppidum petiit, ibique præsentem vitam, in bona perdurans confessione, finivit. Cui quæ sit merces in cœlo, ad ejus ostenditur tumulum; eumque inhabitare paradisum prodit virtus egrediens de sepulcro : illudque in eo veraciter ostenditur, quod dominus Jesus Christus in evangelio Marthæ dicit : « Qui credit in me, etiam si moriatur, vivit : et omnis qui vivit et credit in me, non morietur in æternum. » Hic ergo super terram sepulcrum habet ante ipsum atrium beati Hilarii. De quo tumulo erasus a multis pulvis, et haustus, ita dolori dentium febriumque medetur, ut qui hauserit, miretur effectum. Nam ita hæc benedictio assidue expetitur, ut jam in uno loco sarcophagus appareat transforatus.

---

(1) Forte legendum *Atora* seu *Atura*. (R.)

(2) 2205, *Momociasensis*.

(3) Mss. omnes *Theomastus*, præter Antuerpiensem qui habet *Thomastus*. Nominis etymon quod Gregorius affert nostram lectionem exigit. (R.) — 2204 in indice *Theomastis*.

sépulcres sont situés dans le territoire que nous avons dit ci-dessus, dans le bourg d'Aire.

CHAPITRE LIII.

Du sépulcre de l'évêque Thaumastus.

Thaumastus, homme digne de ce qu'annonçait son nom [1] et admirable par sa sainteté, fut, à ce qu'on rapporte, évêque de la ville de Mouzon [2]. Déplacé de cette cité, je ne sais par quelle cause, il se rendit dans la ville de Poitiers et y finit ses jours en persistant dans la confession des saines doctrines. On peut voir à son tombeau quelle récompense il a méritée dans le ciel; et la puissance qui émane du lieu où il est enseveli montre qu'il habite au paradis. En lui se montre avec vérité ce que le Seigneur Jésus-Christ dit à Marthe dans l'évangile : « Celui qui croit en moi, reste vivant lors même qu'il meurt, et quiconque vit et croit en moi ne mourra point éternellement [3]. » Cet évêque donc a son tombeau placé sur le sol juste en face de l'aitre de saint Hilaire. Beaucoup de gens, après avoir raclé la poussière de ce tombeau et l'avoir bue, éprouvent un tel soulagement aux douleurs de dents et à celles de la fièvre qu'après en avoir pris on en admire l'effet. Et cette bénédiction est recherchée avec tant de zèle qu'il y a déjà un endroit où le sarcophage est perforé.

---

(1) Θαυμαστὸς, admirable. Cf. ci-dessus, t. II, p. 409, n. 3.

(2) Suivant l'opinion commune, *Momociacensis urbs* serait Mouzon-sur-Meuse (Ardennes, arrond. de Sedan), appelé sur les monnaies mérovingiennes *Mosomo castrum*, dans les documents du ve siècle *Mosomagus* (Desnoyers, Topogr. eccl., *Reims*) et d'après la Notice de l'empire, *Musmagus*. Mais il n'y a jamais eu d'évêché en ce lieu. Divers commentateurs ont proposé de lire *Moguntiacensis* (Mayence) et même *Mimatensis* (Mende); autant vaudrait proposer *Momoniensis*, Monmouth. D'autre part le nom de Thaumastus ne figure sur aucune des listes d'évêques de la Gaule que l'on connaisse. Cependant dom Ruinart, tout en s'étonnant de ne trouver aucune trace de ce saint dans l'ancienne liturgie du diocèse de Poitiers, fait observer que l'on voyait encore de son temps à Poitiers, le tombeau de Thaumaste. (Voy. les *Éclaircissements* à la fin du volume.) — Cf. *Hist*. IX, xxix, où Grégoire cite encore Sigebert, également inconnu, comme évêque du *Momociacense oppidum*.

(3) Jean, chap. xii.

CAPUT LIV.

De Lupiano confessore.

Infra ipsum Pictavorum terminum, qui adjacet civitati Namneticæ, id est, in vico Ratiatensi[1], Lupianus quidam in albis transiens requiescit. Hic fertur a beato Hilario antistite donum baptismatis suscepisse; sed mox, ut diximus, migravit a corpore. Cui a Deo bonorum omnium largitore tanta est gratia attributa, ut ad ejus sepulcrum cæcus visum, paralyticus gressum, mutus mereretur eloquium.

CAPUT LV.

De Melanio Rhedonensi[2] episcopo.

Melanius autem Rhedonicæ[3] urbis episcopus, post innumerabilium signa virtutum, jugiter intentus cœlo emicuit sæculo : super cujus sepulcrum miram christiani fabricam celsitudine levaverunt. Sed instinctu maligni, qui semper bonis adversatur operibus, quodam tempore ab igne comprehenditur. Palla etenim erat linea, quæ sanctum confessoris tegebat sepulcrum : ilicet, ubi tignorum congeries flamma dominante truncatur, ruunt tegulæ cum ligaturis et reliquo tecti apparatu. Una tamen e trabibus flammato capite impetu ruinæ propulsa, super tumulum sancti ruit. Quæ non modo succendere pallam, verum etiam conterere inter se et lapidem sepulcri potuerat. Ruit insuper et

(1) *Nanneticæ.... Ratiatense*, 2204; *Raciatense*, Cl.-F.
(2) *Redonensium*, 2204.
(3) *Redonice*, 2204, 2205, Cl.-F.

CHAPITRE LIV.

Du confesseur Lupianus.

Sur le même territoire de Poitou, du côté adjacent à la cité de Nantes, c'est-à-dire dans le bourg de Retz, repose un certain Lupianus[1] qui mourut pendant qu'il portait la robe du baptême. Il avait reçu, dit-on, du bienheureux pontife Hilaire le don du baptême, et peu après, comme nous venons de le dire, il était sorti de ce monde. Dieu, généreux dispensateur de tous les biens, lui départit une grâce si parfaite, qu'à son tombeau l'aveugle obtient de voir, le paralytique de marcher, le muet de parler.

CHAPITRE LV.

De Melanius, évêque de Rennes.

Melanius, évêque de la ville de Rennes, après une vie pleine d'innombrables miracles et toujours tendue vers le ciel, s'élança hors de ce monde[2]. Sur son tombeau les chrétiens élevèrent une construction d'une hauteur prodigieuse; mais un jour, à l'instigation du malin qui s'oppose toujours aux bonnes œuvres, elle prit feu. Il y avait une tenture de lin qui couvrait le sépulcre du saint confesseur. Quand le faisceau supérieur de la charpente fut dépassé par les flammes et détruit, les tuiles et leurs attaches tombèrent, avec tout l'appareil du toit. Une des poutres lancée par la violence de la chute s'abat avec sa tête enflammée sur le tombeau du saint. Entre cette poutre et la pierre du tombeau, la tenture pouvait être non-seulement brûlée mais réduite en pous-

---

(1) Vulgairement *S. Lupien*, IVe siècle.

(2) Le 6 ou le 7 nov. 530 (R.). — Vulgairement *S. Mélaine*.

immensa multitudo carbonum. Alia quoque vela, quæ vel parietibus vel ostiis dependebant, ad primum flammæ flatum exusta sunt. Hæc vero palla non solum non usta, verum etiam nec summo tenus ab igne decolorata est. Igitur expleto incendio, ingrediuntur populi cum ejulatu magno, et usque ad sepulcrum antistitis properant, inter fletus et lacrymas nova gaudia percepturi : removent desuper tumulum ligna cum flammis, apprehensumque tumuli velum, excussis prunis, mirantur omnes illæsum.

CAPUT LVI.

De Victorio Cenomanorum episcopo.

Victorius[1] Cenomanorum episcopus, magnis se virtutibus sæpius declaravit. Nam ferunt quadam vice, dum civitas ipsa cremaretur incendio, et validis globis flammæ huc illucque impellerente vento propellerentur, hic quasi pastor bonus non perferens ecclesiasticas caulas ab insidiis Satanæ devastari, obviam se turbini obtulit, elevataque manu, facto signo crucis e contra, illico omne cessavit incendium, liberataque civitas gratias pastori retulit, eo quod non permiserit res suas ab imminenti igne vorari. Et ad hujus sepulcrum sæpius infirmi sanantur.

CAPUT LVII.

De Martino abbate Santonicorum.

Martinus Santonicæ[2] urbis abbas, Martini ut ferunt nostri discipulus, apud vicum urbis ipsius, in mona-

(1) *De Victurio.... Victurius*, 2264.
(2) *Sanctonice*, 2791.

sière. Une immense quantité de charbon tomba par-dessus; les autres voiles qui pendaient soit aux murs soit aux portes avaient été consumés au premier souffle de la flamme, et cependant cette tenture ne fut ni brûlée ni même seulement décolorée par l'extrémité des flammes. Quand l'incendie fut apaisé, le peuple entra en jetant de grands cris et l'on courut au sépulcre du pontife au milieu des plaintes et des larmes, mais pour y goûter de nouvelles joies : on écarte de dessus le tombeau les bois enflammés, on saisit le voile qui le recouvrait, et après en avoir secoué les charbons, tout le monde s'étonne de le trouver intact.

CHAPITRE LVI.

De Victorius, évêque du Mans.

Victorius, évêque du Mans, se fit connaître souvent par d'insignes miracles [1]. En effet, l'on rapporte qu'une fois, comme cette ville était la proie d'un incendie et que de vastes globes de feu étaient çà et là poussés par l'impulsion du vent, lui, en bon pasteur qui ne souffrait pas que la bergerie de l'Église fût dévastée par Satan, se mit au devant du tourbillon en levant la main et fit en face de la flamme le signe de la croix. Aussitôt tout incendie cessa, et la cité délivrée rendit grâces au pasteur de ce qu'il n'avait pas permis que son bien fût dévoré par le feu qui le menaçait. Souvent aussi les malades sont guéris à son tombeau.

CHAPITRE LVII.

De Martin, abbé en Saintonge.

Martin, abbé dans la cité de Saintes, disciple, à ce qu'on rapporte, de notre Martin, repose en paix [2] dans un quartier

---

(1) Mort le 1er sept. 490 (R.) — Vulgairement *S. Victur*. Son prédécesseur, Victor, est appelé *S. Victeur*.

(2) Mort en l'an 400, le 7 déc. (R.)

sterio[1] quod ipse post magistri dogmata ædificavit, in pace quiescit : ad cujus tumulum quidam e pagensibus manus contractas deferens, retulit sanas. Alius qui exustis humoris febre nervis, poplitibus intortis, gressu caruerat, ut ad sepulcrum sanctum prostratus est, novum robur sumens, ariditate sublata, incolumis relatus est, multos ibi deinceps serviens annos. Hujus sepulcrum Palladius episcopus, cum non valuisset cum multis, opitulante adjutorio confessoris cum quinque abbatibus movit, composuitque quo voluit.

CAPUT LVIII.

De Bibiano ejusdem urbis episcopo.

Suburbano quoque urbis hujus Bibianus antistes quiescit[2] : cujus virtutum moles liber qui jam de ejus Vita scriptus tenetur enarrat : nunc autem exoratus, crebro languentibus tribuit sospitatem. Unde videtur ut de tantis miraculis vel unum fari præsumam. Mulier enim cujus manus aruerant, unguibusque jam sauciatæ, contractis nervis, opus operandi perdiderant, ad beati sepulcrum devota prosternitur, factaque oratione, manus redintegratas, laxatis digitorum filis, ad agendas Domino gratias meruit elevare.

---

(1) Saliginense appellat Cointius ad an. 752. (R.)

(2) Sancti Bibiani, seu Vibiani aut Viviani festum colitur die 28 julii. Cf. Fortunatum, lib. I, carm. 12, et epistolam ad Bibianum episc. Santonensem apud Mabillon. in append. ad Liturg. Gallicanam. (R.)

de cette ville, dans un monastère qu'il avait bâti lui-même d'après les enseignements du maître. Un des habitants du pays, qui était venu à son tombeau avec les mains paralysées, les remporta guéries. Un autre qui, ayant les muscles consumés par la violence de l'humeur et les jarrets repliés, avait perdu la faculté de marcher, ne fut pas plus tôt étendu sur le sépulcre saint que, prenant une force nouvelle et sentant le feu le quitter, il fut ramené guéri et servit ensuite en ce lieu pendant de longues années. L'évêque Palladius[1] fit par la favorable assistance du confesseur ce qu'il n'eût pu faire avec un grand nombre de bras : aidé de cinq prêtres, il changea ce tombeau de place et le disposa où il voulut.

CHAPITRE LVIII.

De Vivien, évêque de la même cité.

Dans le faubourg de cette ville repose aussi l'évêque Vivien. La masse de ses vertus est décrite dans le livre qu'on a composé sur sa Vie; et maintenant, lorsqu'on le prie, il accorde souvent aux malades leur guérison. De tant de miracles j'essayerai seulement de raconter un seul. Une femme qui avait les mains desséchées, dont les ongles entraient dans la chair et dont les muscles étaient contractés, avait perdu avec de telles mains la faculté de travailler. Elle se prosterne avec dévotion au tombeau du bienheureux, et après avoir fait sa prière, elle fut jugée digne d'élever vers le Seigneur pour lui rendre grâces des mains rendues à la santé et où les nerfs faisaient jouer les doigts.

---

(1) Vulgairement *S. Palais.*

CAPUT LIX.

De Trojano[1] ipsius civitatis episcopo.

Trojanus item pontifex ipsius civitatis, huic conjunctus cœlo, vicinus est tumulo. Magnæ enim virtutis fuisse dicitur hic sacerdos. Quodam vero tempore, dum inter obscura noctium tempora loca sancta, quæ tunc in circuitu urbis habebantur, uno tantum subdiacono comite circuiret, apparuit ei globus magnus luminis, quasi de cœlo descendens. Cognita autem vir Dei re, ait comiti : « Ne sequaris penitus, donec ego te vocem. » At ille terræ devolutus, spectabat haud procul quidnam miraculi ageret Dei servus; erat enim ager publicus in quo constiterat. Appropinquante vero lumine, cucurrit sacerdos ad occursum ejus, et usque ad terram se humilians, ait : « Benedic, quæso, mihi, beate pontifex. » Cui ille que advenerat, ait : « Tu mihi benedic, sacerdos Dei Trojane. » Et dato sibi osculo, facta oratione, locuti sunt diutissime simul. Subdiaconus vero attonitus, spectans vidit lumen quod apparuerat, eadem qua venerat via reverti. Vocatoque ad se subdiacono, ait : « Accede nunc, ut explicemus cœptum iter ad visitanda sanctorum loca. » Tremens vero subdiaconus ait : « Quæso, domine, ne despicias humilitatem meam, sed indica mihi quæ videris, animadverti enim nescio quid fuisse divinum. » Cui ille : « Dico tibi, sed tu nemini dixeris. Nam scito quod in quacunque die hæc publicaveris, ab hoc mundo migrabis. Sanctum, inquit, Martinum Turonicum vidi,

(1) *De Trophiano;* dein *Trofianus* et *Trojanus;* 2791.

CHAPITRE LIX.

De Trojanus, évêque de la même cité.

Trojanus, pontife de cette même cité et réuni à Vivien dans le ciel, est son voisin dans le tombeau [1]. Ce fut en effet, dit-on, un évêque de grande vertu. Une fois il parcourait, dans l'obscurité de la nuit, n'ayant pour compagnon qu'un sous-diacre seulement, les lieux saints qui se trouvaient alors autour de la ville, lorsqu'apparut devant lui un grand globe de lumière qui semblait descendre du ciel. Reconnaissant ce que c'était, l'homme de Dieu dit à son compagnon : « Ne me suis pas davantage jusqu'à ce que je t'appelle. » Prosterné à terre, celui-ci regardait d'une faible distance quel miracle allait faire le serviteur de Dieu ; car c'était sur la voie publique qu'il s'était arrêté. La lumière s'approcha ; l'évêque courut au-devant d'elle et dit en s'humiliant jusqu'à terre : « Bénis-moi, je te prie, bienheureux pontife. » Sur quoi le survenant lui dit : « Toi plutôt, bénis-moi, Trojanus, prêtre de Dieu. » Puis s'étant embrassés et ayant prié, ils parlèrent très-longtemps ensemble. Le sous-diacre qui regardait vit avec étonnement la lumière qui avait apparu s'en aller en prenant le même chemin par où elle était venue. L'évêque l'appela et dit : « Approche maintenant, que nous achevions la promenade que nous avons commencée pour visiter les saints lieux. » Mais le sous-diacre tremblant dit : « Je t'en prie, seigneur, ne méprise pas mon humble personne et dis-moi ce que tu as vu ; car j'ai remarqué je ne sais quoi de divin dans ce qui s'est passé. — Je vais te le dire, reprit celui-ci, mais tu ne le diras à personne ; car sache que quel que soit le jour où tu le feras connaître tu seras enlevé de ce monde. J'ai vu, con-

(1) *S. Trojan* ou *Troyen.* — Il est mort le 30 nov. 532 (R.)

et ipse locutus est mihi. Cave ergo ne cui vulgare audeas arcana Dei. » Igitur sacerdos impleto vitæ hujus cursu obiit. Subdiaconus vero plenus dierum, ægre ferens quod virtus sancti Trojani occuleretur, convocato episcopo cum clericis ac civibus senioribus, omnia quæ a sancto audierat et qualiter mysterium luminis viderat, quod manifestissime fidem Trojani Martinique gloriam patefecit, ex ordine reseravit : nec quidquam ex his occuluit, adjiciens hæc : « Et ut probetis vera esse quæ loquor, finito sermone finem facio vitæ. » Et his dictis, clausis oculis, obiit non sine admiratione astantium. Magnæ enim, ut diximus, virtutis fuit beatus Trojanus antistes, et honorabilis inter cunctos cives urbis suæ. Hic fertur dum esset in corpore, si novum, ut assolet, amphibalum[1] induisset, cum quo processurus diœcesim circumiret, fimbriæ hujus vestimenti a diversis diripiebantur, salubre omnis homo computans quidquid ab eo rapere potuisset. Qui sepultus in terris, cœlis se vivere multis virtutibus manifestat. Nam energumeni, frigoritici, cæterique infirmi, plerumque ad ejus tumulum exorantes accepta incolumitate recedunt.

CAPUT LX.

De sepulcro divinitus amoto in eadem urbe[2].

Haud procul ab hujus confessoris æde, erat oratorium parvulum, et in angulo unde arcus oriebatur

(1) Amphibalus seu birrus, vestis erat villosa quæ assutum habebat capitium. Vide Cangii Glossarium. Et quidem sanctus Martinus tunicam suam amphibalo suo, id est veste superiori, retento, pauperi dedit, apud Sever. Sulpic. dialogo 1. (R.)

(2) *De sponso et sponsa in albis defunctis*, 2791.

tinua-t-il, saint Martin de Tours, et il m'a parlé. Fais attention de ne pas avoir l'audace de révéler à personne les secrets de Dieu. » L'évêque accomplit le cours de sa carrière et mourut. Quant au sous-diacre, parvenu à un âge avancé et supportant avec peine que la vertu de saint Trojanus restât cachée, il convoqua l'évêque avec les clercs et les principaux citoyens, et raconta dans leur ordre toutes les choses qu'il avait apprises du saint et comment il avait été témoin du miracle de la lumière par lequel furent manifestées la foi de Trojanus et la gloire de Martin. Il n'en laissa rien de caché et il ajouta ces paroles : « Et afin que vous soyez convaincus de la vérité de ce que je dis, en achevant mon discours j'achève aussi ma vie. » — A ces mots il ferma les yeux et mourut, au grand étonnement des assistants. Le bienheureux évêque Trojanus fut donc, comme nous l'avons dit, un homme de grande vertu et honorable entre tous les citoyens de sa cité. On dit que lorsqu'il lui arrivait, étant encore de ce monde, de mettre, suivant l'usage, un manteau neuf pour aller parcourir le diocèse, ce vêtement était bientôt dépouillé de ses franges, chacun regardant comme un préservatif tout ce qu'il pouvait en arracher. Il est enseveli sur la terre, mais il montre par de nombreux miracles qu'il est vivant dans les cieux. Les possédés, les fiévreux et les autres malades qui viennent prier à son tombeau, s'en vont presque toujours gratifiés de leur guérison.

CHAPITRE LX.

Du tombeau de la même ville miraculeusement déplacé.

Non loin de l'église du confesseur dont il vient d'être parlé, il y avait un oratoire dans lequel se trouvait, à l'angle

erat magnus sarcophagus, in quo ferebatur sepultos fuisse duos, sponsum scilicet et sponsam, qui post baptismum, in albis positi, a sæculo discesserant : hos etiam affirmabat antiquitas fuisse ex genere sancti Pictavensis Hilarii[1]. Hoc ergo sepulcrum tali in loco situm, non modo pervium arcebat ingredientium, verum etiam qualiter paries, qui a stillicidio infusus fuerat, emendaretur, quia esset contiguus, inhibebat. Qua de causa Palladius pontifex civitatis, qui ex genere quondam divitis Palladii descenderat, removere ipsum a loco summo nitebatur studio, ita ut, conjunctis amplius trecentis viris, cum funibus trahere et vectibus impellere conaretur, positis jam lapidibus, super quos hic sarcophagus locaretur. Denique impenduntur totæ vires trahentium, sed non valent mutilare sepulcrum : frons cuncta sudore perfunditur, sed opus validum non impletur ; voces dantur hortantium atque dicentium : Eia, age, trahe funem, sed non movetur omnino sepulcrum. Quid plura? Lassantur omnes in opere, et intercedente nocte petunt cuncti dare quietem. Ilicet ubi, transactis nocturnis tenebris, novum illuxit mane, anxius cogitatione sacerdos, rogat iterum procedere suos ad oratorium, ipse anticipans cunctos, ingrediensque invenit ipsum super ipsos quos composuerat lapides, omni firmitate subsistere. Admiransque Dominum glorificat, qui potenti virtute perfecit quod manus humana nequiverat. Horum tamen nomina nulli sunt revelata.

(1) *Pectavensis Helarii*, 2204.

où naissait l'archivolte, un grand sarcophage. Ce dernier contenait, disait-on, deux cadavres, l'époux et l'épouse, qui avaient été retirés du monde après leur baptême et pendant qu'ils étaient encore vêtus de blanc; d'antiques témoignages affirmaient aussi qu'ils étaient de la famille de saint Hilaire de Poitiers[1]. Ce sépulcre était placé dans une position telle que, non-seulement il barrait le passage à ceux qui voulaient entrer dans l'oratoire, mais qu'étant contigu à la muraille, il empêchait qu'on ne fît à celle-ci une réparation nécessitée par une fuite d'eau provenant de la gouttière. A cause de cela, Palladius, évêque de la ville, descendant de celui qu'on appelait jadis le riche Palladius, fit tous ses efforts pour l'enlever de ce lieu ; à tel point qu'ayant fait préparer d'avance les pierres sur lesquelles on devait placer le sarcophage, il rassembla plus de trois cents hommes qui se mirent les uns à le tirer avec des cordes, les autres à le pousser avec des leviers. Ils y employaient toutes leurs forces, mais sans pouvoir seulement écorner le sépulcre. Tous les fronts sont arrosés de sueur et rien ne s'effectue d'appréciable. On entend les encouragements et les cris : Courage, allons, tire la corde ! mais le sépulcre ne bouge pas. Que dire de plus? Tous s'épuisent à l'œuvre et, le soir arrivant, ils demandent à se reposer. Lorsqu'aux ténèbres nocturnes succède une matinée nouvelle, l'évêque, inquiet dans son âme, demande à ses gens de retourner à l'oratoire ; lui-même précédant tous les autres, il entre et il trouve le petit édifice établi avec une solidité parfaite sur les pierres qu'il avait préparées. Plein d'admiration il glorifie le Seigneur, dont la haute vertu avait parfait ce à quoi la main humaine était restée impuissante. Toutefois les noms des deux corps ensevelis ne furent révélés à personne.

---

(1) On n'en a conservé aucun souvenir à Saintes, pas plus que de leur oratoire ni de l'église de S. Trojan. (R.)

CAPUT LXI.

De sancto Nicetio Lugdunensi episcopo.

Nicetius quoque confessor in urbe Lugdunensi[1], vir totius sanctitatis, conversationis castissimæ, charitatis eximiæ, vita perfunctus est. Cujus eleemosynæ atque humanitates nec investigari tantum, nec enarrari a nobis possunt. Qui postquam beatum spiritum præmisit ad cœlos, positus in feretro, ad basilicam in qua sepultus est ferebatur. Et ecce unus puerulus diuturna cæcitate gravatus, cum reliquis, plangens, adminiculo sustentante, sequebatur. Factum est autem cum graderetur, perlata est vox in aure ejus, secretius dicens : « Appropinquare feretro, et cum subter ingressus fueris, protinus recipies visum. » Ille vero interrogabat hominem qui eum trahebat quis esset qui hæc verba auribus suis inferret. Negat ille quemquam videre qui ei loquatur. Cumque bis et tertio hæc vox aures illius verberasset, cognovit aliquid novi gerendum, et se ad feretrum postulat duci. Accedensque, et inter albentium diaconorum turbam perlapsus, quo jussus fuit ingreditur. Denique ut nomen sancti invocare cœpit, illico, reseratis oculis, lumen recepit. Post hæc puer erat assiduus in basilica ad sepulcrum sancti deserviens, et lumen accendens : sed a quibusdam civitatis majoribus opprimebatur atque fatigabatur, ut nec victus alimoniam posset habere. Cumque sæpius hæc ad beatum imploraret sepulcrum, apparuit ei sanctus per visum, dicens : « Vade ad Guntchramnum regem,

(1) *Lugdonensi*, 2204.

CHAPITRE LXI.

De saint Nizier, évêque de Lyon.

Nizier qui confessa le Christ dans la ville de Lyon, homme de toute sainteté, de mœurs parfaitement chastes et d'une extrême charité, arriva aussi au terme de sa vie[1]. Nous ne pouvons ni raconter, ni même rechercher tous ses bienfaits, toutes ses compassions. Après qu'il eut émis vers les cieux son âme bienheureuse, on le portait, couché dans le cercueil, à l'église où il est enseveli. Et voilà qu'un petit enfant, frappé de cécité depuis longtemps, suivait comme les autres, en pleurant, aidé par quelqu'un qui le soutenait. Pendant qu'il marchait, une voix se fit entendre à son oreille et lui dit tout bas : « Approche du cercueil, et quand tu te seras glissé dessous, aussitôt tu recouvreras la vue. » Celui-ci demande à l'homme qui le conduisait, qui était-ce qui lui soufflait ces paroles à l'oreille, et l'homme répondit qu'il ne voyait personne lui parler. L'enfant ayant senti cette voix dans ses oreilles une seconde, puis une troisième fois, comprit qu'il y avait quelque chose à faire et demanda qu'on le conduisît au cercueil. Il approche, il se glisse à travers la foule des diacres aux blancs vêtements, il se place où il en a reçu l'ordre, et dès qu'il a commencé d'invoquer le nom du saint, aussitôt ses yeux s'ouvrent et il recouvre la vue. Après cet événement, l'enfant se mit à servir assidûment au sépulcre du saint et à y allumer le luminaire; mais quelques-uns des principaux de la cité l'opprimaient et le persécutaient au point qu'il ne pouvait pas même obtenir par charité sa nourriture. Comme il se lamentait souvent de cela au pied du bienheureux sépulcre, le saint lui apparut et lui dit : « Va au roi Gontran et lui raconte exactement ce que tu as à en-

(1) Le 2 avril 573. (R.)

et ei quid patiaris diligenter enarra. Ipse enim tibi præbebit vestitum et alimentum, eripietque te de manu inimicorum. » Denique hac admonitione firmatus puer, ad regem accedens, quæ suggessit obtinuit. Sed et nunc ad sepulcrum beati confessoris multa miracula Christo auspice tribuuntur. Nam et miserorum ibi catenæ rumpuntur, cæci illuminantur, dæmones effugantur, sanitati redduntur paralytici, perferentes accessus febrium liberantur. In quo loco tam frequenter ostenduntur miracula, ut ex ordine scribi longum sit. Tamen retulit mihi vir fidelis quatuor ibi cæcos ante paucos dies fuisse illuminatos, et quod hominem quem claudum olim noverat, incolumem nuper aspexit.

CAPUT LXII.

De sepulcro Helii ejusdem urbis episcopi.

Dum quadam vice ad occursum supradicti pontificis ambulassem, et loca sancta Lugdunensis oppidi[1] circuirem, vir ille qui nos præcedebat, ad cryptam beati Helii[2] invitat ad orationem, dicens quia magnus sacerdos in hoc loco quiescit. Cumque oratione facta sancti tumulum admirarer, et tacitus de meritis ejus aliquid interrogare cogitarem, aspicio in ostio esse scriptum qualiter sepulcri violator cadaver spoliarit exanime. Inquirens vero causam, si hæc vera essent quæ in ostio picto cernebantur, vir mihi talia retulit : Sanctus Helius tempore paganorum in hac urbe fuit episcopus, qui defunctus sepultus est a fidelibus. Nocte

(1) *Lugodensim opidum*, 2204.
(2) Apud quosdam mss. *Heliæ*, *Elii*, et infra *Helias*. (R.)

durer; il te fournira nourriture et vêtement et te tirera de la main de tes ennemis. » A la fin, rassuré par cet avis, l'enfant se rendit auprès du roi et obtint ce qu'il sollicita. Maintenant encore un grand nombre de miracles s'opèrent par la grâce et l'influence du Christ au tombeau de ce saint confesseur. On y voit en effet les chaînes des malheureux se briser, les aveugles revenir à la lumière, les démons s'enfuir, les paralytiques reprendre la vigueur et les fiévreux se débarrasser de leurs accès. Un homme véridique m'a rapporté que quatre aveugles y ont recouvré la lumière, il y a peu de jours, et qu'il y a vu dernièrement un homme marcher droit, qu'il avait autrefois connu boiteux.

CHAPITRE LXII.

Du tombeau d'Hélius, évêque de la même ville.

Comme j'allais une fois au-devant de l'évêque dont il vient d'être parlé, saint Nizier, et que je parcourais les lieux saints de la ville de Lyon, ce saint personnage, qui marchait devant, nous invita à faire une prière dans la crypte du bienheureux Hélius[1], en disant que c'était un grand évêque, celui qui reposait en ce lieu. Ma prière faite, j'admirais le tombeau de ce saint et je songeais en silence à faire quelque question sur ses mérites, quand j'aperçois écrit sur la porte qu'un violateur de sépulcre avait dépouillé le cadavre sans vie. Je m'enquiers de la chose et si les faits relatés sur cette porte ainsi peinte étaient vrais. Il me répondit en ces termes: Saint Hélius fut évêque en cette ville au temps des païens, et lorsqu'il mourut les fidèles l'ensevelirent. La nuit suivante arrive un païen qui déplace

(1) Mort en 248. (R.)

autem sequenti veniens quidam paganus, lapidem qui sarcophagum tegebat revolvit, erectumque contra se corpus sancti conatur spoliare. At ille, extensis lacertis, constrictum ad se hominem fortiter amplexatur, et usque mane, populis spectantibus, tanquam constipatum loris, ita miserum brachiis detinebat. Igitur judex loci violatorem sepulcri jubet abstrahi, ac legali pœnæ sententia condemnari ; sed non laxabatur a sancto. Tunc intelligens voluntatem defuncti, facta judex de vita promissione, laxatur, et sic incolumis redditur. O vere sanctam ultionem pietate permistam! Retinuit hominem ut argueret, sed tradi non permisit supplicio, quem jam reddiderat emendatum.

CAPUT LXIII.

De filia Leonis imperatoris.

Leonis autem Romani imperatoris filia cum a spiritu vexaretur immundo, et per loca sancta duceretur, assidue clamabat nequam spiritus : « Non hinc egrediar, nisi archidiaconus Lugdunensis[1] adveniat; et nisi ipse me de hoc vasculo, quod acquisivi, ejiciat, nullatenus hinc sum egressurus. » Audiens hæc imperator, dirigit suos in Gallias. Quem illi repertum suppliciter exorant, ut cum eis ad visitandam puellam Romam dignaretur accedere. Ille vero contradicens, et se indignum per quem Christus miracula ostenderet esse vociferans, admonitus episcopi sui consilio, cum eisdem missis iter dirigit et ad imperatorem veniens cum honore suscipitur. Audiens autem de infirmitate

(1) Hic et infra *Lugdonensis*, 2204.

la pierre couvrant le sarcophage et soulève le corps du saint en s'efforçant de le dépouiller. Mais celui-ci étend les bras, embrasse vigoureusement cet homme en le tenant serré contre lui et retient ce malheureux dans ses bras, comme rivé dans ses liens, jusqu'au matin, où le peuple en fut témoin. Le juge du lieu ordonne, en conséquence, qu'on entraîne ce violateur de sépulcre et que la condamnation portée par la loi[1] soit prononcée contre lui. Cependant le saint ne le lâchait pas. Alors le juge comprenant la volonté du mort, fait la promesse de laisser la vie sauve à cet homme, qui aussitôt est délivré de l'étreinte et rendu de cette manière sans aucun mal. O vengeance vraiment sainte et pleine de piété! Il retint un homme pour l'accuser, mais il ne permit pas qu'on livrât au supplice celui dont il avait obtenu déjà le repentir.

CHAPITRE LXIII.

De la fille de l'empereur Léon.

La fille de l'empereur romain Léon était tourmentée par un esprit immonde. On lui faisait parcourir les lieux saints, mais le démon criait continuellement : « Je ne me retirerai point d'elle jusqu'à ce que l'archidiacre de Lyon soit venu, et, à moins qu'il ne me chasse lui-même de ce réduit que je me suis procuré, je ne sortirai certainement pas de là. » Ayant entendu cela, l'empereur envoie ses gens dans les Gaules qui, ayant trouvé l'archidiacre, le supplient instamment de daigner venir avec eux à Rome[2] pour visiter la jeune fille. Lui s'y refusait en s'écriant qu'il n'était pas digne que le Christ opérât des miracles par son intermédiaire; mais, éclairé par le conseil de son évêque, il se met en route avec ces mêmes messagers, se rend auprès de l'empereur et en est reçu avec honneur. Après s'être informé de la

(1) La peine de mort, suivant la loi romaine.

(2) Aucun empereur du nom de Léon n'a régné à Rome; mais Grégoire veut probablement parler de Léon I ou Léon II, qui occupèrent le trône de Byzance de 457 à 474.

puellæ, se ad basilicam beati Petri apostoli confert : ibique, continuato cum vigiliis et orationibus triduano jejunio, quarta die per invocationem Domini nostri Jesu Christi, et crucis vexillum, immundum spiritum a corpore puellæ depellit. Qua sanata, tria ei centenaria auri imperator offert : sed ille vir altioris spiritus caducas divitias pro nihilo respuit, dicens : « Si me tuis muneribus locupletare desideras, illud quod cunctæ proficiet civitati largire. Tributum, ait, in tertio circa muros milliario populis cede, hoc utrisque animabus salubre beneficium erit. Aurum vero tuum necessarium non habeo, pauperibus illud pro tua tuorumque felicitate dispensa. » Quod ille non abnuens, aurum pauperibus erogat, et tributum petitum civitati concedit. Unde usque hodie circa muros urbis illius in tertio milliario tributa non redduntur in publico. Post discessum vero beati archidiaconi, ait imperator suis : « Si iste, inquit, Deum plusquam pecuniam diligit, digne ecclesia illa, cui talis minister obsequitur nostris muneribus illustratur. » Tunc capsam ad sancta evangelia recludenda, patenamque et calicem ex auro puro pretiosisque lapidibus præcepit fabricari. Quod, miro perfectum opere, per hominem creditum dirigit ecclesiæ. Sed nuntius ille inter Alpes positus, qui hæc exhibebat, ad aurificis cujusdam domum divertit; cumque ab eo artifex sciscitaretur quid negotii gereret, rem secretius ac simpliciter pandit. Et ille : « Si, inquit, meo consilio conniventiam præbueris, multa nobis hæc ratio poterit lucra deferre. » Ad hæc ille, diabolo instigante, seductus, et, ut fertur inter rusticos sermo vulgatus quod inhianti auro ac circumventionis fallacias inferenti sæpius animi conjunguntur, statim

maladie de la jeune fille, il se transporta dans la basilique du bienheureux apôtre Pierre, et, après y avoir accompli un jeûne de trois jours accompagné de veilles et de prières, le quatrième jour il expulsa l'esprit immonde du corps de la jeune fille par l'invocation de notre Seigneur Jésus-Christ et le signe de la croix. Après la guérison, l'empereur lui offrit trois cents pièces d'or; mais cet homme d'un esprit supérieur repoussa comme sans valeur des richesses périssables, en disant : « Si tu désires me gratifier de tes faveurs, accorde-moi une chose qui profiterait à la cité tout entière; fais au peuple l'abandon du tribut jusqu'à trois milles autour des remparts : voilà qui sera pour toutes les âmes un salutaire profit. Ton or ne m'est en rien nécessaire ; distribue-le aux pauvres pour leur bonheur et pour le tien. » L'empereur ne refusa point; il donna l'or aux pauvres et fit à la cité la concession de tribut qui lui était demandée. De là vient qu'aujourd'hui encore jusqu'à trois milles autour de cette ville on ne paye pas de tribut public. Après le départ du bienheureux archidiacre, l'empereur dit aux siens : « Puisque cet homme aime Dieu plus que l'argent, il sera bien de décorer de nos présents l'église que dessert un tel ministre. » Et il donne l'ordre de fabriquer un étui pour renfermer les saints Évangiles, une patène et un calice, le tout de l'or le plus pur et enrichi de pierres précieuses; puis, l'ouvrage étant exécuté avec un art admirable, il le confie à un homme par lequel il l'envoie à l'église. Mais le messager chargé de les offrir, se trouvant dans les Alpes, entra dans la maison d'un orfévre, et cet artisan lui demanda de quoi il était chargé. Le messager lui raconta naïvement l'affaire en lui recommandant le secret. « Si tu veux seconder mon dessein, reprit l'autre, c'est une affaire qui pourra nous rapporter un grand bénéfice. » A ces mots le messager, entraîné par la suggestion du diable, et suivant le dicton qui court parmi les paysans, que celui qui a soif de l'or et celui qui connaît les manœuvres de la tromperie sont bientôt unis

hujus consilii effectus est consentaneus. Tunc ille deceptor fecit similes de argento species, ut nihil aliud quam aurum purissimum putaretur, et sic opera quæ cum gemmis filisque aureis fuerant superposita studiosissime cum clavis affixit. Verumtamen calicem non comminuit, quia cataclyza[1] in ipso fuerant solidata. Denique portitor cum hac fraude Lugdunum advenit, oblatisque muneribus, ab episcopo muneratur : regressusque ad socium, aurum de speciebus figuratum recipere flagitat. Artifex vero adhuc non esse totum paratum pronuntiat, sed sub ipsa expliciturum se nocte pollicetur. Exacta igitur cœna, cum in cellula qua hæc operabatur, pariter residerent, concussa subito a terræ motu super eos diruit, disruptaque terra sub pedibus eorum, ipsos pariter cum pecunia deglutivit, descenderuntque viventes ac vociferantes in tartarum, ultusque est Deus velociter de fraude ecclesiæ suæ. Ego vero has species in ecclesia Lugdunensi sæpissime vidi. Sit hoc populis documentum, ut nullus res ecclesiæ aut appetere, aut fraudare nitatur. Nam aliter, videbit Dei judicium super se velociter imminere.

CAPUT LXIV.

De muliere quæ Epipodii martyris calceamentum collegit.

Requiescit in suburbano murorum urbis ipsius mulier, quæ dicitur collegisse calceamentum beati marty-

(1) Clar. b, *catacliphа*. Hic locus sic exponendus est, quia lapilli pretiosi solidius vasi inserti erant. Sic et vestes ex *cataclysis* seu potius *cataclistis* dicebantur, in quibus gemmæ et lapides erant intexti, aut quæ opere phrygio adornatæ erant. Vide Cangii Glossarium. (R.)

d'intention, devint à l'instant consentant du projet. Ce fourbe fit alors des objets pareils en argent de manière à ce qu'on ne pût pas s'imaginer qu'ils fussent autre chose que de l'or le plus pur, et il y fixa très-habilement, au moyen de tenons, les ornements de pierres précieuses et de fils d'or qu'on avait appliqués sur les bijoux primitifs ; cependant il ne dénatura pas le calice, parce que les appliques y étaient soudées. Enfin, la fraude accomplie, le porteur se rend à Lyon, présente les cadeaux, reçoit de l'évêque une récompense et retourne chez son associé pour lui demander à reprendre l'or provenant de ces objets et transformé. L'orfévre lui déclare que tout n'est pas encore prêt, mais promet de l'achever la nuit même. Après le souper, comme ils étaient assis tous deux dans la chambre où il travaillait, cette chambre, ébranlée tout d'un coup par un tremblement de terre, s'écroula sur eux, et le sol s'étant ouvert sous leurs pieds les engloutit eux et leur fortune ; ils descendirent vivants et criants dans le tartare, et Dieu vengea promptement la fraude faite à son église. J'ai très-souvent vu dans l'église de Lyon les objets dont je viens de parler. Que par là le peuple apprenne que nul ne doit convoiter le bien de l'église ni chercher à se l'approprier ; car autrement il verra le jugement de Dieu s'abattre promptement sur lui.

CHAPITRE LXIV.

De la femme qui ramassa le soulier du martyr Epipodius.

Non loin des murs de la même ville repose une femme qui recueillit, dit-on, le soulier que le bienheureux martyr Epi-

ris Epipodii[1], quod de pede ejus cecidit, cum ad martyrium duceretur : ad cujus tumulum sæpius frigoritici cæterique infirmi sanantur. Erasum de tumulo ipso pulverem hauriunt incolumesque discedunt.

CAPUT LXV.

De alia muliere, cui vir pro oblatione apparuit[2].

Duos in hac urbe fuisse ferunt, virum scilicet et conjugem ejus, senatoria ex gente pollentes, qui absque liberis functi, hæredem ecclesiam dereliquerunt; sed vir prius obiens, in basilica sanctæ Mariæ sepultus est. Mulier vero per annum integrum ad hoc templum degens, assidue orationi vacabat, celebrans quotidie missarum solemnia, et offerens oblationem pro memoria viri : non diffisa de Domini misericordia, quod haberet defunctus requiem in die qua Domino oblationem pro ejus anima delibasset, semper sextarium Gazeti vini præbens in sacrificium basilicæ sanctæ. Sed subdiaconus nequam, reservatum gulæ Gazetum[3], acetum vehementissimum offerebat in calice, muliere non semper ad communicandi gratiam accedente. Igitur cum fraudem hanc Deo placuit revelare, apparuit vir mulieri, dicens : « Heu, heu, dulcissima conjux, in quid defluxit labor meus in sæculo, ut nunc acetum in oblatione delibem ! » Cui illa : « Vere, inquit, quia charitatis tuæ non immemor, semper Ga-

(1) Epipodii Acta dedimus inter sincera martyrum ad ann. circ. 178. In his mulier hic memorata dicitur Lucia. (R.)

(2) 2791, *De quadam muliere que pro viro suo defuncto vinum bonum quotidie offerebat.*

(3) *Gazatina* vina in lib. VII Hist., cap. XXIX.

podius[1] laissa échapper de son pied pendant qu'on le conduisait au supplice. Souvent les fiévreux et autres malades guérissent à son tombeau ; ils boivent la poussière raclée sur le tombeau même et s'en vont guéris.

CHAPITRE LXV.

D'une autre femme à qui son mari apparut à l'occasion d'une offrande.

Il y avait, dit-on, dans cette ville, deux personnages, le mari et la femme, qui brillaient par leur naissance sénatoriale et qui, étant morts sans enfants, laissèrent l'église pour héritière. Le mari, décédé le premier, fut enseveli dans la basilique de Sainte-Marie. La femme vécut toute une année, assidûment livrée à la prière dans cet édifice ; chaque jour elle participait à la célébration des messes et apportait une offrande pour la mémoire de son époux. Ne doutant pas que par la miséricorde du Seigneur le défunt n'obtînt son repos le jour où elle offrait au Seigneur un présent pour son âme, elle donnait régulièrement un setier de vin de Gaza pour le sacrifice célébré dans la sainte basilique. Mais comme elle ne venait pas toujours pour recevoir la grâce de la communion, un méchant sous-diacre mettait dans le calice un atroce vinaigre, et réservait le vin de Gaza pour son gosier. Il plut à Dieu de faire connaître cette fraude, et le mari apparut à la femme en disant : « Hélas ! hélas ! très-douce épouse, où donc s'est écoulé le fruit de mon travail sur la terre, pour que je n'aie maintenant en offrande que du vinaigre ? » A quoi elle répondit : « Je t'assure que je n'ai point été oublieuse de notre affection, et que, pour ton re-

(1) Vers l'an 178. (R.) — Cf. *Gl. des mart.*, chap. L, ci-dessus, t. I, p. 145.

zetum potentissimum obtuli pro requie tua in sacrario Dei mei. » Expergefacta autem admirans visionem eamdemque oblivioni non tradens, ad matutinum secundum consuetudinem surrexit. Quibus expletis, celebratisque missis, accedit ad poculum salutare : quæ tam fervens acetum hausit ex calice, ut putaret sibi dentes excuti, si haustum segnius deglutisset. Tunc increpans subdiaconem, emendata sunt quæ nequiter fuerant defraudata. Sed nec hoc miraculum sine operis boni merito gestum puto.

CAPUT LXVI.

De Memmio Catalaunensi [1] episcopo.

Catalaunensis vero urbis proprius exstat patronus Memmius antistes, qui cum adhuc maneret in corpore mortali, mortuum dicitur suscitasse. Ad cujus nunc sepulcrum sæpius confractas miserorum catenas atque compedes vidimus, sed et nos proprie virtutem ejus experti sumus. Quodam enim tempore, dum in urbe illa commoraremur, puer unus ex nostris a febre corripitur, fatigatur vomitu, ac cibum potumque simul exhorret : nobis vero magna consumptio generatur, quod hujus pueri infirmitas itineri nostro moras innecteret. Nec mora, basilicam sancti adeo, sepulcro prosternor pro puero, effusis lacrymis deprecor, ut qui laborantibus vinctis, disruptis compedibus, respectu pietatis plerumque consolationem exhibuit, huic febricitanti medelæ refrigeria ministraret. Mirum dictu : in ipsa nocte a sancti virtute visitatus infirmus mane facto incolumis surrexit a lectulo.

(1) *Memio Catalaunenssium*, 2204.

pos, j'ai toujours apporté du vin de Gaza le plus pur au sanctuaire de mon Dieu. » Elle s'éveilla en s'étonnant de cette vision, et, loin de la mettre en oubli, elle se leva pour aller à matines selon sa coutume. Matines achevées et les messes dites, elle s'approcha pour recevoir le breuvage salutaire et but au calice un vinaigre tellement fort, qu'elle aurait cru qu'on lui arrachait les dents si elle ne se fût hâtée de l'avaler. Sur les réprimandes qu'elle fit au sous-diacre, ce qui avait été injustement dérobé fut restitué. Ce miracle non plus ne me paraît pas s'être opéré sans qu'il y eût dans l'action de cette femme le mérite d'une bonne œuvre.

CHAPITRE LXVI.

De Memmius, évêque de Châlons.

La ville de Châlons a pour patron spécial l'évêque Memmius qui, lorsqu'il était encore dans l'enveloppe mortelle[1], ressuscita, dit-on, un mort. Nous avons vu souvent à son tombeau les chaînes et les entraves de pauvres misérables brisées, et nous avons de plus fait nous-mêmes l'épreuve de sa puissance. A une époque où nous séjournions dans cette ville, un garçon qui était du nombre de nos gens est saisi de fièvre, épuisé de vomissements et pris à la fois de dégoût pour le boire et le manger ; nous, cependant, nous commencions à languir beaucoup de ce que la maladie d'un serviteur apportait du retard dans notre voyage. Sans balancer, je me rends à la basilique du saint, je me prosterne auprès du sépulcre pour ce garcon, et je supplie celui qui avait presque toujours, en considération de la piété, consolé les infortunés sur qui pesaient des chaînes en brisant leurs liens, d'accorder au fiévreux le rafraîchissement de son secours. Chose étonnante à dire : la nuit même le malade fut visité par la puissance du saint et, le matin venu, il quitta son lit, bien portant.

(1) Il vivait au second ou troisième siècle. (R.) -- Vulgairement appelé à Châlons *S. Memmie* et ailleurs *S. Menge*.

CAPUT LXVII.

De Lupo Tricassinorum episcopo.

Lupum antistitem apud Tricassinorum Campaniæ urbem sepultum, nulli habetur incognitum : ad cujus basilicam Mauri[1] cujusdam servus, negligentia admissa, confugit; frendens vero dominus ejus, de vestigio prosecutus, ingressus basilicam, nec oratione prostratus, blasphemias in sanctum evomere cœpit, ac dicere : « En tu, Lupe, servum meum auferes, et propter te non licebit mihi in eum ultionem debitam exercere?» Et injecta manu servum trahere cœpit, dicens : « Non mittet hodie hic Lupus manum suam de sepulcro, ut eruat te de manibus meis. » Hæc dicente misero, extemplo lingua quæ in sanctum blasphemias effudit, divinitus obligatur : atque mutatus homo debacchare cœpit per totam ædem, dans mugitum ut pecus, sermonem ut homo non proferens. Cumque hæc suis nuntiata fuissent, apprehensum duxerunt ad domum suam. Uxor vero ejus multa munera in basilicam posuit; sed hic tertia die cum gravi cruciatu vitam finivit. Quo defuncto, mulier quæ dederat recepit; servus tamen permansit ingenuus.

CAPUT LXVIII.

De Aventino ministro ejus.

Huic antistiti famulabatur Aventinus quidam religiosus, ad quem post hujus obitum captivi fecere con-

(1) Aliqui ex editis codd., *Maurus*. (R.)

CHAPITRE LXVII.

De Loup, évêque des Tricassins.

Personne n'ignore que l'évêque Loup[1] est enterré dans la ville de Troyes en Champagne. Dans sa basilique s'était réfugié l'esclave d'un certain Maurus, qui avait commis quelque négligence. Son maître furieux arrive sur ses pas, entre dans l'église sans s'agenouiller en prière et se met à vomir des blasphèmes contre le saint en disant : « Est-ce toi, Loup, qui m'enlèveras mon esclave, et à cause de toi me sera-t-il défendu d'exercer contre lui ma juste vengeance? » Et mettant la main sur l'esclave il commençait à l'entraîner en disant : « Ce Loup ne sortira pas aujourd'hui la main de son sépulcre pour t'arracher de mes mains à moi. » Comme il parlait ainsi, le malheureux, sa langue qui se répandait en blasphèmes contre le saint se trouva subitement liée par la puissance divine. Cet homme, entièrement changé, commence à errer comme un insensé par tout l'édifice en poussant le mugissement d'un animal au lieu de parler le langage d'un homme. Instruits de cela, les siens le prirent et le conduisirent dans sa maison. Son épouse déposa dans la basilique un grand nombre de présents ; mais il termina sa vie le troisième jour dans de douloureux tourments. Lorsqu'il fut mort, sa femme reprit ce qu'elle avait donné ; mais l'esclave resta libre.

CHAPITRE LXVIII.

D'Aventinus, qui servait S. Loup.

Ce pontife avait pour le servir un pieux homme, Aventinus[2], qui, après la mort de l'évêque, fut celui auprès du-

(1) Mort le 29 juill. 479. (R.) — Voy. *Éclairciss.* à la fin du vol.
(2) Mort le 4 févr. 537. (R.)

fugium, quorum domino Aventinus pretium obtulit. Sed ille obligans se sacramento ait : « Nunquam hæc nisi in pago meo sum accepturus. » Deditque dexteram suam, quod si illuc pecuniam transmitteret, iste confestim captivos a vinculo servitutis absolveret. Transmisso itaque pretio, oblitus dominus fidei suæ dum captivos absolvere dissimulat, ipse ligatur. Nam statim summitas digiti de manu quæ fidem fecerat dolere graviter cœpit : deinde paulatim dolor accrescens, per manum brachiumque totum extenditur. Quid plura? Truncatum ad ipsam juncturam cubiti brachium cum cecidit, et hic spiritum exhalavit. Uxor vero ejus post hæc voluit eos iterum ad servitium revocare; sed capiti dolore percussa, virum secuta est. Et sic hi in ingenuitate perpetua absque ullius scripturæ munitione manserunt.

CAPUT LXIX.

De Marcellino episcopo.

Habet et Ebredunensis urbs patronum proprium, Marcellinum antistitem, per quem dum adhuc in corpore moraretur, multa Christus miracula operatus est. Hic enim fecisse dicitur lavacrum ad baptizandum, in quo natale Domini [et] dominicæ cœnæ aqua dicitur divinitus exoriri. De quo etiam ad aliud lavacrum, in quo consuetudo prisca baptizari instituit, aqua defertur. Non tamen cumulatur, ut de illis fontibus Hispaniæ supra retulimus. Ad hujus ergo sancti sepulcrum lychnus assidue lumen præbet : sed accensus semel multis noctibus sine ullo additamento perdurat; et plerumque contingit ut exstinctus a vento, divinitus

quel se réfugièrent certains captifs. Aventinus en offrit le prix à leur maître, qui s'obligea par serment, et dit : « Je ne prendrai certainement cet argent que dans mon pays ; » et il leva sa main droite pour jurer que, si Aventinus envoyait l'argent là, il délierait sur-le-champ les captifs du lien de la servitude. L'argent fut envoyé, et oubliant sa promesse, le maître négligea de mettre ses prisonniers en liberté; mais pendant ce temps-là lui-même se trouva lié. Aussitôt, en effet, l'extrémité d'un doigt de la main avec laquelle il avait juré, commença de lui faire beaucoup de mal; puis, croissant peu à peu, la douleur s'étendit à la main et au bras tout entier. Que dire de plus? Quand on fut obligé de lui couper le bras à la hauteur du coude, à ce moment il expira. A la suite de cela, son épouse voulut de nouveau retenir ces gens dans le servage; mais atteinte d'une douleur à la tête, elle suivit son mari. Ceux-ci, alors, demeurèrent définitivement en liberté sans avoir besoin d'aucun acte d'affranchissement par écrit.

CHAPITRE LXIX.

De l'évêque Marcellin.

La ville d'Embrun a aussi un patron particulier, l'évêque Marcellin[1], qui, lorsqu'il était encore dans son enveloppe corporelle, opéra au nom du Christ un grand nombre de miracles. L'on dit, en effet, qu'il construisit une piscine à baptiser, dans laquelle, le jour de Noël et le jour de la Cène du Seigneur, l'eau s'élève par l'effet de la vertu divine, et de là passe dans un autre bassin où la coutume était autrefois établie de baptiser. Cependant elle ne monte pas jusqu'au bord comme dans ces fonts baptismaux situés en Espagne que nous avons cités plus haut[2]. Au sépulcre de ce saint est une lampe qui fournit constamment de la lumière : une fois allumée, elle dure un grand nombre de nuits sans qu'on y ajoute d'huile, et il arrive souvent que lorsque le vent l'éteint, elle se rallume par l'effet de la vertu

(1) Quatrième siècle. (R.)

(2) *Hist.* VI, 43; *Gloire des mart.*, ch. XXIV à XXVI.

iterum accendatur. Ex quo oleo plerumque infirmi medicamenta suscipiunt.

CAPUT LXX.

De Marcello episcopo Deensi.

Fuit etiam et Marcellus Deensis[1] urbis episcopus magnificæ sanctitatis, ad cujus nihilominus tumulum lychnus accensus diuturno spatio lucere solet : præstat ex eo oleo virtus Domini medicinam infirmis.

CAPUT LXXI.

De Metria Aquensium confessore[2].

Aquensibus[3], etiam est concessus inclytus athleta Metrias[4], vir in corpore, juxta historiam actionis magnificæ sanctitatis, et licet conditione servus, liber tamen justitia : qui, ut ferunt legentes certaminis ejus textum, peracto cursu boni operis a sæculo victor abscessit, sæpius se in cœlis degere virtutibus manifestis ostendens. Tempore igitur quodam cum Franco episcopus hujus municipii ecclesiam gubernaret, Childericus, qui tunc primus apud Sigibertum regem habebatur, villam ejus competit, dicens, quia injuste ab Aquensi ecclesia retineretur. Et dicto citius convenitur episcopus : datisque fidejussoribus, in præsentia

(1) Colb. 2, Clar. a et Bad., *Diensis*. Utraque lectio bona. (R.) — *Deensis*, correctione *Diensis*, 2205; *Diensis*, 2791.

(2) *De sancto Mitria Aquensi episcopo*, 2791.

(3) *Aquinsibus* et supra *Aquinsium*; infra *Aquinsi*, 2204 et 2205; *Aquen ....*, 2791.

(4) Alii (inter quos 2204, 2205) *Mitrias* et infra *Metrii*. (R.)

divine. Les malades tirent souvent de cette huile des remèdes à leurs maux.

CHAPITRE LXX.

De Marcel, évêque de Die.

Il y eut aussi Marcel, évêque de Die[1], magnifique de sainteté, et au tombeau duquel la lampe allumée a coutume également de briller pendant un long temps et de fournir de l'huile qui, par la puissance du Seigneur, est un secours pour les malades.

CHAPITRE LXXI.

De Métrias, confesseur à Aix.

Aux habitants d'Aix a été de même accordé l'illustre athlète Métrias[2], homme qui fut en ce monde, suivant l'histoire de sa passion, d'une admirable sainteté, serf par sa condition, mais libre aux yeux de la justice éternelle. Ceux qui ont lu le récit de sa vie disent qu'après avoir achevé le cours de son œuvre méritoire, il sortit de ce monde en vainqueur et démontre souvent par d'évidents miracles qu'il vit dans les cieux. A une certaine époque, l'évêque Francon gouvernait l'église de ce municipe[3], quand Childéric, alors investi du premier rang après le roi Sigebert, prétendit à un domaine qui avait appartenu à Métrias, en disant que l'église d'Aix le détenait à tort. Plus vite qu'il ne peut se dire, l'évêque est assigné, forcé de fournir des répondants et appelé

---

(1) Mort le 9 avril de l'an 500. Son église, située dans le faubourg de la ville a été détruite par les Huguenots. (R.)

(2) Honoré en Provence sous le nom de S. Mître.

(3) En 566. (R.)

regis adsistit, clamans et obsecrans ut rex ab hujus causæ audientia præsentiam suam averteret, ne cœlesti judicio condemnetur, addens : « Scio enim virtutem Metriæ[1] viri beati, quod velociter in pervasorem suum irrogat ultionem. » Denique conjuncti auditores causam discutiunt. Insurgit Childericus, atque improperans criminibus exacervatum episcopum, quod res fisci ditionibus debitas iniquo ordine retineret, extrahi eum vi a judicio jubet; et tentum, ablata per judicium præsentium villa, trecentis aureis condemnavit. Favebant ei omnes, nec quisquam contra voluntatem ejus audebet decernere, nisi quod eidem libuisset. Denique condemnatus spoliatusque sacerdos ad urbem rediit, atque prostratus in orationem coram sepulcro sancti, dicto psalmi capitello, ait : « Non hic accendetur lumen, neque psalmorum modulatio canetur, gloriossime sancte, nisi prius ulciscaris servos tuos de inimicis suis, resque tibi violenter ablatas ecclesiæ sanctæ restituas. » Hæc cum lacrimis effatus, sentes cum acutis aculeis super tumulum projecit; egressusque clausis ostiis similiter in ingressu alias collocavit. Nec mora, corripitur pervasor a febre, decumbit lectulo, exhorret cibum, fastidit et potum, profert æstuans juge suspirium. Cui etiam si ab ardore febris interdum sitis accederet, aquam tantum, nihil aliud hauriebat. Quid plura ? In hac ægrotatione integrum ducit annum; sed mens prava non flectitur. Interea labitur cæsaries cuncta cum barba, et ita omne caput remansit nudum, ut putares eum olim sepultum, nuper ejectum fuisse post funera de sepulcro. His et talibus

(1) *Mitrii*, 2791.

à l'audience royale, où il prie et supplie le roi de refuser sa présence à l'audition de cette cause, de peur d'être condamné lui-même par le jugement céleste, car « je connais, ajoutait-il, la puissance de Métrias, le saint homme, et sais qu'il tire une prompte vengeance de celui qui l'attaque. » Enfin l'assemblée se réunit pour entendre discuter la cause. Childéric se lève, et reprochant à l'évêque, qu'il accable d'accusations, de retenir sans droit des biens soumis à la domination du fisc, il le fait expulser de force de l'audience, et après lui avoir fait enlever le domaine en litige par jugement des personnes présentes, il le condamne à payer trois cents sols d'or. Chacun lui applaudissait, et personne n'osait émettre d'avis contraire à sa volonté qu'autant que cela lui plaisait. L'évêque donc, ainsi condamné et dépouillé, retourna dans sa cité, et prosterné en prière devant le sépulcre du saint, il dit, après avoir récité un chapitre des psaumes : « On n'allumera pas ici de lumière, ni on ne chantera la musique des psaumes, très-glorieux saint, à moins que tu n'aies d'abord vengé tes serviteurs de leurs ennemis, et que tu ne rendes à ta sainte église les biens qu'on t'a arrachés par la violence. » Après avoir en pleurant prononcé ces paroles, il jeta sur le tombeau des ronces avec leurs dards aigus, puis il sortit, ferma les portes, et plaça de même d'autres ronces à l'entrée. Aussitôt l'envahisseur est saisi de la fièvre, garde le lit, repousse avec dégoût la nourriture et la boisson; une plainte non interrompue s'échappe de sa poitrine agitée. Si par suite des ardeurs de la fièvre la soif lui venait quelquefois, il ne buvait que de l'eau, et rien d'autre. Qu'ajouterai-je? Il passe une année entière dans cet état de maladie, mais son âme corrompue ne fléchit pas. Cependant, tous ses cheveux tombèrent ainsi que sa barbe, et sa tête entière demeura nue à ce point qu'on l'eût pris pour quelqu'un qui aurait été enterré jadis, et qu'on aurait ensuite jeté hors du sépulcre. Accablé par

miser afflictus malis sero recogitat, dicens : « Peccavi, eo quod exspoliaverim ecclesiam Dei, atque episcopo sancto intulerim injuriam. Nunc autem ite quantocius, et reddita villa, sexcentos aureos super tumulum sancti deponite; est enim mihi spes quod res reddita tribuat ægrotanti medelam. » Quod audientes homines ejus, accepta pecunia, fecerunt sicut eis fuerat imperatum. Reddiderunt agrum, solidosque super sepulcrum servi Dei posuerunt. Sed cum hoc fecissent, statim ille in loco quo erat spiritum exhalavit; lucratusque est detrimentum animæ per adeptionem acquisitionis iniquæ. Episcopus autem obtinuit ultionem de inimico Ecclesiæ, quam promiserat futuram per athletæ Dei virtutem.

CAPUT LXXII.

De sancto Arvatio Trajectensi[1] episcopo.

Arvatius[2] vero Trajectensis episcopus, tempore Chunorum, cum ad irrumpendas prorumperent Gallias, fuisse memoratur; qui et sepultus refertur juxta ipsum pontem aggeris publici : circa cujus sepulcrum quam-

---

(1) *Trijectensi*, hic et infra 2204, 2205; *Triectensem* et *Trijectensem* Cl.-F; *Trejectensi* 2791; quod aliquando mutatur in *Trajectensi*, a correctore quodam, XII° sæculo.

(2) Sic habent mss. et editi, quos vidi, excepto unico Clar. a, qui habet *Servatius*, cui consentit cod. S. Laurentii Leodiensis, qui huic ecclesiæ oblatus est in ejus dedicatione a Reginardo Leodiensi episc., an. 1034, ut observat Henschenius (Exeg. de episcopatu Traject.) ubi *Servatii* nomen esse retinendum contendit. Codex tamen S. Dyonisii sæculo VIII scriptus, quem penes se habebat, *Aravatius* exhibet. Sic et cod. Floriacensis, in capitum indice : *De Aravatio Trajectensium episcopo.* Porro hac prima occasione Tungrorum episcopum Trajectensem nuncupatum observat Valesius; Bad. tamen, et Clar. a, alt. manu, hic habent *Tungrensis.* (R.)

ces maux et par d'autres encore, il réfléchit, bien tardivement, et dit : « J'ai péché en dépouillant l'église de Dieu et en outrageant le saint évêque. Allez donc au plus vite, et, après avoir restitué le domaine, déposez six cents pièces d'or sur le tombeau du saint; j'ai l'espoir que la restitution de ce bien allégera mon mal. » Ses gens, entendant cela, prirent l'argent et firent comme il leur avait ordonné. Ils rendirent le domaine et mirent les sous d'or sur le sépulcre du serviteur de Dieu. Mais à peine eurent-ils achevé, que le malade rendit l'esprit là où il était; et par l'acquisition d'un profit inique, il gagna la perte de son âme. Quant à l'évêque, il obtint, comme il l'avait promis, par la puissance du champion de Dieu, vengeance contre l'ennemi de l'Église.

CHAPITRE LXXII.

De saint Servais, évêque de Tongres.

Servais passe pour avoir été évêque de Tongres[1], à l'époque des Huns, et lorsqu'ils se précipitaient en irruptions sur les Gaules. Il fut enseveli, dit-on, auprès du pont même sur lequel passe la voie (pour entrer en Gaule). En vain la neige tombait autour de son sépulcre, jamais elle ne mouillait le

(1) Il mourut le 13 mai 450, suivant dom Ruinart; le 13 mai 384, après un épiscopat de 47 ans, suivant Butler et Godescard. Cf. *Hist.*, l. II, c. v.

vis nix defluxisset, nunquam tamen marmor quod super erat positum humectabat; et cum loca illa nimii frigoris gelu ligentur, et nix usque in trium et quatuor pedum crassitudinem terram operiat, tumulum ullatenus non attingit. Datur enim intelligi verum Israelitam hunc esse. Nam illis inter muros aquarum aquæ non sunt perniciei, sed saluti; et circa hujus justi tumulum nix decidens, non humoris causa est, sed honoris. Videasque in circuitu montes niveos elevari, nec tamen attingere terminum monumenti; et non miramur si terra operiatur nive, sed admiramur quod attingere ausa non est locum beati sepulcri. Nam plerumque devotio studiumque fidelium oratorium construebant de tabulis ligneis levigatisque : sed protinus aut rapiebantur a vento, aut sponte ruebant. Et credo idcirco ista fieri, donec veniret, qui dignam ædificaret fabricam in honorem antistitis gloriosi. Procedente vero tempore adveniens in hanc urbem Monulfus episcopus, templum magnum in ejus honorem construxit, composuit ornavitque in quod, multo studio et veneratione translatum, corpus magnis nunc virtutibus pollet.

CAPUT LXXIII.

De cœmeterio [1] Augustodunensis [2] urbis.

Cœmeterium apud Augustodunensem urbem Gallica lingua vocitavit, eo quod ibi fuerint multorum hominum cadavera [3] funerata : inter quæ quod sint quorum-

(1) *De cimiterio Augustud. et de basilica sancti Stephani*, 2791.

(2) *Agustidunensis* 2204, et infra : *Agustidunensim*, *Augustidunensem*, 2204, 2205; *Augustunensem*, 2791; *Agustudemsim* Cl.-F.

(3) Et reipsa cœmeterium illud Augustod. πολυάνδριον vocabatur.

marbre posé sur le tombeau; et quand le pays se trouve pris par les grandes gelées, la neige couvre la terre jusqu'à une épaisseur de trois et quatre pieds, elle n'atteint toutefois nullement le tombeau. Cela donne à entendre que cet homme est un véritable fils d'Israël; car ce sont les Israélites qui passent entre des murailles liquides, et pour qui les eaux ne sont pas un danger, mais une cause de salut : ainsi la neige qui tombe sur la tombe de ce juste lui apporte, non l'air humide, mais l'honneur solide. On peut voir à l'entour la neige s'élever en montagnes, sans qu'elle atteigne cependant à la limite du monument; et nous sommes sans étonnement quand la terre vient à se couvrir de neige, mais non sans admiration de ce qu'elle n'ose pas toucher à la place qu'occupe ce bienheureux sépulcre. Souvent le zèle et la dévotion des fidèles y construisirent un oratoire en planches de bois polies; mais bientôt le vent les emportait, ou elles tombaient d'elles-mêmes. Je crois que cela devait arriver ainsi, jusqu'à ce qu'il vînt quelqu'un qui construisît en l'honneur du glorieux pontife un édifice digne de lui. Après un certain intervalle de temps, Monulf, étant devenu évêque de ce diocèse[1], construisit en son honneur un vaste temple qu'il bâtit[2] lui-même, qu'il orna, et dans lequel le corps du saint, transporté avec beaucoup de soin et de vénération, brille maintenant par de remarquables vertus.

CHAPITRE LXXIII.

Du cimetière de la ville d'Autun.

A Autun existe un *cimetière*, ainsi appelé en langue gauloise, parce que les cadavres d'un grand nombre d'hommes y furent ensevelis[3]. Parmi eux sont les sépultures de quel-

(1) Vers 550 (R.); de 558 à 597 (Marion).

(2) Vers 581, à Maestricht où avait été transporté le siége de Tongres.

(3) Au temps de dom Ruinart on voyait encore à Autun ce cimetière, ses nombreuses tombes de pierre, l'église Saint-Étienne dont il ne restait que les murs privés de toit et celle de Saint-Pierre l'Estrier (de Strada). Aujourd'hui toutes les tombes et leurs inscriptions ont disparu, sauf l'inscription d'Aschandius, en onze vers grecs, qu'on a retrouvée en 1839, plus une huitaine d'autres conservées dans divers livres. Voy. Le Blant, *Inscript. chrét. de la Gaule*, 1856, in-4°.

dam fidelium dignarumque Deo animarum sepulcra, frequens occulti psallentii mysterium docet; cum plerumque multis appareant, in ipso vocum præconio reddentes omnipotenti Deo gratiarum debitam actionem. Nam audivi quod duo ex incolis loci, dum loca sancta orandi gratia circumire disponerent, audiunt in basilica sancti Stephani, quæ huic conjungitur cœmeterio, psallentium sonum : admirantesque dulcedinem moduli, appropinquant ad ostium templi, autumantes a quibusdam religiosis vigilias celebrari. Ingredientes autem, et orationi diutissime incumbentes, consurgunt, psallentii chorum conspiciunt; nihilque lucere per templum, nisi propria claritate cuncta prospiciunt splendere : de personis vero nullam prorsus agnoscunt. Denique cum essent attoniti et stupore perculsi, unus de psallentibus accedit ad eos, dicens : « Exsecrabilem rem fecistis, ut nobis arcana orationum Deo reddentibus adesse præsumeretis. Discedite ergo, et a domibus nostris abscedite, alioquin ab hoc mundo migrabitis. » Ex quibus unus discedens abiit; alter vero qui in loco remansit, post non multos dies a sæculo commigravit.

CAPUT LXXIV.

De sepulcro Cassiani episcopi.

In hoc cœmeterio vidi beati Cassiani sacerdotis magni sepulcrum a multis infirmis erasum, quod pene transforatum eo tempore putabatur. Abluuntur enim ex hoc pulvere ægroti, sed protinus virtutis magnitudinem sentiunt. Ibi et Simplicius ipsius, ut aiunt, ur-

ques fidèles et d'âmes dignes de Dieu, ainsi qu'on l'apprend par une mystérieuse psalmodie qui s'y fait souvent entendre; car ils apparaissent souvent à bien des gens, ceux qui par ce concert de voix rendent au Dieu tout-puissant les actions de grâces qui lui sont dues. J'ai appris, en effet, que deux des habitants du lieu, se disposant à faire une tournée dans les lieux saints pour y prier, entendirent le bruit des psaumes dans la basilique de Saint-Étienne, qui est contiguë à ce cimetière, et que, charmés de la douceur de cette musique, ils s'approchèrent jusqu'à la porte du temple, persuadés que des personnes pieuses y célébraient les vigiles. Ils entrent, se livrent pendant très-longtemps à la prière, se lèvent, demeurent en contemplation à entendre le chœur des psalmodiants, et ils s'aperçoivent qu'il n'y a rien d'allumé dans le temple, que tous les objets y brillent de leur propre clarté; quant aux personnes, ils n'en voient absolument aucune. Ils restaient frappés de surprise, et stupéfaits, lorsqu'un des chanteurs s'approcha d'eux, en disant : « Vous avez fait une chose exécrable d'oser vous mêler à nous pendant que nous offrons à Dieu les mystères de la prière. Retirez-vous et vous éloignez de nos demeures, autrement vous sortirez de ce monde. » L'un d'eux s'éloigna et s'en fut; l'autre qui resta en place fut retiré du siècle peu de jours après.

CHAPITRE LXXIV.

Du sépulcre de l'évêque Cassien.

J'ai vu dans ce cimetière le sépulcre du bienheureux Cassien[1], pontife éminent; sépulcre gratté par un grand nombre de malades, de telle manière qu'on pouvait le croire à cette époque presque transpercé. En effet, les malades qu'on lave avec une dissolution de cette poudre ressentent aussitôt combien est grand son pouvoir. Là aussi

(1) Il vivait au IVe siècle, dit Ruinart, en ajoutant qu'on voyait encore ce tombeau de son temps dans un oratoire de S. Cassien, au cimetière d'Autun; mais qu'on avait perdu tout souvenir de celui de Simplicius.

bis episcopus est sepultus, cui crimen adulterii sæva populorum objecit insania.

CAPUT LXXV.

De Riticio episcopo [1].

Sed quia de his aliquid proloqui juvat, prius de sancto Riticio [2], quia prior obiit, sermo habendus est. Fuit autem nobilissimis parentibus et litterarum acumine clarus, qui, transacta adolescentia, uxorem simili morum honestate præclaram sortitus est cum qua spiritalis dilectionis conhibentia, non luxuria copulatur. Concurrunt eleemosynæ, vigiliæ celebrantur, et opus Dei per eos incessabiliter exercetur. Igitur longa post tempora mulier declinans caput ad lectulum, beati viri auribus extrema profert verba, dicens : « Deprecor, piissime frater, ut post discessum meum, percurso ævi tempore, in illo quo ego collocor sepulcro ponaris, ut quos unius castitatis dilectio uno conservavit in toro, unius retineat sepulcri consortium. » Hæc effata, lacrymans spiritum emisit ad cœlos. At Riticius episcopatum Augustodunensis[3] urbis populo eligente sortitur : qui talem se præbuit in religione, ut morum bonitas pontificatus gratiæ æquaretur, et ad diem obitus per diversos gratiarum spiritualium gradus plena perfectione consummationeque veniret. Quo abluto et super feretrum posito, movere ipsum non queunt officia famulantium. Tunc in stupore mentis

(1) *De sancto prefate urbis epis.*, 2791. *Retio* et inf. *Ritius* Cl.-F.

(2) Colb. tut., *Aricio*, et infra *Aricius*. (R.) — 2205 *Reticio*.

(3) *Agustidonensis*, 2204 ; *Agustidunensis*, 2205 ; *Augustudunensis*, 2791 ; *Adgustunensis* Cl.-F.

est enseveli Simplicius, évêque de la même ville, à ce que l'on dit, que la cruelle folie du peuple accusa d'adultère.

CHAPITRE LXXV.

De l'évêque Rétice.

Mais puisque nous nous arrêtons à parler de ces personnages, il faut faire mention d'abord de saint Rétice; car il mourut le premier[1]. Il était distingué par la haute noblesse de ses parents et par son habileté dans les lettres. Après avoir passé l'adolescence, il choisit une épouse également éminente par la pureté de ses mœurs, et à laquelle il s'associa par les liens d'une affection spirituelle, non par ceux de la volupté. Les aumônes se pressent, les vigiles se célèbrent, sans cesse ils travaillent tous deux à l'œuvre de Dieu. Au bout d'une longue suite de temps, la femme, la tête renversée sur son lit, proféra aux oreilles de son pieux mari ses dernières paroles et lui dit : « Je fais cette prière, mon très-religieux frère, qu'après ma mort, quand tu auras toi-même parcouru ta mesure de temps, tu sois déposé dans le même sépulcre où je serai placée, afin que soient joints encore par l'union dans un même sépulcre ceux que l'amour avait conservés dans le même lit en une commune chasteté. » Ayant ainsi parlé, au milieu des larmes, elle exhala son esprit vers les cieux. Cependant Rétice obtint, par élection du peuple, l'épiscopat de la cité d'Autun ; il se montra d'une piété telle que la douceur de ses mœurs équivalait à la grâce qui réside dans le pontificat et qu'il atteignit le jour de sa mort en traversant les divers degrés des grâces spirituelles qui mènent à la pleine et entière perfection. On le lave, on le pose sur le brancard funèbre ; mais ceux qui remplissent les fonctions de serviteurs ne peuvent le soulever.

(1) Évêque célèbre qui souscrivit au concile d'Arles en 314, et mourut la même année. (R.)

defixi, audiunt a quodam sene, virum dominam conjurasse ut eos unius sepulcri amplitudo susciperet : sermone vero percurso, confestim sustollitur feretrum, allatoque eo prope sepulcrum, resumit sacerdos spiritum. Alloquitur sociam dicens : « Recordare, dulcissima conjux, quæ nobis fueras deprecata. Nunc suscipe exspectatum diu fratrem, et conjungere artubus impollutis, quos non luxuria polluit, sed castitas vera mundavit. » Hæc eo dicente, mirum in modum commotum sepulcrum, uno in loco ossa virginis conglobantur : beatus vero sacerdos, receptus in pacis somno hujus sepulcri tectus est opertorio. Huic Cassianus, cujus supra meminimus, successit. Post hunc Egemonius cathedram pontificatus assumpsit.

CAPUT LXXVI.

De Simplicio episcopo.

Quo decedente, beatus Simplicius ecclesiæ ipsi præponitur. Fuit autem de stirpe nobili, valde dives in opibus sæculi, nobilissimæ conjugi sociatus : his fuit castissima, obtegente sæculo, vita, soli Deo cognita, mortalibus tamen ignota. Erant enim ambo justi et in eleemosynarum semina ac vigiliarum tolerantiam valde promptissimi. Interea propter illam, ut diximus, sæculi dignitatem, Simplicius, decedente Egemonio, a populis eligitur, sed a Deo pro castitatis et sanctitatis gloria destinatur. Accepto quoque pontificatus ordine, beata soror, quæ prius fuerat non libidine sed castitate viro conjuncta, non passa est a stratu pontificis submoveri; sed in illa puritatis castitate, qua prius viri castissimi torum adibat, secura

Dans l'étonnement de leur âme ils restaient immobiles, lorsqu'un vieillard leur apprit que leur maîtresse avait conjuré son mari de faire qu'un large sépulcre les reçût tous deux à lui seul. L'explication de cette circonstance étant achevée, on lève le brancard et on l'approche du sépulcre. Aussitôt l'évêque reprend l'esprit et s'adresse à sa compagne, en disant : « Souviens-toi, très-douce épouse, de ce que tu nous avais prié de faire. Reçois maintenant le frère que tu as longtemps attendu, joins-toi aux membres purs que voici, lesquels ont été purifiés par la chasteté et non pollués par la luxure. » Comme il disait cela, le sépulcre fut agité d'une façon merveilleuse, et les ossements de cette vierge s'amoncelèrent d'un seul côté; quant au bienheureux évêque, il fut admis au sommeil de la paix, à l'abri du couvercle de ce sépulcre[1]. C'est à cet évêque que succéda Cassien, dont nous avons parlé plus haut; après lui, Egemonius s'assit dans la chaire pontificale[2].

CHAPITRE LXXVI.

De l'évêque Simplicius.

Ce dernier étant mort, le bienheureux Simplicius fut mis à la tête de cette église. Il était de race noble, fort riche des trésors de ce monde, et marié à une très-noble épouse; tous deux passèrent à l'abri des regards du monde une vie extrêmement chaste, que Dieu seul connaissait et que les mortels ignorèrent. Ils étaient justes l'un et l'autre, très-ardents à semer les aumônes, à supporter les veilles. A la mort d'Egemonius, comme nous l'avons dit, le peuple fit choix de Simplicius à cause de sa dignité mondaine; mais Dieu le réservait à la gloire de la chasteté et de la sainteté. Lorsqu'il eut reçu la consécration pontificale, sa sainte sœur, qui jusque-là avait été conjointe à son mari par la chasteté, non par la luxure, ne se soumit pas à être écartée du lit de l'évêque. Elle continua d'entrer comme auparavant, avec la même pure innocence, dans le lit de son mari, sûre qu'elle était

(1) Au même cimetière mentionné dans les deux précédents chapitres, à Saint-Pierre-l'Estrier, l'on voyait, dit Ruinart, le tombeau de S. Rétice sous une petite arcade pratiquée dans le mur de l'église; il était orné d'une inscription, mais moderne.

(2) Grégoire est en désaccord ici avec la Vie de S. Cassien, qui donne ce dernier comme élève et successeur de Simplicius. (R.)

de conscientia mentis sanctæ, sciens se uri non posse ab incentivi ignis ardore. Sed sæva dæmonis invidia contra sanctos Dei probrosa excitat bella, et quæ instinctu suo destruere non potuit, nititur verbis subdolis infamare. Quid plura? In illo dominici Natalis die commoventur cives in scandalum, et ad beatam virginem rapido cursu concurrunt, dicentes : « Incredibile est mulierem viro junctam pollui non posse, sed nec vir poterit artubus mulieris junctus a coitu abstinere. Sic etenim Solomonis proverbia proferunt : Nemo, ait, tangens picem mundus poterit esse[1]. » Neque enim in sinu ignem quis gestiens non cremabitur. Ergo videmus vos uno in toro recumbere, et suspicari aliud non possumus, nisi misceamini simul. » His commota virgo sanctissima, aggreditur pontificem simili castitate pollentem, replicatisque coram omni populo sermonibus quos audierat, puellam, quæ tunc plenam, ut assolet, pro injuria hiemis arulam cum carbonibus retinebat, vocat; expansoque pallio prunas ardentes suscipit, et fere horæ unius spatio tenens, sacerdotem evocat, dicens : « Accipe mitiorem solito ignem, nequaquam tuis velaminibus nociturum, ut ostendant in nobis hæ flammæ exstinctas flammas esse luxuriæ. » Suscipiente vero pontifice, nihil nocitum est velamen ejus ab igne. Hoc miraculo populus, qui erat tunc incredulus, credidit Deo, et inter septem dies amplius quam mille homines sacri innovatione lavacri sunt renati. Quos suscipiens Ecclesia, gaudens cœlesti regno per hos milites copulavit.

---

(1) *Eccles.*, XIII, 1.

en sa conscience de sa pieuse intention et se sachant incapable d'être enflammée par le feu de la passion. Mais la haine jalouse du démon excite contre les saints de Dieu d'outrageantes hostilités, et il s'efforce de diffamer par des paroles perfides la vertu dont son inspiration n'a pu triompher. Que dire de plus? Le saint jour de Noël les citoyens se soulèvent avec bruit et volent d'une course rapide vers cette bienheureuse vierge, en lui disant : « Il n'est pas croyable qu'une femme étant jointe à son mari ne soit pas souillée, ni que le mari enlacé dans les bras de sa femme puisse s'abstenir de s'unir avec elle. C'est ainsi que disent les proverbes de Salomon : Celui qui touche à la poix ne peut jamais être propre. Et en effet, qui peut, ayant le feu dans le sein, n'être pas brûlé? Nous vous voyons coucher dans un même lit; nous ne pouvons pas penser autrement que de vous croire vous mêlant l'un à l'autre. » Irritée de ces paroles, la vierge très-sainte va trouver le pontife, qui lui aussi brillait d'une chasteté semblable; puis, après avoir répété devant le monde les discours qu'elle avait entendus, elle appelle une servante qui tenait en ce moment un brasier plein de charbons, comme on a coutume d'en avoir à cause de la rigueur de l'hiver, ouvre sa robe pour recevoir les charbons ardents, et, après les avoir gardés l'espace d'une heure, elle interpelle l'évêque, en lui disant : « Prends ce feu plus clément que d'habitude et qui ne détériorera nullement tes habits, afin que ses flammes démontrent qu'en nous sont éteintes les flammes de la luxure. » Le pontife les prit, et les voiles qui l'enveloppaient ne furent point endommagés par le feu. A ce miracle, le peuple, tout à l'heure incrédule, crut à Dieu, et en sept jours il y eut plus de mille hommes nés de nouveau, en vertu de la rénovation produite par le saint baptême. L'Église les accueillit et, joyeuse, les enrôla comme soldats pour le royaume céleste.

CAPUT LXXVII.

De simulacro Berecynthiæ[1].

Ferunt etiam in hac urbe simulacrum fuisse Berecynthiæ, sicut sancti martyris Symphoriani passionis declarat historia. Hanc cum in carpento pro salvatione agrorum ac vinearum suarum misero gentilitatis more deferrent, adfuit supradictus Simplicius episcopus, haud procul aspiciens cantantes atque saltantes ante hoc simulacrum : gemitumque pro stultitia plebis ad Deum emittens, ait : « Illumina, quæso, Domine, oculos hujus populi, ut cognoscat quia simulacrum Berecynthiæ nihil est. » Et facto signo crucis contra, protinus simulacrum in terram ruit : ac defixa solo animalia quæ plaustrum quo hoc vehebatur trahebant, moveri non poterant. Stupet vulgus innumerum, et deam læsam omnis caterva conclamat : immolantur victimæ; animalia verberantur, sed moveri non possunt. Tunc quadringenti de illa stulta multitudine viri conjuncti simul aiunt ad invicem : « Si virtus est ulla deitatis, erigatur sponte, jubeatque boves qui telluri sunt stabiliti procedere. Certe si moveri nequit, manifestum est nihil esse divinitatis in ea. » Tunc accedentes, et immolantes unum de pecoribus, cum viderent deam suam nullatenus posse moveri, relicto gentilitatis errore, inquisitoque antistite loci, conversi ad unitatem Ecclesiæ, cognoscentes viri Dei magnitudinem sancto sunt baptismate consecrati.

---

(1) *Berecinthie* hic et infra 2204; *Berecinthie* et *Berechincie*, 2791.

CHAPITRE LXXVII.

De l'idole appelée Berecynthia.

On raconte aussi qu'il y avait dans la même ville une idole de Berecynthia [1], ainsi qu'il est expliqué dans l'histoire de la passion du saint martyr Symphorien. Comme ils la promenaient dans un char pour la prospérité des champs et des vignes, suivant la misérable coutume des gentils, arriva le susdit évêque Simplicius, qui, les voyant à peu de distance chanter et danser devant cette idole, poussa un gémissement vers le ciel sur la sottise de la multitude, et dit : « Éclaire, je te prie, Seigneur, les yeux de ce peuple, afin qu'il apprenne que l'image de Berecynthia n'est rien. » Il fit contre l'idole le signe de la croix, et aussitôt le simulacre joncha la terre, et les animaux qui tiraient le char dans lequel on la traînait ne pouvaient plus bouger. La foule innombrable demeure stupéfiée, et tout le cortége s'écrie que la déesse est offensée; on immole des victimes; on fouette les animaux, mais sans pouvoir les faire avancer. Alors quatre cents hommes d'entre cette multitude se réunissent et se disent les uns aux autres : « Si cette déesse possède quelque pouvoir, qu'elle se relève d'elle-même et qu'elle ordonne aux bœufs qui sont à terre de se lever et de marcher. Certainement si elle ne peut se mouvoir, c'est qu'il n'y a aucune divinité en elle. » Ils s'approchent et immolent un de leurs animaux ; mais, voyant que leur déesse ne pouvait pas remuer, ils abandonnèrent l'erreur du paganisme, et, ayant été trouver l'évêque de la ville, ces hommes entrèrent dans l'unité de l'Église, reconnurent la grandeur de Dieu et furent consacrés par le saint baptême.

---

(1) Elle est nommée « Cybèle, mère des dieux, » par l'auteur de la Vie de S. Symphorien rapportée par dom Ruinart dans ses *Acta sincera*, vers l'année 180. — Cf. Sulp. Sévère, *Vie de S. Martin*, et les auteurs de l'antiquité sur la coutume de promener les idoles.

CAPUT LXXVIII.

De episcopo super cujus pectus agnus apparuit.

Sed quoniam superiore capitulo exposuimus qualiter castitas diligentes Deum ornaverit, venit in memoriam quæ Felicem Namneticum referentem, dum de his confabularemur, audivi. Aiebat enim fuisse antistitem in civitate sua cum conjuge : sed cum ad honorem sacerdotii accessisset, lectulum juxta ordinem institutionis catholicæ sequestravit, quod mulier valde molestum tulit. Cumque diebus singulis cum eo ageret, ut in uno stratu quiescerent, nec acquiesceret pontifex rem tam improbam, quam canonum decreta non admittebant, quadam die accensa furore, ait intra se : « Non puto esse absque aliqua conscientia viri mei quod ab amplexu ejus taliter sum repulsa; sed ibo et videbo, ne forte alia mulier cum eo decumbat, pro cujus me amore despiciat. » Et statim adfuit in cubiculo episcopi, invenitque eum post meridiem dormientem. Accedensque ante lectulum ejus, vidit agnum immensæ claritatis super pectus ejus quiescentem. Tunc timore perterrita, velociter se a lectulo sancti removit, nec adjecit ultra quærere quid vir Deo plenus ageret in occultis; sed cognovit manifestissime illud cum servis Dei impleri, quod ipse Dominus suis fidelibus est polliceri dignatus, dicens : « Ecce ego vobiscum sum omnibus diebus usque ad consummationem sæculi[1]. »

---

(1) *Matth.*, XXVIII, 20.

CHAPITRE LXXVIII.

De l'évêque sur la poitrine de qui apparut un agneau.

Ce que nous avons raconté dans un précédent chapitre de la manière dont la chasteté brillait en des personnes aimant Dieu, me remet en mémoire ce que j'ai entendu rapporter par Félix de Nantes, un jour où nous conversions sur cette matière. Il parlait d'un évêque qui vivait dans sa cité avec son épouse; mais lorsqu'il avait été nommé évêque il avait fait lit séparé, suivant la règle de l'institution catholique, ce que la femme trouva très-désagréable. Chaque jour elle lui parlait de reposer tous deux dans un même lit, et, comme le pontife refusait d'acquiescer à un acte si coupable et que les institutions canoniques ne permettent pas, elle se dit en elle-même, enflammée de colère : « Je ne crois pas que ce soit sans quelque mauvaise pensée que mon mari repousse ainsi mes embrassements; mais j'irai voir s'il n'y a point par hasard une autre femme avec laquelle il repose et pour l'amour de qui je suis dédaignée. » Aussitôt elle se rendit dans la chambre de l'évêque, qu'elle trouva dormant, dans l'après midi, et en approchant de son lit, elle vit qu'un agneau resplendissant de lumière reposait sur sa poitrine. Frappée de crainte, elle s'éloigna en toute hâte de la couche du saint et cessa de s'enquérir de ce que pouvait faire en secret cet homme rempli de Dieu. Elle reconnut qu'avec les serviteurs de Dieu s'accomplit manifestement ce que le Seigneur lui-même a promis à ses fidèles lorsqu'il a dit : « Voici, je demeure avec vous tous les jours jusqu'à la consommation des siècles. »

CAPUT LXXIX.

De Remigio Rhemensium[1] episcopo.

Remigius vero Rhemensis urbis episcopus, qui, ut ferunt, septuaginta aut eo amplius in episcopatu annos explevit, et oratione sua defunctæ cadaver puellæ obtinuit suscitari, plerumque infirmis sanitatum gratiam porrigit, et in pervasores sæpissime ultor exsistit. Erat autem haud procul a basilica campus tellure fecundus, tales enim incolæ olcas[2] vocant, et hic datus basilicæ sanctæ fuerat : quem unus ex civibus pervadit, despiciens hominem qui eum loco sancto contulerat. Qui cum ab episcopo ac loci abbate crebro conventus fuisset, ut quæ injuste pervaserat redderet, parvipendens verba quæ audiebat, pertinaci direpta defensabat intentione. Denique, causa exstitit et non devotio, ut Rhemensem urbem adiret : properat ad sancti basilicam. Arguitur iterum ab abbate pro invasione campi, sed nihil dignum ratione respondet. Explicitisque negotiis, ascenso equo, ad domum redire disponit ; sed obstat nisui ejus sacerdotis injuria. Nam sauciatus a sanguine diruit in terram : obligatur lingua quæ locuta fuerat campum tolli ; clauduntur oculi qui concupierant, manus contrahuntur quæ apprehenderant. Tunc balbutiens, et vix sermonem explicare potens, ait : « Deferte me ad basilicam sancti, et quantumcunque super me auri est, ad sepulcrum ejus projicite. » Peccavi enim auferendo res ejus. Adspiciens

(1) 2204 in indice tantum, *Remigio Reminsium*.

(2) Vulgo *une ousche*, vel *osche*, certa terræ portio. Vide Cangii Glossarium. (R.)

CHAPITRE LXXIX.

De Remi, évêque de Reims.

Remi, évêque de la cité de Reims[1], qui, dit-on, passa soixante-dix ans ou davantage dans l'épiscopat, et qui obtint par sa prière la résurrection d'une jeune fille morte, Remi accorde fréquemment aux malades la grâce de rétablir leur santé, et se manifeste très-souvent comme punissant les envahisseurs. Il y avait, non loin de son église, un champ d'une qualité de terrain féconde, de ces sortes de terrains que les cultivateurs nomment des *ouches*, et on en avait fait don à cette sainte basilique; mais un des citoyens de la cité s'en empara, plein de dédain pour l'homme qui avait fait présent de ce champ au saint lieu. Admonesté à plusieurs reprises par l'évêque et par l'abbé du lieu de rendre ce qu'il avait injustement envahi, mais faisant peu de cas des paroles qui lui avaient été dites, il maintenait son larcin avec une volonté persistante. Enfin il eut un motif (qui n'était pas la dévotion) pour se rendre dans la ville de Reims, et il s'empressa d'aller à la basilique du saint. L'abbé lui reproche de nouveau le terrain envahi, sans qu'il trouve rien de raisonnable à répondre. Il achève ses affaires, monte à cheval et se dispose à retourner chez lui; mais le tort qu'il a fait au pontife s'oppose à son élan; car, frappé d'un coup de sang, il tombe à terre. La langue qui avait parlé de prendre le champ est arrêtée, les yeux qui l'avaient convoité se ferment, les mains qui l'avaient saisi se contractent. Alors, balbutiant et à peine capable d'articuler ses mots, il dit : « Portez-moi dans la basilique du saint et jetez vite sur son sépulcre tout ce qu'il peut y avoir d'or sur moi; car j'ai péché en prenant

(1) Mort le 13 janv. 533. (R.)

autem dator campi hunc cum muneribus venientem, ait : « Ne accipias, quæso, sancte Dei, munera ejus quæ nunquam accipere consuevisti; ne sis, deprecor, adjutor ejus qui, inflammante concupiscentia, rerum tuarum nequam possessor exsistit. » Nec distulit sanctus audire vocem pauperis sui. Nam homo ille, licet dedisset munera, rediens tamen domum, emisit spiritum, recepitque ecclesia res suas. Sed nec illud sileri placuit quod illo gestum est tempore cum lues inguinaria populum primæ Germaniæ devastaret. Cum autem omnes terrerentur hujus cladis auditu, concurrit Rhemensium populus ad sancti sepulcrum, congruum hujus causæ flagitare remedium. Accensis cereis lychnisque non paucis, hymnis psalmisque cœlestibus per totam excubat noctem. Mane autem facto quid adhuc precatui desit in tractatu rimatur; reperiunt etenim, revelante Deo, qualiter oratione præmissa, adhuc majori propugnaculo urbis propugnacula munirentur. Assumpta igitur palla de beati sepulcro, componunt in modum feretri; accensisque super cruces cereis, atque ceroferalibus[1], dant voces in canticis, circumeunt urbem cum vicis. Nec prætereunt ullum hospitium, quod non hac circuitione concludant. Quid plura? non post multos dies fines hujus civitatis lues aggreditur memorata. Verumtamen usque ad eum locum accedens, quo beati pignus accessit, ac si constitutum cerneret terminum, intro ingredi non modo non est ausa, sed etiam quæ in principio pervaserat, hujus virtutis repulsu reliquit.

(1) Bell., *crucem.... atque ceroferariis*. Rem., *atque super ceroferariis*. (R.)

son bien. » Le donateur du champ, le voyant arriver avec ses présents, s'écria : « N'accepte pas, je te prie, ô saint de Dieu, les présents de cet homme qui ne t'a pas accoutumé à jamais en recevoir; ne sois pas, je t'en conjure, le soutien de celui qui, enflammé par la cupidité, s'est mis malhonnêtement en possession de choses à toi. » Le saint ne manqua pas d'entendre la voix de son pauvre. En effet, malgré les présents qu'il avait donnés, l'homme, qui était cependant revenu à sa maison, rendit l'esprit; en sorte que l'église reprit son bien. Il ne m'a pas semblé non plus devoir passer sous silence ce qui fut accompli par Remi au temps où la peste inguinaire ravageait la population de la première Germanie[1]. Comme tout le monde était terrifié à la nouvelle du fléau, le peuple des Rémois accourut au sépulcre du saint pour implorer le remède qui convenait à la circonstance. Après avoir allumé des cierges et des lampes en grand nombre, on passe la nuit entière au milieu des hymnes et des psaumes divins. Le matin venu, on s'étudie à rechercher ce qui peut manquer encore aux supplications, et l'on trouve, par une révélation de Dieu, qu'il faut, après avoir fait la prière, ajouter aux remparts qui protégeaient la ville un rempart plus considérable encore. Ayant donc pris au sépulcre du bienheureux sa tenture, ils l'arrangent en forme d'enveloppe funéraire, placent sur les croix des cierges allumés et des supports de cierges, entonnent les cantiques, puis ils parcourent la ville et les rues[2]. Dans cette procession ils ne passent pas une seule maison sans en faire le tour. Qu'ajouterai-je? peu de jours après, le fléau en question atteignit les frontières de la cité; mais, en s'approchant jusqu'à l'endroit où étaient venues les reliques du saint, non-seulement il reconnut comme une limite fixe qu'il n'osa pas franchir les lieux qu'il avait envahis d'abord, mais par leur force répulsive il fut obligé de s'éloigner.

---

(1) En 546. (R.)

(2) On conservait encore, du temps de Ruinart, non-seulement ce linceul appelé vulgairement le suaire de S. Remi, mais la coutume d'accomplir avec lui la même procession par les rues de la ville dans les temps de calamité publique.

CAPUT LXXX.

De sancto Ursino Biturigum episcopo.

Bituriga[1] vero urbs primum a sancto Ursino, qui a discipulis apostolorum episcopus ordinatus in Gallias destinatus est, verbum salutis accepit, atque ecclesiam Biturigensem[2] primum instituit rexitque, qui migrans a sæculo, in campo inter reliqua sepulcra populorum sepulturæ locatus est. Non enim adhuc populus ille intelligebat sacerdotes Domini venerari, eisque reverentiam debitam exhibere. Unde factum est ut, increscente terra, plantata desuper vinea, omnem memoriam de primo urbis sacerdote convelleret, et usque ad tempus illud quo Probianus episcopus urbis ejus est subrogatus, nullus de eo sermo haberetur. Fuit autem quidam, Augustus[3] nomine, de domo Desiderati[4] quondam episcopi, cujus manus ac pedes ita contraxerant, ut non aliter nisi de geniculis atque cubitis sustentaretur, si alicubi processurus vellet incedere. Is, inspirante Deo, de eleemosynis devotorum apud Brivas[5] vicum in honore sancti ac beatissimi Martini antistitis oratorium ædificavit : cujus cum in ipsum reliquias detulisset, statim directis membris sanus effectus est. Deinde collectis secum paucis monachis, sub regula monasterii degens, semper orationi vacabat. Unde factum est ut in sequenti accersitus ab

(1) *Biturica*, 2205.
(2) *Biturigis*, 2204 ; *Bituricis*, 2205 ; *Biturice*, 2791.
(3) *Agustus* apud omnes fere mss.
(4) *De domo sacerdotis quondam*, 2791.
(5) Laud. cum editis *Brias*. (R.)

CHAPITRE LXXX.

De saint Ursin, évêque de Bourges.

La cité de Bourges reçut pour la première fois la parole du salut par saint Ursin qui fut envoyé dans les Gaules après avoir été ordonné évêque par les disciples des apôtres [1], et qui, le premier, constitua et gouverna l'église Biturige. Lorsqu'il s'en alla de ce monde, on l'ensevelit dans un champ au milieu des autres sépulcres de la population. On ne savait pas encore en ce pays vénérer les prêtres du Seigneur et leur montrer le respect qui leur est dû. Il s'ensuivit que le niveau du terrain s'étant haussé et de la vigne ayant été plantée dessus, le peuple déracina ainsi tout souvenir du premier évêque de la ville; il ne fut plus question de lui jusqu'au temps ou Probianus devint son successeur dans l'épiscopat. Il y avait un certain Auguste, appartenant à la maison de Desideratus, évêque avant Probianus [2], qui, perclus des mains et des pieds, ne se soutenait que sur les genoux et les coudes lorsqu'il voulait se diriger vers quelque endroit. Cet homme, par l'inspiration de Dieu, bâtit au bourg de Brives, avec les aumônes des dévots, un oratoire en l'honneur du saint et bienheureux pontife Martin, où, ayant porté des reliques de ce saint, aussitôt ses membres se redressèrent, et il fut guéri. Il réunit ensuite avec lui un petit nombre de moines, et vivant d'après la règle monastique il se livrait sans cesse à la prière. Il en résulta que plus tard

(1) Cf. *Hist.*, I, XXIX.
(2) S. Désiré, de l'an 545 environ au 8 mai 550; S. Probien, de 552 à 558. (Marion.)

episcopo, abbas ordinaretur in basilica sancti Symphoriani, quam memoratus pontifex fabricaverat ante conspectum muri Biturigi[1]. Nec tamen monachos quos prius congregaverat relinquens, sed instituens eis præpositum, ipse utrasque cellulas gubernabat. Denique cum apud hanc basilicam moraretur, apparuit ei sanctus Ursinus per visum noctis, dicens : « Defossa humo, inquire corpusculum meum. Ego enim sum Ursinus hujus urbis primus episcopus. » Qui ait : « Quo ibo, aut ubi quæram sepulcrum tuum, cum ignorem locum ubi sis positus? » At ille, apprehensam ejus manum, duxit ad locum, et ait : « Sub harum vitium radicibus corpus meum habetur. » Expergefactus abbas narravit hæc sacerdoti suo; sed ille parvipendens quæ a presbytero dicebantur, nullum inquirendi studium posuit. Interea beatus Germanus Parisiacæ urbis episcopus adfuit, susceptusque ab episcopo, post cœnam domus ecclesiasticæ cum se sopori dedisset, apparuit utrique per visum, episcopo simul scilicet et abbati, duxitque eos ad locum sepulcri, deprecans ut auferrent eum a loco illo. Expergefacti simul ad vigilias conveniunt in ipsam sancti Symphoriani basilicam; explicitisque officiis matutinis, refert episcopus abbati quæ viderat, confessusque est et ipse vidisse similiter. Igitur insequenti nocte accedentes illuc cum uno tantum clerico, qui cereum ferret, venerunt ad indicatum locum, eumque fodientes usque in profundum, sepulcrum reperiunt : quo detecto, amotoque opertorio, viderunt sanctum corpus tanquam dormientis hominis, nulla putredine resolutum. Quod

(1) *Biturici*, 2205.

il fut appelé par l'évêque et consacré abbé de la basilique de Saint-Symphorien que ce pontife avait construite en face du rempart de Bourges. Auguste n'abandonna cependant pas les moines qu'il avait rassemblés d'abord ; mais, instituant au-dessus d'eux un prévôt, il gouvernait lui-même les deux monastères. Bref, comme il demeurait dans cette basilique de Saint-Symphorien, saint Ursin lui apparut en songe pendant la nuit et lui dit : « Creuse en terre et cherche mon corps, car je suis Ursinus, le premier évêque de cette ville. » L'autre répondit : « Où irai-je, et où chercherai-je ton sépulcre, quand j'ignore en quel lieu tu as été déposé ! » Mais Ursin, lui ayant pris la main, le conduisit à l'endroit et dit : « Mon corps est sous ces racines de vigne. » L'abbé, réveillé, conta la chose à son évêque ; mais celui-ci faisant peu de cas de ce que le prêtre disait ne prit aucun soin de chercher. Sur ces entrefaites arriva le bienheureux Germain, évêque de la ville de Paris, qui prit logis chez l'évêque. Après le souper de la maison épiscopale, il s'était livré au sommeil lorsqu'à tous deux, c'est-à-dire à l'évêque Germain et à l'abbé de Saint-Symphorien, apparut en songe saint Ursin, qui les conduisit à l'endroit où était le sépulcre en les suppliant de l'enlever de ce lieu. Éveillés en même temps, ils se rendent aux vigiles dans l'église même de Saint-Symphorien ; les offices du matin étant achevés, l'évêque fait part de ce qu'il a vu à l'abbé, qui lui avoue que lui-même a vu la même chose. En conséquence, la nuit suivante, ils se rendirent à l'endroit indiqué avec un seul clerc chargé de porter un cierge et, creusant la place jusqu'à une certaine profondeur, ils trouvèrent le sépulcre ; ils le découvrirent, en écartèrent le couvercle et virent le saint corps qui était comme d'un homme endormi et que la putréfaction n'avait entamé en rien. Dans l'admiration à cette vue, ils replacèrent

admirantes, et iterum opertorium componentes, indicarunt episcopo, data die, quæ viderant. Tunc ille convocatis abbatibus et clero, cum honore atque psallentio levaverunt beatum sepulcrum : et quia vectes illi quibus ferebatur valde longi erant, cum venissent ad porticum, non poterant deflecti in ingressu ejus, ut ad ostium ædis sine labore accederent. Tunc beatus Germanus, elevata voce, ait : « Sancte Dei sacerdos, si voluntas tua est in hanc basilicam ingredi, sentiamus levamen adjutorii tui. » Et statim, amisso pondere, ita in summa levitate factus est sarcophagus, ut, relictis vectibus, pauci manibus ferrent quem usque ad locum illum multi detulerant. Et sic celebratis missis, gaudente populo, juxta altare sepelitur, multis se deinceps virtutibus manifestans.

CAPUT LXXXI.

De Mariano recluso [1].

Fuit autem in ipso termino Marianus quidam eremita, cui non erat alter cibus nisi poma agrestia : et si ei aliquoties a quibusdam mel delatum fuisset, aut si ipse reperire potuisset in silvis, hoc ei erat cibus. Qui cum plerumque visitaretur a plurimis, quodam tempore a quærentibus non poterat inveniri. Investigantes denique eum viri qui venerant, deprehenso vestigio, invenerunt locum in quo flexo genu aquam hausit a fluvio ; et exinde progressi reperiunt eum sub una arbore malo jacentem mortuum. Unde celebre ferebatur in populo eum elisum ex arbore spiri-

(1) *De sancto Mariano heremita*, 2791.

avec soin le couvercle, et, étant convenus d'un jour avec l'évêque, ils lui montrèrent ce qu'ils avaient vu. Celui-ci convoqua les abbés et les clercs de son église, et ils levèrent avec vénération, au chant des psaumes, le bienheureux sépulcre. Les brancards sur lesquels on le portait étaient très-longs, en sorte que lorsqu'on fut arrivé au portique on ne pouvait pas, sans grande peine, les tourner dans l'entrée pour arriver à la porte de l'église. Alors le bienheureux Germain éleva la voix et dit : « Saint évêque de Dieu, si ta volonté est d'entrer dans cette basilique, fais que nous sentions le secours de ton appui. » Aussitôt le sarcophage perdant son poids devint d'une légèreté extrême, si bien que, laissant les brancards, un petit nombre de personnes purent porter avec leurs mains celui qu'on n'avait amené jusque-là qu'avec l'aide d'un très-grand nombre. Et alors on fit la célébration des messes; le peuple se livra à la joie, et, enseveli près de l'autel, le saint se manifesta dans la suite par beaucoup de miracles[1].

CHAPITRE LXXXI.

Du reclus Marianus.

Dans le même pays vécut Marianus, un ermite[2] qui n'avait pas d'autre nourriture que des fruits sauvages, à moins que quelques personnes ne lui apportassent du miel, comme il arrivait quelquefois, ou qu'il n'en trouvât lui-même dans les forêts. Souvent beaucoup de gens le visitaient, mais un jour ceux qui le cherchaient ne purent le trouver. Cependant, à force de recherches, ces hommes qui étaient venus découvrirent sa trace; ils trouvèrent l'endroit où il s'était agenouillé pour boire l'eau du fleuve, et, étant partis de là, ils le trouvèrent gisant au pied d'un pommier et mort. Par suite de cela le bruit courait parmi le peuple qu'il avait péri

(1) Le corps de S. Ursin était de nouveau perdu quand l'archevêque de Bourges, en 1239, affirma l'avoir retrouvé et le fit enfermer dans une châsse d'argent qu'il plaça sur l'autel. Elle y resta jusqu'à la Révolution.

(2) Mort le 19 août 513. (R.) — Vulgairement *S. Marien*. En Berri, *S. Martin;* en Guyenne, *S. Marjain*. (Godescard, édit. Le Glay.)

tum exhalasse; sed evidenter non est cognitum, quoniam a nullo refertur visum. Tunc viri qui advenerant, elevantes, attulerunt ad vicum Evaunensem : quem ablutum dignisque indutum vestibus sepelierunt in ecclesia, festa obitus ejus per singulos celebrantes annos : ad quæ convenientes populi, crebro ad infirmitatibus sanabantur. Quidam autem de viciuis annonas diu infectas aqua ac germine producto conflatas, facto igne, super vimina contexta torrere parat ad pocula facienda. Accedens autem unus vicinorum ejus, ait : « Quid tu, o homo, hoc detineris in opere? An ignoras quod solemnitas est beati Mariani ? » Qui cum furore respondit : « Putasne, o tu qui hæc loqueris, quod homo elisus ex arbore propter compendia gulæ, angelorum sit relatus consortio, ut sanctus debeat adorari ? Melius est enim opus necessarium in domo exercere, quam talem sanctum excolere. » Quod ille audiens discessit, et cum reliquis ad basilicam sancti abiit, relicto domi vicino in opere laborante. Nec mora, flante vento, apprehenditur domus, incendio exuritur omnis, nec quidquam de substantia restat hominis. Exinde elevati globi flammarum super hospitiola aliorum quæ circumlocata erant, transilientes, hujus hominis aream, sepes, tuguriola vel porcorum vel animalium, reliquaque quæ ad eum pertinebant, flamma perussit; nec quidquam remansit huic misero, quod non fuisset igni succensum. Quod si evenisse quis fortuito putat, admiretur quod nulli vicinorum circummanentium nocuit. Quid nunc agis, o cruda rusticitas, quæ semper in Deum et ejus amicos murmuras, ut tibi exinde damnum acquiras? Alterius igitur hominis malitia furis boves abstulerat, qui, ap-

en tombant de l'arbre; mais, évidemment, l'on n'en savait rien, car personne ne l'avait vu. Les gens qui étaient venus le relevèrent et le portèrent au bourg d'Évaux. Après l'avoir lavé et revêtu d'habits convenables, ils l'ensevelirent dans l'église, et l'on célèbre chaque année la fête de son décès. La population qui s'y rend est fréquemment guérie de ses infirmités. Un homme du voisinage ayant allumé du feu s'apprêtait à faire griller sur des branchages entrelacés des grains qui avaient longtemps macéré dans l'eau et qui s'étaient gonflés en germant. L'un de ses voisins s'approcha et dit : « Comment t'occupes-tu, mon homme, d'une telle besogne? Ignores-tu que c'est la fête du bienheureux Marianus? » Celui-ci répondit avec colère : « Est-ce que tu penses, toi qui parles, qu'un individu tombé d'un arbre pour avoir satisfait sa gourmandise ait été transporté dans la société des anges et doive être adoré comme un saint? Il vaut mieux travailler chez soi à faire ce qui est nécessaire que de vénérer un saint pareil. » L'autre ayant entendu ces paroles se retira et s'en fut comme tout le monde à la basilique du saint, laissant son voisin à la maison occupé de son ouvrage. Aussitôt le vent s'étant élevé enveloppe la maison qui tout entière devient la proie de l'incendie, sans qu'il y reste rien de ce qui était à cet homme; puis des tourbillons de flammes, s'élevant au-dessus des chaumières environnantes qui appartenaient à d'autres et passant par-dessus l'incendie, allèrent détruire le champ de cet homme, ses haies, ses étables de porcs et de bestiaux; enfin il ne resta rien à ce malheureux qui ne fût consumé par le feu. Et si quelqu'un croit qu'il en advint ainsi par hasard, que celui-là admire comment aucun des voisins qui se trouvaient tout autour ne reçut aucun dommage. Que fais-tu donc, ô grossière stupidité des champs, qui, toujours contre Dieu et ses amis vas mumurant, de manière à faire par là que ton mal aille empirant? La méchanceté d'un voleur avait soustrait les bœufs d'un autre

prehenso vestigio, et inter infusos aqua viarum tramites ac profundas luti voragines perdito, ad sancti recurrit sepulcrum, fusaque oratione, dum de basilica fuisset egressus, advertit hominem per aggerem publicum venientem, qui boves illos ante se cum caballo ex itinere lassum prosequens adducebat. Turbatus enim fuerat a via, et quasi amens factus in illam partem de qua egressus fuerat, mente turbata, redibat. Cognoscitque vir ille boves quos perdiderat: hos recipiens, hominem absque calumnia redire permisit, quia cognovit hoc sibi per virtutem sancti Mariani præstitum, cum in illa hora reperit perditum, qua ejus adivit plenus fide sepulcrum : quæ postquam gesta sunt, diligentiore cura confessorem Dei plebs cœpit excolere Bituriga[1].

CAPUT LXXXII.

De Eusitio recluso.

Fuit in hoc territorio et Eusitius[2] vir virtutum, qui, tanquam eremita, inter spinarum condensitatem ab hominum se familiaritate removerat, qui aurum vel divitias mundi hujus tanquam stercora exhorrebat. Ad hunc cum diversi propter diversas infirmitates irruerent, plerumque ei infantes quibus fauces intumuerant deferebantur : quos ille tactu blandissimo pertractans, aiebat, quasi spiritali joco delectans : « Merito, inquit, hæc gula doloribus quatitur, quæ in-

(1) *Biturica*, 2205, 2791.
(2) Alii *Eusicius*. Bell., in titulo, *Usichius;* editi *Eutichius multarum vir*. (R.)

homme qui en découvrit la trace, mais la perdit parmi les sinuosités des routes détrempées d'eau et les profondes fondrières de boue. Il rebroussa chemin jusqu'au sépulcre du saint, et, après y avoir fait sa prière, il sortait de la basilique, lorsqu'il aperçut son homme qui arrivait par la voie publique et fatigué de la route menait les bœufs devant lui en suivant à cheval. Il s'était trompé de chemin et devenant comme insensé, il revenait, dans le trouble de son esprit, du côté par où il était parti [1]. Le volé reconnaît les bœufs qu'il avait perdus, et en les reprenant il laisse aller cet homme sans le traduire en justice, reconnaissant que cette grâce lui avait été accordée par la puissance de Marianus, puisque ce qu'il avait perdu il l'avait retrouvé au moment même où il s'était rendu, plein de foi, au sépulcre du saint. Après ces événements, le peuple biturige se prit à vénérer avec un soin plus assidu le confesseur de Dieu.

CHAPITRE LXXXII.

Du reclus Eusitius.

Dans le même pays il y eut aussi Eusitius [2], homme de vertu, qui s'était retiré comme ermite parmi les épais buissons, loin du commerce des hommes et, qui avait pour l'or et les richesses du monde la répugnance qu'on éprouve pour le fumier. Différentes personnes accouraient à lui pour leurs infirmités, et on lui amenait surtout les enfants qui avaient la gorge enflée. Il les caressait doucement de la main et disait, comme par un jeu d'esprit auquel il se complaisait : « C'est justement que cette gorge est affligée de douleurs,

(1) Une histoire semblable est racontée par l'auteur au chap. XVIII de la *Pass. de S. Julien.*

(2) Mort très-âgé, vers 532. (R.) — Vulgairement *S. Eusice* ou *Ysis.* « On l'honorait sous le nom de S. Ysis dans l'église de S. Marcel à Saint-Denys en France. » (Godescard, édit. Le Glay.)

glutire non sinit. » Sed in Trinitatis nomine signum crucis imponens, infirmas fauces a doloribus et tumoribus liberabat. Quartanariis vero tam præsens beneficium erat, ut aquam tantum benedictam ad bibendum tribuens, continuo eos redderet sanitati. Habebant clerici ejus duo vasa apum : cumque unus ex vicinis ejus quartani typi vexaretur ardore, ad eum veniens solitam ab eodem accipiens medicinam, sanus est redditus; et redire domum cupiens, vasa illa eminus cernit in arbore. Inflammante protinus cupiditate, quæ radix omnium malorum esse describitur, cogitat ea furtim auferre. Inventoque simili sibi satellite, nocte arborem illam petit. Cumque in eam ascendisset, ut socio porrigens vasa deponeret, ecce ab alia parte senex advenit. Quo viso ille qui ad terram erat, fugam petit, nec socio quid caveret exposuit. Senex vero sub arbore stetit, et vas unum quod fur porrexit, mutuo accepit : cumque et alterum vellet auferre, ait sacerdos : « Sufficiat nunc, fili, istud; alterum vero ei qui ipsum laboravit reserva. » Qua ille voce perterritus, se deorsum jactat. At ille apprehensum eum ad cellulam deducens, ait : « Cur, inquit, fili, diabolo præcedente tu sequeris ? Nonne hesterno die ad me veniens, benedictionem Domini accepisti ? Si, inquit, ex melle delectabaris, a me petiisses et ego sine ullo improperio et tuo impedimento, ut tibi fuerat copia, tribuissem. » Tunc et aliis multis verbis arguens eum, favum ei mellis largitus est, et illæsum abire permisit, dicens : « Cave ne ultra repetas, quia furtum Satanæ pecunia est. » Ad hunc ergo senem Childebertus in Hispaniam abiens, venit; cumque ei quinquaginta aureos obtulisset, ait senex : « Quid mihi

puisqu'elle ne veut pas avaler. » Le remède était si prompt pour ceux qui avaient la fièvre quarte que rien qu'en leur donnant de l'eau bénite à boire, il les rendait aussitôt à la santé. Ses clercs avaient deux ruches d'abeilles; or, un de ses voisins tourmenté par le feu de la fièvre quarte vint pour prendre de lui le remède accoutumé, obtint sa guérison; et, comme il songeait à retourner chez lui, il aperçut de loin ces ruches sur un arbre. Aussitôt sa cupidité s'allume, cette racine de tous les maux, comme on la dépeint; il médite de les enlever furtivement. Il trouve un compagnon semblable à lui et vient à l'arbre pendant la nuit. Mais comme il y était monté pour passer les ruches à son associé, voilà que de l'autre côté arrive le vieillard. A sa vue, celui qui était à terre prend la fuite sans dire à son compagnon pourquoi il se sauvait. Le vieillard se mit sous l'arbre et prit la ruche que le voleur lui présenta; mais, comme il voulait encore enlever l'autre, le prêtre dit : « Que celle-ci suffise pour le moment, mon fils; quant à l'autre, réserve-la pour celui dont elle est le travail. » L'homme terrifié par cette voix se jette en bas. Eusitius le prend, le conduit à sa cellule et dit : « Pourquoi, mon fils, suis-tu le diable qui te mène? N'as-tu pas, hier, lorsque tu vins à moi, reçu la bénédiction du Seigneur? Si tu aimais le miel, ajouta-t-il, et que tu m'en eusses demandé, je t'en aurais donné sans te faire de reproche ni te causer de dommage, avec la même abondance de bien qui t'avait été déjà accordée. » Puis, l'instruisant par beaucoup d'autres paroles, il lui fit don d'un rayon de miel et lui permit de s'en aller sans dommage en lui disant : « Prends garde de recommencer une autre fois, car le vol est de l'argent pour Satan. » Lorsque Childebert partit pour l'Espagne[1], il vint vers ce vieillard et lui offrit cinquante sous d'or. Celui-ci dit : « Pourquoi m'apportes-tu

(1) En 531. (R.)

ista profers? illis qui ea pauperibus largiantur attribue, mihi autem hæc necessaria non sunt. Sufficit mihi, ut pro meis peccatis Dominum merear deprecari. » Et adjecit : « Vade et victoriam obtinebis, et quod volueris ages. » Tunc rex aurum pauperibus erogans, vovit ut si eum Dominus cum sua gratia de itinere illo reduceret, in honore Dei basilicam in eo loco ædificaret, in qua senis membra quiescerent. Quod postea adimplevit.

CAPUT LXXXIII.

De Maximo Regiensi episcopo.

Maximus Regiensis[1] episcopus atque confessor, sæpius se incolis in multis virtutibus manifestat; ad cujus sepulcrum non solum cæci illuminantur, sed etiam et alia morborum genera ejus virtutibus depelluntur. Nuper autem quæ gesta cognovi referam. Puerulus erat quasi annorum trium, adhuc ad matris dependens ubera. Hic a febre correptus, dum genitricis manibus bajulatur, taliter est addictus, ut nec papillam, nec alium cibum sumere posset. Interea dum per triduum graviter agens, amatorum bajularetur in ulnis, ait quidam ex famulis : « Utinam ad sepulcrum beati Maximi hic parvulus deferretur. Confidimus enim de ejus meritis, quod possit eum sanitati pristinæ restaurare. » Qui dum defertur inter amatorum manus, spiritum anhelus emisit : quod cernentes parentes ejus, flentes ac clamantes, projecerunt eum ante sepulcrum beati Maximi confessoris, clausisque ostiis reliquerunt corpus exanime. Nocte vero in la-

(1) 2204, 2205, 2791, *Regensis.*

cela? Donne-le à des gens qui en fassent présent aux pauvres, car pour moi ces sortes de choses ne me servent pas. Il me suffit d'avoir la faculté de prier Dieu pour mes péchés.» Puis il ajouta: « Va; tu obtiendras la victoire et feras ce que tu auras résolu. » Le roi alors, distribuant son or aux pauvres, fit vœu que, si le Seigneur lui accordait un favorable retour, il édifierait en ce lieu une basilique en l'honneur de Dieu, dans laquelle reposerait le corps du vieillard. Il accomplit ce vœu plus tard.

CHAPITRE LXXXIII.

De Maxime, évêque de Riez.

Maxime, évêque de Riez et confesseur, se manifeste souvent aux gens de la campagne par beaucoup de miracles[1]. A son tombeau, non-seulement les aveugles deviennent clairvoyants, mais les autres genres de maladie sont aussi chassés par son pouvoir. Je rapporterai ce que j'ai vu arriver dernièrement. Il y avait un petit enfant de près de trois ans, encore pendu aux mamelles de sa mère. Saisi de la fièvre pendant que sa mère le portait dans ses bras, cet enfant devint tellement abattu qu'il ne pouvait prendre ni le sein, ni aucune autre nourriture. Il était en danger depuis trois jours, bercé sur les bras de ceux qui l'aimaient, lorsqu'un des serviteurs dit: « Plût à Dieu que ce petit fût porté au tombeau de saint-Maxime ; car nous avons confiance qu'il pourrait, par ses mérites, lui rendre sa première santé.» Les amis l'emportent dans leurs mains, mais en route il expire. Voyant cela, ses parents, au milieu des pleurs et des cris, le posent à terre devant le sépulcre du bienheureux confesseur Maxime, et, ayant fermé les portes, laissèrent là ce corps inanimé. La

(1) Évêque de Riez en 433 ; mourut en 460. (R.)

mentatione deducta, cum redditus terræ dies alius illuxisset, reseratis ædis sacratæ ostiis, infantulum erectum per cancellos sepulcri trahentem se, atque ambulare conantem aspiciunt. Nondum enim ei erat ætas perfecta ut recte posset incedere. Quod admirantes parentes gavisi sunt : suscepitque eum mater mœsta cum gaudio, ac domui restituit sanum. Ipsum autem puerum jam adultum vidi, qui nobis hæc retulit.

CAPUT LXXXIV.

De Valerio episcopo.

Valerius beatus confessor, Consoranensium primus episcopus, hoc se revelavit modo. Nam oratorium super se constructum prius habuit ; sed per incuriam ruens, oblivioni datum est quo in loco quiesceret : hoc tantum ab incolis ferebatur, quod fuisset ante sanctum altare sepultus. Adveniens autem Theodorus episcopus oratorio ipso in majori spatio ampliato, magnam effecit basilicam : deinde sanctum venerabilis viri corpus inquirens, reperit duo sepulcra, sed nesciebat quis esset sacerdotis illius e duobus. Tunc, convocato clero, vigilias tota celebrat nocte, deprecans ut sibi beatus confessor quo in loco jaceret exponeret, implevitque duas ampullas vino, et posuit super unumquodque tumulum, dicens : « In quo falerna fuerint ampliata, ipsam manifestum sit esse Valerii antistitis sepulturam ». Data vero luce egressus de basilica, et ostiis sigillis munitis, dedit membra sopori. Surgens autem ad horam tertiam, venit ad sanctam basilicam, reseratis ostiis, cum clero et populo ; reperit ampullam unam parumper vini habentem, alteram

nuit se passa en lamentations. Quand brilla le jour, de nouveau rendu à la terre, en ouvrant les portes de l'édifice sacré, on aperçut le petit enfant tout debout, s'accrochant aux barreaux du tombeau et s'efforçant de marcher. Or, il n'avait pas encore atteint l'âge de marcher tout à fait. Les parents furent dans l'admiration et l'allégresse ; la triste mère le prit, joyeuse, et le remporta guéri chez elle. Ce même enfant, je l'ai vu devenu adulte et c'est lui qui nous a raconté cela.

CHAPITRE LXXXIV.

De l'évêque Valérius.

Le bienheureux confesseur Valérius[1], premier évêque de Conserans, se révéla de la manière suivante. Il y avait eu, dans l'origine, un oratoire construit sur son corps, mais qui tomba en ruine par incurie, et l'on oublia le lieu dans lequel il reposait : seulement les habitants le disaient enterré devant le saint autel. Mais vint l'évêque Théodore, qui, ayant considérablement agrandi cet oratoire[2], en fit une grande basilique, puis rechercha le corps sanctifié du vénérable personnage et trouva deux sépulcres ; mais il ne savait lequel des deux était celui de l'évêque. Alors il convoque le clergé, célèbre pendant toute la nuit les vigiles en priant, afin que le bienheureux confesseur lui indique l'endroit où il gît, et il remplit de vin deux flacons qu'il posa sur chacun des deux sépulcres en disant : « Fais qu'il soit manifesté par celui dans lequel la liqueur augmentera de volume que c'est celui-là qui est placé sur la sépulture du pontife Valérius. » Quand le jour parut, il sortit de la basilique, plaça des scellés sur les portes et fut livrer ses membres au repos. A la troisième heure il se leva et vint avec les clercs et le peuple à la basilique sainte, dont on ouvrit les portes. Il trouva l'un des flacons n'ayant qu'un peu de vin, l'autre débordait tellement

(1) Il vivait vers la fin du cinquième siècle.
(2) En 550. (R.)

vero in tantum ore patulo exundare, ut totum beati pontificis ablueret monumentum. Per hoc itaque cognovit sacerdos quis esset Valerii episcopi tumulus. Sed evidentius adhuc scire cupiens, detegit monumentum, amotoque opertorio, reperit venerabile corpus valde integrum, de quo non cæsaries decidua, non barba fuerat diminuta, neque aliquid in cute corruptum aspiciebatur aut tetrum : sed erant omnia illæsa, ac si nuper fuissent recondita, tantusque odor suavitatis fragrabat e tumulo, ut non dubitaret uribi quiescere Dei amicum. Lauri etiam folia sub se habebat strata, de quibus assumens episcopus, multis infirmis præbuit medicinam. De vestimentis igitur ejus reliquias sumpsit : rursumque operto tumulo venerandum deinceps antistitem honoravit, multaque miracula de his pignoribus cernens in posterum.

CAPUT LXXXV.

De Silvestro Cabillonensi episcopo.

Beatissimus vero Silvester Cabillonensem[1] rexit ecclesiam, qui, quadraginta duobus annis sacerdotio ministrato, plenus dierum atque virtutum migravit ad Dominum. Habuit autem lectulum funibus subtilibus innexum : sub quo cum semel atque iterum infirmi, sive quartanarii sive variis febribus oppressi subderentur, statim virtute divinitus indita, sanabantur. Idcirco hic lectulus in ecclesiæ sacrarium deportatus, simili virtute nitescit. Multi enim, sicut oculis propriis inspexi, abscissis de funibus illis particulis, in longin-

(1) Cavillonensim, 2204; *Cavillonensem*, 2205; *Cabillonensim*, 2791.

par sa large ouverture qu'il baignait tout le tombeau du bienheureux pontife. Par là donc, l'évêque Théodore sut quel était le tombeau de l'évêque Valérius. Désirant s'en instruire d'une manière plus certaine encore, il ouvrit le monument en écartant son couvercle et trouva le corps vénéré presque intact; la chevelure n'en était pas tombée, la barbe n'avait pas diminué et l'on ne voyait sur la peau rien de corrompu ni rien de sale; le tout était entier comme s'il avait été récemment enseveli, et le tombeau exhalait une odeur tellement suave qu'on ne pouvait douter que ce ne fût le lieu de repos d'un ami du Seigneur. Il y avait aussi sous le corps un lit de feuilles de laurier; l'évêque prit de ces feuilles et s'en servit pour soulager bien des malades. Il prit encore pour reliques des morceaux du vêtement, referma le sépulcre et continua d'honorer le prélat vénérable, dont il vit par la suite les reliques opérer beaucoup de miracles.

CHAPITRE LXXXV.

De Silvestre, évêque de Chalon.

Le bienheureux Silvestre qui gouverna l'église de Chalon, après avoir exercé pendant quarante-deux ans son ministère, passa au Seigneur, plein de jours et de vertus[1]. Il avait un lit tressé de fines cordes, sous lequel les malades, soit qu'ils souffrissent de la fièvre quarte ou d'autres fièvres diverses, reprenaient sur-le-champ, lorsqu'ils s'y étaient mis, la santé, grâce à la puissance divine dont ce lit était doué. Aussi, transporté dans le trésor de l'église, il continue d'y briller de la même vertu. Beaucoup de gens, comme je l'ai observé de mes propres yeux, coupaient des parcelles de ces

(1) Il souscrivit à divers conciles en 509 et 517. (R.)—Son épiscopat remonte à l'an 490 environ.

quum deferebant, ipsisque super infirmos locatis, sanitatis adesse beneficium contuebantur. Nam mater mea ab hoc decisa particula, ut puellæ a frigoribus febricitanti collo dependi fecit, morbo extemplo depresso, puellam sanam aspexit.

CAPUT LXXXVI.

De Desiderato ejusdem territorii recluso.

In hac urbe fuit et Desideratus presbyter, quem ego apud monasterium Gurthonense[1] vidi virum sanctitate magnificum, qui sæpius frigoriticis, dolore dentium laborantibus aliisque morbis, orando finem imposuit. Nam usque quoque reclusus erat, hoc est non egrediebatur e cellula : sed qui voluisset videbat eum in cellula. Hic, ut diximus, eximiis illustratus virtutibus emicuit sæculo. Quod audiens benedictus Agricola episcopus, misit archidiaconum suum, ut beatum urbis cœmeterio deferret : sed resistentibus monachis, quod jussus fuerat non implevit. Posthæc, ædificato xenodochio leprosorum sacerdos suburbano, in ejus basilicam collèctis abbatibus et omni clero, beatum corpus transtulit, et in basilica superius memorata summo studio sepelivit : qui se nunc vivere eum Christo magnis virtutibus manifestat.

CAPUT LXXXVII.

De Joanne abbate.

Fuit in Tornodorensi pago in parochia Lingonicensi vir sanctitate præcipuus Johannes abbas, juxta sui no-

(1) In historia inventionis ejus *Guerdonensi*. (R.) — 2204, 2791. *Gurthonensim*.

cordes, les portaient au loin, et lorsqu'ils les mettaient sur des malades ils voyaient le privilége de la santé leur revenir. En effet, ma mère en ayant coupé un morceau le fit pendre au cou d'une jeune fille que les frissons faisaient trembler; aussitôt la maladie fut étouffée, et ma mère vit la jeune fille bien portante.

CHAPITRE LXXXVI.

De Désiré, reclus, du même pays.

Dans la même cité vécut aussi le prêtre Désiré, que je vis dans le monastère de Gourdon[1], homme magnifique de sainteté, qui fit souvent cesser, en priant, les fièvres, les douleurs de dents et les autres maladies. Il était reclus, en ce sens qu'il ne sortait point de sa cellule; mais dans cette cellule le voyait qui voulait. Il brilla dans le monde, comme nous l'avons dit, décoré de vertus excellentes. Le bon évêque Agricola[2] en étant informé envoya son archidiacre pour porter le saint au cimetière de la ville; mais les moines s'y étant opposés, l'archidiacre ne put remplir l'ordre qu'il avait reçu. Plus tard, ayant construit dans le faubourg un hôpital de lépreux, l'évêque assembla dans l'église de ce même lieu, les abbés et tout le clergé, fit la translation du bienheureux corps, qu'il ensevelit avec le plus grand soin dans la basilique dont il vient d'être parlé, et qui démontre par d'importants miracles qu'il vit maintenant avec le Christ.

CHAPITRE LXXXVII.

De l'abbé Jean.

Il y eut au pays de Tonnerre, dans le diocèse de Langres, un homme éminent par sa sainteté, l'abbé Jean[3], favorisé de la

(1) En Charolais. Il mourut en 570. (R.)
(2) Cf. *Hist.*, V, XLVI.
(3) Mort en 539.

minis etymologiam divina gratia præventus. Denique fertur quia cum monasterium ædificare vellet quod Reomatis nuncupatur, et fratres nimiam aquæ penuriam paterentur, reperit puteum immani profunditate altum, ubi pessimus serpens basiliscus habitabat. Hic itaque divina invocatione perempto serpente, ac mundato puteo, puteum potabilem fratribus reddidit : de qua aqua et nos cum Lugdunum pergeremus a fratribus illius monasterii benigne suscepti, causa miraculi hausimus, cujus etiam haustu plurimi frigoritici curantur. Fertur et de præfato viro tale miraculum. Quidam fratricida, pro enormitate criminis ferreis circulis alligatus, præceptum habuit ut septem annis loca sanctorum peragrando circuiret. Hic cum Romam venisset, revelatione divina comperit non aliter se posse absolvi, nisi ad sancti corporis reliquias Joannis Reomaensis abbatis perveniret. Hic ergo passim lustrando loca, tandem devenit ad basilicam, ubi haud longe a monasterio sacratissimum corpus ejus locatum est : ibique orationibus ac vigiliis incubans, vinculis omnibus absolutus est. Vixit vir hic justus et vir religiosus, sicut legislator Moyses, centum viginti annis, cujus nec oculus caligavit, nec dens motus est : fuit autem institutor viri memorabilis de quo in suo loco narrabimus.

CAPUT LXXXVIII.

De Sequano abbate.

Magnæ autem virtutis fuit et ille Sequanus[1] Lingonici[2] abbas territorii, qui vivens sæpe homines a vin-

(1) *Secanus*, 2791.
(2) *Lignonici*, 2204.

grâce divine, conformément à l'étymologie de son nom [1]. On rapporte qu'il était occupé à construire le monastère qu'on appelle Réome, et que les religieux souffraient de la trop grande rareté de l'eau, lorsqu'il trouva un puits d'une profondeur immense, qu'habitait un serpent basilic de la pire espèce. Par le secours d'une invocation faite à Dieu, il tua le serpent, et ayant nettoyé le puits, il rendit son eau potable pour les moines. Nous-mêmes, reçus avec bienveillance par les frères de ce monastère en nous rendant à Lyon, nous avons bu de cette eau, qui avait été l'occasion du miracle et qui guérit souvent les fiévreux qui en boivent. L'on raconte aussi d'un homme le miracle suivant. Un certain fratricide qui, pour l'énormité de son crime, était attaché avec des cercles de fer [2], reçut l'ordre de parcourir en cet état les lieux saints pendant sept ans. Cet homme étant allé à Rome comprit, d'après une révélation divine, qu'il ne pouvait point être délivré autrement qu'en se rendant auprès des reliques du saint corps de Jean, abbé de Réome. A force donc de visiter çà et là les saints lieux, il parvint à la basilique où, non loin du monastère, se trouve placé ce très-saint corps [3], et là, s'étant plongé dans les oraisons et les veilles, il fut délivré de tous ses liens. Jean, cet homme juste, cet homme pieux, vécut cent vingt ans, comme le législateur Moïse, sans que sa vue s'affaiblît ni qu'une de ses dents tombât. Il fut l'instituteur du mémorable personnage dont nous allons parler en son lieu.

CHAPITRE LXXXVIII.

De l'abbé Sequanus.

Ce fut encore un homme de grande vertu, ce Sequanus [4], abbé du pays de Langres, qui de son vivant libéra souvent

(1) Ici Grégoire se fait hébraïsant. Dans le *Thesaurus linguæ Hebr.* de Guill. Gesenius, on trouve en effet (t. II, p. 581, édit. de Leipsick, 1839, in-4°) parmi les dérivations de Jéhova, cette forme : *Quem Jehova donavit qui dicitur* Θεοδῶρος... ; *indè græca nomina* Ἰωαννᾶς *et* Ἰωάννης. »

(2) Voy. *Eclaircissements et observ.*

(3) Son sépulcre, en pierre, se voyait encore du temps de Ruinart. Les bâtiments de l'abbaye de Moutier-Saint-Jean, soit Saint-Jean de Réome ou de Réomay, à deux lieues de Semur, ont été entièrement reconstruits au siècle dernier; et de l'église il ne reste plus qu'une porte richement sculptée dans le goût du XIVe siècle.

(4) *Saint-Seine.* Ruinart dit que de son temps on conservait les reliques de ce saint dans l'abb. de Saint-Seine, près Dijon, laquelle existe encore.

culo diabolici nexus absolvit, et post obitum ad sepulcrum suum ergastulari catena revinctos liberos meritis suis abire permisit. Denique Guntchramnus[1] rex cornu cujus voce vel molossos colligere, vel illa corneorum arboreorum armenta effugare consueverat, furto ablatum perdidit : quæ res multos in vincula conjecit, nonnullos facultate privavit. Ex quibus tres viri memorati confessoris monumentum petierunt : quo rex comperto, jussit eos catenis atque compedibus necti. Factumque est ita. Media nocte veró lux in basilica humana luce clarior oritur : dissiliunt ferrearum pedestrium repagula, catenarumque disruptis baccis vincti laxantur. Quo audito, rex exterritus velocius eos liberi arbitrii potestate donavit.

CAPUT LXXXIX.

De Marcello Parisiorum episcopo.

Marcellus vero Parisiacæ urbis episcopus, qui quondam, ut in ejus Vita legitur, serpentem immensum hoc depulit ab oppido, et nunc in ipsius civitatis vico quiescit. Ad cujus tumulum cum Ragnimodus presbyter, qui nunc ejus municipii habetur sacerdos, quartano typo veniens decubasset, totaque die jejunio et orationi vacasset, facto jam vespere obdormivit. Expergefactus vero post paululum a somno, incolumis surrexit a tumulo.

CAPUT XC.

De Germano ejusdem urbis episcopo.

Ingrediente autem Chilperico rege in urbem Parisiacam, sequenti die quam rex ingressus est civitatem,

---

(1) Gunthrannus, 2791.

les hommes du lien de leurs obligations envers le diable, comme après sa mort il permit par ses mérites à des gen attachés à la chaîne des prisonniers, lorsqu'ils venaient à son tombeau, de s'en aller librement. Le roi Gontran perdit par suite d'un vol la corne au son de laquelle il rassemblait ses chiens et donnait la chasse aux troupeaux de cerfs aux bois rameux. Cette affaire jeta beaucoup de personnes en prison; à quelques-unes elle enleva leur fortune. Trois hommes d'entre ceux-ci vinrent au tombeau du confesseur dont il vient d'être parlé; ce que le roi ayant appris, il ordonna qu'on leur mît les chaînes aux mains et aux pieds; ce qui fut aussitôt fait. Mais à minuit apparaît dans l'église une lumière plus éclatante que la lumière terrestre ; la barre des fourches qui emprisonnaient les pieds se brise, les anneaux des fers qui liaient les mains se rompent, et les hommes sont déchaînés. Ayant appris cela, le roi, terrifié, leur donna aussitôt le pouvoir d'aller où ils voudraient.

CHAPITRE LXXXIX.

De Marcel, évêque de Paris.

Marcel, évêque de la cité de Paris[1], qui jadis, ainsi qu'on le lit dans sa Vie, chassa de cette ville un énorme serpent, repose maintenant dans le faubourg même de Paris. Ragnimod, qui est à présent l'évêque de ce municipe, étant venu, lorsqu'il était prêtre, au tombeau de Marcel, avec la fièvre quarte, et s'y étant couché, s'endormit sur le soir, après avoir passé tout le jour dans le jeûne et la prière. Tiré peu après de son sommeil, il se releva de dessus la tombe, sain et sauf.

CHAPITRE XC.

De Germain, évêque de la même ville.

Lorsque le roi Chilpéric entra dans la ville de Paris, le jour qui suivit son entrée, fut redressé un paralytique qui se

(1) Au quatrième siècle.

paralyticus, qui in porticu basilicæ sancti Vincentii, in qua beatus Germanus requiescit in corpore, residebat, dirigitur : mane autem facto, exspectante populo, gratias beato antistiti referebat. Nam sæpe ibi et gressus paralyticorum et cæcorum visus virtute sancti restituuntur, et raro advenit ejus solemnitas quin ibi ejus virtus ostendatur.

CAPUT XCI.

De Genovefa virgine sanctissima [1].

Est ibi et sancta Genovefa in basilica sanctorum sepulta apostolorum, quæ in corpore posita tantum in virtute prævaluit, ut mortuum suscitaret. Ad cujus tumulum sæpius petitiones datæ suffragium obtinent; sed et frigoriticorum febres ejus virtute sæpissime restinguuntur.

CAPUT XCII.

De sepulcro beati Lusoris.

In Dolensi autem Biturigi[2] termini vico beatus Lusor, Leucadii[3] quondam senatoris filius, requiescit, qui fertur in albis migrasse a sæculo : in crypta vero positus super pavimentum, sepulcrum habens ex marmore Pario mirabiliter exsculptum. Factum est autem ut quadam vice sanctus Germanus, Parisiacæ urbis episcopus, ad hunc tumulum vigilias celebraret, haud procul formulam habens, in qua genua, cum necessitas cogeret, deflectebat. Factum est autem in una

---

(1) Laud., Bell. et Colb. a : *De Genovefa religiosa.*
(2) *Dolense.... Biturici*, 2205.
(3) 2205 *Leucadi*, 2791 *Leocadi.*

tenait sous le portique de la basilique de Saint-Vincent, dans laquelle repose le corps du bienheureux Germain[1]. Le matin venu, en présence du peuple, il rendait grâce au saint évêque. Là, en effet, la vertu du saint rend souvent aux paralytiques la faculté de marcher, la vue aux aveugles, et rarement sa fête se passe sans que sa puissance s'y manifeste.

CHAPITRE XCI.

De la très-sainte vierge Geneviève.

Au même endroit, dans la basilique des saints apôtres, est aussi ensevelie sainte Geneviève[2], qui, lorsqu'elle était dans son corps charnel, dominait d'un tel pouvoir qu'elle ressuscita un mort. Les demandes apportées à son tombeau obtiennent souvent d'être exaucées. Très-souvent aussi les maux des fiévreux sont apaisés par sa puissance.

CHAPITRE XCII.

Du sépulcre du bienheureux Lusor.

A Deols, bourg du pays Biturige, repose le bienheureux Lusor[3], fils de Leucadius, jadis sénateur, qui, dit-on, fut enlevé du monde étant dans la robe blanche du baptême. Il est posé sur le pavé de la crypte, et son sépulcre est en marbre de Paros admirablement sculpté. A une certaine époque, saint Germain, évêque de la cité de Paris, célébrait les vigiles à ce tombeau, ayant à sa portée un petit banc sur lequel il fléchissait les genoux quand il le fallait. Pendant l'une

(1) Né vers 495; évêque de Paris de 554 à 576, année de sa mort.

(2) Morte le 3 janv. 509. (R.)

(3) Vulgairem. *S. Ludre;* troisième siècle. Son tombeau, belle sculpture gallo-romaine, représentant une grande chasse et diverses scènes de la vie des champs, existe encore dans une crypte de la petite église de Déols. Il est dessiné dans les *Esquisses du dép. de l'Indre*, par MM. de la Tremblais et de la Villegille; Châteauroux, in-4°, 1854.

vigiliarum nocte, dum psalmos lectionis Davidicæ decantarent, stationis labore lassi clerici, quasi pro aliquo relevamine, se super sepulcrum sancti defixis ulnarum compagibus sustentarent. Contremuit illico beati tumulus confessoris, et sibi injuriam irrogari præsenti vibratione fatetur. At Germanus pontifex, pavore perterritus, amoveri desuper præcepit somnolentos, dicens : « Absistite, o segnes, procul a tumulo, ne sancto Dei molestia inferatur. » Quibus amotis, tremorem illum deinceps non senserunt. Sed nec illud placuit præteriri, quod cuidam pauperi idem Lusor beatus per visum apparuit, præcepitque cellulam emundari in qua, ut ferunt, infantiæ vagitus exegerat : sed cum pauper ille bis commonitus agere jussa differret, apparuit ei tertio, dicens : « Si feceris quæ præcipio, unum triantem pro obedientiæ famulatu recipies. » Ille vero consurgens, cellula scopis mundata, abluta aqua, herbisque respersa, stabat attonitus pollicitam promissionem opperiens, donec nutu Dei advertit triantem in pavimento lucere, quem colligens lætus abscessit.

CAPUT XCIII.

De Maximino Treverorum episcopo.

Est et apud urbem Trevericam suburbano sanctus Maximinus, magnus cum Domino populi illius advocatus, ad cujus tumulum sæpe cernuntur miracula gloriosa. Tempore enim Theodoberti regis Arboastes[1] quidam presbyter cum Franco quodam intendebat, rege præsente. At dum hæc agerentur, rex loca sancta

(1) Plerique (inter q. 2204) *Arboastis;* Colb. tut.; *Arbogastis*. (R.)

des nuits des vigiles, comme on chantait les psaumes du livre de David, il arriva que les clercs fatigués de se tenir debout se soutenaient en appuyant leurs coudes par manière de soulagement sur le tombeau du saint. Aussitôt le sépulcre du bienheureux confesseur trembla, et par cette vibration indiqua qu'on lui faisait injure. L'évêque Germain, saisi de crainte, donna l'ordre aux endormis de s'écarter et leur dit : « Retirez-vous loin du tombeau, paresseux, de peur de molester le saint de Dieu. » Lorsqu'ils se furent éloignés on n'entendit plus ce tremblement. Il ne faut pas oublier non plus que le bienheureux Lusor apparut en songe à un pauvre, et lui ordonna de nettoyer la chambre dans laquelle il avait, dit-on, poussé les vagissements de l'enfance. Comme le pauvre, deux fois averti de cette manière, différait d'exécuter ces ordres, il apparut une troisième fois, disant : « Si tu fais ce que j'ordonné, tu auras un triens pour récompenser ton obéissance. » Lui se leva, balaya la chambre, la lava d'eau, la couvrit d'herbes, et se tenant debout, dans l'étonnement, attendait la récompense promise, quand, par la permission de Dieu, il remarqua un triens qui brillait sur le pavé, et il s'en alla joyeux après l'avoir ramassé.

CHAPITRE XCIII.

De Maximin, évêque de Trèves.

A Trèves, dans le faubourg de la ville, est saint Maximin[1], grand avocat du peuple de ce pays, auprès de Dieu, et au tombeau duquel se voient souvent de glorieux miracles. Dans le temps du roi Théodebert, un prêtre nommé Arbogast plaidait avec un certain Franc par-devant le roi. Au moment où cela se passait, le roi visitait, pour y prier, les

(1) Mort en 349. (R.)

urbis, quæ sub urbis illius vicis habentur, causa visitabat orationis. Cum autem videret rex prosecutionem presbyteri esse callidam, conversus ad eum : « Si vera sunt, inquit, quæ prosequeris, hoc super tumulum Maximini antistitis sacramento confirma. » — « Audeo ait hæc presbyter quæ præcipis adimplere. » Et statim ponens manus super sanctum sepulcrum, dixit : « Hujus sancti virtute opprimar, si aliquid falsi loquor de his quæ prosecutione mea contra hunc Francum insisto. » Fremente autem barbaro et quasi contra sanctum Dei furibundo, egressi sunt de basilica : cumque per viam pariter pergerent, subito delapsus presbyter solo pessumdedit, et mortuus est. Laudavitque deinceps barbarus virtutem sancti, cui prius detraxerat. Sicque archidiaconus urbis ipsius, cum a Nicetio episcopo pro adulterii crimine pulsaretur, sacramento se ad hujus sancti sepulcrum purificari expetiit : ingressusque primum cryptæ limen, restitit quasi stupens; dehinc descendens per gradus ad aliud ostium venit; cumque ad tertium accedere vellet, protinus febre correptus, gressum amplius figere non audens, crimen quo imputabatur, in discrimine mortis positus, est confessus, deprecans populum ut pro se vel sancti antistitis, vel episcopi sui suffragia flagitaret. Sed statim ut confessus fuit, ab impulsu febris erutus, sui antistitis est in charitate receptus.

CAPUT XCIV.

De Nicetio ipsius urbis episcopo.

Nicetius autem, ut supra diximus, ipsius urbis episcopus, eleemosynæ, charitatis sanctitatisque totius

lieux saints du diocèse qui se trouvent dans les faubourgs de cette ville. Or, voyant que la poursuite intentée par le prêtre était artificieuse, le roi, se tournant vers lui : « Si ce que tu prétends est vrai, dit-il, confirme-le par serment sur le tombeau de l'évêque Maximin. » — « Ce que tu demandes, répondit le prêtre, j'oserai l'accomplir. » Et aussitôt, posant les mains sur le sépulcre saint, il dit : « Que je sois écrasé par la puissance de ce saint si je dis quoi que ce soit de faux dans les demandes que je poursuis contre ce Franc. » Le barbare frémissant était presque furieux contre le saint, et ils sortirent ainsi de la basilique. Comme ils marchaient ensemble par le chemin, tout à coup le prêtre chancela, tomba sur le sol et mourut. Le barbare, alors, loua la vertu du saint qu'il avait d'abord décrié. Ce fut de la même manière que l'archidiacre de cette ville, accusé par l'évêque Nizier du crime d'adultère, tenta de se purger par le serment au tombeau de saint Maximin ; en passant la première porte de la crypte il resta comme stupéfié ; puis, descendant les escaliers, il arriva à la seconde porte, et, comme il voulait s'approcher de la troisième, il fut immédiatement saisi de la fièvre et n'osa point faire un pas de plus. Se trouvant en danger de mourir, il avoua le crime qui lui était imputé en suppliant le peuple d'implorer pour lui soit le saint confesseur, soit l'évêque Nizier. Aussitôt délivré, ainsi qu'il l'avoua, de l'agitation fébrile, il rentra en grâce auprès de son évêque.

CHAPITRE XCIV.

De Nizier, évêque de la même ville.

Nizier, évêque de la même ville, comme nous l'avons dit ci-dessus, resplendit par le mérite de toute espèce de charité

refulsit merito, dum in corpore commoratus est. Hic a sæculo migrans, ad basilicam sancti Maximini prædecessoris sui sepultus est. Ad cujus nunc tumulum vinctorum catenæ franguntur, energiam incursionis diabolicæ patientes extrusis dæmonibus liberantur, cæcorum oculi plerumque remotis tenebris lumine infunduntur. Jam de perjuris quid dicam? Si quis enim ibi falsum juramentum proferre ausus fuerit, illico divina ultione corrigitur : nec quisquam hæc vel loqui audet si, conscientia torquente, reum se esse cognoverit, quod ibi sacramentum præsumat exsolvere.

CAPUT XCV.

De Medardo Suessionensi (*alias* Noviomensi [1]) episcopo.

Medardus vero gloriosus confessor juxta urbem Suessionis [2] quiescit. Ad cujus sepulcrum sæpe compedes miserorum confractos aspeximus. Post scriptum de mirabilibus ejus librum, mulier manu debilis devote expetiit beati præsidia sacerdotis : denique cum reliquis vigilias fide integra celebrat, confisa ab ejus virtute manus humore ligatas posse dissolvi, qui infelicium catenas potentia virtutis eximeret. Factum est autem dum missæ celebrarentur, resolutis nervorum arentibus ligaturis, gratias confessori referens, atque ad sanctum altare accedens, gratiam benedictionis accepit incolumis. Et quia priusquam templum ædificaretur, erat super sepulcrum sancti cellula minutis contexta virgultis, et dedicato templo hæc fuit amota,

---

(1) 2204, 2791, *Suessionensi.*
(2) Alii *Sessionis*, *Sessionas;* editi *Suessionicam.* (R.)

et de sainteté pendant qu'il demeura dans son enveloppe corporelle[1]. Lorsqu'il sortit de ce monde, il fut enseveli dans la basilique de saint Maximin, son prédécesseur. Maintenant auprès de son tombeau, les chaînes des prisonniers sont brisées, ceux qui souffrent de la violence des attaques du diable sont délivrés par l'expulsion des démons, souvent les yeux des aveugles se remplissent de lumière et leurs ténèbres sont chassées. Et quant aux parjures, que n'en dirai-je pas? Car si quelqu'un ose proférer un faux serment en ce lieu, la vengeance divine le punit sur le champ; et personne n'ose d'ailleurs en prononcer, quand les tiraillements de sa conscience lui disent qu'il est coupable, parce qu'il sait d'avance qu'il aurait à rendre compte de son serment.

CHAPITRE XCV.

De Médard, évêque de Noyon (ou de Soissons).

Le glorieux confesseur Médard repose auprès de la ville de Soissons[2]. Nous avons vu souvent à son sépulcre se briser les chaînes des malheureux. D'après le livre écrit sur ses miracles, une femme infirme de la main implora dévotement les secours de l'évêque. Puis elle célébra les vigiles avec les autres, et d'une foi parfaite, convaincue que ses mains liées par l'hydropisie pourraient être délivrées par la vertu de celui qui, de sa vertu puissante, enlève leurs chaînes aux malheureux. Pendant que les messes se célébraient, il se fit une résolution des ligatures de ses nerfs; rendant grâce au confesseur, elle s'approcha du saint autel et reçut par sa guérison la grâce d'être bénie. Avant que le temple ne fût construit, comme il y avait sur le sépulcre du saint un bosquet composé de petits arbustes et qu'il fut enlevé lorsqu'on dédia

(1) Il mourut vers 566, le 5 déc. (R.) — Voy. *Vitæ Patr.*, c. XVII.
(2) Cf. *Hist.*, IV, XIX.

dignum est ut de ipsius ligni tenuitate magnum aliquid proferamus. Nam sæpius de eo hastulæ factæ parumper acutæ dolori dentium remedia contulerunt. Hæc audiens Charimeris, qui nunc referendarius Childeberti regis habetur, dum de hoc dolore laboraret, basilicam sancti expetiit, ut sumpturus ex ligno a virtute sancti medicinam mereretur accipere, sed veniens ostium reperit obseratum. Confisus ergo quia virtus beati ubique sit præsens, extracto cultro hastulam excutit ab ostio. Statimque ut dentes attigit, noxius dolor abscessit. Habetur apud nos et baculus ejus, de quo plerumque infirmi medicamina sunt experti.

CAPUT XCVI.

De Albino Andecavorum episcopo.

Albinus autem confessor, cujus nuper Vitæ liber a Fortunato est conscriptus presbytero, obtinet et ipse impertiente merito suum ostendi miracula ad sepulcrum. Aderat igitur dies solemnitatis, in quo paralyticus membris omnibus debilis, evectus plaustro, ante vitream absidæ qua sancta concluduntur membra sedebat, datusque sopori vidit virum ad se venientem, et dicentem sibi : « Quousque dormitas, et sanus fieri non desideras ? » Qui ait : « Utinam merear sanus fieri. » Dixitque ei vir : « Cum signum ad cursum horæ tertiæ audieris insonare, surge continuo et ingredere basilicam ad quam venisti. Futurum est enim ut ipsa hora beatus Martinus cum Albino contribule ingrediatur basilicam ut, oratione facta, ad ejus solemnitatem Turonis accedere debeat. Si enim eo momento adpræsens fueris, sanus efficieris. » Nec moratus ille,

le temple, il est juste que nous racontions ce qu'il y eut de grand dans ce pauvre petit bois. Souvent de petites baguettes qu'on en faisait ont en peu de temps soulagé une douleur aiguë de dents. Informé de cela, Charimer[1], qui est maintenant référendaire du roi Childebert, tourmenté d'une douleur de ce genre, se rendit à la basilique du saint, afin de prendre de ce bois, et d'obtenir du soulagement par la vertu du saint ; mais en arrivant il trouva la porte fermée. Alors, convaincu que la vertu du bienheureux est présente partout, il tira son couteau et se tailla dans la porte un bâtonnet. Aussitôt qu'il en eut touché ses dents, la funeste douleur se dissipa. Nous possédons un bâton de ce bois par le moyen duquel les malades ont souvent éprouvé du mieux.

CHAPITRE XCVI.

D'Aubin, évêque d'Angers.

Aubin le confesseur (le livre de sa Vie a été dernièrement écrit[2] par le prêtre Fortunat) obtient aussi, grâce à son mérite, que des miracles se fassent à son tombeau[3]. C'était le jour de sa fête : un paralytique débile de tous ses membres et allant en voiture était arrêté devant la fenêtre de l'abside où sont enfermés les membres du saint, lorsque, s'étant laissé aller au sommeil, il vit un homme venir à lui et lui dire : « Jusqu'à quand dormiras-tu ? Ne veux-tu pas être guéri ? » Celui-ci répondit : « Plaise à Dieu que j'obtienne de le devenir. » L'homme lui dit : « Quand tu entendras sonner la cloche pour l'office de la troisième heure, lève-toi de suite et entre dans la basilique vers laquelle tu es venu. Il doit arriver, en effet, juste à cette heure-là, que saint Martin entre dans l'église avec Aubin son collègue pour faire sa prière et aller ensuite à sa fête, à Tours. Si tu te trouves là dans ce moment, tu seras guéri. » Le paralytique

(1) Voy. *Hist.*, IX, XXIII.

(2) On a cette hagiographie parmi les œuvres de Fortunat.

(3) Mort en 550. (R.) — Sur ce tombeau, voy. les *Éclaircissem.*

commoto signo, accedit ad tumulum sancti. Cumque Davidici carminis laudationem clerici canere cœpissent, odor suavitatis in basilica sancti advenit, et hic directis pedibus incolumis est erectus. Quod non a paucis, sed a plerisque visum regio testatur alumna. Sic et apud Croviensem[1] vicum mulier a nativitate cæca, invocans nomen sancti, ipsa die illuminata est.

CAPUT XCVII

De Hospitio confessore.

Fuit in regione Nicensi Hospitius[2] magnus Dei famulus, qui multis virtutibus præditus, ab hoc mundo migravit. Cum sepeliretur, quidam juxta ipsum sepulcrum manum ponens parumper pulveris elevavit, quod in linteo involvens rudi secum sustulit[3]. Progressusque postridie navem quæ Massiliam ire parabat, offendit in littore : sed hic Lirinense monasterium expetere cupiebat. Viri igitur quorum erat navis, Judaica erant a stirpe progeniti. Qua existente causa, noluit vir indicare naucleris quæ ferebat. Denique postquam progressi contra Lirinense monasterium devenerunt, navis in medio pelagi restitit, flantibusque ventis nulla movetur in parte. Stupentibus vero Judæis quid hoc esset, homo ille veritatem aperuit, dicens : « Reliquias beati Hospitii mecum habeo, et nunc Lirinum adire desidero, quod vobis indicare

(1) Sic mss. omnes, ut et non semel in Mirac. S. Martini, quamvis editi habeant ut plurimum *Croniensis* vicus; quem putant esse Credonem Andegavorum oppidum, vulgo *Craon*. (R.)

(2) *Ospitius*, 2205, 2791.

(3) Addit in margine 2204 : *Qui ait utinam merear sanus fieri.*

ne fut pas en retard; la cloche sonnant, il s'approcha du tombeau du saint. Lorsque les clercs commencèrent à chanter les louanges contenues dans le poëme de David, une suave odeur se fit sentir dans la basilique du saint et cet homme se leva, guéri, sur ses pieds. La contrée dont Aubin fut le pasteur atteste le fait comme ayant été vu, non d'un petit nombre de gens, mais de beaucoup. De même, au bourg de Craon, une femme aveugle de naissance fut éclairée de la lumière du jour en invoquant le nom du saint.

CHAPITRE XCVII.

Du confesseur Hospitius[1].

Dans le pays de Nice vécut Hospitius, grand serviteur de Dieu qui sortit de ce monde étant doué d'une foule de vertus. Comme on l'ensevelissait, quelqu'un mit la main contre le sépulcre et prit un peu de poussière qu'il enveloppa dans un linge grossier et emporta avec lui. Le lendemain, étant parti, il vit sur le rivage un navire qui se disposait à faire voile pour Marseille; mais lui désirait se rendre au monastère de Lérins. Les gens à qui le navire appartenait étaient nés de race Judaïque, à cause de quoi cet homme ne voulut pas dire aux marins ce qu'il portait. Ils se mirent en route, et étant arrivés à la hauteur du monastère de Lérins, le navire s'arrêta au milieu de la mer ; les vents soufflaient et il ne bougeait d'aucun côté. Les juifs s'étonnant de ce que ce pouvait être, l'homme leur découvrit la vérité en leur disant : « J'ai avec moi des reliques du bienheureux Hospitius, et je désire en ce moment aller à Lérins, ce que je n'ai pas osé

(1) Mort en 581. (R.) — Voy. *Hist.*, l. VI, chap. VI.

metui. Nunc autem scio quia ejus virtute retinetur navis vestra : nec hinc moveri prorsus poterit, nisi consensum illuc præbeatis quo ego ire disposui. » Quod audientes viri, stupore permoti, mutatis velis flante vento secundo, viro in insula Lirinensi deposito, quo voluerunt libere abierunt.

CAPUT XCVIII.

De heremita, cui caldaria lignea fuit.

Ecce quales quantasque suis congregat divitias mundi paupertas, ut eis non solum quæ voluerint Redemptor, qui cuncta ex nihilo condidit tribuat, verum etiam ipsa eis elementa jubeat famulari. Nam recolo me audisse ante hos annos exstitisse quemdam in eremo regionis cujusdam, ad quem requirendum cum frater e proximo prompta devotione venisset, exceptus est ab eo plena animi charitate. Tunc ingressi parvulum quodammodo tugurium, oratione facta, resederunt. Conferentesque plurima de verbo Dei, surgit senex a cellula : ingreditur hortulum, olera decerpit ad cibum. Accensoque foco, ponit caldariam ligneam super ignem impletam aqua cum oleribus, urgensque ignem ita vehementer fervere coegit, ut putaretur ænea esse. Hoc autem videns vir qui advenerat, stupore commotus, interrogat quid hoc esset. Respondit senex : « Multis jam in hac eremo annis inhabito, sed semper in hac caldaria cibos, Domino jubente, ad reficiendum fragile corpusculum præparavi. » Coctisque cibis, redditis Deo debitis hymnis, ambo ex hujus vasculi ministerio sunt refecti. Hæc olim audivi. Nam nuper vidi abbatem, qui eum

vous dire. C'est pourquoi je sais que votre navire est retenu par sa puissance ; et il ne pourra pas être tiré d'ici que vous n'ayez consenti à vous rendre où j'ai résolu d'aller. » Stupéfaits à ces paroles, ces gens changèrent les voiles, et, grâce au vent favorable qui soufflait, ils le déposèrent dans l'île de Lérins, puis s'en furent librement où ils voulurent.

CHAPITRE XCVIII.

De l'ermite qui avait une chaudière de bois.

Voici quelles richesses et en quel nombre la pauvreté entasse pour les siens, à tel point qu'il leur est accordé par le Rédempteur qui de rien a créé toutes choses, non-seulement d'avoir ce qu'ils désirent, mais encore d'être obéis même par les éléments. Je me rappelle avoir appris qu'il existait, il y a quelques années, dans la partie déserte d'une certaine contrée, un homme que son frère vint voir du voisinage, avec un affectueux empressement : il le reçut avec une entière aménité de cœur. Étant entrés dans une sorte de petite cabane, ils firent leur prière, puis s'assirent. Après qu'ils eurent conversé de diverses manières sur la parole de Dieu, le vieillard se leva de son siége, entra dans le jardin et cueillit des légumes pour le repas. Ensuite il alluma le feu, posa sur le feu une chaudière de bois remplie d'eau et de légumes, et soufflant le feu, le força de brûler avec tant de vivacité qu'on eût dû croire la chaudière d'airain. Voyant cela, l'homme qui était venu fut saisi d'étonnement et demanda comment cela se faisait. « Depuis un grand nombre d'années déjà, répondit le vieillard, j'habite en ce désert et c'est dans cette chaudière, qu'avec la volonté de Dieu, j'ai toujours préparé la nourriture pour soutenir mon faible corps. » Les mets cuisirent et, après avoir rendu à Dieu les louanges qui lui sont dues, tous deux se restaurèrent par le bon service de cette chaudière. Voilà ce que j'ai entendu dire autrefois. Mais j'ai

Ingenuum[1] nominabat, asserens eum intra Augustodunensem[2] terminum commoratum fuisse, et sæpius in hoc vasculo vel olus vel crumelum coctum cum illo sumpsisse. Confirmabat autem cum juramento vidisse se caldariam flammis superpositam validissime fervere, et ita semper fundum ejus humidum exstitisse, ut putaretur jugiter ab aliquo humectari.

CAPUT XCIX.

De Avito confessore Aurelianensi.

Avitus abbas Carnoteni pagi, quem Pertensem[3] vocant, sæpius imminere dissolutionem sui corporis Spiritu sancto revelante prædixit. Qui recedens a corpore, honorifice apud Aurelianensem[4] urbem humatus est : super quem fideles Christiani ecclesiam construxerunt. Post cujus obitum, cum anniversarius assumptionis ejus dies cum summo coleretur honore, unus e civibus, aliis ad missarum spectanda solemnia euntibus, accepto rastro, vineam pastinare direxit : increpatusque a multis, cur huic festivitati deesset, redire noluit, dicens : « Et hic quem colitis operarius fuit. » Verum ubi ingressus vineam primo ictu terram aperuit, protinus, retorta cervice, facies ejus ad tergum conversa est. Tunc tremens, spectantibus populis, cum fletu magno basilicam sancti ingreditur. Post paucos vero dies, orans in eodem loco assidue, directa cervice, convaluit.

(1) Colb. a, *Ingenium*. (R.)

(2) *Agustidunensim*, 2204; *Agustidunensem*, 2205; *Augustudunensem*, 2791.

(3) *Pertensim*, 2204, 2791.

(4) 2204 *Aurelianensim*.

vu récemment un abbé qui nommait ce vieillard Ingenuus ; il assurait que celui-ci avait demeuré sur le territoire d'Autun et qu'il avait souvent mangé avec lui du chou et du cresson cuit dans ce vase. Il affirmait avec serment avoir vu la chaudière, mise sur le feu, bouillir avec violence et conserver toujours cependant le fond humide comme si quelqu'un l'eût continuellement humectée.

CHAPITRE XCIX.

Du confesseur Avitus d'Orléans.

Avitus [1], abbé dans la contrée Chartraine qu'on nomme le Perche, a prédit plusieurs fois, sous l'inspiration du Saint-Esprit, la prochaine dissolution de son corps [2]. Lorsqu'il eut quitté son enveloppe mortelle, celle-ci fut ensevelie avec honneur dans la ville d'Orléans, et les fidèles chrétiens construisirent une église au-dessus. Après sa mort, comme on en fêtait le jour anniversaire avec une grande pompe, il arriva qu'un des citoyens d'Orléans prit un râteau pendant que les autres allaient assister à la solennité de la messe et se dirigea vers sa vigne pour la façonner. Plusieurs personnes l'ayant appelé en lui demandant pourquoi il n'allait pas à la fête, il ne voulut pas revenir et dit : « C'était aussi un ouvrier celui que vous honorez. » Mais étant entré dans sa vigne, dès le premier coup qu'il donna dans la terre, son cou se tordit immédiatement de façon qu'il avait le visage tourné par derrière. Tremblant alors, il vint à la vue de tout le peuple, en versant des larmes abondantes, dans la basilique du saint. Au bout d'un petit nombre de jours, ayant assidûment prié en ce lieu, sa tête se redressa et il se rétablit.

---

(1) Le même que S. Avit, abbé de Micy, suivant le Cointe ; au contraire, Baronius et Mabillon l'en distinguent. (R.)

(2) Arrivée en 530. (R.)

CAPUT C.

De Cypriano Petrocorico abbate.

Cyprianus[1] abbas Petrocorici[2] oppidi magnificæ sanctitatis vir fuit, per quem Deus multa miracula in hoc mundo operari dignatus est. Nam manus debiles frequenter redintegravit, paralyticis gressum, cæcis restituit visum ; tresque leprosos inunctos oleo pristinæ reddidit sanitati. Sed et nunc crebro super infirmos sanitates ostendit si fideliter ejus tumulum expetant, aut exorent.

CAPUT CI.

De Eparcho Equolesinensi recluso[3].

Sed et ad Eparchi Equolesinensis[4] urbis reclusi sepulcrum sæpius infirmi sanantur. Nam et frigoriticorum febres et alia incommoda ejus meritis restinguuntur. Cæcus vero de Petrocorico territorio, ut se sepulturæ illius projecit, fusa oratione, lumen recipere meruit. Comes autem antedictæ urbis Equolesinensis[5], fure invento ac suppliciis dedito, patibulo condemnari præcepit. At ille cum duceretur ad mortem, invocare hujus sancti nomen cœpit; et adductus ad stipitem, fusa oratione super terra, patibulo

(1) *Ciprianus*, 2205.

(2) *Petragorici*, 2791.

(3) *De Ebarcio Equolosenensi abbate*, 2204 ; *Ebarcio.... Egolensi abbate*, Cl.-F.

(4) *Equolenensis*, 2204 ; *Engolismensis*, 2791 ; — 2205 *Eparci Equolenensis*, correct. *Eparchi Engolismensis*.

(5) Sic 2204 ; — 2205 *Equolenensis*, correct. *Engolismensis*.

CHAPITRE C.

De Cyprien, abbé de Périgueux.

Cyprien, abbé en la cité de Périgueux [1], fut un homme de magnifique sainteté par lequel Dieu daigna opérer en ce monde beaucoup de miracles. Il guérit souvent les débilités de main, fit marcher les paralytiques et voir les aveugles ; il rendit aussi trois lépreux à leur santé première, après les avoir frottés d'huile. Maintenant encore il guérit fréquemment les malades, lorsqu'ils se rendent avec foi à son tombeau ou qu'ils y prient.

CHAPITRE CI.

D'Eparchus, reclus à Angoulême.

De même au sépulcre d'Eparchus, reclus de la ville d'Angoulême [2], les malades sont souvent guéris; les frissons et autres maux que souffrent les fiévreux s'apaisent grâce à ses mérites. Un aveugle du pays de Périgueux s'étant prosterné sur son tombeau obtint, sa prière faite, d'y recouvrer la vue. Le comte de ladite ville d'Angoulême, ayant saisi un homme coupable de vol et condamné au supplice, donna l'ordre de l'attacher au gibet. Comme on le conduisait à la mort, cet homme se mit à invoquer le nom du saint; il fut mené près du poteau, fit sa prière prosterné en terre et fut laissé

---

(1) Vers 580, probablement au monastère de Ginouillac. (R.)

(2) Honoré à Angoulême, dont il est le patron, sous le nom de saint Cybard. Voy. vers 581. *Hist.*, l. VI, chap. VIII.

appensus relictus est. Quod cum monachi præsensissent, simul projecti ad tumulum sancti, orare cœperunt, dicentes : « O sancte confessor, si tibi vita superstes esset in sæculo, eruere potueras hunc pauperem de manu mortis, sicut plerumque tali supplicio addictos liberasti ; sed nunc non diffidimus de tua oratione, ut quod vivens fecisti in sæculo, possis renovare sublimatus in cœlo. » Et data nocte misit abbas usque ad furcam. Accedente autem monacho, statim disruptis ligaminibus terræ delapsus est ; et sic sustentatus a monacho, vivens adducitur ad monasterium, haustoque parumper vino convaluit, vitaque a judice obtenta, liber abscessit.

CAPUT CII.

De Felice Biturigum episcopo.

Post transitum autem Felicis Biturigi[1] episcopi, cum ad ejus tumulum, quod marmore exsculptum Pario super terram erat positum, cæcus quidam lumen oculorum, fugatis tenebris, recepisset : cognovissetque plebs amicum Dei, quem in corpore positum, obsistentibus mundanis caliginibus, cognoscere ad plenum non meruit, cœpit in orationum assiduitate ejus limina penetrare. Sed quoniam, ut diximus, sarcophagus marmoreus viliori lapide obtectus erat, sagacitas civium, et præsertim episcopi, meliori sarcophagum opertorio texit, id est ex marmore Heracleo. Amoto ergo viliore lapide, post annum fere duodecimum, invenerunt corpus beati confessoris ita illæsum, ut

(1) *Biturici*, 2205.

suspendu à la potence. Les moines ayant prévu ce résultat se prosternèrent au tombeau du saint et commencèrent à prier en disant : « O saint confesseur, si tu eusses conservé la vie en ce monde, tu aurais pu arracher ce malheureux des mains de la mort, car tu délivras souvent ainsi des gens condamnés au même supplice ; eh bien, nous ne désespérons pas du pouvoir de ton intercession et de la possibilité où tu es de renouveler, planant dans les cieux, ce que tu faisais lorsque tu vivais en ce monde. » Et la nuit venue, l'abbé envoya voir au gibet. Un moine s'en étant approché, les liens qui retenaient le voleur se rompirent et le laissèrent tomber à terre. Le moine le soutint et l'amena vivant au monastère où il se remit après avoir bu un peu de vin. On obtint du juge que la vie lui serait laissée, et il put s'en aller librement.

CHAPITRE CII.

De Félix, évêque de Bourges.

Après la mort de Félix, évêque de Bourges [1], comme son tombeau sculpté en marbre de Paros était posé sur le sol, il arriva qu'un aveugle y recouvra la lumière, les ténèbres ayant été chassées de ses yeux. Le peuple ayant alors reconnu que là reposait un ami de Dieu, qu'il n'avait pas mérité de connaître durant sa vie à cause de l'aveuglement du monde, commença de lui aller porter assidûment ses prières. Or, comme le sarcophage de marbre dont nous avons parlé était couvert d'une pierre commune, les citoyens et surtout l'évêque, dans leur intelligence, comprirent qu'il fallait lui mettre un meilleur couvercle, c'est-à-dire un couvercle en marbre d'Héraclée. Ils enlevèrent donc la vile pierre et trouvèrent le corps du bienheureux confesseur tellement intact au bout de douze ans, que rien n'était corrompu de tout son corps, et rien n'était altéré de ses vêtements ; mais toutes cho-

(1) En 568 ; mort en 575. (R.)

nulla dissolutio in corpore, nulla putredo reperiretur in veste : sed ita erant cuncta integra ac si, ut ita dixerim, ea hora tumulo putarentur ingesta. Sed nec ibi quidem misericordia Domini defuit, ut lapis repulsus non remaneret inglorius. Ferunt enim quod multi, eraso potoque ex eo pulveris modico, tam a quartanis quam tertianis sive quotidianis febribus celeriter liberantur.

CAPUT CIII.

De Juniano Lemovicorum[1] recluso.

Fuit et Junianus reclusus infra Lemovicinæ urbis territorium, qui vivens multa populis ostendit miracula; sed et nunc ad sepulcrum ejus sæpe morbi curantur. Nam vidi multos, quos dinumerare putavi longum, qui cæcis oculis ibidem evecti lumen receperunt, paralyticique directi sunt. Testisque est ipse populus hodieque, qui cum sanitatem recipiunt, statim se tributarios loco illi faciunt, ac recurrente circulo anni, pro redditæ sanitatis gratia tributa dissolvunt. Ex quibus plurimi sunt qui ad basilicam sancti Martini nostri antistitis pertinere videntur.

CAPUT CIV.

De Pelagia Lemovicina[2].

Pelagia vero genitrix beati Aredii abbatis, cujus supra meminimus, valde religiosa, cum urgeretur febri-

(1) *Lemoficum*, 2204 in indice. *De Joviniano Lemovicense*, Cl.-F.
(2) *Lemoficum*, 2204.

ses étaient si bien conservées qu'on eût cru qu'elles venaient pour ainsi dire d'être à l'instant déposées dans le tombeau. La bonté du Seigneur alla jusqu'au point de ne vouloir pas que la pierre rejetée demeurât sans gloire : on rapporte en effet, qu'après en avoir gratté un peu de poudre et l'avoir bue, beaucoup de gens sont promptement délivrés des fièvres soit quartaines, soit tierces, soit quotidiennes.

CHAPITRE CIII.

De Junien, reclus à Limoges.

Junien fut un reclus du territoire de la cité de Limoges[1] qui, de son vivant, fit voir au peuple beaucoup de miracles, et maintenant encore les maladies sont souvent guéries à son tombeau. J'en ai vu beaucoup en effet (ce serait, je pense une longue affaire de les énumérer), qui apportés, là les yeux aveugles, y recouvrèrent la vue, ou paralytiques y furent redressés. Et le peuple est aujourd'hui témoin que, lorsqu'ils ont repris la santé, aussitôt ils se rendent tributaires du lieu et l'année révolue viennent payer un tribut en remercîment pour le retour de leur santé. Il y en a plusieurs qui appartiennent à la basilique de notre évêque saint Martin.

CHAPITRE CIV.

De Pélagie, Limousine.

Pélagie, la mère du bienheureux abbé Arédius, dont nous avons ci-dessus parlé, femme très-religieuse, se sentant

(1) Mort le 16 nov. 530. (R.)

bus et esset in transitu, petiit filium, dicens : « Quæso, fili dulcissime, ne me ante diem quartum sepeliatis, ut venientes famuli famulæve omnes videant corpusculum meum, nec ullus frustretur ab exsequiis meis de his quos studiosissime enutrivi. » Et hæc dicens, emisit spiritum. Abluta juxta morem, collocatur in feretro, atque in ecclesiam deportatur. Quarto vero die, priusquam sepeliretur, tantus odor suavitatis effragravit a corpore, ut omnes admirarentur. De nocte vero globus ignis magnus apparuit, qui ab oriente consurgens, ac per cœli circulum currens, super ecclesiam stetit, in qua corpus defunctæ jacebat. Ex hoc enim ita cunctam ædem subitus splendor obtexit, ut putarent se diem medium contemplari. Et statim energumeni multi exclamaverunt, dicentes quod Martinus venit ad transitum Pelagiæ. Succedente vero dominica die postquam sepulta est, posuerunt cereum ad caput ejus, dicentes : « Parum nobis est ceræ et jam nox prolixior habetur, cum ad matutinum consurgemus tunc accendatur cereus iste. » Et, clauso ostio, abierunt. Expleto autem somno, ingressi basilicam, invenerunt cereum ardentem, quem exstinctum reliquerant. Sed et sanitates infirmorum sæpius aguntur ad hujus religiosæ sepulcrum.

CAPUT CV.

De sepulcro Crescentiæ Parisiorum[1].

Tumulus erat in vico Parisiorum haud procul a loco in quo senior, ut aiunt, ecclesia nuncupatur, nullo

---

(1) *Criscentiæ* et infra *Crisentie*, 2204.

pressée par la fièvre et arrivée à l'heure du trépas[1], appela son fils et lui dit : « Je te prie, très-doux fils, de ne pas m'ensevelir avant quatre jours, afin que mes serviteurs et mes servantes viennent tous voir mon corps et qu'aucun de ceux que j'ai nourris avec tant de soin ne soit privé d'assister à mes obsèques. » Et disant ces mots, elle rendit l'esprit. Suivant l'usage on la lave, on la place sur le brancard funèbre et on la transporte à l'église. Le quatrième jour, avant l'ensevelissement, une si douce odeur s'échappait de son corps que tous en étaient étonnés. Pendant la nuit apparut un large globe de feu, qui se leva de l'orient et, courant le long de la circonférence céleste, vint s'arrêter sur l'église où gisait le corps de la défunte; ce qui remplit subitement tout l'édifice d'une telle splendeur qu'on eût cru contempler la clarté du plein midi. Aussitôt un grand nombre de démoniaques poussent des cris et disent que saint Martin venait aux funérailles de Pélagie. Le dimanche après son ensevelissement, on plaça un cierge du côté de sa tête en disant : « Nous n'avons qu'un peu de cire et déjà la nuit s'avance; on allumera ce cierge ce matin quand nous nous lèverons. » Et ayant fermé la porte on s'en alla. L'heure du sommeil étant passée, on entra dans la basilique et l'on trouva tout allumé ce cierge, qu'on avait laissé éteint. La guérison des malades s'accomplit fréquemment au tombeau de cette pieuse femme.

CHAPITRE CV.

Du sépulcre de Crescence à Paris.

Dans le bourg des Parisiens se trouvait un tombeau, non loin du lieu où est l'église mère, comme on l'appelle.

---

(1) En 570. (R.)

opertus tegmine; ibique in lapide habebatur scriptum : « Hic requiescit Crescentia[1] sacrata Deo puella.» Sed nulla ætas recolere poterat quale ei fuerat meritum, vel quid egisset in sæculo. Nuper autem a quodam clerico hoc epitaphium legitur. Instigante vero fide, suspecti sunt habiti homines, quod aliquid cum divina majestate virgo potuerit obtinere. Dum vero in hac suspicione penderent, quidam, quem ardor tertianæ febris cum gravi tremore vexabat, erasi a tumulo parum pulveris haurit, moxque, sedato tremore, convaluit. Vulgatumque verbum plerumque profuit multis in hac infirmitate detentis. Succedente deinde tempore, monetarius urbis graviter ægrotare cœpit, cui in visione puella apparuit, dicens : « Vade, ait, quantocius et tumulum Crescentiæ virginis tege. Erit tibi hoc adjutorium, ne a morbo quo captus es diutius fatigeris. » At ille confisus calces inquirit, oratorium desuper construit, protinusque ab infirmitate laxatur. Sed ut virtus virginis in majoribus efferretur honoribus, cuidam ex urbe dens indoluerat, ita ut intumescente maxilla, vix vel tenuis cibi parumper capere posset. Pergit fide plenus ad tumulum, factaque hastula una de parte acuta, ut in humanis usibus ad purgandos dentes fieri solet, super sepulcrum puellæ ponit. Statimque ut exinde dentem qui dolebat attigit, omnis dolor obstupuit. Ex hoc autem accepto experimento, quos hic dolor vexat, hujus virginis, ut expetunt præsidia, mox sanantur.

(1) *Grisantia* et infra *Crisentie*, Cl.-F.

Rien ne l'abritait et il portait ces mots écrits sur la pierre : « Ici repose Crescence, fille consacrée à Dieu. » Mais personne, pas même les vieillards, ne pouvait se rappeler quels avaient été ses mérites et ce qu'elle avait accompli en ce monde[1]. Enfin un clerc lut cette épitaphe et, la foi les animant, les gens soupçonnèrent que cette vierge pourrait bien avoir quelque rapport avec la majesté divine. Comme on était dans l'anxiété de ce doute, quelqu'un que tourmentait l'ardeur de la fièvre tierce, accompagnée d'un grand tremblement, but un peu de poudre grattée sur le tombeau, et bientôt le tremblement s'apaisant, il alla mieux. La nouvelle s'étant répandue fut très-souvent utile à ceux qui souffraient de cette maladie. Plus tard, le monétaire de la ville étant tombé gravement malade, la jeune fille lui apparut en songe et lui dit : « Va au plus vite et mets un couvercle sur le tombeau de la vierge Crescence. Cela te sera un secours pour n'être pas tourmenté plus longtemps par la maladie que tu as prise. » Celui-ci, plein de confiance, va chercher de la chaux, construit un oratoire sur le tombeau et est aussitôt délivré de son incommodité. Mais, afin que la puissance de cette vierge s'élevât à de plus grands honneurs, quelqu'un de la ville avait mal aux dents de telle façon que sa mâchoire était enflée et que même un peu de nourriture à peine le pouvait-il prendre. Il se dirige avec une foi entière vers le tombeau et ayant taillé un bâtonnet pointu d'un côté, comme on a coutume de le faire dans les usages de ce monde pour se nettoyer les dents, il le posa sur le sépulcre de la jeune fille ; et après cela, dès qu'il en eut touché la dent souffrante, toute douleur s'engourdit. D'après le résultat de cette expérience, ceux qui souffrent du mal de dents, quand ils sollicitent le secours de cette vierge, sont bientôt guéris.

(1) Le souvenir de cette Crescence a été tellement effacé qu'on n'en sait rien d'autre et qu'on ignore où était ce sépulcre. (R.)

CAPUT CVI.

De beata Radegunde Pictaviensi.

Beata vero Radegundis cujus in initio libri Martyrum meminimus, post emeritos vitæ labores ab hoc mundo migravit : de cujus transitu accipientes nuntium, ad monasterium Pictavensis[1] urbis accessimus, quod ipsa instituerat. Reperimus autem eam jacentem in feretro, cujus sancta facies ita fulgebat, ut liliorum rosarumque sperneret pulchritudinem. Stabat enim circa feretrum multitudo immensa sanctimonialium, ad numerum circiter ducentarum, quæ per illius prædicationem conversæ vitam sanctam agebant, quæ, secundum sæculi dignitatem, non modo de senatoribus, verum etiam nonnullæ de ipsa regali stirpe hac religionis forma florebant. Stabant autem plangentes atque dicentes : « Cui nos orphanas mater relinquis? cui nos desolatas commendas? Reliquimus parentes, facultatesque ac patriam, et te secutæ sumus. Cui nos relinquis, nisi perpetuis lacrymis et nunquam finiendo dolori? Ecce usque nunc majus nobis erat hoc monasterium quam villarum aut civitatum spatia, quæ quocunque loco accedebamus, contemplantes gloriosam faciem tuam, ibi inveniebamus aurum, ibi argentum; ibi suscipiebamus florentes vineas, segetesque comantes; ibi prata diversorum florum varietate vernantia. A te carpebamus violas; tu nobis eras rosa rutilans et lilium candens : tua nobis verba quasi sol resplendebant, et quasi luna tenebris conscientiæ nos-

(1) *Pectavensis*, 2205.

CHAPITRE CVI.

De la bienheureuse Radegonde de Poitiers.

Quant à la bienheureuse Radegonde dont nous avons fait mention au commencement du livre des Martyrs, elle quitta ce monde après les louables travaux de sa vie [1]. Ayant reçu la nouvelle de sa mort, nous nous rendîmes au monastère de la ville de Poitiers qu'elle avait fondé. Nous la trouvâmes couchée sur le brancard funèbre, le visage si rayonnant qu'elle semblait dédaigner la beauté des lis et des roses. Autour du lit se tenait une immense multitude de nonnes au nombre d'environ deux cents, qui, converties par sa prédication, menaient une sainte vie, et qui, filles nées dans les dignités du monde, non-seulement de sénateurs, mais quelques-unes même de race royale, florissaient dans cette perfection religieuse. Elles se lamentaient et disaient : « A qui nous laisses-tu, mère, nous orphelines? A qui nous recommandes-tu nous désolées? Nous avons laissé parents et richesses et patrie, et nous t'avons suivie. A qui nous laisses-tu, si ce n'est aux larmes perpétuelles, à une douleur qui ne doit jamais finir? Voici que jusqu'à présent ce monastère était plus grand à nos yeux que les villes et les cités spacieuses, nous qui, en quelque lieu que nous allassions, y trouvions, en contemplant ton glorieux visage, l'or et l'argent. Là nous entrevoyions des vignes en fleur, des moissons aux épis soyeux, des prés brillants par la variété des fleurs. En toi nous cueillions des violettes, en toi nous avions la rose éclatante et le lis candide ; tes paroles resplendissaient pour nous comme le soleil, et semblables à la lune au milieu des ténèbres de notre conscience, elles y allumaient la lampe

(1) Le 13 août 587. (R.) — On a la vie de sainte Radegonde par Fortunat, par Baudonivia contemporaine de la sainte et l'une de ses religieuses, par Hildebert, évêque du Mans et de Tours, mort en 1134, et par M. Ed. de Fleury, *Poitiers*, 1843, in-8°.

træ lucidam veritatis lampadem accendebant. Nunc autem contenebrata est nobis omnis terra, angustatum est spatium hujus loci, dum tuam faciem non meremur aspicere. Heu nos derelictas a sancta matre! felicesque illas quæ te superstite ab hoc sæculo migraverunt! Et scimus quidem te choris sanctarum virginum et Dei paradiso esse conjunctam : sed cum ex hoc consolamur, illud nobis est lamentabile, quod te corporeis oculis intueri non possumus. » Hæc et alia inter lamenta dicentibus, cum a lacrymis temperare non valeremus, conversus ad abbatissam, aio : « Sinite parumper ab his fletibus, et ea potius quæ sunt necessaria pertractate. Ecce frater noster Maroveus hujus urbis episcopus non est coram, eo quod illum causa visendarum parœciarum elongaverit. Nunc autem habete consilium, ne sanctum corpusculum injuriam patiatur et gratia quam Deus beatis artubus præstitit auferatur, dum tempus sepulturæ differtur : accelerate debitas exsequias, ut sepulcro cum honore reddatur. » Ad hæc abbatissa respondit : « Et quid faciemus, si episcopus urbis non advenerit? quia locus ille quo sepeliri debet, non est sacerdotali benedictione sacratus. » Tunc cives et reliqui, viri honorati, qui ad exsequias beatæ reginæ convenerant, imperant parvitati meæ, dicentes : « Præsume de charitate fratris tui, et benedic altare illud. Confidimus enim de ejus benevolentia, quod molestum non ferat si feceris, sed magis gratiam referat. Præsume, precamur, ut caro sancta sepulturæ reddatur. » Et sic ab illis injunctus altare in cellula ipsa sacravi. Verum ubi sanctum corpus moventes, psallendo deducere cœpimus, mox energumeni declamantes, et sanctam Dei confitentes, torqueri se ab ea fatebantur. Trans-

lumineuse de la vérité. Maintenant la terre entière est pour nous couverte de ténèbres et ce lieu est d'une dimension étroite puisque nous n'obtiendrons plus d'y regarder ton visage. Malheur à nous abandonnées de notre sainte mère! Heureuses celles qui de ton vivant sont sorties de ce monde! Nous savons bien que tu es réunie au chœur des vierges saintes et au paradis de Dieu; mais, en même temps que cela nous console, il nous est déplorable de ne pouvoir plus te contempler avec les yeux corporels. » Comme elles disaient ces paroles accompagnées d'autres plaintes, nous ne pouvions nous-mêmes retenir nos larmes, et me tournant vers l'abbesse [1] je dis: « Cessez un peu ces pleurs et accomplissez plutôt les choses nécessaires. Voici que notre frère Marovée, évêque de cette ville, n'est point ici parce qu'il s'est éloigné pour visiter ses paroisses; avisez à ce que ce corps sacré ne subisse pas d'injure et que la grâce accordée par Dieu à ses bienheureux membres ne se perde pas par les délais que vous apporteriez à l'ensevelir. Hâtez les obsèques qui lui sont dues, afin qu'elle soit déposée avec honneur au sépulcre. » A cela l'abbesse répondit: « Et que ferons-nous si l'évêque de la ville n'arrive pas? car le cercueil où elle doit être ensevelie n'est point consacré par la bénédiction pontificale. » Alors les citoyens et les autres, les magistrats, qui s'étaient assemblés pour les funérailles de la bienheureuse reine, imposent un ordre à mon humble personne en disant: « Compte sur la charité de ton frère et bénis cet autel [2]. Nous avons confiance en effet que dans sa bienveillance il ne sera point choqué si tu le fais et t'en fera plutôt des remercîments. Comptes-y, nous t'en supplions, afin que cette dépouille sainte soit livrée à la sépulture. » Eux me l'ordonnant ainsi, je consacrai l'autel dans la chambre même où il était. Mais dès qu'on enleva le saint corps et que nous commençâmes à le conduire au chant des psaumes, aussitôt les démoniaques poussèrent des cris, la proclamèrent une sainte de Dieu, et confessèrent qu'ils étaient torturés par elle. Puis, lorsque nous passâmes le long du mur, la foule

(1) La première abbesse du couvent, Agnès, instituée par Radegonde elle-même et qui vivait encore.

(2) C'est-à-dire ce cercueil qui, par sa sainteté, va devenir un autel.

euntibus autem nobis sub muro, iterum caterva virginum per fenestras turrium et ipsa quoque muri propugnacula, voces proferre ac lamentari desuper cœpit, ita ut inter sonos fletuum atque collisiones palmarum, nullus posset a lacrymis temperare; sed et ipsi quoque clerici, quorum erat psallendi officium, vix inter singultus et lacrymas antiphonam poterant explicare. Dehinc accedimus ad sepulcrum. Nam providentia abbatissæ capsam ligneam fecerat, in qua corpus aromatibus conditum incluserat, et ob hoc fossa sepulturæ spatiosior erat : ita ut, ablatis duorum sepulcrorum singulis spondis ac de latere juncta[1] capsa cum sanctis artubus locaretur. Tunc facta oratione discessimus, reservantes episcopo loci ut ab eo celebrata missa, tegeretur operculo. Redeuntes vero ad monasterium, ducebat nos abbatissa cum virginibus per loca singula, in qua sancta aut legere consueverat, aut orare, lugens ac dicens : «Ecce ingredimur in cellulam, et matrem amissam non reperimus. Ecce spatium in quo flectens genua cum lacrymis Dei omnipotentis misericordiam precabatur, et a nobis non videtur. Ecce librum in quo legebat, et vox spiritali sale condita non verberat aures nostras. Ecce fusa, in queis per longa jejunia et profluas lacrymas nectere solita, et almi sanctitate digiti non cernuntur.» Hæc illis dicentibus, renovantur lacrymæ, suspiria proferuntur, et ipsa quoque viscera ab affectu plorantium resolvuntur in fletum. Tantusque mœror pectus meum obsederat, ut a lacrymis non desisterem, nisi scirem beatam Radegundem ablatam monasterio corpore,

(1) Nonne potius *iunctis ?*

des vierges se montrant aux fenêtres des tours et aux créneaux mêmes de la muraille[1] se mit à proférer des cris et des lamentations, de sorte qu'au milieu du bruit que faisaient les pleurs et les battements de mains personne ne pouvait retenir ses larmes; les clercs eux-mêmes, dont l'office était de chanter, pouvaient à peine, pleurant et sanglotant, réciter leur antienne. Enfin nous arrivons au sépulcre. La prévoyance de l'abbesse avait fait construire une châsse en bois dans laquelle elle avait renfermé le corps après l'avoir embaumé d'aromates, et à cause de cela on avait préparé pour l'ensevelissement une place plus spacieuse que d'habitude, en procédant de la manière suivante : on avait pris deux sépulcres et enlevé à chacun d'eux un côté, puis les juxtaposant, pour n'en faire qu'un seul, on y avait placé la châsse et les saints membres qu'elle contenait. Nous fîmes alors une prière, puis nous nous retirâmes, réservant à l'évêque du lieu le soin de recouvrir la tombe de son couvercle après avoir célébré la messe. Revenus au monastère, l'abbesse, avec ses vierges, nous conduisit dans tous les endroits où la sainte avait l'habitude de lire ou de prier. Elle pleurait, en disant : « Voici que nous entrons dans sa cellule, et nous ne trouvons pas la mère que nous avons perdue. Voilà la place même où, fléchissant les genoux, elle implorait avec larmes la miséricorde du Dieu tout-puissant, et nous ne la voyons pas. Voici le livre dans lequel elle lisait, et sa langue, embaumée maintenant dans le sel céleste, ne frappe plus nos oreilles. Voilà les fuseaux avec lesquels elle avait coutume de filer au milieu de longs jeûnes, de larmes abondantes, et l'on n'aperçoit plus ses doigts vénérables par leur sainteté ! » Comme elles disaient cela, les larmes recommencent, les soupirs font explosion, et ces éplorées, dans leur douleur, semblent résoudre jusqu'à leurs entrailles dans leurs larmes. Et une si grande affliction pesait sur ma poitrine, que je n'aurais pas encore cessé de pleurer si je ne savais la bienheureuse Radegonde enlevée de son monastère quant au corps, non quant

(1) D'après la règle de S. Césaire elles ne pouvaient sortir de leur monastère.

non virtute; et assumptam a mundo, collocatam in cœlo.

CAPUT CVII.

De Tetrico episcopo.

CAPUT CVIII.

De sancto Orientio episcopo.

CAPUT CIX.

De Quiteria virgine.

CAPUT CX.

De sancto Paulino episcopo Nolano [1].

Fuit vitæ venerabilis Paulinus Nolanæ urbis episcopus, ex nobili stirpe ortus; Tarasiam[2] similem sibi sortitus est conjugem, habens divitias multas, et tam in fundorum possessione quam in præsidio domorum valde dives erat ac locuples. Sed cum primum aures ejus Evangeliorum lectio illa penetravit, in qua Dominus adolescentem propter divitias arguit, dicens : « Vade, vende omnia quæ habes, et da pauperibus, et habebis thesaurum in cœlo ; et veni, sequere me ; » et illud : « Facilius est camelum per foramen acus transire quam divitem introire in regnum Dei ; » statim, venditis omnibus quæ habebat, pauperibus erogavit. Exoneratus a cunctis cupiditatibus, magistrum liber sequitur, per hæc se putans paradisi divitiis locuple-

(1) Vox *episcopus* est in solo Colb. a, et quidem alia manu. (R.)
(2) *Tharasiam*, 2205, 2791.

à la vertu, et que, si elle a été retirée de ce monde, c'est pour aller dans le ciel.

CHAPITRE CVII[1].

De l'évêque Tetricus.

CHAPITRE CVIII.

De saint Orientius, évêque.

CHAPITRE CIX.

De la vierge Quiteria.

CHAPITRE CX.

De saint Paulin, évêque de Nole.

Une vie vénérable fut celle de Paulin, évêque de la cité de Nole, né d'une noble race, marié à Tarasia, femme semblable à lui, possédant de nombreuses richesses, et, tant en possessions territoriales qu'en mobilier de maisons, homme extrêmement riche et opulent. Mais la première fois que pénétra dans son oreille cette leçon des Évangiles, dans laquelle le Seigneur reprend un jeune homme à cause de ses richesses en lui disant : « Va, vends tout ce que tu as et le donne aux pauvres, et tu auras un trésor dans le ciel; après cela viens et suis moi; » et encore : « Il est plus facile à un chameau de passer par le trou d'une aiguille qu'à un riche d'entrer dans le royaume de Dieu; » aussitôt il vendit tout ce qu'il avait et le distribua aux pauvres. Délivré de toutes les cupidités, il suit librement le maître en se considérant comme enrichi des trésors du paradis dès qu'il ne possédait plus

(1) De ce chapitre et des suivants on ne trouve, dans tous les manuscrits, que le titre. Dom Ruinart y a suppléé par quelques indications historiques qu'on trouvera ci-après aux *Éclaircissements et observations.*

tari, si videretur nihil de transitoriis possidere. Cui majestas divina tribuit, ut quod impossibile dixerat per evangelium, hic possibiliter adimplere mereretur per actum. Quadam vero die venit ad eum qui stipem peteret, et ait conjugi : « Vade, et da ei quod habet necessarium. » Quæ respondit : « Non est nobis amplius quam unus panis. » Cui ille : « Vade, inquit, porrige eum. Dominus enim dabit nobis victum. » Sed illa quasi strenua reservari cupiens, ne aliquid deesset, porrigere noluit. Interea advenerunt quidam dicentes, missos se a dominis suis, ut illi annonæ ac vini deferrent speciem : sed per hoc se moratos, quod orta tempestas unam eis cum tritico abstulerit navem. Tunc vir Dei conversus ad mulierem, ait : « Intellige te nunc pauperi unum panem fuisse furatam, et ideo hanc navem esse mersam. » Perrexit ergo cum conjuge quasi pergrinaturus in aliam regionem, nihil habens præter statum proprium. Post multum vero tempus, cum ab incolis regionis suæ requireretur, nec posset penitus reperiri, negotiator de civitate illa ad hanc urbem advenit, in qua vir beatus cœlesti Domino serviebat. Cumque vidisset eum, statim projiciens se solo, et pedes sancti amplectens, ait : « Hic est beatus Paulinus toto vulgatus orbe, qui multum a suis civibus quæsitus, prorsus non potuit inveniri. » Et narrans omnes actiones ejus, obstupuerunt hæc audientes. Nec mora decedente sacerdote apud Nolanam urbem, ipse in locum episcopi subrogatur. Habebat autem ecclesia illa multas divitias, implevitque in eum Dominus quæ per evangelium promittere est dignatus, quia : « Qui reliquerit omnia propter me, centuplum in hoc sæculo accipiet; in

rien des biens passagers de ce monde. Et la divine majesté lui accorda d'être digne d'accomplir en réalité ce qu'elle avait, par l'évangile, déclaré impossible. Un jour quelqu'un venant lui demander l'aumône, il dit à son épouse : « Va, et lui donne ce dont il a besoin. » Elle répondit : « Il ne nous reste plus qu'un seul pain. — Va, dit-il, remets-le lui, car le Seigneur nous donnera notre nourriture. » Mais celle-ci, voulant agir en zélée ménagère, refusa de donner le pain de peur d'en manquer. Sur ces entrefaites arrivèrent des gens qui se dirent envoyés par leurs maîtres pour apporter à Paulin un chargement de grain et de vin, mais qui ajoutèrent qu'ils avaient été retardés, parce qu'une tempête s'étant élevée leur avait emporté un navire avec le blé qu'il contenait. L'homme de Dieu, se tournant vers sa femme, dit : « Comprends maintenant que tu as volé au pauvre un pain, et que c'est la raison pour laquelle ce navire a coulé. » Il se mit en route avec son épouse pour passer dans une autre contrée, ne possédant rien que son état personnel de citoyen. Longtemps après, les habitants de son pays le recherchèrent, et comme on ne pouvait le trouver, un marchand de sa cité vint à la ville où le saint homme servait le divin Seigneur. Et, dès qu'il l'aperçut, il se précipita aussitôt sur le sol et embrassa les pieds du saint, en disant : « Voici le bienheureux Paulin connu du monde entier, ardemment désiré par ses concitoyens, et qu'il ne leur a pas été possible de trouver. » Et par le récit de toutes les actions que Paulin avait faites, il plongea dans l'étonnement ceux qui l'écoutaient. Bientôt l'évêque de la cité de Nole étant mort, ce fut lui qu'on établit dans la chaire épiscopale. Nole était une église possédant beaucoup de richesses, et le Seigneur accomplit en Paulin ce qu'il a daigné promettre par l'évangile : « Celui qui aura tout laissé pour moi en recevra le centuple en ce monde, et dans l'avenir il pos-

futuro autem vitam æternam possidebit. » Verum assumpto episcopatu semper se humilem proferebat, quia sciebat se apud Deum excelsum futurum, si humilitatem sectatus fuisset. Pecunia vero de reditibus ecclesiæ, quæ manus ejus attingebat, confestim pauperibus erogabatur. Castissima enim conjux ejus non discedebat ab eo. Erat autem vir sanctus miræ prudentiæ, rhetoricis litteris eruditus. Quod opus ejus quando ad nos pervenit, valde patefecit. Nam cum ad diversos tam versu quam prosa scriberet, de virtutibus beati Martini sex versu conscripsit libros : scripsit et alios versiculos in laudem ejus. Viditque eum in corpore positum, et oculum suum ab eo illuminatum recepit. Qui tantum in virtute multiplicata gratiarum spiritalium charismata[1] resplenduit, ut ante obitum suum ipsum Martinum, Januariumque[2] Italicum, priusquam spiritum redderet, corporeis oculis contemplaretur. Prius enim ab eo de hoc mundo migraverant. Et quia de hujus beati vita nihil legeramus, idcirco ea quæ per relationem fidelium cognovimus, dum de eleemosynis proloqui voluimus, memoravimus. De transitu autem ejus est apud nos magna lectio, ideo eum ex ordine prosecuti non sumus. Ecce quid tribuit eleemosyna, ecce quales thesauros sanctis suis qui se in pauperibus diligunt Deus indulget. E contrario avaritiæ malo inhiantibus quæ nequiter concupiscunt aufert, juxta illud evangelii sancti oraculum, quia : « Qui habet, dabitur ei et abundabit; qui autem non habet, quod videtur habere auferetur ab eo. »

---

(1) Quartum casum pro sexto adhibet. (R.)
(2) Mss., *Genuarium*. (R.)

sédera la vie éternelle. » Après avoir pris possession de l'épiscopat, il continua de se montrer toujours humble, car il savait devoir être, un jour, grand auprès de Dieu s'il s'adonnait à l'humilité. L'argent des revenus de l'église qui arrivait dans sa main était à l'instant distribué aux pauvres. Sa très-chaste épouse ne le quitta point. Ce saint homme, d'une admirable sagesse, était versé dans l'éloquence littéraire. C'est ce que nous fit voir à un éminent degré son ouvrage, lorsqu'il nous parvint. En effet, il écrivait à diverses personnes tant en vers qu'en prose et composa sur les vertus de saint Martin six livres en vers [1]. Il fit aussi d'autres petites poésies à la louange de ce saint. Il l'avait vu lorsque saint Martin vivait encore, et avait recouvré par lui l'usage d'un œil. La vertu de Paulin resplendit tellement par les dons multipliés qu'il reçut des grâces spirituelles, qu'il lui fut donné pendant sa vie de contempler Martin et aussi Janvier l'Italien avant qu'il n'eût rendu l'esprit. Tous deux sortirent du monde avant lui. Nous n'avions rien sur la vie de ce bienheureux; c'est pourquoi nous avons reproduit ce que nous avaient appris les rapports des fidèles, puisque nous voulions parler de la générosité dans l'aumône. Quant à sa mort nous en possédons un long récit; aussi nous abstenons-nous de la raconter. Voilà le résultat que donne la bienfaisance, voilà quels trésors Dieu dispense à ceux de ses saints qui le chérissent en la personne des pauvres. A ceux, au contraire, que fait soupirer le mal d'avarice, il enlève les choses qu'ils ont injustement enviées, suivant cette prédiction de l'évangile; qu'on donnera à celui qui a et qu'il sera dans l'abondance, mais qu'à celui qui manque on ôtera le peu qu'il semble avoir [2].

---

(1) Tout cela s'applique non à Paulin de Nole, mais à un autre appelé, dans quelques manuscrits, Paulin de Périgueux, dont les opuscules ont été publiés plusieurs fois. (R.) — Aussi Grégoire avoue-t-il un peu plus bas qu'il ne connaît ce personnage que par les récits divers qu'on lui en a faits.

(2) Math. XIII, 12; XXV, 29.

CAPUT CXI.

De negotiatore qui eleemosynam non fecit.

Sic et quodam loco in portu maris gestum fuisse multorum confirmat relatio. Quidam pauper et senex, marsupiis oneratus, venit ad littus maris; et accedens ad portum petere eleemosynam a naucleris cœpit, atque illi qui primus carinæ erat, importunior assistebat, dicens : « Da mihi aliquid. » Tunc ille commotus ait : « Absiste, quæso, decrepite, et noli a nobis quærere quidquam. Nihil enim hic aliud præter lapides habemus ». At ille ait : « Si lapides dicis esse quæ in tuis ditionibus navis hæc continet, omnia vertantur in lapides. » Et statim cunctum navis onus, quod mandi potuit, in saxum conversum est. Ego enim ex his et dactylos vidi, et olivas aspexi marmore duriores. Nam cum in lapidis duritiam conversa fuissent, nunquam tamen colorem quem habuerant perdiderunt : illis eadem forma eademque species erat. Dominus autem navis pœnitentia motus, inquisitum senem nusquam potuit reperire : et, sicut ferunt, per multas civitates de iis quæ in saxum mutata fuerant ad videndum direxit, ut scilicet exemplum esset omnibus, ne similia perpetrarent. Ecce quid agis, impudens avaritia : fecisti hominem pauperem, qui non porrigendo pauperi putavit se posse fieri ditiorem.

CAPUT CXII.

De alio qui vinum adulteravit.

Quid etiam et alii contigerit, qui per adulteria multiplicare terrena studuit lucra, non sileam. Quidam

CHAPITRE CXI.

Du marchand qui refusa de faire l'aumône.

C'est ainsi que les choses se passèrent dans un certain port de mer, suivant ce qui m'est confirmé par la relation d'un grand nombre de personnes. Un homme vieux et pauvre, chargé de besace, arriva au bord de la mer, et s'étant approché du port, se mit à demander l'aumône aux marins; et il se tenait d'une manière plus particulièrement importune auprès de celui qui était le chef du navire en lui disant : « Donne-moi quelque chose. » Celui-ci lui repartit avec colère : « Va-t'en, je te prie, vieux décrépit, et ne nous demande rien, car nous n'avons rien d'autre ici que des pierres. — Puisque tu dis, reprit l'autre, que les choses qui t'appartiennent et que renferme ce navire sont des pierres, que toutes deviennent pierres en effet. » Et aussitôt la charge entière du navire, qui était de choses qui peuvent se manger, fut convertie en pierres. J'ai vu en effet des dattes et aperçu des olives qui en faisaient partie et qui étaient plus dures que le marbre. Quoiqu'elles eussent acquis la consistance de la pierre, elles n'avaient cependant pas perdu leur couleur primitive; elles avaient toujours la même forme et la même apparence. Le maître du navire, ému cependant de repentir, fit chercher le vieillard et ne put le trouver nulle part. Il envoya dans un grand nombre de villes, à ce que l'on dit, de ces objets qui étaient devenus pierre pour les faire voir, afin que cela servît d'exemple à tout le monde et qu'on ne commît plus de semblables actions. Voilà ce que tu produis, avarice effrontée, tu as rendu pauvre un homme qui croyait pouvoir s'enrichir en ne donnant point au pauvre.

CHAPITRE CXII.

D'un autre qui falsifia le vin.

Je ne tairai pas non plus ce qui advint à un autre, qui s'efforça d'augmenter, par des falsifications, ses profits ter-

apud Lugdunensem urbem vix ita laborans, ut unum triantem posset habere, accensus auri exsecrabilis sacra fame, voluit per eum sacculi ora replere, juxta illum Prudentii nostri versiculum :

> Auri namque fames parto conquiritur auro.

Igitur de hoc[1] triante vinum comparat, admixtisque aquis, iterum per argenteos venumdans, duplat pecuniam. Hoc iterum atque iterum agit, et tam diu turpis lucri sectator est factus, usquequo centum solidos de hoc triante lucraretur. Sed judicium Dei confutavit lucra diaboli. Congerens enim avarus negotiator aurum in sacculum, possessurus pecuniam unius horæ momento, alterius negotiatoris nundinas adit. Extractoque triante quasi aliquid negotiaturus, colloqui cum socio cœpit; erat autem sacculus ex pelle Phœnicia, sicut his manu gestare mos est. Et ecce subito adveniens milvus rapit eum pedibus, atque decerpere tentat, putans a colore partem aliquam carnis esse. Sed cum nihil pinguedinis sentiret in eo, evolans super alveum Araris, de quo hic aquas hauriens vino miscuerat, laxatum sacculum dejecit in flumen. At ille apprehensis capillis, elidens se ad terram, spargensque pulverem super caput suum, aiebat : « Væ mihi qui judicio Dei oppressus perdidi pecuniam quæ inique fuerat aggregata, nam ex uno triante centum erexi solidos : Nunc perditis centum solidis, unus mihi tantum remansit trians. Væ mihi, sicut feci sic recepi : et qui e nihilo eos habui, ad nihilum rediisse conspicio.» — Talis pecunia, diabole, tua est, per tale lucrum de-

(1) Hic desinit Colb. a (2205) cæteris avulsis.

restres. Dans la ville de Lyon, un homme qui avait à peine amassé par son travail de quoi posséder un tiers de sol d'or, dévoré de la faim fatale du détestable métal, voulut par le moyen de ce triens remplir sa bourse, comme dit notre Prudence dans ce vers :

Par l'or gagné s'augmente encore l'appétit de l'or.

Donc avec ce triens il achète du vin, il y mêle de l'eau et, le vendant encore à prix d'argent, il double son avoir. Ce qu'il recommence mainte et mainte fois, et il répète assez assidûment ce lucre honteux pour gagner avec ce tiers de sol jusqu'à cent sols. Mais le jugement de Dieu anéantit les bénéfices du diable. L'avare marchand entasse son or dans un sac, richesse qu'il doit posséder seulement l'espace d'une heure, et il se rend aux magasins d'un autre marchand. Il tire le triens comme pour acheter quelque chose, et se met à causer avec son confrère : le sac était de peau de Phénicie[1], de ceux qu'on a coutume de porter à la main. Voilà que tout d'un coup arrive un milan qui l'enlève avec ses pattes, et s'efforce de le déchirer croyant, à cause de la couleur, que c'était quelque morceau de viande. Mais quand il s'aperçut que le morceau n'était pas gras, tout en volant au-dessus du lit de la Saône, dont cet homme employait l'eau pour mélanger son vin, il lâcha le sac et le précipita dans la rivière. Le marchand s'arracha les cheveux, se jeta à terre et, se couvrant la tête de poussière, il disait : « Malheur à moi ! Frappé par le jugement de Dieu, j'ai perdu l'argent injustement amassé, puisque d'un triens j'avais fait cent sols. Maintenant j'ai perdu les cent sols, et il ne me reste qu'un triens. Malheur à moi, j'ai reçu le prix de ce que j'avais fait, et ce que j'avais obtenu avec rien, je le vois revenu à rien. » —Un tel argent, Satan, est à toi ; c'est par

(1) Saint Jérôme, dans son *Epistola ad Lætam*, parle de peaux Babyloniennes destinées à décorer les livres. (R.)

ducis tibi obedientes in tartarum. Tale enim commercium et in præsenti damni notam ingerit, et in futuro diversarum pœnarum genera parit. Absistite ab his, quæso, qui hæc legitis, absistite et nolite talibus participes esse. Sint lucra vestra divinæ majestatis gratia: sint exercitia vestra, scripturæ sanctæ doctrina. Fiat congregatio vestra in marsupiis pauperum, quæ æternæ gehennæ flagrans restinguat incendium; et hoc ipsum a Domini est misericordia poscendum, non propria virtute quærendum, qui nobis præstare dignetur illorum intercessione sancta, quorum hic liber sacra prodit miracula, ut non solum de terrenis divitiis, sed etiam de talentis verbi sui bonam facientes rationem, multiplicationis mercede recepta, audire mereamur ab ipso : « Euge! serve bone, quia super pauca fuisti fidelis, super multa te constituam; intra in gaudium Domini tui. » Amen.

LIBRI DE GLORIA CONFESSORUM

SEPTIMI MIRACULORUM ET ULTIMI

FINIS.

de tels lucres que tu conduis au tartare ceux qui t'obéissent. Un pareil commerce est pour le présent un gage de malheur, et pour l'avenir il produit plusieurs sortes de châtiment. Gardez-vous-en, je vous prie, vous qui lisez ceci, et ne soyez pas complices de telles choses. Que votre lucre soit la grâce obtenue de la majesté divine; que vos occupations soient l'étude de la sainte Écriture; que vos amas se fassent dans la besace des pauvres pour éteindre le feu brûlant de la géhenne éternelle. Votre propre vertu ne peut obtenir cela, mais il faut l'implorer de la miséricorde du Seigneur, qui peut-être daignera nous accorder par la sainte intercession de ceux dont ce livre célèbre les miracles qu'après avoir fait un bon usage, non-seulement des richesses terrestres, mais surtout des trésors de sa parole, nous méritions de l'entendre, disant lui-même : « Courage, bon serviteur; puisque tu as été fidèle en peu de chose, je t'établirai sur beaucoup; entre dans la joie de ton Seigneur[1]. » Amen.

---

(1) *Matth.*, xxv, 21.

FIN

DE LA GLOIRE DES CONFESSEURS

ET DU LIVRE DIX-SEPTIÈME ET DERNIER

DES MIRACLES.

SANCTI GEORGII FLORENTII

GREGORII

EPISCOPI TURONENSIS

VITÆ PATRUM

SEU

LIBER DE VITA QUORUMDAM FELICIOSORUM

VIES DES PÈRES

OU

LIVRE DE LA VIE DE QUELQUES BIENHEUREUX

PAR

SAINT GEORGES FLORENT GRÉGOIRE

ÉVÊQUE DE TOURS

GEORGII FLORENTII GREGORII

EPISCOPI TURONENSIS

VITÆ PATRUM

SEU

LIBER DE VITA QUORUMDAM FELICIOSORUM[1].

PROLOGUS.

Statueram quidem illa tantum scribere, quæ ad sepulcra beatissimorum martyrum confessorumque divinitus gesta sunt : sed quoniam quædam de iis nuper reperi quos beatæ conversationis meritum evexit ad cœlum, quorumque vitæ tramitem certis relationibus cognitum Ecclesiam ædificare putavi, dicere aliqua ex illis opportunitate cogente non differo, quia sanctorum vita non modo eorum pandit propositum, verum etiam auditorum animos incitat ad profectum : et quæritur a quibusdam utrum Vitam sanctorum, an Vitas dicere debeamus. Agellius autem et complures alii philosophorum Vitas dicere voluerunt. Nam Plinius auctor in tertio Artis grammaticæ libro, ait : «Vitas antiqui cujuscunque nostrum dixerunt; sed grammatici pluralem non putant habere vitam.» Unde manifestum

---

(1) Alias *religiosorum*. (R.)

VIES DES PÈRES

OU

LIVRE DE LA VIE DE QUELQUES BIENHEUREUX

PAR

GEORGES FLORENT GRÉGOIRE

ÉVÊQUE DE TOURS.

PRÉFACE.

J'avais résolu d'écrire seulement ce qui s'est accompli divinement sur les tombeaux des bienheureux martyrs et confesseurs; mais, comme j'ai trouvé récemment certaines choses sur ces hommes que le mérite de leur bienheureux séjour ici-bas a élevés jusqu'au ciel, et comme j'ai pensé que leur genre de vie qui nous est connu par des relations certaines pourrait être un sujet d'édification pour l'Église, je ne veux point différer, puisque l'occasion s'en présente, de raconter ces choses, par la raison que la vie des saints ne fait pas seulement connaître leur dessein, mais aussi encourage ceux qui en écoutent le récit à marcher sur leurs traces. Il y a des personnes qui demandent si nous devons dire *la Vie* ou *les Vies* des saints. Aulugelle[1] et plusieurs autres philosophes ont tenu à dire *les Vies*. Pline, grand auteur[2], dans son troisième livre de l'*Art de la Grammaire*, s'exprime ainsi : « Les anciens ont dit *les Vies* de chacun de nous; mais les grammairiens ne croient pas que le mot *Vie* ait un

---

(1) Auteur des *Nuits attiques;* florissait au IIe siècle de notre ère. (R.)
(2) Pline l'Ancien ; Ier siècle. Il parle de la grammaire dans la préface de son *Histoire naturelle.* (R.)

est melius dici Vitam Patrum quam Vitas : quia cum sit diversitas meritorum virtutumque, una tamen omnes vita corporis alit in mundo. Et scripsi fateor in inferiore [1] Confessorum libro aliqua de quorumdam vita, quæ in corpore operati sunt breviora : idcirco quia cum de Dei virtute ingentia censeantur, parva tamen redduntur in scriptis : prolixiora quoque in hoc, quod Vita sanctorum vocitare voluimus libro, imperiti idiotæque præsumimus propalare, orantes Dominum, ut dignetur dare verbum in ore nostro, qui ora mutorum ad usus pristinos sæpius reseravit, ut auditoribus lectoribusque salutaria, et sanctis Patribus digna, labia mea referant; et quæ in sanctis præcipit scribi, reputet ea suis in laudibus declamari.

CAPUT PRIMUM.

De Lupicino atque Romano abbatibus.

Series evangelicæ admonet disciplinæ [2], ut dominicæ largitionis pecunia nummulariis fenerata, cum digno multiplicationis fructu dispensante Domino restauretur, nec altis defossa foveis recondatur ad detrimentum, sed rationabili dispensatione porrecta, æternæ vitæ crescat ad lucrum; ut incipiens retributionis Do-

---

(1) Editi. *superiore*. Et quidem supra laudat librum de Gloria confessorum ; sed, ut jam monuimus, libros de Gloria confessorum scripsit post plerasque Vitas Patrum, licet Vitas Patrum post librum de Gloria confessorum recognoverit. Unde hic utraque lectio bona est. Librum de Vitis Patrum post libros septem Miraculorum recenset ipse Gregorius in fine Historiæ : illum autem alias præmittit libro de Gloria confessorum, ut ex ejus prologo patet. (R.)

(2) *Matth.* xxv, 27.

pluriel. » D'où il est manifeste qu'il vaut mieux dire la *Vie des Pères* que les *Vies des Pères;* d'autant plus que s'il y a chez eux diversité de mérites et de vertus, cependant une même vie du corps les soutient tous dans ce monde. J'ai raconté, je l'avoue, à propos de la vie de quelques-uns d'entre eux, dans mon livre des *Confesseurs*, de courts détails de ce qu'ils ont fait durant leur existence; de bien grandes choses, à considérer la gloire de Dieu, sont donc petitement rendues par mes écrits; aussi dans cet ouvrage, que nous avons voulu appeler *Vie des Saints*, nous avons résolu, malgré notre inexpérience à faire un livre et notre ignorance, d'en parler plus longuement, priant le Seigneur qu'il daigne gratifier notre bouche de la parole, lui qui si souvent a rendu l'usage de la parole aux muets, en sorte que de mes lèvres découlent des choses salutaires pour mes auditeurs et mes lecteurs et dignes des saints pères. Et les choses qu'il m'inspire d'écrire sur les saints, puisse-t-il les regarder comme chantées à sa louange.

CHAPITRE PREMIER.

Des abbés Lupicin et Romain.

L'ordre de la discipline évangélique nous avertit que l'argent des largesses de Notre-Seigneur étant placé chez les changeurs peut, avec la faveur de Dieu, obtenir une juste et ructueuse multiplication, et qu'il ne doit pas rester inutilement enfoui sous terre, mais qu'en lui procurant un raisonnable emploi il sert au gain de la vie éternelle; en sorte

minus quæ commodavit inquirere, cum usuris receptis fenerationis suæ duplici satisfactione talentis, dicat : « Euge, serve bone, quia super pauca fuisti fidelis, super multa te constituam : intra in gaudium Domini tui[1]. » Prædestinatorum est enim ista cum Dei ope perficere, qui ab ipsis cunabulorum vagitibus, ut sæpe de multis legitur, Dominum scire meruerunt, cognitoque eo, nunquam ab ejus præceptionibus recesserunt, neque post baptismi sacramentum niveam illam pollentemque regenerationis stolam impudicis actibus polluerunt. Qui merito sequuntur agnum quocunque ierit, quos ipsius agni candor egregius liliis decoris nullo tentationis æstu marcentibus coronavit. His denique sertis, dextera inclytæ dominationis extenta, inchoantes provocat, vincentes adjuvat, victores adornat, quos nominis sui titulo præsignatos de terrenis gemitibus elevans, in cœlorum evehit gaudia gloriosos. De quorum niveo electionis numero et illos esse non ambigo, qui Jurensis eremi opaca lustrantes, non modo se Dei templum efficere meruerunt, verum etiam in multis mentibus Spiritus sancti gratiæ tabernacula paraverunt : id est Lupicinus, Romanusque germanus ejus.

1. Igitur Lupicinus ab exordio ætatis suæ Deum toto requirens corde, litteris institutus, cum ad legitimam transiisset ætatem, genitore cogente, cum animi non præberet consensum, sponsali vinculo nectitur. Romanus vero adhuc adolescentior, et ipse ad Dei opus animum extendere cupiens, nuptias refutavit. Parentibus vero relinquentibus sæculum, hi communi consensu eremum petunt, et accedentes simul inter illa

(1) *Matth.* xxv, 21.

que, quand le Seigneur viendra à s'enquérir de la somme qu'il a prêtée, il dise en prenant avec une double satisfaction les intérêts de son prêt : « C'est bien, bon serviteur, puisque tu as été fidèle en peu de chose, je te mettrai en puissance de beaucoup; entre dans la joie de ton Seigneur. » Il appartient en effet aux prédestinés d'accomplir ces choses avec l'aide de Dieu, eux qui, dès le berceau, comme cela se lit de plusieurs, méritèrent de connaître le Seigneur, et qui, après l'avoir connu, ne s'éloignèrent jamais de ses préceptes, et, après le sacrement du baptême, ne souillèrent jamais, par des actes impudiques, la blanche et éclatante robe de la régénération. Ceux-là suivent avec raison l'agneau en quelque lieu qu'il aille, l'agneau dont l'éblouissante blancheur les couronne de ces beaux lis que ne saurait flétrir le feu d'aucune tentation. C'est en leur présentant ces couronnes que la droite de la majesté divine encourage ceux qui commencent, aide ceux qui s'efforcent de triompher, récompense les vainqueurs, comblant de gloire et élevant jusqu'aux joies du ciel ceux qui, marqués d'avance de son nom, sont arrachés par elle aux gémissements de la terre. Du nombre de ces hommes, en qui brille la blancheur de la neige, furent, je n'en doute pas, ces pieux solitaires du Jura qui méritèrent non-seulement de devenir le temple du Seigneur, mais qui, dans beaucoup d'âmes, préparèrent les tabernacles de la grâce du Saint-Esprit; je veux parler de Lupicin et de Romain, son frère[1].

1. Lupicin, cherchant Dieu de tout son cœur dès le commencement de sa vie[2] et ayant été instruit dans les lettres, fut, lorsqu'il parvint à l'âge convenable, contraint par son père et sans y donner son consentement, à s'engager dans les liens du mariage. Quant à Romain[3], plus jeune et désirant consacrer son âme au service de Dieu, il refusa de se marier. Leurs parents ayant quitté ce monde, tous deux, d'un commun accord, gagnèrent les solitudes, et, étant ar-

---

(1) On a une autre biographie de ces deux saints écrite par un anonyme qui vivait au commencement du VIe siècle, et se donne comme disciple de S. Ouyan de Joux. Elle se trouve dans les Bollandistes et dans les *Acta SS. ord. S. Bened.*, sæc. I. (R).

(2) Mort le 21 mars 480. (R.)

(3) Mort le 28 février 460. (R.)

Jurensis deserti secreta, quæ inter Burgundiam Alemanniamque sita, Aventicæ adjacent civitati, tabernacula figunt, prostratique solo Dominum diebus singulis cum psallentii modulamine deprecantur, victum de radicibus quærentes herbarum. Sed quoniam livor illius qui de cœlo delapsus est, semper insidias humano generi consuevit intendere, contra hos Dei servos armatur, hosque per ministros suos a cœpto itinere nititur revocare. Nam lapidibus urgere eos dæmones per dies singulos non desinebant, et quotiescunque genua ad orandum Dominum deflexissent, statim imber lapidum super eosdem jacientibus dæmoniis deruebat, ita ut sæpe vulnerati immensis dolorum cruciatibus torquerentur. Interea ætas adhuc immatura cœpit injurias quotidiani hostis metuere, nec passa diutius sufferre dolores, relinquens eremum, ad propria redire deliberat. Sed quid invidia non cogat inimici? Verum ubi relinquentes hoc habitaculum quod expetierant, ad villas manentium sunt regressi, domum cujusdam pauperis ingrediuntur. Percunctatur autem mulier de quo itinere milites Christi venirent. Respondent non sine confusione se reliquisse eremum, et quæ eos causa a cœpto distulerit opere, per ordinem pandunt. At illa ait : « Oportuerat vos, o viri Dei, contra insidias diaboli viriliter dimicare, nec formidare ejus inimicitias, qui sæpius ab amicis Dei superatus occubuit. Æmulus est enim sanctitati, dum metuit ne unde ille perfidiabilis corruit genus humanum fide nobilitatum ascendat. » At illi compuncti corde, et seorsum discreti a muliere, dixerunt : « Væ nobis, quia peccavimus in Deum dimittendo propositum nostrum. Ecce nunc a muliere arguimur pro ignavia. Et qualis nobis in posterum erit

rivés dans les lieux écartés du désert de Joux[1], situés entre la Bourgogne et l'Alemannie[2], ils s'établissent dans un pays contigu à celui de la cité d'Avenches, ils y fixent leur demeure, et prosternés en terre, tous les jours, ils adressent leurs prières au Seigneur avec une psalmodie mélodieuse, n'ayant pour nourriture que des racines de plantes. Mais, comme l'envie de celui qui est tombé du ciel a coutume de tendre toujours des embûches au genre humain, il s'arma aussi contre ces serviteurs de Dieu, et s'efforça, par ses ministres, de les écarter de la route qu'ils avaient prise. En effet, les démons ne cessaient chaque jour de les accabler de pierres, et chaque fois que ceux-ci fléchissaient les genoux pour prier le Seigneur, aussitôt une grêle de pierres lancées par les démons tombait sur eux, de telle sorte qu'ils étaient souvent blessés et enduraient d'atroces tourments. Aussi leur jeune âge, qui n'avait pas encore atteint la maturité, commença à s'effrayer des attaques de l'ennemi quotidien, et, ne pouvant supporter plus longtemps ces douleurs, ils résolurent de quitter cette solitude et de retourner chez eux. A quoi la haine de l'ennemi ne nous oblige-t-elle pas? Lorsqu'abandonnant cette habitation qu'ils avaient tant désirée ils retournèrent dans les campagnes garnies de cultivateurs, ils entrèrent dans la maison d'une pauvre femme. Celle-ci leur demanda d'où venaient les soldats du Christ. Ils répondirent, non sans confusion, qu'ils avaient quitté leur solitude, et racontèrent en détail le motif qui les avait détournés de persévérer dans leur entreprise. Alors elle leur dit : « Vous deviez, ô hommes de Dieu, combattre courageusement contre les embûches du diable, et ne pas redouter l'inimitié de celui qui souvent a succombé vaincu par les amis de Dieu. Car il porte envie à la sainteté parce qu'il craint que le genre humain, qu'il a fait tomber par sa perfidie, ne se relève par la foi. » Ceux-ci, touchés au cœur et s'étant retirés à l'écart, dirent : « Malheur à nous, parce que nous avons péché contre le Seigneur en abandonnant notre dessein. Voici que nous sommes convaincus de lâcheté par une femme. Quelle sera dans la suite notre vie si nous ne retour-

(1) Il s'agit de la fondation de l'abbaye de S. Ouyan (Eugendus) de Joux ou abbaye de S. Claude.
(2) C'est-à-dire l'Helvétie allemande.

vita, si ea unde æstu inimici expulsi fuimus non repetamus? »

2. Tunc armati vexillo crucis, sumptis in manu bacillis, regressi sunt ad eremum. Quibus venientibus, iterum eos insidiæ dæmonis lapidibus cœperunt urgere : sed persistentes in oratione, obtinuerunt a Domini misericordia ut, remota tentatione, liberi ad illum divini cultus famulatum expeditique perseverarent. His denique in oratione vacantibus, cœperunt ad eos turbæ fratrum hinc et inde confluere, et audire verbum prædicationis ab eis. Cumque jam beati eremitæ populis, ut diximus, publicati fuissent, fecerunt sibi monasterium, quod Condatiscone vocitari voluerunt, in quo, succisis silvis et in plana redactis, de laboribus manuum propriarum victum quærebant; tantusque fervor de Dei amore proximos locorum accenderat, ut congregata ad officium Dei multitudo simul habitare non posset : feceruntque iterum aliud monasterium, in quo felicis alvearis examen instituerunt. Sed et his deinceps cum Dei adjutorio ampliatis, tertium intra Alemanniæ terminum monasterium locaverunt. Ibantque vicissim hi duo patres requirentes filios, quos divinis imbuerent disciplinis, prædicantes in singulis monasteriis ea quæ ad institutionem animæ pertinebant. Lupicinus tamen abbas super eos obtinuit monarchiam. Erat autem valde sobrius, et a cibo potuque abstinens, ita ut plerumque tertia die reficeretur. Cum autem eum, sicut corporis humani deposcit necessitas, sitis arriperet, vas cum aqua exhiberi faciebat, in qua manus immersas diutius retinebat. Mirum dictu! ita absorbebat caro ejus aquam appositam, ut putares eam per os ejus assumi, et sic ardor

nons pas aux lieux d'où les efforts de l'ennemi nous ont chassés? »

2. Alors, armés du signe de la croix et leurs bâtons à la main, ils retournèrent au désert. A leur arrivée, les démons les accablèrent de nouveau de pierres; mais eux, persistant dans la prière, obtinrent de la miséricorde de Dieu que la tentation fût écartée, et qu'ils pussent, libres et débarrassés de tout obstacle, lui rendre le culte qui lui était dû. Tandis qu'ils étaient ainsi occupés à prier, commença à affluer de tous côtés vers eux une foule de frères pour entendre d'eux la parole de la prédication. Et quand les bienheureux ermites furent, comme nous l'avons dit, connus des peuples, ils se firent un monastère qu'ils nommèrent Condat. Là, ayant abattu des bois et les ayant changés en plaine, ils se procuraient leur nourriture par le travail de leurs mains; et une ferveur si grande de l'amour de Dieu s'empara des habitants des lieux voisins que la multitude rassemblée pour le culte du Seigneur devint trop considérable pour être réunie dans le même endroit. Aussi firent-ils un autre monastère où ils rassemblèrent un essaim sorti de la première ruche. Dans la suite, avec l'aide de Dieu, ce nouvel essaim s'augmenta également, et ils élevèrent un troisième monastère dans l'Alémannie[1]. Ces deux pères allèrent tour à tour visiter leurs enfants, qu'ils remplissaient de la science divine, prêchant dans chaque monastère les vérités propres à former les âmes. A cette époque, Lupicin obtint sur eux l'unité de pouvoir avec le titre d'abbé. Il était très-sobre et s'abstenait de manger et de boire, au point que le plus souvent il ne prenait de nourriture que tous les trois jours. Et lorsque, comme l'exigent les besoins du corps humain, il était pressé par la soif, il se faisait apporter un vase plein d'eau, où il tenait longtemps ses mains plongées. Chose étonnante! Sa chair absorbait l'eau qu'on lui avait apportée

(1) Le premier de ces monastères fut la célèbre abbaye de S. Ouyan (primitivement *Condatiscone* ou *Condatescense mon.*), réformée, vers 635, par S. Claude, qui s'y retira après s'être démis de l'évêché de Besançon, et à laquelle resta le nom de ce saint évêque lorsque son tombeau fut devenu célèbre par des miracles. Le second est le *monasterium Lauconnense*, dans le Jura, qui subsista peu de temps, et le troisième celui de Romainmotier, sur lequel voyez les Recherches historiques (accompagnées du Cartulaire) formant le tome III des *Mémoires* de la Soc. d'hist. de la Suisse romande, par MM. de Gingins et de Charrière.

sitis exstinguebatur. Erat enim severus valde in districtione fratrum, nec quemquam non modo perverse agere, verum etiam nec loqui sinebat : mulierum quoque vel colloquia, vel occursus valde vitabat. Romanus ita erat simplex, ut nihil de his penitus ad animum duceret, sed omnibus tam viris quam mulieribus æqualiter flagitatam benedictionem Divinitatis nomine invocato tribueret.

3. Lupicinus igitur abbas cum minus haberet unde tantam sustineret congregationem, revelavit ei Deus locum in eremo, in quo antiquitus thesauri reconditi fuerant : ad quem locum accedens solus, aurum argentumque, quantum levare poterat, monasterio inferebat, et exinde, coempto cibo, reficiebat fratrum multitudines quos ad Dei officium congregaverat. Sicque faciebat per singulos annos. Nulli tamen fratrum patefecit locum quem ei Dominus dignatus est revelare. Factum est autem ut quodam tempore visitaret fratres quos in illis Alemanniæ regionibus diximus congregatos; et accedens meridie, cum adhuc fratres in agro essent, ingressus est domum in qua cibi coquebantur ad reficiendum : viditque diversorum ferculorum apparatum magnum, pisciumque multitudinem aggregatam, dixitque in corde suo : « Non est dignum ut monarchi, quorum vita solitaria est, tam ineptis utantur sumptibus. » Et statim jussit præparari æneum magnum. Cumque locatus super ignem fervere cœpisset, posuit in eo cunctos simul quos paraverant cibos, tam pisces quam olera sive legumina, vel quidquid ad comedendum monachis destinatum fuerat, dixitque : « De his pultibus nunc reficiantur fratres. Nam non deliciis vacent, quæ eos a divino impediant

au point que vous eussiez cru qu'il l'avalait par la bouche; et il étanchait ainsi sa soif. Il était très-sévère pour le châtiment de ses frères, et loin de leur permettre de mal agir il ne les laissait pas seulement mal parler; il évitait aussi avec beaucoup de soin soit les entretiens, soit la rencontre des femmes. Romain était si simple qu'il ne lui venait rien de semblable dans l'esprit; mais, après avoir invoqué le nom de Dieu, il donnait également aux hommes et aux femmes la bénédiction qu'on lui demandait.

3. L'abbé Lupicin n'ayant pas de quoi soutenir une communauté si considérable, Dieu lui révéla un endroit du désert où des trésors avaient été anciennement cachés. S'étant approché seul de ce lieu, il en rapporta autant d'or et d'argent qu'il en fallait pour subvenir aux besoins de son monastère, et, achetant avec cela des vivres, il nourrissait les multitudes de frères qu'il avait rassemblés pour servir Dieu. Il faisait de même chaque année. Il ne fit connaître cependant à aucun de ses frères le lieu que le Seigneur avait daigné lui révéler. Or il arriva qu'un jour il visitait ceux de ses frères qu'il avait, disions-nous, réunis dans les contrées de l'Alémannie; et étant arrivé sur le midi, alors que les frères étaient encore aux champs, il entra dans la maison où l'on préparait les mets pour le repas; là il vit un grand appareil de divers plats, ainsi qu'une multitude de poissons amoncelée, et il dit en son cœur : « il n'est pas bien que des moines, dont la vie est celle de solitaires, usent d'apprêts aussi inconvenants. » Et aussitôt il fit préparer un grand chaudron de cuivre, et lorsque celui-ci placé sur le feu eut commencé à s'échauffer, il mit ensemble tous les mets préparés, tant les poissons que les herbes et les légumes, et tout ce qu'on avait destiné au repas des moines, puis il dit : « Que maintenant les frères se rassasient de cette bouillie, car ils ne doivent pas s'abandonner à des délices qui peuvent les écarter de leurs divines occupations. » Dès que ceux-ci

opere. » Quod illi cognoscentes, valde moleste tulerunt. Tunc duodecim viri, habito consilio, iracundia inflammati, reliquerunt locum, et abierunt per deserta vagantes, et ea quæ erant sæculi delectabilia inquirentes. Revelatumque est statim per visum Romano, nec ei voluit divina miseratio rem actam occultare; regresso quoque abbate ad monasterium, dicit : « Si sic futurum erat, ut ad dispersionem fratrum abires, utinam nec accessisses ad eos. » Cui ille : « Noli, inquit, moleste ferre, frater dilectissime, quæ acta sunt. Nam scias purgatam esse aream Domini, et triticum tantum reconditum in horreo, paleas autem ejectas esse foras. » Et ille : « Utinam nullus abscessisset ex his! sed nunc indica, quæso, mihi quanti exinde abierunt. » Qui respondit : « Duodecim viri cothurnosi atque elati, in quibus Deus non habitat. » Tunc Romanus cum lacrymis ait : « Credo in illo divinæ miserationis respectu, quia nec illos separabit a thesauro suo, sed congregabit eos, et lucri eos faciet pro quibus pati dignatus est. » Et facta pro his oratione, obtinuit ut reverterentur ad gratiam omnipotentis Dei. Dominus enim compungi fecit corda eorum; et agentes pœnitentiam pro excessu suo, congregaverunt singuli congregationes suas, et fecerunt sibi monasteria, que usque hodie in Dei laudibus perseverant. Romanus autem persistebat in simplicitate et operibus bonis, visitans infirmos, et salvans eos oratione sua.

4. Factum est autem quodam tempore, dum iter ageret ad visitandos fratres, ut, occupante crepusculo, ad hospitiolum diverteret leprosorum. Erant autem novem viri. Susceptusque ab eis, statim plenus charitate Dei jussit aquam calidam fieri, atque omnium pedes

le surent, ils en furent très-mécontents. Alors douze hommes, après avoir tenu conseil, quittèrent ce lieu enflammés de colère, et s'en allèrent errant à travers les solitudes à la recherche des délices du siècle. Romain apprit aussitôt ce fait par une vision; car la miséricorde divine ne voulut pas pas que ce qui était arrivé lui fût caché. L'abbé étant de retour au monastère, il lui dit : « Si c'était pour aller causer la dispersion de nos frères que tu devais sortir d'ici, plût au ciel que tu ne fusses pas allé vers eux! » l'abbé lui répondit : « Ne sois pas fâché, mon très-cher frère; sache que l'aire du Seigneur a été purifiée, et que le froment seul a été serré dans le grenier, tandis que la paille a été jetée dehors. » Et Romain dit : « Plût au ciel qu'aucun d'eux ne se fût éloigné! Mais indique-moi maintenant, je te prie, combien sont partis. » — « Douze hommes, répondit l'abbé, superbes et orgueilleux, en qui Dieu n'habite pas. » Alors Romain versant des larmes dit : « Je crois, d'après ce que je pense de la miséricorde divine, que le Seigneur ne les séparera pas de son trésor, mais qu'il les réunira et qu'il gagnera ceux pour lesquels il a bien voulu souffrir. » Et ayant prié pour eux, il obtint leur retour à la grâce du Dieu tout-puissant. Le Seigneur, en effet, toucha leurs cœurs, et, faisant pénitence de leur départ, ils s'occupèrent chacun de rassembler des congrégations et se firent des monastères, qui persévèrent encore aujourd'hui dans les louanges de Dieu. Pour Romain, il persistait dans sa simplicité et dans ses bonnes œuvres, visitant les infirmes et les guérissant par ses prières.

4. Il arriva un jour, tandis qu'il était en route pour visiter ses frères, que le soir l'ayant surpris, il s'arrêta dans une maison de lépreux; ils y étaient au nombre de neuf. Ayant été accueilli par eux, aussitôt, plein de l'amour de Dieu, il se fit apporter de l'eau chaude et de sa propre main leur

manu propria lavit, lectulumque spatiosum fieri præcepit, ut omnes in uno stratu requiescerent, non abhorrens luridæ maculam lepræ. Quod cum factum fuisset, obdormientibus leprosis, hic inter decantationes psalmorum vigilans, extendit manum suam, et tetigit latus infirmi unius, statimque mundatus est : tactuque salubri iterum tangens alium, et ipse protinus est mundatus. Cumque se sensissent redditos sanitati, tetigit unusquisque proximum suum, ut scilicet expergefacti rogarent sanctum pro emundatione sua. Sed cum tacti ab invicem fuissent, et ipsi mundati sunt. Mane autem facto aspiciens omnes nitente cute effulgere, gratias agens Deo, et vale dicens ac singulorum oscula libans, abscessit ; mandans eis ut semper ea quæ Dei erant et retinerent pectore, et operibus exercerent.

5. Lupicinus autem jam senex factus accessit ad Chilpericum[1] regem, qui tunc Burgundiæ præerat. Audierat enim eum habitare apud urbem Janubam. Cujus cum ingressus est portam, tremuit cathedra regis, qui ea hora ad convivium residebat, exterritusque ait suis : « Terræ motus factus est. » Responderunt qui aderant nihil se sensisse commotionis. Et ille : « Occurrite quantocius ad portam, ne forte aliquis adversari cupiens regno nostro adsit, quasi nociturus nobis ; non enim sine causa hæc sella contremuit. » Qui protinus concurrentes, offenderunt senem in veste pellicia, et dixerunt regi de eo, qui ait : « Ite, adducite eum in conspectu meo, ut intelligam cujus ordinis homo sit. »

(1) Chilpericus Gundiuchi filius, Clotildis pater. — Vid. Apoll. Sidon., lib. V, epist. VI et VII, Savaronisque et Sirmondi notas. (R.)

lava les pieds à tous. Puis il fit préparer un grand lit afin qu'ils pussent tous reposer sur une seule couche, sans craindre pour lui-même le contact de la lèpre livide. Cela fait, pendant que les lépreux dormaient, Romain, veillant et chantant des psaumes, étendit la main et toucha le flanc de l'un d'eux, et aussitôt celui-ci fut guéri : il en toucha encore un autre d'un attouchement salutaire, et celui-ci fut encore guéri aussitôt. Ceux-là se sentant rendus à la santé, chacun d'eux toucha son voisin, afin que tous étant réveillés priassent le saint pour leur guérison. Mais par leur seul attouchement entre eux, tous furent guéris. Or le matin, Romain ayant vu que tous brillaient par l'éclatante fraîcheur de leur peau, il rendit grâces à Dieu, prit congé d'eux, en donnant un baiser à chacun, et se retira, leur recommandant, quant aux choses qui regardent le service de Dieu, de les retenir en leur cœur et de les mettre en pratique.

5. Lupicin déjà vieux alla trouver le roi Chilpéric, qui alors gouvernait la Bourgogne, et qui, avait-il appris, se trouvait dans la ville de Genève[1]. Lorsqu'il passa le seuil de la porte, la chaise du roi, qui en ce moment était à table, trembla, en sorte qu'effrayé il dit à ceux qui l'entouraient : « Il s'est fait un tremblement de terre. » Ceux-ci répondirent qu'ils n'avaient ressenti aucune commotion. Alors le roi ajouta : « Allez au plus vite à la porte, de crainte qu'il ne s'y trouve quelqu'un qui en veuille à notre royaume, car ce siége n'a pas tremblé sans motif. » Ils coururent donc aussitôt et trouvèrent un vieillard couvert d'un vêtement de peaux ; l'ayant annoncé au roi, ce dernier leur dit : « Allez, amenez-le en ma présence, afin que je sache de quel rang est cet homme. »

(1) Le roi bourguignon Gondeuch eut un frère et un fils nommés tous deux Chilpéric et qui régnèrent à Genève. Le fils ne put régner qu'après la mort de son père, en 476, et fut tué par Gondebaud un an après. Romain avait cessé de vivre dès 460, et Lupicin mourut en 480. Il nous semble, à l'inspection de ces diverses dates, que le récit de Grégoire de Tours se rapporte au plus ancien des deux Chilpéric.

Et statim adductus stetit coram rege, sicut quondam Jacob coram Pharaone. Cui ille ait : « Quis es, vel unde venisti? aut quod est opus tuum? vel quid necessitatis eges ut venias ad nos, edicito? » Cui ille : « Pater sum, inquit, dominicarum ovium, quas cum Dominus spiritalibus cibis jugi administratione reficiat, corporalia eis interdum alimenta deficiunt. Ideo petimus potentiam vestram ut ad victus vestitusque necessaria aliquid tribuatis. » Rex vero hæc audiens ait : « Accipite agros vineasque, de quibus possitis vivere ac necessitates vestras explere. » Qui respondit : « Agros et vineas non accipiemus, sed si placet potestati vestræ, aliquid de fructibus delegate, quia non decet monachos facultatibus mundanis extolli, sed in humilitate cordis Dei regnum justitiamque ejus exquirere. » At rex, cum audisset hæc verba, dedit eis præceptionem ut annis singulis trecentos modios tritici ejusdemque mensuræ numero vinum accipiant, et centum aureos ad comparanda fratrum indumenta. Quod usque nunc a fisci ditionibus capere referuntur.

6. Post hæc autem cum jam senes perfectæque essent ætatis, Lupicinus abbas scilicet et Romanus frater ejus, ait Lupicinus germano suo : « Dic, inquit, mihi in quali monasterio vis tibi parari sepulcrum, ut simul quiescamus? » Qui ait : « Non potest fieri ut ego in monasterio sepulcrum habeam, a quo mulierum accessus arcetur [1]. Nosti enim quod mihi indigno et non merenti Dominus Deus meus gratiam tribuit curationum, multique per impositionem manus meæ ac virtutem

(1) Ne quidem in ecclesia (Mabill. Præf. in sæc. I Act. Bened.), quam consuetudinem Cistercienses initio renovaverunt. (R.)

Celui-ci amené au roi se tint devant lui comme autrefois Jacob devant Pharaon. Chilpéric dit à Lupicin : « Qui es-tu? et d'où viens-tu? ou quel est ton métier et quelle nécessité te fait venir à nous? parle. » Lupicin répondit : « Je suis le père de brebis du Seigneur, lesquelles, tandis que le Seigneur les nourrit des aliments spirituels par ses constantes instructions, viennent à manquer parfois des aliments corporels. C'est pourquoi nous implorons votre puissance afin que vous nous accordiez quelque chose pour la nourriture et le vêtement qui leur sont nécessaires. » Le roi entendant cela dit : « Prenez des champs et des vignes, dont vous puissiez vivre et avec lesquels vous puissiez satisfaire à vos nécessités. » Il répondit : « Nous n'accepterons pas des champs et des vignes; mais, s'il plaît à votre puissance, accordez-nous quelques-uns des fruits qu'ils produisent, parce qu'il ne convient pas à des moines de s'élever par des richesses mondaines, mais de rechercher dans l'humilité de leur cœur le royaume de Dieu et sa justice. » Le roi ayant entendu ces paroles leur donna des lettres pour recevoir chaque année trois cents muids de blé et autant de muids de vin, et cent sous d'or pour le vêtement des frères. Ce qu'ils reçoivent encore aujourd'hui, dit-on, sur les domaines du fisc.

6. Après cela, comme l'abbé Lupicin et son frère Romain étaient des vieillards avancés en âge, Lupicin dit à son frère : « Dis-moi en quel monastère tu veux que soit préparée ta sépulture, afin que nous reposions ensemble. » Celui-ci lui répondit : « Il ne peut pas se faire que j'aie mon tombeau dans un monastère, quand l'entrée d'un tel lieu est interdite aux femmes; car, tu le sais, bien que j'en sois indigne et que je ne le mérite pas, le Seigneur m'a accordé la grâce de faire des guérisons, et beaucoup, par l'imposition

crucis dominicæ, a diversis languoribus sunt erepti. Erit autem concursus ad tumulum meum, si ab hac luce migravero. Ideoque rogo, ut eminus a monasterio requiescam. » Pro hac vero causa, cum obiisset in decem millibus a monasterio in monte parvulo sepultus est : super cujus deinceps sepulcrum magnum templum ædificatum est, in quod ingens frequentia populi diebus singulis accurrit. Multæ enim virtutes ibi in Dei nomine nunc ostenduntur; nam et cæci ibi lumen et surdi auditum, et paralytici gressum plerumque recipiunt. Lupicinus autem abbas obiens, intra monasterii basilicam est sepultus : reliquitque Domino pecuniæ creditæ multiplicata talenta, id est beatas monachorum congregationes in ejus laude devotas.

CAPUT II.

De sancto Illidio episcopo.

Inter reliqua vitæ perpetuæ semina, quæ cœlestis sator ex illo divinitatis fonte mentis incultæ arvum vel irrigavit institutione, vel dogmate fecundavit, ait : « Omnis qui non accipit crucem suam et sequitur me, non est me dignus. » Et alibi : « Nisi granum frumenti cadens in terram mortuum fuerit, ipsum solum manet; si autem mortuum fuerit, multum fructum affert. Qui amat animam suam, perdet eam; et qui odit animam suam in hoc mundo, in vitam æternam custodit eam. » Sed ille nihilominus vas electionis beatus Paulus apostolus, dicit : « Semper mortificationem Christi in corpore vestro circumferentes, ut et vita Jesu manifestetur in corde vestro mortali. » Ergo confessores Christi, quos tempus persecutionis ad

de mes mains et la vertu de la croix, ont été arrachés à diverses maladies. Or, il y aura un grand concours à mon tombeau quand je quitterai la lumière de cette vie. C'est pourquoi je demande à reposer loin du monastère. » Pour ces motifs, lorsqu'il mourut il fut enseveli à dix mille du monastère, sur une petite montagne ; dans la suite sur ce tombeau on éleva un grand temple où se précipite chaque jour un grand concours de peuple. Car là s'accomplissent maintenant beaucoup de miracles au nom de Dieu : les aveugles y recouvrent la lumière, les sourds l'ouïe, et les paralytiques l'usage de leurs membres. Pour l'abbé Lupicin, il fut enseveli dans l'église du monastère, et il laissa ainsi au Seigneur grandement multipliées les sommes qui lui avaient été prêtées, c'est-à-dire les bienheureuses congrégations de moines consacrées à chanter les louanges divines.

CHAPITRE II.

De saint Illide, évêque[1].

Parmi les semences de la vie perpétuelle que le céleste semeur, dans le champ d'une âme inculte, arrose des eaux coulant de la source divine par ses préceptes, et qu'il féconde par sa doctrine, est celle-ci, par laquelle il nous dit : « Quiconque ne s'est point chargé de sa croix pour me suivre, n'est pas digne de moi. » (*Matth.* x, 38.) Et ailleurs : « Si le grain de froment tombant en terre ne meurt point, il reste seul ; mais s'il meurt, il rapporte beaucoup de fruit. Celui qui aime son âme, la perdra, et celui qui hait son âme en ce monde la gardera pour la vie éternelle. » (*Joan.* XII, 24, 25.) En outre l'apôtre saint Paul, ce vase d'élection, n'a-t-il pas dit : « Portant toujours dans votre corps la mortification du Christ, afin que la vie de Jésus soit aussi manifestée dans votre cœur mortel. » (*II Cor.* IV, 10.) De là les confesseurs du Christ, que le temps de la persécution

(1) *S. Allyre*, évêque et patron de Clermont-Ferrand.

martyrium non lacessivit, ipsi sibi persecutores effecti, modo ut digni Deo haberentur, diversas abstinentiæ cruces adhibuerunt; et ut mortificatis membris soli illi viverent, de quo idem Apostolus dixit : « Jam non vivo ego, vivit autem in me Christus; » et alibi, allegans illud psalmi quadragesimi tertii : « Propter te mortificamur tota die; æstimati sumus, sicut oves occisionis. » Aspiciebant enim per illos mentis internæ oculos Dominum cœlorum descendisse ad terras, non abjectum ad humilitatem, sed humiliatum misericorditer ad mundi redemptionem : aspiciebant pendentem in patibulo, non deitatis gloriam, sed assumpti corporis hostiam mundam, de qua Joannes paulo ante prædixerat : « Ecce Agnus Dei, ecce qui tollit peccata hujus mundi. » Habebant in se et clavorum affixionem, cum a timore ejus confixi, atque a judiciis divinis exterriti, nihil indignum ejus omnipotentiæ in corporis sui habitatione gerebant, juxta illud quod psalmo centesimo decimo octavo scriptum est : « Confige timore tuo carnes meas; a judiciis enim tuis timui. » Fulgebat in his et illud resurrectionis lumen insigne, quo angelus refulsit, dum revolvit lapidem monumenti, de quo Marci decimo sexto : « Et introeuntes in monumentum, viderunt juvenem sedentem in dextris, coopertum stola candida, et obstupuerunt. » Quo et Jesus splenduit sub illa ostiorum obseratorum inclusione, cum improvisus in medio apostolici senatus astitit comitatu : quos idem Dominus eosdem verbis vitæ imbuens cœlesti est evectus in arce. Inter quos et beatus confessor Illidius ita hæc omnia in cordis sui tabernaculo collocavit, ut et ipse quoque templum sancti Spiritus effici mereretur : de cujus

n'a point jetés dans le martyre, sont devenus leurs propres persécuteurs, afin de devenir dignes du Seigneur, se chargeant de diverses croix d'abstinence, et afin de vivre avec Jésus-Christ seul se sont mortifiés en leur chair, suivant les paroles de l'Apôtre : « Ce n'est plus moi qui vis, mais le Christ qui vit en moi. » (*Gal.* II, 20). Et ailleurs, citant ce verset du psaume quarante-trois : « A cause de toi nous mourons tout le jour; nous sommes estimés comme des brebis qu'on doit égorger. » (*Rom.* VIII, 36.) Car ils contemplaient par les yeux de leur entendement intérieur que le Seigneur des cieux était descendu en terre, non pas abaissé par l'humilité, mais humilié par sa miséricorde, pour la rédemption du monde; ils regardaient attachée à une croix, non pas la gloire de la divinité, mais l'hostie pure du corps qu'il avait voulu prendre, de laquelle saint Jean avait prédit un peu auparavant : « Voici l'Agneau de Dieu, voici celui qui enlève les péchés du monde. » (*Joan.* I, 29.) Ils avaient en eux l'attache des clous, lorsque, crucifiés par la crainte et remplis de la terreur des jugements de Dieu, ils ne portaient dans l'habitation de leurs corps rien d'indigne de sa puissance, suivant ces paroles écrites au psaume cent dix-huit : « Crucifie ma chair par ta crainte, car je redoute tes jugements. » En eux brillait aussi cette éclatante lumière de la résurrection, dont resplendissait l'ange, quand il écarta la pierre du tombeau, dont il est parlé au seizième chapitre de saint Marc : « En entrant dans le tombeau elles virent un jeune homme assis du côté droit, vêtu d'une robe blanche, et elles furent effrayées. » Tel resplendit aussi Jésus quand il entra, les portes étant fermées, à l'improviste, au milieu de l'assemblée des apôtres, et qu'après les avoir remplis des paroles de vie, il fut élevé au trône céleste. Le bienheureux Illide avait toutes ces choses si bien placées dans le tabernacle de son cœur que lui aussi mérita de devenir le temple du Saint-Esprit. Ayant donc entrepris d'écrire quelque chose

vita aliqua scripturus, veniam peto a legentibus. Non enim me artis grammaticæ studium imbuit, neque auctorum sæcularium polita lectio erudivit, sed tantum beati patris Aviti Arverni pontificis studium ad ecclesiastica sollicitavit scripta[1]. Si mihi non ad judicium contingerent quæ ipso prædicante audivi, vel cogente relegi, quia ea nequeo observare : qui me post Davidici carminis cannas, ad illa evangelicæ prædicationis dicta, atque apostolicæ virtutis historias epistolasque perduxit ; de quo ea tantum capere potui, ut cognoscerem Jesum Christum filium Dei ad salutem mundi venisse, atque amicos ejus qui accepta cruce austeræ observantiæ Sponsum secuti sunt, dignis obsequiis honorare. Qua de re crudæ rusticitatis temeritatem ostendens, quæ de beato cognovi Illidio, illo quo possum proferam stylo.

1. Sanctus igitur Illidius cum perfectæ vitæ sanctitate polleret, ac diversarum in se gratiarum charismata largiente Domino congessisset, illud quod adhuc sanctitatis culmini deerat, Deo inspirante ac populo eligente promeruit, ut sacerdos Arvernæ ecclesiæ, et dominicarum ovium pastor eligeretur. Cujus sanctitatis fama dum per diversos gratiarum evehitur ascensus, non solum ipsos Arverni territorii terminos, verum etiam vicinarum urbium fines adivit. Unde factum est ut hæc gloria Treverici imperatoris aures attingeret, cujus filia[2] cum a spiritu immundo correpta graviter vexaretur, et non inveniretur a quo posset erui, beatum Illidium fama detexit : et dicto citius ab im-

---

(1) Vide Fortunat., lib. V, carm. 4.
(2) Idem habet Gregorius lib. I Hist., cap. XL. (R.)

de sa vie, je demande l'indulgence de mes lecteurs. Je n'ai fait, en effet, aucune étude de la grammaire, et je ne me suis point formé par la lecture savante des auteurs du siècle, mais j'ai obéi aux sollicitations de mon bienheureux père Avitus, évêque d'Auvergne, qui m'exhorta à composer des ouvrages ecclésiastiques. Si les choses que j'ai entendues dans ses prédications ou qu'il m'a contraint de lire n'ont pas formé mon jugement, puisque je ne sais pas les observer, c'est lui qui, après les poésies de David, m'amena aux paroles de la prédication évangélique, ainsi qu'aux histoires et aux épîtres de la vertu apostolique; c'est de lui que j'ai pu recueillir la connaissance de Jésus-Christ, fils de Dieu, venu pour le salut du monde, et d'apprendre à honorer par des hommages dignes d'eux ses amis qui prenant la croix d'une austère observance ont suivi l'Époux. Sur quoi, faisant paraître toute la témérité de mon ignorance, je vais raconter, aussi bien que possible, ce que j'ai appris touchant le bienheureux Illide.

1. Saint Illide[1], qui se recommandait par la sainteté de sa vie si parfaite et qui réunissait en lui les grâces diverses dont Dieu l'avait comblé, mérita, ce qui jusqu'alors avait manqué à sa sainteté déjà si haute, d'être élu par le peuple inspiré de Dieu pour évêque de l'Église arverne et pasteur des brebis du Seigneur. La renommée de sa sainteté s'étant élevée par divers degrés de la grâce s'étendit non-seulement dans toutes les parties du territoire arverne, mais encore elle franchit les frontières des cités voisines. D'où il arriva que le bruit de sa gloire parvint aux oreilles de l'empereur qui était à Trèves, et dont la fille, possédée par un esprit immonde, souffrait beaucoup; et l'on ne pouvait trouver personne qui l'en délivrât, lorsque le bruit public signala le bienheureux Illide. Des messagers envoyés aussitôt par

(1) Voy. *Hist.*, I, XL, et *Gl. conf.*, XX et XXXV.

peratore directi pueri, sanctum senem in antedicta repertum urbe potestati regiæ celeriter repræsentant. At ille venerabiliter exceptum de exitu infelicis conqueritur filiæ. Ille vero confisus in Domino in oratione prosternitur, nocteque cum sacris hymnis canticisque spiritalibus ducta, immissis in os puellæ digitis, nequam spiritum a corpore abegit obsessæ. Quod miraculum imperator cernens, immensos auri argentique cumulos sancto offert sacerdoti. Quod ille exsecrans ac refutans, hoc obtinuit ut Arverna civitas, quæ tributa in specie triticea ac vinaria dependebat, in auro dissolveret, quia cum gravi labore penui inferebantur imperiali. Sanctus vero, ut aiunt, impleto vitæ præsentis tempore, in ipso itineris curriculo migravit ad Christum, a suisque delatus, in urbe sua sepultus est.

2. Et forsitan, ut plerumque homines murmurare soliti sunt, quispiam garrulatur, dicens : « Non potest hic haberi inter sanctos pro unius tantum operatione miraculi. » Nam si perpenditur illud quod Dominus ait in Evangelio : « Multi mihi dicent in illa die : Domine, Domine, nonne in nomine tuo dæmonia ejecimus, virtutesque multas fecimus? et respondebo eis dicens : quia non novi vos[1], » profecto intelliget quod magis proficit ad laudem virtus egressa de tumulo, quam ea quæ quisquam vivens gessit in mundo : quia illa labem habere potuerunt per assidua mundanæ occupationis impedimenta, hæc vero omni labe ad liquidum caruerunt. Ergo quia illa, ut credimus, quæ sanctus Illidius ante hoc tempus operatus est, oblivioni data sunt,

---

(1) *Matth.* VII, 22, 23.

l'empereur exécutèrent promptement ses ordres et amenèrent dans la ville dont nous venons de parler le saint vieillard, qui fut reçu avec grand respect par le prince, fort affligé du malheureux état de sa fille. Le saint évêque, confiant dans le Seigneur, se prosterna pour prier, et, quand il eut passé une nuit entière en hymnes sacrées et en cantiques spirituels, il mit ses doigts dans la bouche de la jeune fille, et chassa le malin esprit qui tourmentait son corps[1]. L'empereur, voyant ce miracle, offrit au saint évêque d'immenses amas d'or et d'argent. Celui-ci les refusa, mais demanda et obtint que la cité des Arvernes, qui payait le tribut en espèces de blé et de vin, le payerait en or, parce que ce n'était qu'avec beaucoup de peine que l'impôt en nature pouvait être transporté au trésor public. Le saint, ayant accompli le temps de la vie présente, mourut, à ce qu'on dit, dans ce voyage pour aller au Christ, et transporté par les siens, il fut enseveli dans sa ville.

2. Et peut-être, comme le plus souvent les hommes sont accoutumés à murmurer, quelqu'un dira : « Il n'est pas possible que pour un seul miracle cet homme puisse être rangé parmi les saints. » Et si l'on pèse bien ce que dit le Seigneur dans l'Évangile : « Beaucoup me diront en ce jour : Seigneur, Seigneur, n'avons-nous pas chassé les démons en ton nom, n'avons-nous pas fait plusieurs miracles? et je leur répondrai : Je ne vous connais pas; » assurément il veut dire que la vertu qui sort du tombeau profite beaucoup plus pour la louange que celle que l'on peut montrer dans le monde, parce que celle-ci peut avoir quelque tache par les empêchements continuels des occupations mondaines, tandis que celle-là est exempte de toute souillure. Comme donc, ainsi que nous le croyons, les choses faites par saint Illide avant ce temps-là ont été livrées à l'oubli et ne sont

---

(1) En 1311, dit Ruinart, l'évêque de Clermont aurait opéré la translation de plusieurs corps saints, parmi lesquels celui de cette fille de l'empereur Maxime, dont le cercueil, en plomb, était resté jusque-là dans l'église de l'abbaye de St-Allyre. Au cercueil était jointe une plaque de cuivre sur laquelle on lisait, suivant Savaron : A. IMPERATORIS || ALEMANNICI . FILIA || QUAM . SCS . ILLIDIUS || LIBERAVIT . SEPULTA || XVI . K . APRILIS.

nec ad nostram notitiam pervenerunt, ea quæ propriis inspeximus oculis, expertique sumus, vel quæ a fidelibus agnita cognovimus, declaramus. Tempore quo Gallus episcopus Arvernam regebat ecclesiam, horum scriptor in adolescentia degens graviter ægrotabat, et ab eo plerumque dilectione unica visitabatur, eo quod patruus ejus esset; erat enim valetudo cum nimia stomachi pituita ac febre valida. Interea advenit parvulo desiderium, et credo inspirante Deo, ut ad beati Illidii basilicam deportaretur; illatusque manibus puerorum ad ejus tumulum, fusa oratione cum lacrymis, leviorem se sensit esse quam cum venerat; reversusque ad domum, iterum a febre corripitur. Quadam vero die cum gravius agere cœpisset, eumque febris asperior solito aggravaret, et utrum evaderet dubia sub sorte jaceret, accedens genitrix ejus ait ad eum : « Mœstum hodie, dulcis nate, sum habitura diem, cum te talis attinet febris. » Et ille : « Nihil, inquit, prorsus, obsecro, contristeris, sed ad sepulcrum me remitte beati Illidii pontificis. Credo enim, et fides mea est, quod virtus ejus, et tibi lititiam, et mihi tribuet sospitatem. » Tunc sancti deportatus ad tumulum, orationem ad Dominum fudit, spondens prostratus sponte, si eum obtentu antistitis sui Dominus ab hoc contagio liberaret, clericum se futurum; nec prorsus moraretur, si deprecatio obtineret effectum. Hæc effatus sensit protinus discedere febrem, vocatoque puero, domum se reportari deposcit. Cumque in recubitu ubi tunc epulabantur fuisset illatus, erumpente a naribus sanguinis copia, febris simul cruorque defluxit. Quod meritis beati confessoris præstitum habetur probatum. Sed et nuper Ve-

pas parvenues à notre connaissance, nous raconterons ce que nous avons vu de nos propres yeux, ce que nous avons éprouvé, ou ce que nous avons appris de personnes dignes de foi. A l'époque où Gallus gouvernait l'Église arverne, celui qui écrit ces choses étant encore jeune se trouvait gravement malade; et il était souvent visité par l'évêque, qui l'aimait beaucoup, attendu qu'il était son oncle. Son estomac se remplissait d'une grande quantité d'humeur, et il était pris d'une forte fièvre. Il s'éleva alors au cœur de l'enfant un désir qui, je crois, venait de Dieu, de se faire transporter à l'église de Saint-Illide; et, dès qu'il eut été transporté sur les bras de ses serviteurs au tombeau du saint, ayant fait sa prière avec larmes, il se sentit plus à l'aise que quand il était venu; mais de retour à la maison, il fut saisi de nouveau par la fièvre. Or un jour, comme il se trouvait plus mal et que la fièvre était plus forte qu'à l'ordinaire, au point que l'on doutait s'il en réchapperait, sa mère s'approchant de lui lui dit : « Aujourd'hui, mon doux fils, j'aurai une triste journée puisqu'une si forte fièvre te possède. » Et celui-ci répondit : « Ne conçois de là, je t'en prie, aucune tristesse, mais renvoie-moi au tombeau du bienheureux évêque Illide, car je crois et j'espère que sa vertu te procurera à toi de la joie et à moi de la santé. » Alors ayant été transporté au tombeau du saint, il adressa une prière au Seigneur, et étant prosterné, il promit que s'il était délivré de son mal par l'intercession de son évêque, il se ferait clerc, et qu'il ne se retirerait de là que si sa prière obtenait son effet. A peine eut-il ainsi parlé qu'il sentit la fièvre le quitter aussitôt et, appelant ses serviteurs, il demanda à être ramené chez lui; là, ayant été mis sur un lit de repos, tandis qu'on était à table, il lui prit un grand saignement de nez, à la suite duquel la fièvre cessa : ce qu'il obtint certainement par les mérites du bienheureux confesseur. Récemment aussi un serviteur du comte Vénérand, après avoir été longtemps

nerandi comitis servus, cum in diuturna cæcitate resideret, celebratis vigiliis, sanus abscessit.

3. De reliquiis vero ejus hæc ipse præfatus scriptor, ut actum est, propria contemplatione prospexit. Dedicaverat igitur oratorium infra domum ecclesiasticam urbis Turonicæ in primo sacerdotii sui anno, in quo cum reliquorum sanctorum pignoribus hujus antistitis reliquias collocavit. Post multos vero dedicationis dies admonitus est ab abbate ut reliquias quas in altari ipso locaverat visitaret, ne ab humore novi ædificii humectatæ, aliquid in his putredinis insideret. Quas cum requirens reperisset infectas, ablatas ex altari contra ignem siccare cœpit. Verum ubi ligaturas illas sigillatim composuit, ventum est ad reliquias beati Illidii episcopi. Denique tenens easdem contra ignem, filum quo ligatæ erant, quia erat valde prolixum, super ardentes decidit prunas, et tanquam æneum aut ferreum ab ardore ignis incanduit. Illo quoque parvi pendente quid filum fieret quo sanctæ reliquiæ ligarentur, æstimans ipsum jam in favillam fuisse resolutum, comperit adhuc integrum et incorruptum, quippe quod vinculum et ligamen paulo ante fuisset hujus gloriosi pontificis.

4. Puer erat parvulus quasi mensium decem, qui ut res veritatis edocuit, ipsius beati abnepos habebatur; gravissimi incommodi accessu afficiebatur. Flebat autem illius genitrix non minus obitum parvuli, quam quod non fuerat adhuc divino delibutus sacramento. Denique consilio habito, beati confessoris adiit tumulum, exponit in pavimento ægrotum, qui nihil aliter quam solo spiritu palpitabat; atque in vigiliis obsecrationibusque coram sepulcro antistitis excu-

aveugle, ayant célébré les vigiles auprès de son tombeau, s'en retourna guéri.

3. Pour ce qui s'est passé au sujet de ses reliques, voici ce que l'écrivain dit avoir vu de ses propres yeux. Il avait dédié, dans la maison épiscopale de Tours, la première année de son pontificat, un oratoire[1] où il mit des reliques de ce saint évêque avec celles d'autres saints. Longtemps après la dédicace, il fut averti par l'abbé de visiter les reliques qu'il avait placées dans l'autel, de peur que par l'humidité du nouvel édifice il ne s'y mît de la pourriture. Les ayant trouvées humides, il les enleva de l'autel et les fit sécher au feu. Mais quand il les eut remises dans leurs enveloppes et qu'on arriva aux reliques du bienheureux évêque Illide, comme on les tenait devant le feu, le fil qui les liait se trouvant trop long tomba sur les charbons ardents, et comme du cuivre ou du fer se mit à rougir par l'ardeur du feu. Comme aussi on ne s'occupait plus du fil, mais seulement d'empêcher que les reliques ne fussent atteintes, on s'aperçut que le fil lui-même était intact, parce qu'il avait servi peu de temps auparavant de lien au glorieux pontife.

4. Il y avait un enfant d'environ dix mois qui passait pour être, et cela fut reconnu comme vrai, le petit neveu du bienheureux lui-même; cet enfant était affligé d'une maladie très-grave. La mère pleurait, non pas tant la mort de son enfant, que parce qu'il n'avait pas encore reçu le divin sacrement de baptême. Enfin, ayant pris conseil, elle se rendit au tombeau du bienheureux confesseur, exposa sur la pierre le malade qui n'avait plus que le souffle et ne cessa de veiller et de prier sur le tombeau de l'évêque. Or l'oiseau

(1) *De Gloria conf.*, c. xx.

bat. Cumque plausum ales ille lucis nuntius repercussis alis, altius protulisset, puer qui valde exanimis projectus fuerat, convaluit; et gaudia cordis risu præcedente patefaciens, aperto divinitus ore, evocat matrem, dicens : « Accede huc. » At illa cum tremore et gaudio accedens, quæ nunquam adhuc filii vocem audierat, stupens : « Quid vis, inquit, dulcissime nate ? » Qui ait : « Curre quantocius, atque aquarum mihi pocula defer. » At illa persistens immobilis usque ad adventum lucis in oratione, gratias agens sancto antistiti, sobolemque devovens, abscessit ad domum; porrectaque aqua, hausit infans; atque omni infirmitatis nexu absolutus, ad plenum convaluit. Deinde ad pristinos infantiæ vagitus rediens, loqui ultra non potuit, nisi cum ad illam ætatis seriem, in qua infantium lingua ad loquendum laxari solet, educatus accessit. Sed nec illud silere arbitror, quod quodam tempore, quo clibanus ad coquendas calces basilicæ ipsius succenderetur, actum est. Jugum igitur quod os fornacis validissime confirmabat, dormientibus cum ipso loci abbate qui aderant, est effractum. Quo facto astitit presbytero repente per visum quasi sacerdos dicens : « Festina velociter, et excita dormientes ne eos futuræ ruinæ casus anticipet. Jam enim paratum est jugum, quod totam molem lapidum sustinet, cum ipso igne corruere. » Ille vero expergefactus, amotis ab ore fornacis omnibus, cecidit ab utraque parte acervus lapidum aggregatus, nullum de astantibus lædens. Quod non sine antistitis intercessione præstitum reor. Tunc presbyter memoratus, oratione facta ad sepulcrum sancti, reparatis jugis lapidibusque relatis, in clibano opus cœptum, antistite opitulante, peregit.

qui annonce le retour de la lumière ayant chanté plus haut que d'ordinaire, en battant de l'aile, l'enfant qui était resté étendu tout à fait privé de sentiment revint à la vie; montrant par un sourire la joie de son cœur, il ouvrit la bouche par un effet de la puissance divine, et appelant sa mère dit : « Viens ici. » Mais celle-ci pleine de crainte et de joie, car elle n'avait jamais entendu la voix de son fils, resta stupéfaite. « Que veux-tu, dit-elle, mon très-doux fils? » celui-ci répondit : « Cours au plus vite et apporte-moi un verre d'eau. » Mais celle-ci restant immobile jusqu'à l'arrivée du jour continua de prier, rendant grâces au saint évêque et lui consacrant son fils; puis elle retourna chez elle. L'enfant but l'eau qui lui était présentée, et délivré de toute infirmité recouvra pleinement la santé. Ensuite, revenu aux premiers vagissements de l'enfance, il ne put plus parler que lorsqu'il eut atteint cet âge où la langue des enfants a coutume de se délier pour la parole. Je ne crois pas devoir non plus passer sous silence ce qui arriva à l'époque où un four était allumé pour cuire la chaux de l'église. Le linteau qui maintenait solidement l'ouverture du four se brisa, pendant que ceux qui étaient là et l'abbé du lieu dormaient. Aussitôt ce dernier vit en songe un prêtre qui lui dit : « Hâte-toi d'éveiller ceux qui dorment, de peur qu'ils ne soient ensevelis sous la ruine qui menace. Le linteau qui soutient la masse des pierres est sur le point de tomber avec le feu. » Celui-ci s'éveille, fait écarter tout le monde de l'entrée du four, et la masse des pierres tombe des deux côtés sans blesser aucun des assistants, ce qui n'eût pas eu lieu, je pense, sans l'intervention de l'évêque. Alors l'abbé, après avoir été prier sur le tombeau du saint, fit réparer les supports, et les pierres ayant été rétablies, on put achever, grâce au secours de l'évêque,

Hujus confessoris beatum corpus ab antiquis in crypta sepultum fuit : sed quia arctum erat ædificium ac difficilem habebat ingressum, sanctus Avitus pontifex urbis, constructa in circuitu miri operis absida, beatos inquisivit artus, reperitque in capsa tabulis formata ligneis, et juxta morem sarcophago clausit. In hoc loco et meritis et nomine Justus[1] requiescit, qui fuisse hujus gloriosi pontificis fertur archidiaconus.

5. Multa quidem et alia de hoc sancto miracula sunt reláta, quæ scribere longum putavi, hæc æstimans fidei perfectæ sufficere quæ dicta sunt, quia cui pauca non sufficiunt, plura non proderunt. Nam ad hujus tumulum cæci illuminantur, dæmones effugantur, surdi auditum et claudi recipiunt gressum, præstante Domino nostro Jesu Christo, qui credentibus repromisit a se petita sine ambiguitate largiri.

CAPUT III.

De sancto Abraham abbate.

Nulli catholicorum esse occultum reor quod Dominus ait in Evangelio : « Amen dico vobis si habueritis fidem integram, et non hæsitaveritis, si dixeritis huic monti : Transfer te, et transferet se; et omnia quæcumque petieritis in nomine meo, credite quia accipietis et venient vobis[2]. » Ergo non erit dubium quin sancti obtinere possint a Domino quod petierint, quia in eo fidei fundamine positi, nullis hæsitationum fluctibus

---

(1) Vide supra lib. I Hist. cap. XL, et de Gloria Conf., cap. XXXV et XXXVI.

(2) *Matth.* XXI, 21; *Marc.* XI, 23.

l'ouvrage commencé. Le corps bienheureux de ce confesseur fut enseveli anciennement dans un caveau; mais, comme l'édifice était étroit et d'une entrée difficile, saint Avitus, évêque de la ville, fit faire une abside de forme circulaire et d'un travail admirable, et, ayant recueilli les bienheureux membres qu'il trouva dans un coffre fait de bois, il les enferma suivant la coutume dans un sarcophage. Dans ce lieu repose celui qui, Juste par les mérites comme par le nom, fut, dit-on, l'archidiacre de ce glorieux pontife.

5. On rapporte sur le même saint beaucoup d'autres miracles, que j'ai jugé trop long de raconter, pensant que ce que j'ai dit suffirait pour une foi parfaite, et que davantage ne servirait de rien à celui à qui ce peu ne suffit pas. En effet, au tombeau de celui-ci les aveugles voient, les démons sont chassés, les sourds recouvrent l'ouïe et les boiteux l'usage de leurs membres, par la grâce de notre Seigneur Jésus-Christ, qui promet à ceux qui ont la foi qu'il leur accordera tout ce qu'ils demanderont sans douter du succès de leurs prières.

CHAPITRE III.

De saint Abraham, abbé.

Je ne crois pas qu'il y ait un catholique qui ne sache ce que le Seigneur dit dans l'Évangile : « En vérité, je vous le dis, si vous aviez une foi entière et si vous n'hésitiez pas, et que vous disiez à cette montagne : transporte-toi, elle se transporterait; et tout ce que vous aurez demandé en mon nom, croyez que vous le recevrez et qu'il viendra à vous. » Il n'y a donc pas lieu de douter que les saints ne puissent obtenir du Seigneur ce qu'ils demanderont, parce que la foi qui est en eux est solide et ne peut être ébranlée par le flot

vacillantur : pro qua fide non solum infra patriæ terminum propriæ, dum cœlestem vitam agere cupiunt, exsules facti sunt, sed etiam transmarina ac peregrina petierunt loca, ut ei cui se devoverant plus placerent. Sicut nunc beatus Abraham abbas, qui post multas tentationes sæculi, fines est territorii ingressus Arverni. Qui non immerito Abrahæ illi comparatur seni pro magnitudine fidei, cui quondam dixerat Deus : « Exi de terra tua et de cognatione tua, et vade in terram quam monstravero tibi[1]. » Reliquit autem hic non solum terram propriam, sed etiam illam veteris hominis actionem, et induit novum hominem, qui secundum Deum formatus est in justitia, sanctitate et veritate. Ideoque cum se perfectum in Dei opere cerneret, non fuit dubius in fide petere quod per vitam sanctam confisus est obtinere : per quem opifex cœli, maris ac terræ, parva quidem numero, sed admiranda miracula operari dignatus est.

1. Igitur Abraham iste super Euphratis fluvii littus exortus est, ubi in Dei opere proficiens ad visitandos eremitas, adire Ægypti solitudines concupivit. Quod iter dum tereret, a paganis comprehensus, et multis pro Christi nomine affectus verberibus, in vincula conjicitur; in quibus per quinque annos exsultans, angelo solvente, laxatur. Occidentalem quoque plagam visitare cupiens, Arvernis advenit, ibique ad basilicam sancti Cyrici monasterium[2] collocavit. Erat enim miræ virtutis, fugator dæmonum, illuminatorque

(1) *Gen.* XII, 1.

(2) Idem habet lib. II Hist. cap. XXI, ubi Vitam Abrahæ a se scriptam laudat. (R.)

des hésitations. Et pour cette foi, non-seulement ils ont été bannis dans l'étendue de leur propre pays, parce qu'ils désiraient arriver à la vie céleste, mais encore ils sont allés dans les pays étrangers, au delà des mers, afin de plaire davantage à celui auquel ils se sont voués. Tel a été de nos jours le bienheureux Abraham, abbé [1], qui, après plusieurs tentations du siècle, entra dans le pays des Arvernes. Et ce n'est pas sans raison qu'il est comparé pour la grandeur de sa foi à cet antique Abraham, auquel Dieu disait autrefois : « Sors de ton pays et de ta parenté, et va dans la terre que je te montrerai. » Or, celui-ci ne quitta pas seulement son propre pays, mais encore la vie du vieil homme, et il revêtit l'homme nouveau, qui a été formé selon Dieu en justice, en sainteté et en vérité. C'est pourquoi, comme il se voyait parfait en l'œuvre de Dieu, il n'hésita pas dans sa foi à rechercher ce qu'il croyait devoir obtenir par une sainte vie, et par lui, l'auteur du ciel, de la mer et de la terre, a daigné opérer des miracles, peu nombreux à la vérité, mais dignes d'admiration.

1. Cet Abraham, donc, était né sur les bords de l'Euphrate où, profitant beaucoup en l'œuvre de Dieu, il conçut le désir de se rendre dans les solitudes de l'Égypte pour visiter les ermites. En route, il fut pris par les païens et jeté en prison après avoir reçu un grand nombre de coups pour le nom de Jésus-Christ. Il demeura dans les fers pendant cinq années avec beaucoup de joie jusqu'à ce qu'il en fut délivré par un ange. Désirant aussi visiter les pays de l'Occident, il arriva en Auvergne, et là établit un monastère près l'église de Saint-Cirgues [2]. Il avait une vertu merveilleuse pour chasser les démons, rendre la vue aux aveugles, et guérir les au-

(1) Mort en 480 suivant dom Ruinart, en 472 suivant Godescard.
(2) Laquelle fut plus tard une paroisse de Clermont.

cæcorum, aliorum quoque morborum potentissimus medicator. Igitur cum festivitas supradictæ basilicæ advenisset, præpositum vocat, ut vasa vino plena ad reficiendum populum qui solemnitati aderat, in atrio ex more componeret. Causatur monachus dicens : « Ecce episcopum cum duce et civibus invitatum habes, et vix nobis supersunt quatuor vini amphoræ; unde omnia ista complebis ? » Et ille : « Aperite mihi, inquit, penum. » Quo aperto, ingressus est : et dans orationem, quasi novus Elias, elevatis ad cœlum manibus, infusis fletu luminibus, ait : « Ne deficiat, quæso, Domine, de hoc vasculo vinum, donec cunctis ministretur in abundantia. » Et irruente in se Spiritu sancto, ait : « Hæc dicit Dominus : Non deficiet vinum de vase, sed omnibus petentibus affatim tribuetur, et abundabit. » Verumtamen ad verbum et hilaritatem dispensationis illius cuncto populo in abundantia ministratum est, et superfuit. Sed quia strenuitas præpositi prius mensuraverat vasculum quinquagenarium, et repererat quatuor palmorum mensuram, cernens quæ acta fuerant, in crastino iterum mensurans, tantum reperit in vase, quantum in eo præcedente reliquerat die. Ex hoc sancti virtus in populis declarata est, in quo monasterio plenus dierum obiit, ibique cum honore sepultus est. Erat enim eo tempore sanctus Sidonius episcopus, et Victorius dux, qui super septem civitates principatum, Euricho Gothorum rege indulgente, susceperat. Hujus vero sancti epitaphium beatus Sidonius scripsit, in quo aliqua de his quæ locutus sum est præfatus. Ad hujus enim beati Abrahæ sepulcrum plerumque frigoritici decubantes medecinæ cœlestis præsidio sublevantur.

tres maladies. Donc, la fête de cette église étant venue, il dit à celui qui en avait l'administration de préparer des vases pleins de vin suivant la coutume, dans le parvis, pour en donner au peuple qui devait assister à la solennité. Le moine lui dit pour s'excuser : « Voici que nous avons à recevoir l'évêque avec le duc et les citoyens, et c'est à peine s'il nous reste quatre amphores de vin ; comment pourras-tu suffire à tout cela ? » Et celui-ci répondit : « Ouvrez-moi le cellier. » Cela fait, il y entra, et, comme un nouvel Élie, priant les mains levées au ciel, les yeux pleins de larmes, il dit : « O Seigneur, je vous prie que le vin ne manque pas dans ce vase, jusqu'à ce que tous en aient reçu en abondance. » Et le Saint-Esprit s'étant répandu en lui, il s'écria : « Voici ce que dit le Seigneur : Le vin ne manquera pas dans le vase, mais il en sera donné abondamment à tous ceux qui en demanderont, et il y en aura de reste. » Aussi en fut-il servi sur sa parole avec abondance à tout le peuple, qui en but avec joie, et il en resta. Mais comme ce prévôt économe avait mesuré auparavant le vase, qui contenait cinquante hémines, et avait trouvé qu'il n'y avait que quatre palmes, voyant ce qui s'était passé, il mesura de nouveau le lendemain et trouva dans le vase autant qu'il en était resté le jour précédent. Par là fut manifestée aux peuples la vertu du saint, qui mourut enfin plein de jours dans ce monastère, où il fut enseveli avec honneur. En ce temps saint Sidoine était évêque et le duc était Victorius qui avait reçu la principauté de sept villes, sous le roi goth Euric[1]. Le bienheureux Sidoine composa l'épitaphe de notre saint[2], où il a indiqué quelques-unes des choses que nous venons de raconter. Plusieurs malades de la fièvre ont été guéris à son tombeau par le secours des remèdes célestes.

---

(1) Cf. *Hist.*, II, xx.
(2) Elle se trouve dans les œuvres de Sidoine Apollinaire, l. IV, c. XVII.

CAPUT IV.

De sancto Quintiano episcopo.

Omnis qui se terrenæ materiæ corpus ferre cognoscit, cogitare debet, ne in his devolvatur que terrena et carnis hujus amica esse noscuntur; quia juxta apostolum Paulum : « Manifesta sunt opera carnis[1] », plena immunditia et iniquitate, pollutumque et fetidum hominem qui ea sectatus fuerit reddunt, atque ad extremum fletibus deputant sempiternis. Fructus autem Spiritus est omne quod in Deo pollet ac nitet, quod in hoc sæculo, mortificata carne, animam exsultare facit, in futuro autem gaudiis donat æternis. Unde nos qui nunc sumus in corpore positi, aspicere debemus quæ operatus est Deus in sanctis suis, in quibus, tanquam in splendidum candidumque ac levigatum meritis tabernaculum, diversisque virtutum floribus adornatum, residens, extensa dexteræ majestate, dignatus est per eos miseratione propria perficere quæ petiissent, sicut nunc per beatum Quintianum, de quo sermo futurus est, mentis nobilis generositate fulgidum, justitiæ opus plerumque complevit. Ergo non nos more pecorum carnis sectatio ad terrena submergat ac deprimat, sed potius sanctorum exemplis illecti, prudenter intelligentes quæ Dei sunt, spiritalis nos opera ad cœlestia ac sempiterna sustollat; neque in nobis mens ab inpudicis actionibus victa luxuriet, sed, æternitatis pro meritis vindicans solium, victrix sapientia regnet.

(1) *Gal.* v, 19.

CHAPITRE IV.

De saint Quintien, évêque.

Tout homme qui sait qu'il possède un corps fait de matière terrestre, doit agir en sorte de ne point se laisser aller aux choses que l'on sait être terrestres et douces à la chair, parce que, suivant l'apôtre saint Paul : « Les œuvres de la chair sont manifestes » comme étant pleines d'impureté et d'iniquité, propres à rendre l'homme qui les recherche souillé et sale, et à le livrer à la fin à des pleurs éternels. Or le fruit de l'Esprit est tout ce qui profite et brille en Dieu, tout ce qui ici-bas, par la mortification de la chair, réjouit l'âme, et pour le temps futur lui assure des joies éternelles. De là nous qui maintenant sommes dans le corps nous devons regarder ce que Dieu a accompli dans ses saints, dans l'âme desquels, comme en un tabernacle orné de diverses fleurs de vertu et que ses mérites font briller d'un vif éclat, établissant sa demeure et étendant la majesté de sa droite, il a daigné dans sa miséricorde accomplir par eux ce qu'ils ont demandé, ainsi qu'on le voit par le bienheureux Quintien, de qui nous avons à parler, personnage remarquable par la générosité et la noblesse de son esprit et en qui le Seigneur a accompli l'œuvre de sa justice. Ainsi donc ne nous laissons pas à la manière des bêtes abaisser et entraîner par les choses terrestres, mais plutôt, à l'exemple des saints, comprenant sagement les choses de Dieu, que l'esprit nous élève vers les œuvres célestes et éternelles ; et qu'aussi en nous l'esprit ne se laisse pas vaincre par les actions impudiques, mais que la sagesse victorieuse règne et nous fasse asseoir à cause de nos mérites sur le trône de l'éternité.

1. Igitur beatissimus Quintianus, Afer natione, et ut quidam volunt, nepos Fausti episcopi, qui genitricem suam suscitasse perhibetur, sanctitate præditus, virtutum dote fulgidus, charitatis igniculo fervidus, castitatis flore præcipuus, ad episcopatum Rutenæ ecclesiæ eligitur, expetitur, ordinatur. In quo episcopatu ampliatis adhuc virtutibus, cum in Dei semper operibus cresceret, auctam beati Amantii antistitis basilicam, sanctum corpus in antea transtulit; sed non fuit sancto acceptabile hoc opus. Unde factum est ut per visum apparens diceret ei : « Quia ausu temerario artus in pace quiescentes visus es amovisse, ecce ego removebo te ab hac urbe, et eris exsul in regione altera; verumtamen non privaberis ab honore quo frueris. » Non post multum vero tempus, orto inter cives et episcopum scandalo, Gothos qui tunc in antedicta urbe morabantur suspicio attigit, quod se vellet episcopus Francorum ditionibus subdere, consilioque accepto, cogitaverunt eum perfodere gladio. Quod cum viro sancto nuntiatum fuisset, de nocte consurgens, cum fidelissimis ministris suis ab urbe illa egrediens, Arvernis advenit; ibique a sancto Eufrasio episcopo, qui Aprunculo quondam antistiti successerat, receptus est, largitisque ei tam domibus quam agris et vineis, vel ille, vel qui Lugdunensi urbi præerat, summa eum diligentia excolebant. Erat enim jam senex, et verus Dei cultor. Decedente autem ab hoc mundo sancto Eufrasio, Apollinaris, tribus mensibus sacerdotio subministrato, migravit. Cum autem hæc Theoderico regi nuntiata fuissent, jussit inibi sanctum Quintianum constitui, et omnem ei potestatem tradi ecclesiæ, dicens : « Hic ob nostri amoris zelum ab urbe

1. Le bienheureux Quintien, Africain de nation[1] et, comme quelques-uns l'assurent, neveu de l'évêque Faustus, qui, dit-on, avait ressuscité sa mère, était un personnage doué de sainteté, tout rayonnant de vertus, échauffé du feu de la charité, orné des fleurs de la chasteté : on l'élit évêque de Rhodez, on le désire, on le consacre[2]. Dans cet épiscopat ses vertus reçurent une nouvelle expansion, et, comme il avançait dans les œuvres de Dieu, il fit transporter le corps du bienheureux évêque Amantius dans l'église de son nom qu'il avait agrandie ; mais cet ouvrage ne plut pas au saint. D'où il arriva qu'il lui apparut en songe et lui dit : « Parce que par une entreprise téméraire tu as déplacé mes os qui reposaient en paix, moi, je t'éloignerai de cette ville, et tu iras en exil dans un autre pays; mais cependant tu ne seras pas privé de l'honneur dont tu jouis. » Peu de temps après, un grand trouble s'étant élevé entre les citoyens et l'évêque, les Goths qui se trouvaient alors dans la ville conçurent le soupçon que l'évêque voulait se soumettre à la domination des Francs, et ayant pris conseil ils eurent la pensée de le faire périr par le glaive[3]. Ce que le saint homme ayant appris, il se leva pendant la nuit et sortant de la ville avec ses serviteurs les plus fidèles, il arriva à Clermont. Là le saint évêque Eufrasius, qui avait succédé à l'évêque Aprunculus, le reçut et lui donna des maisons, des champs et des vignes. Il fut donc traité avec les plus grands égards par cet évêque et par celui de Lyon. C'était en effet un vénérable vieillard et un véritable serviteur de Dieu. Or saint Eufrasius étant mort, Apollinaire lui succéda et occupa ce siége pendant trois mois[4]. Le roi Théodéric ayant appris ces choses ordonna que saint Quintien fût établi évêque à la place d'Apollinaire et que toute la puissance de l'église lui fût remise, disant : « C'est pour l'affection qu'il nous a portée qu'il a été

---

(1) Mort en 527. (R.)

(2) Il souscrivit en cette qualité aux conciles d'Agde en 506 et d'Orléans en 511. (R.)

(3) Cf. *Hist.*, II, XXXVI.

(4) Cf. *Hist.*, III, II.

sua ejectus est. » Denique cum sanctus Quintianus in antedicta urbe potiretur episcopatu, Proculus quidam, ex ærario presbyter ordinatus, multas ei injurias intulit, omnemque potestatem illi de rebus ecclesiæ auferens, vix ei quotidianum satis tenuem victum ministrari præcepit : sed per ejus orationem a civibus correptus prudentioribus, restituta omni potestate, se ab ejus removit insidiis. Antedictus tamen sacerdos non immemor injuriæ, sicut quondam Paulus apostolus de Alexandro[1], ita et hic de Proculo decantabat, dicens : « Proculus ærarius multa mala mihi fecit, reddet illi Dominus secundum opera sua. » Quod in posterum ei evenisse manifestum est.

2. Erat enim vir beatus in oratione assiduus, et in tantum amator populi sui, ut adveniente Theoderico, ac vallante cum exercitu urbem, sanctus Dei muros ejus per noctem psallendo circuiret, et ut regioni vel populo Dominus velociter succurrere dignaretur, afflictus in jejuniis atque vigiliis instanter orabat. Porro Theodericus rex cum cogitaret etiam muros urbis evertere, mollivit eum misericordia Domini, et oratio sacerdotis sui, quem in exsilium retrudere cogitabat. Nam nocte pavore perterritus de stratu suo exsilit, ac solus per viam publicam fugere nititur. Perdiderat enim sensum, nesciens quid ageret. Quod animadvertentes sui, eumque retinere conantes, vix potuerunt, cohortantes ut se signo salutari muniret. Tunc Hilpingus dux ejus accedens propius ad regem, ait : « Audi, gloriosissime rex, consilium parvitatis meæ. Ecce muri civitatis istius fortissimi sunt, eamque pro-

(1) *II Tim.* IV, 14.

chassé de la ville. » Enfin, comme saint Quintien était évêque dans cette ville, un certain Proculus, qui d'employé du fisc était parvenu à être ordonné prêtre, lui fit mille injures, et lui enlevant tout pouvoir sur les biens de l'église lui laissa à peine de quoi suffire à son entretien de chaque jour. Mais Quintien ayant prié à ce sujet les plus sages d'entre les citoyens, toute son autorité lui fut rendue, et il put se garder de telles embûches. Se souvenant cependant des injures qu'il avait reçues, comme autrefois l'apôtre saint Paul au sujet d'Alexandre, de même aussi Quintien en parlant de Proculus disait : « Proculus le publicain m'a fait beaucoup de mal, le Seigneur lui rendra selon ses œuvres. » Ce qui lui arriva dans la suite.

2. Le saint homme était assidu à la prière, et il aimait tant son peuple que Théodéric étant venu assiéger la ville, il tournait la nuit autour des murailles de celle-ci en psalmodiant, et afin que le seigneur secourût promptement le pays et son peuple il priait instamment, dans les veilles et les jeûnes. Or le roi Théodéric, au moment où il songeait à renverser les murs de la ville[1], fut amolli par la miséricorde du Seigneur et les prières de son prêtre qu'il méditait d'envoyer en exil. En effet pendant la nuit, saisi de frayeur, il sauta de son lit, et seul il s'efforça de fuir par le grand chemin. Il avait perdu le sens et ne savait plus ce qu'il faisait. Ce que voyant les siens, ils essayèrent de le retenir, et non sans peine, l'exhortant à se munir du signe salutaire de la croix. Alors Hilping un de ses ducs, s'approchant du roi, lui dit : « Écoute, glorieux roi, les conseils de ma petitesse. Les murs de cette ville sont très-forts et elle est défendue par

(1) En 525. (R.)

pugnacula ingentia vallant. Quod ut plenius magnificentia vestra cognoscat, de sanctis quorum basilicæ muros urbis ambiunt hæc loquor, sed antistes loci illius magnus apud Deum habetur. Noli facere quod cogitas ; noli episcopo injuriam inferre aut urbem evertere. » Cujus consilium rex clementer accipiens, præceptum posuit ne ullus ab octavo urbis milliario læderetur. Quod obtentu sacerdotis præstitum nullus ambigat. Tunc et Proculus ille presbyter, irruptis Lovolautrensis castri muris, ab ingredientibus hostibus ante ipsum ecclesiæ altare gladiorum ictibus in frusta discerptus est, reddiditque illi Dominus, sicut sacerdos cantare consueverat, secundum opera sua.

3. Post peractam igitur stragem cladis Arvernæ, Hortensius, unus ex senatoribus, comitatum urbis illius agens, quemdam de parentibus sancti, id est Honoratum nomine, in urbis platea nequiter retineri jussit. Quod celeriter beato viro nuntiatum est. At ille per amicos suos cœpit rogare, ut eum data audientia absolvi juberet. Quod ille nullatenus præstitit. Tunc beatus senex deferri se in plateam qua ille tenebatur jubet : allatus autem rogabat milites ut eum dimitterent. Illi vero timentes, obedire ausi non sunt pontifici. Et sacerdos : « Ad domum, inquit, Hortensii me velociter deportate. » Erat enim senex valde, et propriis pedibus abire non poterat. Deferentes autem eum in domum Hortensii ministri ejus, excutiens in eam pulverem calciamenti sui, ait : « Maledicta sit domus hæc, et maledicti habitatores ejus in sempiternum, fiatque deserta, et non sit qui inhabitet in ea. » Et dixit omnis populus : Amen. Et adjecit : « Quæso, Domine, nunquam de hac generatione provehatur quisquam ad

de grandes fortifications. Et pour que votre magnificence reconnaisse cela pleinement, elle n'a qu'à considérer les églises des saints qui entourent les murs de la ville, et l'évêque de ce lieu passe pour grand devant Dieu. N'exécute pas ce que tu as dans l'esprit, ne fais pas de mal à l'évêque et ne détruis pas la ville. » Le roi reçut favorablement ce conseil et défendit d'attaquer qui que ce fût à huit milles de la ville. Or personne ne doute que cela n'ait été dû à la prière du saint évêque. Alors aussi le prêtre Proculus, quand le château de Vollore [1] eut été pris, fut haché en pièces à coups d'épée devant l'autel de l'église, et le Seigneur lui rendit ainsi suivant ses œuvres, comme le saint évêque avait coutume de le répéter.

3. Après ce massacre et cette désolation de l'Auvergne, Hortensius, un des sénateurs, qui exerçait la puissance de comte de la ville, fit arrêter injustement dans une rue un des parents du saint, nommé Honorat. Ce qui fut aussitôt annoncé à Quintien. Celui-ci fit demander par ses amis au comte de lui donner audience et de rendre la liberté au prisonnier, mais il n'obtint rien. Alors le bienheureux vieillard se fit transporter au lieu où Honorat était retenu, et il pria les soldats de le laisser aller; mais ceux-ci pleins de crainte n'osèrent obéir à l'évêque. « Portez-moi donc, dit celui-ci, à la maison d'Hortensius. » Car il était très-vieux et ne pouvait marcher. Ses serviteurs le portèrent à la maison d'Hortensius, où étant arrivé il secoua contre elle la poussière de ses chaussures en disant : « Maudite soit cette maison, maudits aussi à jamais ceux qui l'habitent, et qu'elle devienne déserte, et que personne ne puisse l'habiter. » Et tout le peuple dit : Ainsi soit-il. Et il ajouta : « Je demande, Seigneur, que personne de cette race ne soit élevé à la dignité épiscopale [2],

---

(1) Cf. *Hist.*, III, XIII.
(2) Cf. *Hist.*, I, XXVIII.

episcopale sacerdotium, qui episcopum non obaudit.» Egresso autem ex ea sacerdote, protinus omnes familiæ, quæ in domo illa erant, a febre corripiuntur, et parumper ingemiscentes spiritum exhalabant. Quod cum jam die tertia ageretur, videns Hortensius sibi nihil de suis servientibus reservari, timens ne etiam et ipse pariter interiret, ad sanctum virum mœstus ingreditur, projectusque ad pedes ejus cum lacrymis veniam rogat. Quam ille benignissime indulgens, benedictám aquam domui transmisit, illaque per parietes respersa, omnis ægritudo protinus est depulsa, magnaque ibi virtus apparuit; nam et qui incurrerant sanati sunt, et qui sani erant ultra non incurrerunt.

4. In ecclesiasticis vero scripturis eruditus est habitus hic sacerdos; sed et in eleemosynis magnificus fuit. Nam cum pauperem quempiam clamare cerneret, aiebat : « Succurrite, quæso, succurrite, et pauperi victus necessaria ministrate. Ignari enim estis, o desides, et forsitan ipse est qui se per evangelicæ lectionis seriem reficiendum in pauperibus minimis esse mandavit[1].» Ejiciebat autem et dæmonia se confitentia. In monasterium autem Canbidobrinse[2] veniens, cum energumenum quemdam reperisset atrocius debacchantem, misit presbyteros ut ei manus imponerent : sed cum eorum exorcizatione larva non fuisset expulsa, sanctus Dei cominus appropinquans et immissis in os ejus digitis, personam reddidit absolutam. Multa et alia miracula vir beatus operatus est, et oratione facta, sæpius quæ petisset ad Dominum obtinebat.

---

(1) *Matth.* xxv, 40.
(2) Bal. *Candidobrinse* (R.). — Alias *Cambidrobum.*

elle qui n'a pas écouté son évêque. » Et, sitôt que l'évêque se fut retiré, tous ceux qui étaient dans cette maison furent pris de la fièvre, et ils rendaient l'esprit après s'être plaints un peu. Cela durait depuis trois jours, lorsque Hortensius, voyant succomber tous ses serviteurs, craignit de périr lui-même et alla se jeter tout triste aux pieds du saint homme, demandant avec larmes son pardon. Le saint le lui accorda avec bonté et envoya de l'eau bénite à la maison, et, lorsqu'on en eut jeté sur les murs, aussitôt la maladie s'en éloigna et il y parut une grande vertu; car ceux qui avaient été atteints du mal furent guéris, et ceux qui n'avaient pas été atteints ne l'éprouvèrent pas dans la suite.

4. Ce saint évêque fut très-instruit dans les écritures ecclésiastiques, et aussi magnifique dans ses aumônes. En effet, lorsqu'il entendait crier un pauvre, il disait : « Secourez, je vous prie, secourez ce pauvre et donnez lui toutes les choses nécessaires. Car vous ne savez pas, ô indifférents, si ce n'est pas celui-là même qui a ordonné dans son Évangile qu'on prît soin de lui en la personne des moindres pauvres. » Il chassait aussi les démons qui confessaient leurs maléfices. Étant venu dans le monastère de Combronde[1], il y trouva un énergumène en proie à d'horribles convulsions et envoya des prêtres pour lui imposer les mains; mais leur exorcisme n'ayant pu chasser le démon, le saint de Dieu s'approcha et, lui ayant mis les doigts dans la bouche, il le délivra. Le saint homme fit beaucoup d'autres miracles et par ses prières obtint souvent ce qu'il avait demandé au Seigneur. Or, un jour

(1) Diocèse de Clermont.

Porro in Arverno quodam tempore cum magna siccitas consumeret arva, et arentibus herbis nulla penitus jumentis pabula remanerent, et sanctus Dei rogationes illas, quæ ante Ascensionem dominicam aguntur devotissime celebraret; die tertia cum jam portæ civitatis appropinquarent, suggerunt ei ut ipse antiphonam dignaretur imponere, dicentes : « Si tu, beate pontifex, devote antiphonam imposueris, confidimus de sanctitate tua, quod protinus nobis Dominus pluviam dignabitur benigna pietate largiri. » At ille prostratus super cilicium suum, in ipsa platea diutissime cum fletu oravit. Exsurgens autem antiphonam quam petebant, ut virtus fuit, imposuit : verba autem ejus ex illa Salomonicæ orationis edita hæc erant : « Si clauso cœlo pluviæ non fuerint propter peccata populi, et conversi deprecati fuerint faciem tuam; exaudi, Domine, et dimitte peccata populi tui, et da pluviam terræ, quam dedisti populo tuo ad possidendum[1]. » Cumque psallere devotissime cœpissent, penetravit excelsæ potentiæ aures humilis oratio confessoris; et ecce contenebratum est cœlum ac nubibus obtectum; et priusquam portam urbis attingerent, descendit pluvia vehemens super universam terram illam, ita ut omnes mirarentur, ac dicerent ad preces hoc beati viri fuisse largitum.

5. Senuit autem sacerdos Dei, et in tantum ætate provectus est, ut sputum oris in terram projicere non valeret : sed adhibito labiis truchione, in eum salivas oris exponeret. Non caligavit oculus ejus, nec immutatum est cor a viis Dei : non seposuit vultum pau-

(1) *II Paral.* VI, 26, 27.

une grande sécheresse désolait les campagnes de l'Auvergne, et les herbes étant desséchées il n'y avait aucun pâturage pour les bêtes. En ce moment le saint de Dieu célébrait pieusement les Rogations, qui se font avant l'Ascension. Le troisième jour, comme déjà l'on approchait de la porte de la ville, on pria l'évêque d'entonner l'antienne qu'on allait chanter, et on lui dit : « Bienheureux pontife, si tu entonnais dévotement l'antienne, nous nous confions tellement en ta sainteté qu'aussitôt le Seigneur, nous le croyons, daignerait nous accorder une pluie abondante. » Le saint évêque se prosterna sur son cilice au milieu de la route et pria fort longtemps avec larmes. Puis s'étant levé, il entonna, autant que ses forces le lui permirent, l'antienne qu'ils demandaient, et dont les paroles étaient tirées de Salomon, ainsi qu'il suit : « Si le ciel étant fermé il n'y a pas eu de pluie à cause des péchés du peuple, et que s'étant tournés vers toi ils t'adressent leurs prières, écoute-les, Seigneur, et pardonne les péchés de ton peuple, et donne de la pluie à la terre que tu donnas à ton peuple pour la posséder. » Et comme ils commençaient dévotement à chanter, l'humble prière du confesseur pénétra jusqu'aux oreilles de la Majesté divine, et voici que le ciel s'obscurcit et se couvrit de nuages; et, avant qu'ils fussent arrivés à la porte de la ville, il tomba une grosse pluie sur tout le pays, en sorte que tous étaient dans l'admiration et disaient que cela était dû aux prières de ce saint homme.

5. Enfin le prêtre de Dieu devint fort vieux, au point qu'il n'avait pas la force de cracher à terre et qu'il avait toujours besoin d'un mouchoir auprès de sa bouche pour l'essuyer. Ses yeux pourtant ne furent point obscurcis, et son cœur n'abandonna pas les voies de Dieu. Il ne détourna jamais ses

peris, nec metuit personam potentis; sed una eademque ei fuit in omnibus sancta libertas, ut ita susciperet penulam pauperis, ac si veneraretur togam inclyti senatoris. Obiit autem perfectus in sanctitate, et sepultus est in basilica sancti Stephani ad lævam altaris, ad cujus nunc tumulum plerumque quartanorum febris, melancholia compressa, restinguitur.

CAPUT V.

De sancto Portiano abbate.

Quanta omnipotens Deus suo dicatis nomine indulgeat, quantaque eisdem pro fideli servitio benignitatis ope compenset! Magna quidem se pollicetur redditurum in cœlo, sed quæ accepturi sunt plerumque hoc declarat in sæculo. Nam sæpius de servis liberos, de liberis efficit gloriosos, juxta illud Psalmographi dictum : « Suscitans a terra inopem, et de stercore erigens pauperem : ut collocet eum cum principibus populi sui. » De hoc et Anna Helcanæ ait : « Saturati prius pro pane se locaverunt, et famelici saturati sunt. » Ex hoc et ipsa Redemptoris nostri genitrix virgo Maria dicebat : « Deposuit potentes de sede, et exaltavit humiles. » Sic et ipse Dominus in Evangelio ait : « Erunt primi novissimi, et novissimi primi. » Micet ergo amore suo divina misericordia super inopes, ut de parvis magnos statuat, ac de infirmis Unigeniti sui faciat cohæredes. Præfecit enim de hac mundana egestate in cœlo, quo scandere non potuit terrenum imperium; ut accedat illuc rusticus, quo accedere non meruit purpuratus. Sic nunc de beato Portiano abbate, quem non modo de oneré mundani

regards du pauvre; jamais il ne craignit la personne du puissant; mais il eut toujours en toute chose une sainte liberté et recevait chez lui le manteau d'un pauvre avec autant de respect qu'il aurait reçu la toge d'un sénateur. Or il mourut parfait en sainteté et fut enseveli dans la basilique de Saint-Étienne à la gauche de l'autel. Très-souvent aujourd'hui ceux qui souffrent de la fièvre quarte obtiennent à son tombeau que leurs tristesses se dissipent et que leur mal s'apaise.

CHAPITRE V.

De saint Portien, abbé.

Que de biens le Dieu tout-puissant accorde en son nom à ceux qui se sont consacrés fidèlement à son service! Il leur promet de grandes récompenses dans le ciel, mais souvent aussi il leur fait connaître dès ce siècle-ci ce qu'ils recevront. Car souvent il rend libres ceux qui sont dans la servitude, et ceux qui sont libres, glorieux, suivant ce que dit le Psalmiste : « Il relève les misérables de la poussière et retire les pauvres de la fange, afin de les placer au milieu des princes de son peuple[1]. » Sur quoi Anne, femme d'Helcana a dit : « Ceux qui auparavant étaient rassasiés de pain se sont mis en service, et ceux qui étaient affamés ont été rassasiés[2]. » Et c'est aussi à ce sujet que la vierge Marie, mère de notre Rédempteur, disait : « Il a fait descendre les puissants de leur siége, et il a exalté les humbles[3]. » Et le Seigneur lui-même dans l'Evangile : « Les premiers seront les derniers et les derniers seront les premiers[4]. » Que la divine miséricorde éclate donc par son amour sur les pauvres, afin que des petits elle fasse des grands et que des faibles elle fasse des cohéritiers de son Fils unique. Car de la pauvreté de ce monde elle a fait un ornement au ciel, où ne peut monter l'empire de la terre; en sorte que le pauvre paysan arrive où ne saurait parvenir celui qui est revêtu de la pourpre. C'est ce qui est arrivé pour le bienheureux abbé Portien, que le Seigneur a non-seulement dé-

---

(1) *Ps.* CXII, 7, 8.
(2) *I Reg.* II, 5.
(3) *Luc.* I, 52.
(4) *Matth.* XX, 16.

servitii eruit, verum etiam magnis virtutibus sublimavit, atque post mundum et pressuras sæculi in requie æterna constituit, locavitque eum inter angelorum choros, de quibus expulsus est dominus ille terrenus.

1. Beatissimus igitur Portianus ab ineunte ætate Deum quærere cœli semper, etiam inter terrena servitia, conabatur. Sic enim servus fertur fuisse cujusdam barbari[1], isque cum plerumque ad monasterium confugeret, ut eum domino suo abbas redderet excusatum : ad extremum fugiens, dominus ejus de vestigio sequitur, et abbatem calumniari cœpit, reputans quod ipse eum seduceret ne sibi suus famulus deserviret. Cumque de consuetudine ut eum redderet calumniando abbatem insisteret, dicit abbas Portiano : « Quid vis ut faciam ? » Et ille : « Redde, inquit, me excusatum. » Cumque excusatus redditus fuisset, et dominus ejus reducere eum domum vellet, ita cæcatus est ut nihil penitus posset agnoscere. Cernens autem se gravibus doloribus affici, abbatem vocat, dicens : « Supplica, quæso, pro me Dominum, et accipe hunc servum ad ejus cultum; forsitan promerebor recipere lumen amissum. » Tunc abbas vocatum beatum ait : « Impone, quæso, manus tuas super oculos ejus. » Cumque ille refutaret, tandem abbatis devictus precibus, super oculos domini sui signum beatæ crucis imposuit : statimque, disrupta caligine et sedato dolore, pristinæ redditus est sanitati. At vero exin beatus Portianus clericus factus tanto virtutis cumulo

(1) Id est, Franci. Eum *Malfangum* vocant nonnulli, quod effictum nomen videtur. (R.)

barrassé du fardeau de la servitude mondaine, mais qu'il a encore enrichi de grandes vertus et qu'il a établi dans le repos éternel après les agitations et les afflictions du siècle, le plaçant au milieu des chœurs des anges, d'où a été exclu le prince du monde.

1. Le bienheureux Portien[1] s'efforça toujours, dès le commencement de sa vie, de chercher le Dieu du ciel, même parmi les servitudes terrestres. Et en effet on dit qu'il fut esclave d'un barbare et qu'il se réfugia plusieurs fois dans un monastère, pour que l'abbé l'excusât auprès de son maître. A la fin il se met à fuir; son maître le suit à la trace et commence à attaquer l'abbé en l'accusant de séduire son serviteur et de le retirer de son service. Et comme, suivant la coutume, il pressait l'abbé de le rendre et l'actionnait en justice, l'abbé dit à Portien : « Que veux-tu que je fasse? » — « Fais que je sois pardonné. » Il fut donc rendu étant pardonné. Son maître voulut le ramener à la maison, mais il devint tellement aveugle qu'il ne pouvait absolument plus rien reconnaître. Se sentant pris en outre de graves douleurs, il appelle l'abbé et lui dit : « Supplie, je te prie, le Seigneur pour moi et prends ce serviteur pour son service; peut-être mériterai-je de recouvrer la lumière que j'ai perdue. » Alors l'abbé appelle le bienheureux Portien et lui dit : « Impose, je te prie, tes mains sur les yeux de cet homme. » Et comme celui-ci s'y refusait, l'abbé le supplia tellement qu'il mit le signe de la croix sur les yeux de son maître; et aussitôt, toute obscurité étant dissipée et la douleur étant apaisée, celui-ci fut rendu à sa première santé. Dans la suite le bienheureux Portien fut fait clerc, et il brilla par tant de

1. Mort en 527. (R.)

est prælatus, ut decedente abbate ipse succederet. Qui fertur æstivo tempore, cum ardor solis vi caloris sui cuncta consumeret, et etiam corpora quæ robustiora potu ciboque erant, ab æstu defatigaret; hic jejuniis post perditum omnem ab ore humorem, salem æstuans ruminabat, ex quo iterum assumpto liquore arentes gengivas parumper inficeret. Quæ res, quanquam palatum aridum humectaret, tamen majus tormentum addita corporis siti præstabat. Sal enim, ut nulli occulitur, magis ardorem sitis concitat quam exstinguit, sed hic, tribuente Domino, arcebatur ab eo.

2. His diebus Theodericus ingressus Arvernum terminum, omnia exterminabat, cuncta devastabat. Cumque in Arthonensis vici pratis castra metasset, antedictus senex ad occursum ejus properat, quasi pro populo rogaturus : ingressusque castra mane, rege adhuc in tentoriis dormiente, Sigivaldi papilionem, qui tunc primus cum eo habebatur aggressus est : et dum de hac captivitate conqueritur, Sigivaldus ut, ablutis aqua manibus, merum dignaretur accipere deprecatur, dicens : «Magnum mihi hodie gaudium commodumque divina pietas præstat, si infra tentorii mei septa, facta oratione, potum dignaris accipere.» Audierat enim famam sanctitatis ejus, idcirco et honorem ei pro Dei reverentia impendebat. Quod ille diversis modis excusans, asserebat hoc non posse fieri : Quia, inquit, nec hora debita esset, nec regi dignum præbuisset occursum, et, quod his omnibus potius erat, necdum adhuc Domino psalmorum decantationem debitam exsolvisset. Sed his sepositis vi eum compulit, allatumque vasculum quo potio tenebatur, rogat ut eum sanctus imposita prius manu sanctificaret.

vertus que l'abbé[1] étant mort il lui succéda. On rapporte de lui que, pendant les chaleurs de l'été, alors que l'ardeur du soleil consumait tout et que l'air enflammait les corps mêmes que la nourriture et la boisson avaient faits les plus robustes, Portien, qui par suite de ses jeûnes n'avait plus de salive dans sa bouche, mâchait du sel, ce qui lui rendait quelque fraîcheur pour humecter un peu ses gencives desséchées. Et, bien qu'ainsi il rafraîchît son palais aride, cependant il rendait ses tourments plus grands en augmentant la soif. En effet, comme chacun sait, le sel excite davantage l'ardeur de la soif au lieu de l'éteindre; mais, quoi qu'il en soit, Dieu lui faisait la grâce d'en être ainsi délivré.

2. En ces temps-là Théodéric étant entré sur le territoire arverne exterminait tout, ravageait tout[2]. Lorsqu'il eut établi son camp dans les prairies du bourg d'Arthone, le bon vieillard se hâta d'aller au-devant de lui, comme s'il eût voulu faire quelque prière pour le peuple. Et étant entré dans le camp le matin, pendant que le roi dormait encore dans sa tente, il se rendit au pavillon de Sigivald, qui était alors le premier de la cour. Et, comme il se plaignait de ce qu'on faisait des captifs, Sigivald le pria de se laver les mains et de prendre du vin avec lui, disant : « La bonté de Dieu m'accorde aujourd'hui une grande joie et un grand bienfait, si étant entré dans ma tente tu daignes prendre de mon vin après avoir fait la prière. » Il avait en effet entendu parler de la sainteté de cet homme, et c'est pourquoi, par respect pour Dieu, il lui faisait cet honneur. Mais le saint s'excusant en diverses manières lui dit que cela n'était pas possible, parce que l'heure du repas n'était pas venue, qu'il n'avait pas encore salué le roi, et, ce qui était plus important, parce qu'il n'avait pas encore chanté les psaumes qu'il devait au Seigneur. Mais Sigivald ne tenant pas compte de tout cela voulut le contraindre à boire, et ayant fait apporter une coupe toute pleine il conjura le saint de la bénir. Celui-ci

(1) Abbé du monastère qui fut plus tard le prieuré de saint Portien, dépendant de l'abbaye de Tournus, où le corps du saint se conservait encore au temps de dom Ruinart.

(2) Voy. *Hist.*, II, XII.

Qui elevata dextera cum signum crucis imposuisset, vasculum scinditur medium, ac vinum quod infra tenebatur, cum immenso serpente terræ diffunditur, Quod cernentes qui aderant, metu exterriti ad pedes beati viri decidunt, lambunt vestigia, osculantur et plantas : mirantur omnes virtutem senis, mirantur et se ab iniqui anguis viru divinitus fuisse salvatos. Ad istud miraculum concurrit omnis exercitus, vallat multitudo omnis beatum virum, cupiens ejus fimbrias manu tangere, etsi osculo honorare non potuit : et rex exsilit de stratu suo, accurritque ad beati confessoris adventum, illoque tacente, cunctos quos repetebat captivos absolvit, et reliquos deinceps ut voluit, sic recepit. Duplex ibi beneficium Domino cooperante largitus, et illos a morte eruit, et hos a jugo captivitatis exemit. Vere, ut ego credo, et fides mea est, quia constat ab hoc periculo salvatos quasi suscitatos a mortuis.

3. Nec hoc præterire volui quod eum diabolus diversis machinis conatus illudere, cum videret se nihil ei posse nocere, visibilibus illum præliis est aggressus. Nam nocte quadam dum se sopori dedisset, subito expergefactus vidit cellulam suam quasi incendio concremari ; exsurgensque perterritus ostium petiit. Quod cum reserare nequiret, in oratione prosternitur, ac signum salutare coram se et circum se faciens, protinus phantasia flammarum quæ apparuerat evanuit, cognovitque hoc diaboli fuisse fallaciam. Idque statim revelatum est beato Protasio, qui tunc apud Canbidobrense monasterium habebatur reclusus, qui cum summa festinatione monachum ex cellula sua ad fratrem dirigens, hortatus est, dicens : « Oportet te, di-

éleva donc la main pour faire le signe de la croix, mais aussitôt la coupe se fendit par le milieu et le vin tomba à terre avec un immense serpent. Ceux qui étaient présents furent remplis de crainte et se jetèrent aux pieds du saint, léchant la trace de ses pas et baisant ses pieds. Tous admirent la vertu du vieillard, tous sont émerveillés d'avoir été divinement préservés du venin du serpent. Toute l'armée accourut pour voir un tel miracle et toute la multitude entoura le saint homme, chacun souhaitant seulement de toucher de la main les franges de sa robe, s'il ne lui était pas permis d'avoir l'honneur de la baiser. Le roi sauta de son lit et accourut au-devant du bienheureux confesseur, et, sans attendre qu'il eût prononcé une parole, il délivra tous les captifs qu'il lui demandait et tous les autres qu'il voulut avoir ensuite. Et ainsi, par la grâce de Dieu, il reçut un double bénéfice, retirant les uns de la mort et les autres du joug de la servitude. Je crois vraiment et j'en ai la ferme assurance que ceux qui furent délivrés de ce péril, il les a en quelque sorte ressuscités d'entre les morts.

3. Je ne veux point passer sous silence que le diable s'étant efforcé de le tromper par diverses machinations, mais voyant qu'il ne pouvait lui nuire, lui livra des combats à force ouverte. En effet pendant une nuit, tandis qu'il s'abandonnait au sommeil, tout à coup il s'éveilla et vit sa cellule comme toute en feu; tout effrayé il gagna la porte. N'ayant pu l'ouvrir, il se prosterna pour prier; puis, ayant fait devant lui et autour de lui le signe salutaire, il vit s'évanouir aussitôt le fantôme de flamme qui avait apparu, et il connut par là que c'était une tromperie du diable. Et cela fut aussitôt révélé au bienheureux Protais qui était alors enfermé au monastère de Combronde et qui envoya en toute hâte un moine de sa cellule à son frère pour l'exhorter et lui dire : « Il faut, mon cher frère, résister courageusement

lectissime frater, insidiis diaboli resistere viriliter, et nihil de illius dolositate pavescere, sed omnia quæ intulerit oratione assidua, ac signo crucis e contra opposito evincere, quia talibus semper tentationibus servos Dei nititur expugnare. » Senuit autem vir beatus, et impleto boni operis cursu, migravit ad Dominum, cujus nunc tumulus sæpius divinis glorificatur virtutibus. Hæc tantum de sancto viro cognovimus, non dijudicantes alios qui majora de eo cognoverunt, si voluerint aliqua in ejus laudem conscribere.

CAPUT VI.

De sancto Gallo episcopo.

Nobilitatis mundanæ fastigium semper inhiat cupiditatibus, gaudet honoribus, inflatur occursibus, litibus forum pulsat, rapinis pascitur, calumniis delectatur, rubiginosi auri talenta desiderat; et dum parva possidere videtur, ut agglomeret plurima magis accenditur, ingeritque ei congeries auri sitim arduam possidendi, sicut Prudentius ait :

Auri namque fames procedit major ab auro.

Unde fit ut dum gaudet pompis sæculi et vanis honoribus oblectari, nihil ei de mansuris dignitatibus in memoriam revocetur : nec respicit ad ea quæ non videntur, dummodo illa quibus satiari animum putat, importune possideat. Sed sunt qui se de his nexibus, tanquam aves de muscipulis evolantes et ad altiora tendentes, mentis alacrioris ingenio absolverunt, ac relictis exosisque terrenis facultatibus, totis se viribus ad illa quæ sunt cœlestia aptaverunt. Sicut sanctus

aux attaques du diable et ne rien craindre de sa fourberie, mais repousser toutes ses tentatives par une prière continuelle et le signe de la croix, parce qu'il s'efforce toujours de vaincre les serviteurs de Dieu par des tentations de ce genre. » Le bienheureux homme devint vieux, et ayant accompli sa carrière de bonnes œuvres il s'en alla au Seigneur. Son tombeau est encore glorifié souvent aujourd'hui par des vertus divines. Nous n'en avons pas appris davantage sur ce saint homme et ne critiquerons pas les autres qui en savent de plus importants récits, s'ils veulent écrire quelque chose à sa louange.

CHAPITRE VI.

De saint Gall, évêque.

Ceux qui sont au sommet de la noblesse mondaine aspirent toujours avec ardeur à ce qui peut satisfaire leurs passions; ils se réjouissent des honneurs, ils s'enflent des prospérités, ils font retentir le barreau du bruit de leurs procès, ils se repaissent de rapines, ils se plaisent aux calomnies, ils désirent avec avidité l'or qui se ternit, et quand ils en possèdent peu ils sont enflammés du désir d'en amasser davantage; et plus ils en accumulent, plus leur soif augmente, comme le dit Prudence :

Avec l'or amassé la faim de l'or augmente.

Il arrive de là que, tandis qu'ils se réjouissent des pompes du siècle et des vains honneurs, ils n'arrêtent en aucune façon leurs pensées sur les dignités qui doivent demeurer et qu'ils ne regardent pas vers les choses qui ne se voient point, pourvu qu'ils possèdent à tort les choses dont ils pensent pouvoir assouvir leur passion. Mais il y en a qui, comme les oiseaux s'échappant d'un piége et s'envolant aux nues, se sont débarrassés par l'essor d'un esprit plus vif de tous ces liens, et, laissant ces biens terrestres qu'ils détestent, se sont tournés de toutes leurs forces vers les choses célestes. Tel fut saint

Gallus incola Arvernæ urbis, quem a Dei cultu abstrahere non potuit nec splendor generis, nec celsitudo senatorii ordinis, nec opulentia facultatis; quem separare a Dei amore non potuit nec dilectio patris, non matris blanditiæ, non amor nutricum, non obsecundatio bajulorum : sed his omnibus pro nihilo ductis, et tanquam stercora exosis, Dei se dilectioni, Dei se officio vovens, monasteriali se districtioni subegit. Sciebat enim juvenilis fervoris flammas non aliter posse devincere, nisi censuræ canonicæ et disciplinæ severissime subderetur. Sciebat enim se ab humilitate sæculi ad altiora sublevaturum, et per patientiam tolerationis ad illam excelsi apicis gloriam evecturum, quod postea probavit eventus.

1. Sanctus denique Gallus ab adolescentia sua devotus Deo esse cœpit, diligensque ex tota anima Dominum, et ea quæ Deo dilecta esse noverat diligebat. Pater ejus nomine Georgius, mater vero Leocadia a stirpe Vectii Epagati descendens, quem Lugduni passum Eusebii testatur Historia, qui ita de primoribus senatoribus fuerunt ut in Galliis nihil inveniatur esse generosius atque nobilius. Cumque ei pater cujusdam senatoris filiam quærere vellet, ille assumpto secum uno puerulo monasterium Cromonense[1] expetiit, sexto situm ab Arverna urbe milliario, suppliciter abbatem exorans ut sibi comam capitis tondere dignaretur. At ille videns prudentiam atque elegantiam pueri, nomen inquirit, interrogat genus et patriam. Ille vero Gallum se vocitari pronunciat, civem Arvernum, Georgii fi-

(1) Sic editi; Colb., *Crononense*. Laud., *Crononinsim*. Bell., *Cronosensim*, vulgo *Cournon*. Vide lib. IV Hist. cap. XL. (R.)

Gall, habitant de la cité Arverne, que ne purent détourner du culte de Dieu, ni l'éclat de sa naissance, ni l'élévation de l'ordre sénatorial, ni ses immenses richesses; que ne purent séparer de l'amour de Dieu, ni l'affection de son père, ni les caresses de sa mère, ni l'amour de ceux qui l'avaient nourri, ni l'obéissance de ses serviteurs. Mais regardant toutes ces choses comme rien et les dédaignant comme du fumier, se consacrant à la dilection, au service de Dieu, il se soumit à la règle d'un monastère. Il savait en effet que les flammes d'une jeunesse ardente ne peuvent être vaincues que par la soumission à la censure canonique et à la discipline la plus sévère. Il savait aussi qu'il devait s'élever de la bassesse du siècle à des choses plus élevées et parvenir par la patience de l'humilité au sommet de la gloire, ce que l'événement prouva depuis.

1. Saint Gall[1] fut dévoué à Dieu dès son enfance; il aima le Seigneur de toute son âme et se porta de tout son cœur à l'affection de tout ce qu'il savait être cher à Dieu. Son père s'appelait Georges et sa mère Léocadie, de la race de Vectius Epagatus qui souffrit le martyre à Lyon, suivant le témoignage d'Eusèbe dans son Histoire ecclésiastique; lesquels par conséquent étaient des principaux sénateurs, en sorte que l'on ne pouvait rien trouver dans les Gaules de plus généreux et de plus noble. Et, comme son père voulait lui chercher une fille de quelque noble sénateur, il s'en alla avec un jeune esclave et se retira au monastère de Cournon, à six milles de la ville de Clermont, demandant à l'abbé en toute humilité de lui couper les cheveux. Cet abbé, voyant la sagesse et la beauté de l'enfant, lui demande son nom, sa famille, son pays. Celui-ci lui répond qu'il s'appelle Gallus, citoyen ar-

(1) Mort le 1er juillet 554. (R.)

lium senatoris. Quem abbas ut cognovit de prima progenie esse progenitum, ait : « Bene desideras, fili, sed primum oportet hæc in patris tui deferri notitiam ; et si hoc ille voluerit, faciam quæ deposcis. » Denique abbas pro hac causa nuntios mittit ad patrem, interrogantes quid de puero observari juberet. At ille parumper contristatus, ait : « Primogenitus, inquit, erat mihi, et ideo eum volui conjugio copulare; sed si eum Dominus ad suum dignatur ascire servitium, illius magis quam nostra voluntas fiat. » Et adjecit : « Quidquid vobis infans, Deo inspirante, suggesserit, adimplete. »

2. Tunc abbas ista nuntiis referentibus discens, puerum clericum fecit : erat autem egregiæ castitatis, et tanquam senior, nihil perverse appetens, a jocis se etiam juvenilibus cohibebat, habens miræ dulcedinis vocem cum modulatione suavi, lectioni incumbens assidue, delectans jejuniis, et abstinens se multum a cibis. Quem cum beatus Quintianus episcopus ad idem monasterium veniens cantantem audisset, non eum permisit ultra illuc retineri, sed secum ad civitatem adduxit, et ut cœlestis pater in dulcedine spiritali nutrivit. Cumque defuncto patre vox ejus magis ac magis die adveniente componeretur, atque idem in populis maximum haberet amorem, nuntiaverunt hæc Theoderico regi, quem dicto citius arcessitum tanta dilectione excoluit, ut eum proprio filio plus amaret : a regina autem ejus simili amore diligebatur, non solum pro honestate vocis, sed etiam pro castimonia corporis. Nam tunc Theodericus rex ex civibus Arvernis clericos multos abduxit, quos Trevericæ ecclesiæ ad reddendum famulatum Domino jussit assistere; beatum

verne, et que son père est le sénateur Georges[1]. Quand l'abbé connut qu'il appartenait à la première famille de la ville, il lui dit : « Mon fils, tu as un bon désir, mais il faut premièrement que cela vienne à la connaissance de ton père, et si ton père y consent, je ferai ce que tu désires. » Alors l'abbé envoya vers le père pour lui demander ce qu'il voulait que l'on fît au sujet de son fils. Celui-ci, un peu contristé, dit : « C'était mon fils aîné, et pour cela je voulais le marier : mais si le Seigneur le veut bien appeler à son service, que sa volonté se fasse plutôt que la mienne. » Et il ajouta : « Faites tout ce que l'enfant par l'inspiration de Dieu vous demandera. »

2. Alors l'abbé, sur le rapport de ceux qu'il avait envoyés, fit l'enfant clerc. Il était parfaitement chaste, et comme s'il eût été plus avancé en âge, il n'avait point de désirs turbulents ; il s'abstenait des jeux de la jeunesse ; sa voix était d'une douceur merveilleuse ; il chantait agréablement, s'appliquait continuellement à l'étude, se plaisait aux jeûnes et pratiquait beaucoup l'abstinence des viandes. Le bienheureux évêque Quintien qui l'entendit chanter au monastère où il était venu ne voulut pas permettre qu'il y demeurât plus longtemps, mais l'emmena avec lui à la ville et le nourrit, comme un père céleste, dans la douceur de la vie spirituelle. Et son père étant mort, comme sa voix se perfectionnait de plus en plus, on en avertit le roi Théodéric, qui le fit venir aussitôt et le prit tellement en affection qu'il l'aimait plus que son propre fils. Il était aussi très-aimé de la reine, non-seulement à cause de la beauté de sa voix, mais aussi à cause de sa chasteté. A cette époque en effet le roi Théodéric emmena de Clermont beaucoup de clercs pour servir à l'église de Trèves ; mais il ne souffrit jamais que le bienheureux Gall

(1) Père de S. Gall et de S. Florent, aïeul de Grégoire de Tours.

vero Gallum a se nequaquam passus est separari : unde factum est ut eunte rege in Agrippinam urbem, et ipse abiret simul. Erat autem ibi fanum quoddam diversis ornamentis refertum, in quo barbaries proxima libamina exhibens, usque ad vomitum cibo potuque replebatur : ibi et simulacra ut deum adorans, membra secundum quod unumquemque dolor attigisset, sculpebat in ligno. Quod ubi sanctus Gallus audivit, statim illuc cum uno tantum clerico properat accensoque igne, cum nullus ex stultis paganis adesset, ad fanum applicat ac succendit. At illi videntes fumum delubri ad cœlum usque conscendere, auctorem incendii quærunt, inventumque evaginatis gladiis prosequuntur. Ille vero in fugam versus, aulæ se regiæ condidit. Verum postquam rex quæ acta fuerant, paganis minantibus, recognovit, blandis eos sermonibus lenivit et sic eorum furorem improbum mitigavit. Referre enim sæpe erat solitus vir beatus hæc cum lacrymis, et dicebat : « Væ mihi qui non perstiti ut in hac causa finirer. » Fungebatur eo tempore diaconatus officio.

3. Denique cum beatus Quintianus episcopus ab hoc sæculo, jubente Domino, transisset, sanctus Gallus apud urbem Arvernam eo tempore morabatur. Cives autem Arverni ad domum Impetrati presbyteri ejusdem avunculi convenerunt, conquerentes de obitu sacerdotis, et qui in ejus locum deberet substitui requirentes. Quod diutissime pertractantes, regressus est unusquisque ad semetipsum. Post quorum discessum sanctus Gallus vocavit unum ex clericis, et irruente in se Spiritu sancto, ait : « Quid hi mussitant ? quid cursitant ? quid retractant ? Vacuum est, inquit, opus eorum, ego ero episcopus, mihi Dominus hunc honorem

fût séparé de lui ; d'où il arriva que le roi allant à Cologne, celui-ci y fut avec lui. Or il y avait là un temple rempli de divers ornements, où les barbares du voisinage venaient faire des sacrifices et se gorger de viandes et de vin jusqu'à vomir ; ils y adoraient aussi comme divinités des idoles et ils y déposaient des membres de forme humaine qu'ils sculptaient en bois quand quelque partie de leur corps était atteinte par la maladie. Dès que saint Gall apprit cela, aussitôt il se transporta en ce lieu avec un seul clerc et ayant allumé du feu il incendia le temple, pendant qu'aucun de ces païens ignorants n'y était. Mais ceux-ci, voyant la fumée du temple qui s'élevait jusqu'au ciel, cherchent l'auteur de l'incendie et après l'avoir trouvé le poursuivent l'épée nue. Lui, prit la fuite et se cacha dans le logis royal. Le roi, ayant su par les menaces des païens ce qui s'était passé, les apaisa par de douces paroles et calma ainsi leur fureur insensée. Le bienheureux homme avait coutume de raconter souvent ce fait avec larmes, et il ajoutait : « Malheur à moi de n'être pas resté, de manière à finir ma vie dans cette affaire. » Il remplissait alors les fonctions de diacre.

3. Enfin lorsque le bienheureux évêque Quintien passa de cette vie dans l'autre, par la volonté du Seigneur, saint Gall se trouvait en ce temps à Clermont. Or les habitants de cette ville se rendirent à la demeure d'Impétratus prêtre, oncle de saint Gall, se lamentant de la mort du pontife et cherchant qui serait digne d'être mis en sa place. Ils agitèrent longtemps cette question entre eux, puis chacun se retira chez soi. Après leur départ, saint Gall appela un de ses clercs, et plein du Saint-Esprit qui se répandait en lui, il dit : « Pourquoi ceux-ci gémissent-ils ? A quoi courent-ils ? Vers quoi tournent-ils leurs pensées ? Ils prennent une peine inutile ; je serai évêque, le Seigneur daignera m'accorder cet honneur ; quant

largiri dignabitur : tu vero cum me redire de præsentia regis audieris, accipe equum decessoris mei stratum, et egrediens te in obviam exhibe mihi. Quod si audire despexeris, cave ne te in posterum pœniteat. » Cumque hæc loqueretur, super lectulum decumbebat. Tunc iratus contra eum clericus, cum multa exprobraret, elisum super spondam lecti latus ejus læsit, turbidusque discessit. Quo discedente, ait Impetratus presbyter ad beatum Gallum : « Audi, fili, consilium meum. Noli penitus retardare, sed vade ad regem et nuntia ei quæ hic contigerint; et si ei inspirat Dominus ut tibi hoc sacerdotium largiatur, magnas Deo referemus gratias; sin aliud, vel ei qui ordinatus fuerit commendaberis. » Ille vero abiens, quæ de beato Quintiano contigerant regi nuntiavit. Tunc etiam et Aprunculus Treverorum episcopus transiit; congregatique clerici civitatis illius ad Theodericum regem, sanctum Gallum petebant episcopum. Quibus ille ait : « Abscedite et alium requirite, Gallum enim diaconum alibi habeo destinatum. » Tunc eligentes sanctum Nicetium episcopum acceperunt : Arverni vero clerici cum consensu[1] insipientium facto et multis muneribus, ad regem venerunt. Jam tunc germen illud iniquum cœperat fructificare, ut sacerdotium aut venderetur a regibus, aut compararetur a clericis. Tunc ii audiunt a rege, quod sanctum Gallum habituri essent episcopum. Quem presbyterum ordinatum jussit rex ut, datis de publico expensis, cives invitarentur ad epulum, et lætarentur ob honorem Galli futuri episcopi. Quod ita factum est. Nam referre erat solitus non amplius do-

1. Id est instrumento electionis. (R.)

à toi, quand tu entendras dire que je me serai retiré de l'audience du roi, prends le cheval de mon prédécesseur tout harnaché et viens au-devant de moi. Que si tu dédaignes de m'écouter, prends garde d'avoir à t'en repentir plus tard. » Pendant qu'il parlait ainsi, il reposait sur son lit. Alors le clerc entrant en colère contre lui, après lui avoir fait beaucoup de reproches, le frappa au côté, sur le bord du lit, et se retira tout troublé. Un moment après son départ, le prêtre Impétratus dit à saint Gall : « Mon fils, écoute mon conseil. Ne mets pas de retard, mais va auprès du roi, et annonce-lui ce qui s'est passé ici, et, si le Seigneur lui inspire de te donner cet évêché, nous en rendrons de grandes grâces à Dieu ; que s'il agit autrement, tu seras du moins tout recommandé à celui qui sera ordonné évêque. » Or Gall étant parti annonça[1] au roi ce qui était arrivé au sujet du bienheureux Quintien. Alors aussi mourut Aprunculus, évêque de Trèves[1]. Les clercs de cette ville s'étant assemblés allèrent trouver le roi Théodéric pour demander saint Gall comme évêque. Le roi leur dit : « Retirez-vous et cherchez-en un autre, car j'ai destiné le diacre Gall pour un autre endroit. » Alors ils choisirent saint Nizier, qui leur fut accordé. Quant aux clercs de Clermont, ils vinrent trouver le roi avec le consentement populaire et beaucoup de présents. En ce temps avait déjà commencé à croître, comme une mauvaise herbe, cette coutume par laquelle les rois vendaient et les clercs achetaient les bénéfices. Ceux-ci apprennent donc du roi qu'ils auront saint Gall pour évêque. Lorsque ce dernier eut été ordonné prêtre, le roi commanda de donner aux citoyens un repas aux frais du trésor public, afin qu'il y eût réjouissance en l'honneur de Gall, leur futur évêque. Ce qui fut fait. Il avait coutume de dire, en effet, que pour son épiscopat il

(1) Vers 527. (R.)

nasse se pro episcopatu quam unum triantem coquo qui servivit ad prandium. Post hæc rex, datis ad solatium ejus duobus episcopis, Arvernis eum direxit : clericus vero ille qui super spondam lecti latus ejus illiserat, Viventius nomine, ad occursum pontificis secundum verbum illius properat, non sine magno pudore et se, simulque equum quem jusserat, repræsentat. Ingressisque utrisque in balneum, dolorem lateris, quem ab impulsu superbiæ ejus clerici incurrerat, clementer improperat, magnam ex hoc ei ingerens verecundiam, non cum ira, sed tantum joco spiritali delectatus. Igitur exinde cum multo psallentio in civitatem suscipitur, et in sua ecclesia episcopus ordinatur.

4. Jam vero assumpto episcopatu, tanta humilitate tantaque charitate cum omnibus usus est, ut ab omnibus diligeretur. Patientiam vero ultra hominum morem habens, ita ut, si dici fas est, Moysi compararetur ad diversas injurias sustinendas. Unde factum est ut a presbytero suo in convivio percussus in capite, ita se quietum reddiderit, ut nec sermonem quidem asperum respondisset; sed omnia quæ ei accidebant patienter ferens, in Dei hoc arbitrio, a quo se petebat enutriri, jactabat. Nam et Evodius[1] quidam ex senatoribus presbyter, cum in convivio ecclesiæ eum multis calumniis atque conviciis lacessisset, consurgens sacerdos loca basilicarum sanctarum circuibat : tamen cum hoc Evodio fuisset perlatum, post eum cursu veloci dirigens, et se ante pedes ejus in ipsa platea prosternens, veniam petiit, deprecans ut eam oratio ejus cum omnipotente

(1) Ed., sicut et infra, *Ennodius*. (R.)

n'avait donné qu'un tiers de sol, pas plus, au cuisinier qui avait apprêté le repas. Après cela le roi l'envoya à Clermont accompagné de deux évêques. Quant au clerc (nommé Viventius) qui l'avait blessé au côté sur le bord du lit, il se hâta de venir au-devant du pontife, selon la parole de celui-ci, mais non pas sans une grande confusion, et présenta devant lui non-seulement sa propre personne, mais encore le cheval qu'il lui avait été commandé d'amener. L'évêque et lui s'étant mis au bain, saint Gall lui fit un doux reproche de la douleur du côté qu'il avait due à la violence de son orgueil et lui causa par ces paroles une grande honte, mais sans colère et en s'égayant au contraire par un certain enjouement spirituel. Puis il entra dans la ville, où il fut accueilli par des chœurs de chants et il fut consacré évêque dans son église.

4. Lorsqu'il fut en possession de l'épiscopat, il se conduisit envers tous avec tant d'humilité et de charité que tous le chérissaient. Il avait une patience plus qu'humaine, en sorte que, s'il est permis de parler ainsi, il pourrait être comparé à Moïse pour le support de toutes les injures; si bien qu'ayant été frappé à la tête par son prêtre pendant le repas, il se montra calme au point de ne faire entendre aucune parole aigre; mais supportant patiemment tout ce qui lui arrivait, il répétait qu'il s'en remettait pour cela à Dieu, à qui il devait la vie. Et en effet, un certain Évodius, prêtre qui appartenait à une famille de sénateurs, l'ayant chargé de calomnies et d'outrages dans un repas de l'église, l'évêque se leva et s'en alla dans les quartiers de la ville où sont les saintes basiliques. Évodius, apprenant cela, courut rapidement après lui et se jeta à ses pieds en pleine rue, lui demandant pardon et le suppliant de ne point le condamner dans ses prières devant le Juge tout-puissant.

judice non fuscaret. At ille benigne eum colligens, cuncta quæ locutus fuerat clementer indulsit, eum arguens ne hæc ultra contra sacerdotes Domini auderet appetere, quia ipse episcopatum nunquam promereretur accipere. Quod postea probavit eventus. Nam cum in Gabalitano ad episcopatum jam electus[1], jam in cathedra positus, jam cuncta parata essent ut benediceretur episcopus, ita subito contra eum omnis populus consurrexit, ut vix vivus posset evadere; qui postea presbyter transiit.

5. Apud Aurelianensem autem urbem, incriminato ab iniquis episcopo Marco et in exsilium truso, magnus episcoporum conventus est aggregatus, Childeberto rege jubente, in qua synodo[2] cognoscentes beati episcopi hoc esse vacuum quod contra eum fuerat mussitatum, eum civitati et cathedræ suæ restituunt. Denique tunc in servitio sancti Galli Valentinianus[3] diaconus, qui nunc presbyter habetur atque vocatis, abiit; cumque episcopo alio missas dicente, diaconus ille propter jactantiam potius quam pro Dei timore cantare vellet, a sancto Gallo prohibebatur, dicente sibi : « Sine, inquit, fili, quando Domino jubente nos celebraverimus solemnia, tunc et tu canere debes. Nunc ejus clerici concinant qui consecrat missas. » At ille et tunc se posse pronuntiat. Cui sacerdos : « Fac

---

(1) Post mortem sancti Hilarii, cui substitutus est Evanthius, qui conc. Aurel. IV subscripsit. (R.)

(2) Ea est synodus Aurelianensis quinta quæ in præfatione jubente Childeberto coacta dicitur. Marcus autem Aurelianensi IV interfuerat an. 547. (R.)

(3) Sic Colb. Alii cum ed., *Valentianus*. At infra omnes habent *Valentinianus*. (R.)

Mais celui-ci, le relevant avec bonté, l'excusa généreusement de toutes les choses qu'il avait dites, l'avertissant seulement de ne se permettre plus à l'avenir une pareille licence contre les évêques du Seigneur, parce que lui-même ne mériterait jamais d'être fait évêque. Ce que l'événement confirma depuis. En effet[1], ayant été élu évêque de Javouls, alors qu'il était déjà dans la chaire épiscopale, et que déjà tout était prêt pour sa consécration, voici que tout à coup tout le peuple se souleva contre lui, en sorte qu'il eut bien de la peine à se sauver vivant, et dans la suite il mourut simple prêtre.

5. Dans la cité d'Orléans, l'évêque Marc ayant été accusé par des méchants et envoyé en exil, il se fit une grande assemblée d'évêques, par l'ordre du roi Childebert. Là il fut reconnu que tout ce dont on s'était plaint contre l'évêque était sans fondement, et on le rendit à sa ville et à son siége. Il y avait alors au service de saint Gall un diacre, Valentinien, qui maintenant est prêtre et chantre; et, comme un autre évêque disait la messe, ce diacre, plutôt par vanité que par crainte de Dieu, voulait chanter; mais saint Gall l'en empêchait en lui disant : « Laisse, mon fils; quand, par la volonté de Dieu, nous célébrerons le le saint-sacrifice, c'est alors que tu devras chanter. Il faut maintenant que chantent les clercs de celui qui célèbre la messe. » Lui affirme qu'il peut chanter aussi maintenant. A quoi l'évêque répond : « Fais donc comme il te plaît,

(1) L'évêché de la cité des *Gabali* ou du Gévaudan. L'emplacement de la cité des *Gabali* n'est pas connu d'une manière certaine. L'opinion la plus probable et la plus généralement adoptée le fixe à Javouls, d'où le siége épiscopal fut transféré à Mende, vers l'an 1000.

ut libet, nam quod volueris non explebis. » Ille quoque negligens mandatum pontificis abiit, at tam deformiter cecinit, ut ab omnibus irrideretur. Adveniente autem alia dominica, dicente sæpe dicto pontifice missas, jussit eum abire : «Nunc, inquit, in nomine Domini quod volueris explicabis. » Quod cum fecisset, in tantum vox ejus præclara facta est, ut ab omnibus laudaretur. O beatum virum! cui talis gratia concessa est, ut sicut animæ, ita et cum eo voces hominum sub ejus potestate consisterent, quas et cum voluit cantu prohibuit et cantare permisit.

6. Præstitit autem Deus et alia miracula magna per illum. Nam cum Julianus defensor, presbyter deinceps, dulcissimæ voluntatis homo, a quartano typo correptus graviter cruciaretur, lectulum sancti sacerdotis expetiit; in quo decubans, a lectuaria ipse coopertus, paululum obdormiens, ita sanatus est ut nec contactus quidem postea ab hac infirmitate fuisset. Cum autem Arverna civitas maximo incendio cremaretur et hoc sanctus comperisset, ingressus ecclesiam diutissime Dominum ante sanctum altare cum lacrymis exoravit, surgensque, Evangelia comprehensa, apertaque in obviam se igni obtulit. Qua contra parata, protinus ad aspectum ejus ita omne incendium est exstinctum, ut nec favillæ quidem in eo igneæ remansissent. Sub ejus autem tempore magno terræ motu Arverna civitas est concussa, sed cur hoc acciderit ignoramus. Hoc tamen scimus quod nullum ex populo læsit. Cum autem lues illa, quam inguinariam vocant, per diversas regiones desæviret et maxime tunc Arelatensem provinciam depopularet, sanctus Gallus non tantum pro se quantum pro populo suo trepidus erat : cumque

mais tu n'accompliras pas ce que tu désires. » Celui-ci, ne tenant pas compte des ordres du pontife, s'en alla et chanta d'une façon si désagréable que tout le monde se moqua de lui. Un autre dimanche, comme notre évêque disait la messe, il ordonna au diacre d'y venir en ajoutant : « Maintenant, au nom du Seigneur, tu chanteras tant que tu voudras. » Ce qu'il fit avec une si belle voix qu'il en fut loué de tout le monde. O bienheureux homme, à qui a été accordée une telle grâce que les voix des hommes, comme leurs âmes, étaient placées sous sa puissance, au point de pouvoir ou les empêcher de chanter ou leur permettre de se faire entendre.

6. Dieu fit aussi par lui d'autres miracles. En effet, un certain Julien, d'abord défenseur, prêtre plus tard, homme d'un caractère très-doux, ayant été pris d'une fièvre quarte très-forte, se rendit au lit du saint évêque, où, s'étant couché et endormi tant soit peu sous la couverture, il se trouva si bien guéri que, dans la suite, il ne ressentit aucune atteinte de cette maladie. Un grand incendie ayant éclaté un jour dans la ville de Clermont, le saint, qui l'avait appris, entra dans l'église et pria Dieu très-longtemps devant le saint autel en versant des larmes; puis s'étant levé et ayant pris le livre des Évangiles, il l'ouvrit et marcha droit au feu, qui s'éteignit aussitôt à sa vue, en sorte qu'il n'en demeura pas même une seule étincelle. De son temps, il y eut un grand tremblement de terre qui ébranla toute la ville de Clermont. Nous ignorons quelle en fut la cause, mais nous savons que personne n'en souffrit. Lorsque cette épidémie qu'on appelle inguinaire sévissait dans diverses contrées et ravageait surtout la province d'Arles[1], saint Gall tremblait, non pas tant pour lui que pour son peuple. Et, tandis qu'il priait le Sei-

(1) En 545 ou 546. Voy. *Hist.*, IV, v et *Glor. mart.*, LI.

die noctuque Dominum deprecaretur ut vivens plebem suam vastari non cerneret, per visum noctis apparuit ei angelus Domini, qui tam cæsariem quam vestem in similitudinem nivis candidam efferebat, et ait ad eum : « Bene enim te, o sacerdos, prospectat divina pietas pro populo tuo supplicantem ; ideoque ne timeas, exaudita est enim oratio tua, et ecce eris cum populo tuo ab hac infirmitate liberatus : nullusque te vivente in regione ista ab hac strage deperibit. Nunc autem noli metuere, post octo vero annos expletos migrabis a sæculo. » Quod postea manifestum fuit. Expergefactus autem, et Deo gratias pro hac consolatione agens, quod per cœlestem nuntium confortari dignatus est, rogationes illas instituit, ut media Quadragesima psallendo ad basilicam beati Juliani martyris itinere pedestri venirent. Sunt autem in hoc itinere quasi stadia trecenta sexaginta. Cum autem regiones illas, ut diximus, lues illa consumeret, ad civitatem Arvernam, sancti Galli intercedente oratione, non attigit. Unde ego non parvam censeo gratiam ejus qui hoc meruit, ut pastor positus oves suas devorari, defendente Domino, non videret.

7. Sed veniamus ad illud tempus cum eum Dominus de hoc mundo jussit assumi. Cum gravatus incommodo decubaret, ita febris interna omnia membra ejus depavit ut capillos et barbam simul amitteret. Sciens autem se, revelante Domino, post triduum migraturum, convocat populum et omnibus, confracto pane, communionem sancta ac pia voluntate largitur. Adveniente autem die tertia, quæ erat Dominica dies, quæ civibus Arvernis immanem intulit luctum, albescente jam cœlo, interrogat quid in ecclesia psallerent.

gneur jour et nuit pour que, de son vivant, il ne vît pas son peuple décimé, un ange du Seigneur lui apparut en songe, portant des cheveux et un vêtement aussi blancs que la neige, et qui lui dit : « O prêtre du Seigneur, la divine bonté te regarde suppliant pour ton peuple, et pour cette raison ne crains rien, car ta prière est exaucée, et voici que ton peuple et toi vous allez être délivrés de l'épidémie, et personne, toi vivant, ne périra dans ce pays par ce fléau. Cesse donc de t'effrayer maintenant, mais après huit années accomplies tu sortiras de ce monde. » Ce qui se vérifia par la suite. S'étant éveillé et rendant grâces à Dieu pour la consolation qu'il avait bien voulu lui accorder par son messager céleste, il institua ces prières des rogations, qui se font à la mi-carême, en allant à pied et en chantant à l'église de Saint-Julien le martyr. Or, ce chemin est d'environ trois cent soixante stades. Ainsi donc, tandis que la peste, ainsi que nous l'avons dit, ravageait ces provinces, la ville de Clermont, par les prières de saint Gall, en fut exempte. Et ce n'est pas, à mon sens, une petite grâce pour ce pasteur, de n'avoir point vu son troupeau, que protégeait le Seigneur, dévoré par le fléau.

7. Mais venons au temps où il plut au Seigneur de le retirer du monde. Comme il était au lit et malade, une fièvre interne rongea tellement tous ses membres qu'il perdit en même temps les cheveux et la barbe. Or, ayant connu, par une révélation du Seigneur, qu'il mourrait dans trois jours, il convoqua le peuple et, ayant rompu à tous le pain, il leur donna la communion avec une sainte et pieuse volonté. Le troisième jour étant arrivé, qui était un dimanche, apporta un grand deuil aux habitants de Clermont. Comme le ciel commençait à blanchir, saint Gall demanda ce que l'on chantait à l'église. On lui dit que c'était la béné-

Dixerunt benedictionem eos psallere. At ille, psalmo L et benedictione decantata et alleluiatico cum capitello expleto, consummavit matutinos. Quo perfunctus officio ait : « Vale dicimus vobis, fratres. » Et hæc dicens, extensis membris, spiritum cœlo intentum præmisit ad Dominum. Transiit autem ætatis suæ anno LXV, episcopatus vero sui anno XXVII. Exin ablutus atque vestitus in ecclesiam defertur, donec comprovinciales ad eum sepeliendum convenirent. Magnum enim ibi miraculum ostensum populis fuit, quod sanctus Dei, attracto dextro pede in feretro, se in aliud latus, quod erat versus altare, contulit. Dum autem hæc agerentur, rogationes illæ, quæ quotannis ubique in Paschate fiunt, celebrantur. Jacuit autem in ecclesia triduo, assiduo instante psallentio cum magna frequentia populi. Episcopis autem quarta die advenientibus, eum de ecclesia levaverunt, et portantes in sancti Laurentii basilicam, ibi sepeliunt. Jam vero in exsequiis ejus quantus planctus, quanti populi adfuere, enarrari vix potest : mulieres cum lugubribus indumentis tanquam si viros perdidissent; similiter et viri, obtecto capite ut in exsequiis uxorum facere mos est; ipsi quoque judæi accensis lampadibus plangendo prosequebantur. Omnes præterea populi una voce dicebant : « Væ nobis qui post hanc diem nunquam similem merebimur habere pontificem. » Et quia, ut diximus, provinciales longe distabant, nec celerius venire potuerant, ut mos rusticorum habetur, glebam super beatum corpus posuere fideles, quo ab æstu non intumesceret. Quem cespitem post ejus exsequias mulier quædam et vere, ut ego diligenter inquisivi, virgo purissima et devota Deo, Meratina nomine, ab aliis ejectum collegit, in

diction. Mais lui chanta le psaume cinquantième et la bénédiction et récita l'*Alleluia* avec le petit chapitre, achevant ainsi tout l'office de matines. Après cela, il dit : « Nous vous disons adieu, mes frères. » Et à ces mots, étendant ses membres, il rendit au Seigneur son esprit toujours dirigé vers le ciel. Il était âgé de soixante-cinq ans, et achevait la vingt-septième année de son épiscopat[1]. Puis son corps ayant été lavé et vêtu, il fut porté dans l'église, en attendant que les évêques comprovinciaux fussent venus pour l'ensevelir. Il s'accomplit aussi là un grand miracle devant le peuple, ce saint de Dieu ayant tiré son pied droit dans le cercueil et ayant tourné son corps du côté qui regardait l'autel. Comme ces événements se passaient, on célébrait ces rogations qui se font partout chaque année au temps de Pâques. Il demeura trois jours dans l'église, où on ne cessa de psalmodier au milieu d'une grande affluence de peuple. Les évêques étant arrivés le quatrième jour, on enleva le corps de l'église pour le porter à la basilique de Saint-Laurent. On ne saurait dire quel deuil il y eut à ses obsèques et combien il y vint de monde. Les femmes y étaient en vêtements de deuil comme si elles eussent perdu leurs maris, et les hommes avaient la tête couverte, comme ils le font aux funérailles de leurs femmes. Les juifs même suivirent le convoi avec larmes et tenant des lampes allumées. Et tout le peuple disait, d'une commune voix : « Malheur à nous, qui, à partir de ce jour, ne mériterons jamais d'avoir un tel pontife. » Et comme les évêques de la province, ainsi que nous l'avons dit, étant fort éloignés n'avaient pu venir promptement, les fidèles, selon la coutume des habitants de la campagne, mirent du gazon sur le corps du saint afin que la chaleur ne le fît pas gonfler. Et après la cérémonie des funérailles, une femme, ou plutôt comme je m'en suis informé avec soin, une vierge très-pure et consacrée à Dieu, nommée Mératina, recueillit le gazon que l'on avait ôté de dessus son corps et

(1) Vers l'an 554. Fortunat, dans l'épitaphe qu'il a consacrée à S. Gall (l. IV, carm. IV), donne un calcul un peu différent de celui de Grégoire ; peut-être pour obéir à la mesure de son vers, dit Ruinart.

horto suo posuit, et infusa sæpius aqua, Domino incrementum dante, vivere fecit. De quo cespite infirmi non solum auferentes atque bibentes herbam sanabantur, verum etiam fidelis super eum oratio suffragium merebatur. Qui postea per incuriam, virgine migrante, deperiit. Denique ad sepulcrum ejus multæ virtutes ostensæ sunt. Nam quartanarii et diversis febribus ægroti, ut ad beatum tumulum fideliter attingunt, protinus hauriunt sanitatem. Valentinianus igitur cantor, cujus supra meminimus, qui nunc presbyter habetur, cum diaconatus fungeretur officio, a typo quartano corripitur ac per multos dies magna defectione laboravit. Factum est autem ut in die accessus hujus febris, loca sancta circuire disponeret orans, veniensque ad hujus sancti sepulcrum, prostratus ait : « Memor esto mei, beatissime ac sancte sacerdos. A te enim educatus, doctus ac provocatus sum ; memor esto alumni proprii quem amore unico dilexisti, et erue me ab hac qua detineor febre. » Hæc effatus, herbulas quæ ad honorem sacerdotis tumulo respersæ fuerant a devotis colligit ; et quia virides erant, ori applicat, dentibus decerpit succumque earum deglutit. Præteriit enim dies illa, nec ab hoc est pulsatus incommodo, et deinceps ita sospitati est restitutus ut nec illas quas vulgo fractiones[1] vocant ultra perferret. Hoc ab ipsius presbyteri ore ita gestum cognovi. Non enim ambigitur per illius potentiam prodire virtutes de tumulis servorum suorum, qui Lazarum vocavit ex monumento.

---

1. Aliquot mss. et editi, *frictiones*. Fractio febris est intermissio, qua illa veluti frangi videtur. (R.)

le mit dans son jardin; elle l'arrosait souvent et, le Seigneur favorisant son accroissement, elle le fit pousser. Les infirmes qui enlevaient quelque partie de ce gazon et buvaient du jus qui en était extrait étaient guéris, et même le fidèle qui, dessus, faisait sa prière, obtenait ce qu'il demandait. Dans la suite, ayant été négligé après la mort de la vierge, le gazon périt. Il se fit beaucoup de miracles au tombeau de saint Gall. Car les malades de la fièvre quarte et d'autres fièvres diverses recouvraient la santé aussitôt qu'ils avaient touché avec foi ce bienheureux tombeau. Le chantre Valentinien, dont nous avons parlé plus haut, qui est maintenant prêtre, se trouva pris, quand il faisait l'office de diacre, d'une fièvre quarte et en fut grandement malade pendant plusieurs jours. Or, il arriva que, le jour de son accès ayant résolu de visiter les lieux saints et d'y faire sa prière, il arriva au tombeau de saint Gall et s'y prosterna en disant : « Souviens-toi de moi, saint et bienheureux pontife, car c'est par toi que j'ai été élevé, instruit et encouragé; souviens-toi de ton élève que tu as aimé d'un rare amour et délivre-moi de la fièvre qui me tient. » Ayant ainsi parlé, il ramassa de petites herbes qui avaient été semées en l'honneur du saint autour de son sépulcre, et, comme elles n'étaient pas fanées, il en mit dans sa bouche, les coupa avec ses dents et en avala le suc. La journée se passa sans qu'il eût de fièvre, et dans la suite, il fut tellement rendu à la santé qu'il n'éprouva même plus ce que l'on appelle vulgairement des frissons. J'ai appris cela de la bouche du prêtre lui-même. Et il n'est pas douteux que c'est celui qui appela Lazare hors de son tombeau qui fait, par sa puissance, sortir de telles vertus des tombeaux de ses serviteurs.

CAPUT VII.

De sancto Gregorio episcopo Lingonensi.

Egregiæ sanctitatis viri, quos palma perfectæ beatitudinis e terris editos evexit ad cœlos, hi sunt quos aut non fictæ charitatis vinculum ligat, aut eleemosynarum fructus ditat, aut flos castitatis adornat, aut martyrii agonizatio certa coronat : in quibus ad inchoandum perfectæ justitiæ opus illud fuit studium, ut in primis corpus sine macula præparatum habitaculum Spiritui sancto præberent, et sic ad reliquarum virtutum excelsa contenderent; atque ipsi sibi persecutores facti, dum in se sua perimebant vitia, tanquam martyres probati, peracto cursu agonis legitimi triumpharent. Quod nullus sine Dei ope valebit efficere, nisi dominici adjutorii protegatur vel parma vel galea; et quod egerit non sui, sed ad divini nominis gloriam deputet, juxta illud Apostoli : « Qui gloriatur, in Domino glorietur. » In hoc enim et beatus Gregorius omnem gloriam contulit, qui de excelsa senatorii ordinis potentia ad illam se humilitatem subdidit ut, omnibus sæculi curis abjectis, soli se Deo dicaret opere, quem in pectore retinebat.

1. Igitur sanctus Gregorius ex senatoribus primis, bene litteris institutus Augustodunensis civitatis comitatum ambivit; in comitatu autem positus regionem illam per quadraginta annos justitia comitante correxit : et tam severus atque districtus fuit in malefactoribus, ut vix ei ullus reorum posset evadere. Conjugem de genere senatorio habens, Armentariam nomine, quam ad propagandam generationem tantum dicitur

CHAPITRE VII.

De saint Grégoire, évêque de Langres.

Les hommes d'une sainteté excellente, que la palme d'une béatitude parfaite a élevés de la terre jusqu'au ciel, sont ceux qu'enchaîne le lien d'une véritable charité, ou qu'enrichissent les fruits de l'aumône, ou qu'orne la fleur de la chasteté, ou que couronne l'agonie certaine du martyre, ceux enfin chez lesquels, pour commencer l'œuvre de la parfaite justice, la principale étude fut surtout de faire de leur corps sans tache un tabernacle préparé pour le Saint-Esprit et de parvenir ainsi à la sublimité des autres vertus. Et ainsi, s'étant fait leurs propres persécuteurs, tandis qu'ils détruisaient leurs vices en eux, comme des martyrs éprouvés, ils achevaient triomphants la course de leur légitime combat. Ce que personne ne pourra faire sans le secours de Dieu et sans être protégé par le bouclier ou le casque du divin défenseur; et ce qu'il aura fait, qu'il le rapporte non à lui-même, mais à la gloire du nom divin, suivant cette parole de l'Apôtre : « Que celui qui se glorifie se glorifie dans le Seigneur[1]. » C'est en cela seul, en effet, que le bienheureux Grégoire a cherché toute sa gloire, lui qui, de la haute puissance de l'ordre sénatorial, s'est abaissé à cette humilité que dédaignant tous les soucis du siècle, il s'est consacré tout entier à l'œuvre de Dieu qu'il conservait dans son cœur.

1. Saint Grégoire, qui était du nombre des premiers sénateurs et fort lettré, fut élevé à la dignité de comte de la ville d'Autun et administra la contrée pendant quarante ans avec justice; il fut si rigoureux et si sévère dans la poursuite des malfaiteurs qu'à peine y en eut-il un seul qui pût lui échapper. Il avait une épouse nommée Armentaria, de race sénatoriale, qu'il n'approcha, dit-on, que

(1) *I Cor.* I, 31.

cognovisse, de qua et filios, Domino largiente, suscepit : aliam vero mulierem, ut juvenilis assolet fervor, inardescere non contigit.

2. Post mortem autem uxoris ad Dominum convertitur, et electus a populo Lingonicæ urbi episcopus ordinatur. Cui magna fuit abstinentia ; sed ne jactantia putaretur, occulte sub triticeos panes alios tenues ex hordeo supponebat : triticeum frangens aliis erogabat, ipse vero clam hordeum, nemine intelligente præsumens. Similiter de vino faciens, dum aquam ei pincerna porrigeret, ad dissimulandum aquam desuper effundi jubebat, tale vitrum eligens quod claritatem aquæ obtegeret. Jam in jejuniis, eleemosynis, orationibus atque vigiliis tam efficax tamque devotus erat, ut in medio mundi positus novus effulgeret eremita. Nam cum apud Divionense castrum moraretur assidue, et domus ejus baptisterio adhæreret in quo multorum sanctorum reliquiæ tenebantur, nocte de stratu suo, nullo sentiente consurgens, ad orationem, Deo tantum teste, pergebat ; ostio divinitus reserato, attente psallebat in baptisterio. Sed cum hoc multi temporis spatio ageret, tandem ab uno diacono res cognita atque manifestata est : idem cum cognovisset hæc agi, a longe ne eum vir beatus sentire posset, prosequebatur et quid ageret spectabat. Aiebat enim diaconus, quod veniens sanctus Dei ad ostium baptisterii, pulsans manu propria, ostium nemine comparente aperiebatur, illoque ingrediente diutissime silentium erat : postea psallentium tanquam multarum vocum per trium horarum et fere amplius spatium audiebatur. Credo ego quod cum magnorum sanctorum in eodem loco haberentur reliquiæ, ipsi se beato viro revelantes

pour avoir des enfants. Aussi Dieu lui donna-t-il des fils, et jamais, comme souvent en use l'ardeur de la jeunesse, il ne lui arriva de brûler pour une autre femme.

2. Après la mort de son épouse, il se tourna vers le Seigneur, et après avoir été élu par le peuple il fut ordonné évêque de Langres. Il était d'une grande abstinence; mais, pour que l'on ne pensât pas qu'il y mît de l'orgueil, il cachait sous des pains de froment d'autres pains plus petits faits d'orge, puis donnant le froment aux autres, il prenait secrètement pour lui le pain d'orge sans que personne s'en aperçût. Il agissait de même pour le vin : si l'échanson lui présentait de l'eau, pour dissimuler qu'il en avait déjà il choisissait un verre assez opaque pour cacher la limpidité de l'eau. Il s'adonnait tellement aux jeûnes, aux aumônes, à la prière et aux veilles, qu'il semblait un ermite au milieu du monde. En effet, comme il demeurait ordinairement au château de Dijon, et que sa maison était contiguë au baptistère où étaient conservées les reliques d'un grand nombre de saints, il se levait de son lit pendant la nuit, sans que personne s'en aperçût et allait, n'ayant que Dieu pour témoin, faire sa prière au baptistère, dont la porte s'ouvrait miraculeusement et où il psalmodiait avec recueillement. Mais, ayant fait cela pendant un long espace de temps, un diacre l'aperçut enfin, et le voyant s'en aller ainsi, le suivit de loin pour voir ce qu'il faisait, sans que le saint homme se pût douter de rien. Et le diacre disait que le saint de Dieu venant à la porte du baptistère, dès qu'il y heurtait de la main la porte s'ouvrait comme d'elle-même, sans qu'il parût personne pour l'ouvrir, et que, comme il y entrait, c'était un silence qui durait fort longtemps, mais qu'ensuite on y entendait une psalmodie de plusieurs voix l'espace de plus de trois heures. Je crus que comme il y avait là les reliques de beaucoup de saints, ces saints-là même se sont manifestés en révélation à ce saint homme

psallentium Domino in commune reddebant. Nam, impleto cursu, revertens ad lectulum, ita se caute super stratum deponebat, ut prorsus nemo sentiret : observatores vero ostium baptisterii obseratum invenientes, clave sua solite aperiebant, commotoque signo, sanctus Dei sicut reliqui, novus ad officium dominicum consurgebat. Nam cum energumeni eum primo die episcopatus sui confiterentur, rogabant eum presbyteri ut eos benedicere dignaretur. Quod ille viriliter ne vanam incurreret gloriam refugiebat, clamans indignum se ad manifestandas virtutes dominicas esse ministrum : sed tamen quia diutius hoc dissimulare non potuit, adduci eos ad se jubens, sine ullo tactu, facto tantum signo crucis e contra, verbo dæmonia discedere imperabat. Quod illa protinus audientia corpora quæ sua nequitia devinxerant absolvebant. Nam illo absente, multi de virga quam in manu ferre solitus erat suspensos atque signatos energumenos expellebant. Nam et de stratu ejus si quis ægrotus quidpiam abstulisset, erat præsens medicamentum. Armentaria autem neptis ejus cum graviter quodam tempore in adolescentia sua a quartano fatigaretur incommodo, ac medicorum studio plerumque fota, nullum posset sentire levamen, et ab ipso confessore beato sæpius ut orationi insisteret hortaretur, quadam die lectum ejus expetiit, in quo posita ita febris cuncta restincta est, ut nunquam hac deinceps ægrotaret.

3. Sanctus vero Gregorius cum per[1] diem sanctam

---

(1) Passim apud Gregorium vox *per* occurrit pro *propter*, quæ sic est hic accipienda, alias die 4 januarii obiisse dici non posset. (R.)

pour chanter avec lui les louanges du Seigneur. Et quand il avait achevé, il regagnait son lit et s'y couchait avec tant de précaution que personne ne s'apercevait de rien. Et le lendemain, les gardiens du baptistère le trouvant fermé et l'ouvrant avec leur clef, comme d'ordinaire, allaient sonner la cloche pour appeler à l'office divin; le saint de Dieu y allait avec les autres, comme s'il n'y eût point été la nuit. Le premier jour de son épiscopat, comme les énergumènes confessaient leur possession, les prêtres le prièrent de daigner leur donner sa bénédiction. Ce qu'il refusa courageusement, de peur d'être séduit par une vaine gloire, se proclamant indigne d'être employé au ministère de Dieu pour faire des miracles. Cependant, ne pouvant pas s'y refuser plus longtemps, il se fit amener les possédés, puis sans avoir recours au toucher, mais en employant seulement la parole et le signe de la croix, il enjoignait aux démons de sortir. Aussitôt ceux-ci, entendant cet ordre, abandonnaient les corps que leur malice avait enchaînés. En son absence même, plusieurs, avec la baguette qu'il avait coutume de porter à la main, arrêtaient les démoniaques et les chassaient en faisant sur eux le signe de la croix. De même, si un malade enlevait quelque chose du lit de saint Grégoire, c'était pour lui un remède efficace. Sa petite fille Armentaria[1] fut prise, dans sa jeunesse, d'un violent accès de fièvre quarte, et, n'ayant reçu aucun soulagement des soins répétés des médecins, elle fut souvent exhortée par le saint confesseur de s'appliquer à la prière. Or, un jour elle voulut coucher dans le lit du saint, et alors sa fièvre disparut si bien qu'elle ne s'en ressentit plus jamais.

3. Saint Grégoire, s'étant rendu à Langres pour la fête

(1) Mère de l'auteur.

Epiphaniorum ad civitatem Lingonas ambulasset, a modica febre pulsatus, relicto sæculo migravit ad Christum : cujus beata facies ita erat glorificata post transitum ut rosis similis cerneretur. Hæc enim apparebat rubea, reliquum vero corpus tanquam candens lilium refulgebat, ut æstimares eum jam tunc ad futuræ resurrectionis gloriam præparatum. Quod deferentes ad castrum Divionense ubi se jusserat tumulari, in campania illa quæ a parte Aquilonis habetur haud procul a castro aggravat, gestatores non sustinentes feretrum solo deposuerunt, ibique parumper resumentes vires, et post paululum elevantes, ad intramuraneam ecclesiam[1] eum detulerunt. Advenientibus autem quinto die episcopis, ab ecclesia ad basilicam beati Joannis[2] deferebatur; et ecce vincti carceris ad beatum corpus clamare cœperunt, dicentes : « Miserere nostri, piissime domne, ut quos vivens in sæculo non absolvisti, vel defunctus cœleste regnum possidens digneris absolvere; visita nos, quæsumus, et miserere nostri. » Hæc et alia illis clamantibus, aggravatum est corpus ita ut ipsum penitus sustinere non possent. Tunc ponentes feretrum super terram, virtutem beati antistitis præstolabantur. His ergo exspectantibus, subito reseratis carceris ostiis, trabes illa qua vinctorum pedes coarctabantur, repulsis obicibus, scinditur media, confractisque catenis omnes pariter dissolvuntur et ad beatum corpus, nemine retinente, perveniunt : dehinc elevantes feretrum gestatores, ii

1. Ea est ecclesia sancti Stephani Divionensis. (R.)

2. Interpolator in editione Bolland.: *Ad antiquitus constructam et sepulturis Lingonensium pontificum insignitam.* (R.)

de l'Épiphanie, fut pris d'un léger accès de fièvre, à la suite duquel il quitta le siècle et s'en alla à Jésus-Christ. Son bienheureux visage fut tellement orné de gloire après sa mort qu'il ressemblait aux roses. En effet ses joues étaient rouges, tandis que le reste de son corps était aussi blanc qu'un lis, en sorte qu'on eût dit qu'il était déjà tout préparé pour la résurrection future. Comme on le portait au château de Dijon, où il avait ordonné qu'on l'inhumât dans cette plaine qui est située au nord, assez près du château, ceux qui le portaient succombaient sous le faix, et ne pouvant soutenir le cercueil, ils le mirent par terre, d'où, après qu'ils se furent reposés et qu'ils eurent repris leurs forces, ils le portèrent à l'église qui est en dedans des murailles de la ville. Les évêques étant arrivés le cinquième jour, il fut amené de l'église à la basilique de Saint-Jean. Or, voici que les hommes enchaînés dans la prison se mirent à crier en s'adressant au corps du saint : « Aie pitié de nous, très-pieux seigneur, afin que ceux que tu n'as point délivrés pendant que tu étais de ce monde obtiennent de toi la liberté, maintenant que, défunt, tu possèdes le royaume céleste. Visite-nous, de grâce, et aie pitié de nous. » Comme ils disaient ces choses et autres semblables, le corps s'appesantit, en sorte qu'on ne pouvait le soutenir; et mettant le cercueil à terre, les porteurs étaient dans l'attente de voir quelle serait la vertu du saint évêque. Pendant qu'ils attendaient, tout à coup les portes de la prison s'ouvrent, et la poutre à laquelle étaient retenus les pieds des prisonniers se brise par le milieu. Les liens étant rompus et les chaînes brisées, tous se trouvent libres et se précipitent sans obstacle vers le corps du saint. Ceux qui portaient le brancard le soulevèrent alors fort aisément; les prisonniers le suivirent

inter reliquos obsequuntur, qui et a judice postea sine damno aliquo sunt dimissi.

4. Post hæc beatus confessor multis se virtutibus declaravit. Aiebat enim quidam religiosus, cœlos se apertos in die ejus sepulturæ vidisse; nec enim ambigitur quin post actus angelicos sidereis sit cœtibus aggregatus. Vinctus quidam, per viam illam qua beatum corpus Lingonis est exhibitum, ad antedictum castrum adducebatur. Cumque milites cum equitibus præcedentes post terga traherent vinctum, ad locum ubi beati confessoris artus quieverant pervenerunt. Quem prætereuntes, vinctus, invocato nomine beati antistitis, petiit ut eum sua misericordia liberaret. Quo orante, laxati sunt laquei de manibus ejus, et sentiens se solutum, quietum reddidit; coopertisque manibus, putabatur adhuc esse ligatus. Ingressi autem portam castri, cum ante atrium ecclesiæ pervenissent, hic exsiliens, et corrigiam ligaminis trahentium in manu tenens, cum auxilio omnipotentis Dei et obtentu beati pontificis liberatus est. Admirabile autem est et illud miraculum, qualiter beatum corpus ejus cum post multa tempora transferretur, apparuit gloriosum. Cum beatus pontifex in angulo basilicæ fuisset sepultus, et parvus esset locus ille, nec ibi populi sic possent accedere ut devotio postulabat, sanctus Tetricus[1] filius et successor ejus hæc cernens, et virtutes assidue operari prospiciens, ante altare basilicæ fundamenta jecit, erectaque absida, miro opere construxit et transvolvit : qua transvoluta, disruptoque pariete, arcum ædificavit. Quod opus perfectum atque exornatum, in medio absidæ locu-

(1) Cf. Hist. lib. IV, cap. XVI. (R.)

avec les autres, et plus tard le juge les renvoya absous de toute peine.

4. Après cela, le bienheureux confesseur se manifesta encore par un grand nombre de miracles. Un religieux disait que le jour de son ensevelissement il avait vu les cieux ouverts; et en effet, il n'est pas douteux qu'après ces actes angéliques notre saint n'ait été admis dans les assemblées célestes. On amenait un prisonnier à Dijon par le même chemin par lequel on avait amené de Langres le corps du saint. Et comme les soldats marchaient devant avec leurs chevaux, tirant après eux cet homme garrotté, ils arrivèrent au lieu où avaient reposé les membres du bienheureux confesseur. En passant, le prisonnier invoqua le nom du bienheureux évêque et lui demanda de le délivrer par un effet de sa miséricorde. A peine avait-il fait cette prière que les liens tombèrent de ses mains. Se sentant délié, il demeura tranquille, et, comme ses mains étaient couvertes, on le crut toujours enchaîné. Mais dès que l'on fut entré dans le château et qu'on fut parvenu devant le parvis de l'église, il s'élança, tenant en sa main la courroie avec laquelle ceux qui le traînaient l'avaient lié, et fut délivré par l'aide du Dieu tout-puissant et par l'intercession du bienheureux pontife. C'est aussi un miracle admirable que la gloire qui apparut en ce bienheureux corps au bout de plusieurs années, quand on en fit la translation. Le saint pontife avait été enseveli dans un coin de la basilique, en un lieu très-resserré, en sorte que le peuple ne pouvait en approcher comme la dévotion l'exigeait. Saint Tétricus, son fils et son successeur, s'apercevant de cela et voyant sans cesse s'opérer à son tombeau des miracles, jeta des fondations au devant de la partie de l'église où était l'autel et y traça une abside qu'il construisit circulairement par un admirable travail; le mur circulaire achevé, il abattit la muraille droite qui terminait l'ancien édifice et compléta sa construction en ouvrant à la place de cette muraille une grande arcade [1]. Lorsque l'ouvrage et son ornementation furent complétement finis, il creusa au milieu de l'abside

(1) Ce passage obscur devient assez clair, si l'on suppose que l'église primitive était une basilique à forme quadrangulaire que Tétricus agrandit par l'addition d'une abside à l'un de ses petits côtés.

lum fodit : quo corpus beati patris transferre volens, convocat presbyteros et abbates ad illud officium, qui vigilantes orabant, ut se beatus confessor ad hanc præparatam habitationem transferri permitteret. Mane autem facto, cum choris psallentium, apprehensum sarcophagum ante altare in absidam quam beatus episcopus ædificaverat, transtulerunt. Quod sepulcrum dum diligenter componunt, subito, et ut credo ad Dei jussum, opertorium sarcophagi motum est in una parte : et ecce apparuit beata facies ejus ita integra et illæsa, ut putares eum non mortuum esse, sed dormientem; sed nec de ipso vestimento quod cum eo positum fuit aliquid ostensum est diminutum : unde non immerito apparuit gloriosus post transitum, cujus caro non fuit corrupta ludibrio. Magna est enim corporis et cordis integritas, quæ et in præsenti sæculo præstat gratiam, et in futuro vitam largitur æternam, de qua Paulus apostolus ait : « Pacem sequimini et sanctificationem, sine qua nemo videbit regnum Dei. »

5. Puella quædam, die dominico cum suum caput componeret, pectine apprehenso, credo ob injuriam diei sancti, in manibus ejus adhæsit, ita ut affixi dentes tam in digitis quam in palmis magnum ei dolorem inferrent. Quæ cum basilicas sanctorum flens atque obsecrans circuiret, ad sepulcrum beati Gregorii antistitis in ejus virtute confisa prosternitur : cumque diutissime beati confessoris præsidium flagitasset, directa manus ejus ad opus pristinum pectine decidente reducitur. Sed et energumeni eum confitentes ad ejus sepulcrum sæpe purgantur. Nam plerumque vidimus post ejus transitum, virgula, cujus supra meminimus,

une crypte pour y transporter le corps de son bienheureux père. Il convoqua pour cet office les prêtres et les abbés, qui suppliaient assidûment le saint confesseur de permettre qu'on le transportât dans cette habitation préparée pour lui. Or, le lendemain matin, avec des chœurs de chants, ils prirent le cercueil devant l'autel et le transportèrent dans l'abside que le saint évêque avait bâtie. Mais comme on disposait avec soin le sépulcre, tout à coup par l'ordre de Dieu, à ce que je crois, le couvercle du cercueil se défit d'un côté, et voici qu'apparut le bienheureux visage du saint, intact et entier, en sorte que l'on eût cru que c'était non un mort, mais une personne endormie. On ne voyait non plus rien de gâté dans tout le vêtement qu'il avait sur lui; ce ne fut donc pas sans raison qu'il passa pour glorieux après son trépas, celui dont la chair n'avait pas été atteinte par la corruption des passions. Et certainement, c'est une grande intégrité de corps et de cœur que celle qui acquiert la grâce dans le siècle présent et qui, dans l'avenir, donne la vie éternelle avec tant de libéralité, suivant la parole de l'apôtre saint Paul : « Recherchez la paix et la sanctification, sans lesquelles personne ne verra le royaume de Dieu. [1] »

5. Une fille s'arrangeait les cheveux avec un peigne un dimanche. Le peigne, à cause, je crois, de l'injure qu'elle faisait au saint jour, s'attacha de telle sorte à ses mains que les dents entrèrent dans ses doigts et dans la paume de sa main, ce qui lui causa une vive douleur. Or comme elle parcourait en pleurant et en priant les basiliques des saints, elle se prosterna au tombeau de saint Grégoire, pleine de confiance en sa vertu; et après qu'elle eut fort longtemps sollicité l'appui du bienheureux confesseur, sa main se remit et le peigne en se retirant la rendit à son premier état. Les énergumènes aussi, lorsqu'ils confessent le nom du saint auprès de son sépulcre, sont souvent purifiés. Et nous avons vu plusieurs fois depuis sa mort, qu'en les touchant avec la baguette qu'il portait à la main, et dont nous avons parlé plus haut, ils se collaient telle-

(1) *Hebr.* XII, 14.

quam manu gerebat, per parietes ita eos affixos, ut putares illos validis atque acutissimis sudibus retineri.

6. Multa quidem et alia de eodem gesta cognovimus; sed ne fastidium incitarent, de pluribus pauca perstrinximus. Obiit autem episcopatus sui anno tricesimo tertio ætate nonagenarius, qui se virtutibus manifestis sæpius declaravit[1].

CAPUT VIII.

De sancto Nicetio Lugdunensi episcopo.

Præsentiæ[2] divinæ bonum, quod plerumque regno suo provideat quos asciscat, ipsa sæpius sacræ lectionis testantur oracula, sicut ad Jeremiam eximium vatem cœlestis oris mystica deferuntur eloquia, dicentis : « Priusquam te formarem in utero novi te, et antequam exires de vulva sanctificavi te. » Et ipse Dominus utriusque conditor Testamenti, cum illos quos largitio hilaris agneo decoratos vellere suis locat a dextris, quid ait? « Venite benedicti Patris mei, percipite præparatum vobis regnum a constitutione mundi. » Sed et illud vas electionis beatus apostolus : « Quos, inquit, præscivit et prædestinavit conformes fieri imaginis Filii sui. » Nam et de Isaac, Joanneque qualiter nascerentur, vel quid agerent, et nomen et opus prædixit et meritum. Sic nunc et de beato Nicetio ipsa illa prisca miseratio pietatis quæ immerita ditat, non nata sanctificat, et omnia priusquam gignantur et disponit et ordinat, qualibus sacerdotalis gratiæ infulis floreret

(1) Vid. hujus epitaphium a Fortunato, lib. IV, carm. 2. Eumdem Gregorius laudat Hist. lib. III, cap. XV et XIX.

(2) Laud., *præscientiæ*. (R.)

ment aux parois, qu'on eût dit qu'ils y étaient retenus par de gros pieux bien aiguisés par le bout.

6. Nous savons encore beaucoup d'autres actions de ce saint prélat, mais, de peur de fatiguer nos lecteurs, nous n'en avons raconté que quelques-unes entre beaucoup d'autres. Il mourut la trente-troisième année de son épiscopat, et la quatre-vingt-dixième de son âge, cet homme qui s'est fait connaître souvent par d'éclatants miracles.

CHAPITRE VIII.

De saint Nizier, évêque de Lyon.

Les oracles de la sainte Écriture témoignent souvent qui sont ceux que le bien de la prescience divine destine pour son royaume, comme nous l'apprennent ces paroles mystiques d'une bouche céleste, disant à Jérémie, ce grand prophète : « Je t'ai connu avant que tu ne fusses formé dans le ventre de ta mère, et avant que tu n'en sortisses je t'ai sanctifié. » (*Jerem.* I, v.) Et le Seigneur lui-même, qui a fait l'un et l'autre Testament, quand il place à sa droite ceux que son heureuse largesse a couverts de la toison de l'agneau, que leur dit-il? « Venez les bénis de mon Père, possédez le royaume que je vous ai préparé depuis la création du monde. » (*Matth.* xxv, 34.) Et le bienheureux apôtre, Paul, ce vase d'élection : « Ceux, dit-il, qu'il a connus et prédestinés pour devenir conformes à l'image de son Fils. » (*Rom.* VIII, 29). Ainsi a-t-il prédit et d'Isaac (*Gen.* XVII) et de saint Jean (*Luc.* I,) comment ils devaient naître, comment ils devaient agir, leur nom, leurs œuvres, leur mérite. De même maintenant, au sujet du bienheureux Nizier, cette antique miséricorde qui enrichit ce qui ne le mérite pas, qui sanctifie ce qui n'est pas né, qui dispose et ordonne toutes choses avant qu'elles n'aient paru, révéla d'abord à sa mère de quelles

in terris, prius genitrici voluit revelare : de cujus vita retinetur quidem exinde libellus[1] nobiscum, nescio a quo compositus, qui multas quidem virtutes ejus pandit, non tamen vel exordium nativitatis conversionisque ejus, vel seriem virtutum declarat ad liquidum; et licet nec nos omnes ejus virtutes investigavimus, quas per eum Dominus vel occulte operari est dignatus, vel publice, tamen quæ ad priorem auctorem non pervenerunt, etsi rusticiori stylo pandere procuravimus.

1. Igitur Florentius[2] quidam ex senatoribus accepta Artemia conjuge, cum duos jam haberet liberos, ad episcopatum Janubensis urbis expetebatur, et re jam obtenta cum principe, ad domum revertitur, conjugique quæ egerat nuntiavit. Quod illa audiens respondit viro : « Desine quæso, dulcissime conjux, ab hac causa, et ne quæsieris episcopatum urbis, quia ego ex conceptu a te sumpto episcopum gero in utero. » Requievit vir sapiens audita uxore, rememorans illud quod vox divina quondam principi fidei nostræ Abrahæ beato præceperat : « Omnia quæcumque dixerit tibi Sara, audi vocem ejus. » Denique impletis pariendi diebus mulier enixa est puerum, quem quasi victorem[3] futurum mundi, Nicetium in baptismo vocitavit, eumdemque summa nutritum diligentia litteris ecclesiasticis mandavit institui. Defuncto autem patre, hic cum genitrice jam clericus in domo paterna residens, cum reliquis famulis manu propria laborabat, intelligens commotiones corporeas non aliter nisi laboribus et

(1) Hunc libellum ex ms. Cod. monasterii Jurensis edidit Chifletius in Paulino illustrato, et ex eo Bollandiani die 2 aprilis. (R.)

(2) Alias *Florentinus*. (R.)

(3) Victor græce νικητής.

vertus sacerdotales il serait orné en ce monde. Je possède sur sa vie un livre, dont je ne connais pas l'auteur, qui nous fait connaître beaucoup de choses de ses miracles, qui cependant ne nous dit clairement ni sa naissance, ni sa conversion, ni la suite des miracles qu'il a opérés; et nous, bien que nous n'ayons pas recherché toutes les merveilles que le Seigneur a faites par lui, soit en particulier soit en public, néanmoins nous nous sommes proposé de raconter dans la simplicité de notre style des choses qui ne sont pas parvenues à la connaissance du premier auteur.

1. Un homme de rang sénatorial, nommé Florentius, ayant pris pour femme Artémie et ayant déjà deux enfants, fut demandé comme évêque de la cité de Genève. Le prince y ayant consenti, Florentius revint à sa maison et annonça à sa femme ce qu'il avait fait. Celle-ci lui dit en l'apprenant : « Cesse je te prie, très-doux mari, de songer à cela, et ne recherche pas l'épiscopat de la cité, parce que je porte dans mes flancs un évêque que j'ai conçu de toi. » Cet homme sage ayant entendu cela demeura en repos, se rappelant ce que la parole divine avait recommandé autrefois au père de notre croyance, le bienheureux Abraham : « Écoute tout ce que dira ta femme Sara, prête la voix à son oreille. » (*Gen.* XVI, 12). Enfin le moment de l'accouchement étant arrivé, sa femme mit au monde un enfant qu'elle appela, à son baptême, Nizier, comme pour annoncer qu'il serait vainqueur du monde, et elle le fit élever avec le plus grand soin dans la connaissance des lettres ecclésiastiques. Son père étant mort, Nizier, quoique déjà clerc, demeura avec sa mère dans la maison paternelle, travaillant de ses mains avec les autres serviteurs ; car il comprenait que les tentations corporelles ne peuvent être domptées que par les travaux et les

ærumnis opprimi posse. Quodam vero tempore, cum adhuc in domo ipsa degeret, orta est ei pusula mala in facie : quod virus invalescens ac excoquens, fecit puerum desperatum. Sed mater ejus jugiter inter multa sanctorum nomina, beati Martini nomen pro ejus salute peculiarius invocabat. Cumque per biduum puer jacuisset in lectulo clausis oculis, et nullum verbum consolationis matri lamentanti proferret; sed potius ipsa genitrix inter spem metumque titubans, juxta ritum exsequiarum necessaria funeris præpararet, secunda die ad vesperum aperiens oculos, ait : « Quo ivit mater mea ! » quæ statim adveniens ait : « Ecce adsum, quid vis, fili ! » Et ille : « Ne timeas, inquit, mater, beatus enim Martinus super me crucem Christi faciens, surgere me jussit incolumem. » Hæc effatus statim surrexit a lectulo, geminavitque virtus divina miraculi hujus gratiam, ut et Martini panderetur meritum, et hic quia futurus erat pontifex, a contagio salvaretur. Testis enim fuit hujus causæ visa cicatrix ejus in facie.

2. Ætate quoque jam tricenaria presbyterii honore præditus, nequaquam se a labore operis quod prius gessit abstinebat, sed semper manibus propriis operabatur cum famulis, ut Apostoli præcepta compleret, dicentis : « Laborate manibus, ut habeatis unde tribuere possitis necessitatem patientibus. » Illud omnino studebat, ut omnes pueros qui in domo ejus nascebantur, ut primum vagitum infantiæ relinquentes loqui cœpissent, statim litteras doceret ac psalmis imbueret : scilicet ut ingressui tale jungeretur psallentium, ut tam antiphonis quam meditationibus diversis, ut devotio flagitabat animi, posset implere. Castitatem autem non

fatigues. Or un jour, comme il était encore dans la même maison, il lui vint au visage une mauvaise pustule, qui avec le temps s'augmenta et s'enflamma, au point de faire désespérer de sa vie. Mais sa mère qui entre beaucoup de saints invoquait continuellement le bienheureux Martin pria ce dernier plus particulièrement pour la guérison de son fils. Et, comme pendant deux jours l'enfant avait reposé dans son lit les yeux fermés et n'avait fait entendre à sa mère aucune parole de consolation, celle-ci, balançant entre l'espérance et la crainte, préparait déjà les choses nécessaires à ses funérailles, lorsque le deuxième jour, vers le soir, celui-ci ouvrant les yeux dit : « Où est allée ma mère ? » Elle accourant aussitôt dit : « Me voici, que veux-tu, mon fils? » Et lui : « Ne crains rien, dit-il, ma mère ; car le bienheureux Martin faisant sur moi le signe de la croix m'a ordonné de me lever parce que je ne suis plus malade. » Et ayant dit cela, il se leva de son lit. La vertu divine redoubla la grâce de ce miracle, et pour faire connaître le mérite de saint Martin et pour délivrer d'un mal contagieux celui qui devait être pontife plus tard. La cicatrice qui lui demeura au visage resta comme témoin de ce qui était arrivé.

2. A l'âge de trente ans il fut honoré de la dignité de prêtre[1], mais il ne s'abstint pas pour cela de l'ouvrage qu'il faisait auparavant; il continua de travailler de ses mains avec les serviteurs, pour accomplir ce précepte de l'Apôtre qui dit : « Travaillez de vos mains, afin que vous puissiez donner à ceux qui sont dans le besoin. » (*Ephes.* IV, 38). Il s'occupait surtout de faire en sorte que tous les enfants qui naissaient en sa maison, aussitôt qu'ils commençaient à parler, fussent instruits dans les lettres et dans les psaumes, de manière qu'ils pussent les chanter et les méditer avec les autres et remplir ainsi leur esprit de bonnes choses, suivant que la dévotion le pouvait suggérer. Quant à la chasteté, non-seu-

(1) En 543. On voit par son épitaphe qu'il était né en 513.

modo hic diligenter erat custodiens, verum etiam custodiendi gratiam aliis jugiter prædicabat, et a polluto tactu et verbis obscenis ut desisterent edocebat. Nam recolo in adolescentia mea cum primum litterarum elementa cœpissem agnoscere, et essem quasi octavi anni ævo, et ille indignum me lectulo locari juberet, ac paternæ dilectionis dulcedine ulna susciperet, oram indumenti sui articulis arripiens, ita se colobio concludebat, ut nunquam artus mei beata ejus membra contingerent. Intuemini, quæso, et advertite cautelam viri Dei! Quod si ab infantuli artubus, in quo nulli adhuc esse poterant stimuli concupiscentiæ, nulla incitamenta luxuriæ, ita se, ne ab ejus artubus tangeretur, abstinuit; qualiter de loco ubi suspicio luxuriæ esse potuit, ille refugit? Erat enim, ut diximus, castus corpore, mundus corde, non in scurrilitate verba proferens, sed semper quæ Dei sunt loquens. Et licet omnes homines in illo cœlestis charitatis vinculo diligeret, matri tamen ita erat subditus, ut quasi unus ex famulis obaudiret.

3. Denique ægrotante Sacerdote Lugdunensi antistite in urbe Parisiaca, cum a Childeberto seniore magno amore diligeretur, voluit rex usque ad ejus lectulum proficisci, ac visitare infirmum. Quo veniente ait episcopus : « Optime nosti, o rex piissime, quod tibi in omnibus necessitatibus tuis fideliter servierim, ac quæcumque injunxisti devote impleverim; nunc precor ut quia tempus resolutionis meæ adest, ne dimittas me ab hoc mundo cum dolore discedere; sed unam petitionem quam supplico libenter indulge. » Et ille : « Pete, inquit, quod volueris et obtinebis. » « Rogo, ait, ut Nicetius presbyter, nepos meus, ecclesiæ Lugdu-

lement il la gardait avec le plus grand soin, mais encore il recommandait toujours aux autres de ne la point corrompre et de s'abstenir d'attouchements déshonnêtes et de toute parole impure. En effet, je me souviens que dans ma jeunesse, alors que je commençais à connaître mes lettres et que j'étais dans ma huitième année, il me disait à moi indigne, de me mettre dans son lit où il me prenait entre ses bras avec la douceur de l'affection paternelle, et tenant de ses doigts le bord de son vêtement il s'en enveloppait si bien que mon corps n'était jamais atteint de l'attouchement de ses bienheureux membres. Considérez, je vous prie, et remarquez la précaution de l'homme de Dieu, qui s'abstenait ainsi de toucher à un enfant, où il ne pouvait encore y avoir le moindre aiguillon de la concupiscence ni la moindre excitation à l'impureté. Combien donc là où il pouvait y avoir quelque soupçon d'impureté, devait-il le fuir? En effet, comme nous l'avons dit, il était si chaste de corps, si pur de cœur, que jamais il ne disait une parole équivoque, mais que toujours il parlait des choses de Dieu. Et bien qu'il embrassât tous les hommes par ce lien de la céleste charité, cependant il était tellement soumis à sa mère qu'il lui obéissait comme un de ses serviteurs.

3. Sacerdos, évêque de Lyon, se trouvant malade à Paris[1] et étant fort aimé du roi Childebert l'ancien, celui-ci voulut se rendre jusqu'à son lit et visiter le malade. A son approche l'évêque dit : « Tu as parfaitement connu, ô très-pieux roi, que je t'ai fidèlement servi dans toutes tes nécessités et que j'ai exécuté scrupuleusement tout ce que tu m'as ordonné; maintenant je te demande que, puisque le moment de ma fin est arrivé, tu ne me laisses point partir de ce monde avec douleur; mais accorde-moi de grâce une humble prière que j'ai à te faire. » Et celui-ci : « Demande, dit-il, ce que tu voudras, et tu l'obtiendras. — Je demande, dit l'évêque, que le prêtre Nizier, mon neveu, me succède comme évêque de

(1) Sacerdos mourut à 65 ans, le 12 septembre 551; suivant dom Ruinart en 552. Vulgairement appelé *S. Serdot*, *S. Sardot*, *S. Sacerde* et *S. Sadroc*. On a une longue inscription gravée sur sa tombe à l'époque de sa mort; voy. de Boissieu, *Inscr. antiq. de Lyon*, p. 588.

nensi substituatur episcopus. Est enim, ut mei testimonii verba proferunt, amator castimoniæ dilectorque ecclesiarum et in eleemosynis valde devotus, et quæcunque servos Dei decent, et operibus gerit et moribus. » Respondit rex : « Fiat voluntas Dei. » Et sic pleno regis et populi suffragio episcopus Lugdunensis ordinatus fuit. Erat enim præcipuus concordiæ ac pacis amator : et si læsus fuisset ab aliquo, statim aut remittebat per se, aut per alium insinuabat veniam deprecari. Nam vidi ego quodam tempore Basilium presbyterum missum ab eo ad Armentarium[1] comitem, qui Lugdunensem urbem his diebus potestate judiciaria gubernabat; dixitque ad eum : « Pontifex noster causæ huic, quæ denuo impetitur, dato judicio, terminum fecit, ideoque commonet ne eam iterare præsumas. » Qui furore succensus respondit presbytero : « Vade et dic ei quia multæ sunt causæ in ejus conspectu positæ, quæ alterius judicio finiendæ erunt. » Regressus presbyter quæ audivit simpliciter exposuit. Sanctus vero Nicetius commotus contra eum, ait : « Vere, inquam, quia eulogias de manu mea non accipies, pro eo quod verba quæ furor exegit meis auribus intulisti. » Erat autem convivio recumbens, ad cujus et ego lævam cum adhuc diaconatus fungerer officio propinquus accubueram, dixitque mihi secretius : « Loquere presbyteris, ut deprecentur pro eo. » Cumque locutus fuissem, non intelligentes voluntatem sancti silebant. Quod ille cernens : « Tu, inquit, surge et deprecare pro eo. » At ego cum trepidatione consurgens osculatus sum sancta ejus genua, orans pro presby-

(1) Bell., *Ermentarium*. (R.)

Lyon. Car mon témoignage peut dire de lui qu'il est chaste, qu'il aime les églises, qu'il est très-porté à l'aumône et qu'il se plaît dans ses œuvres et dans ses mœurs à faire tout ce qui convient aux serviteurs de Dieu. » Le roi répondit : « Que la volonté de Dieu soit faite. » Et ainsi Nizier avec le plein consentement du roi et du peuple fut consacré évêque de Lyon. Il se montra toujours extrêmement ami de la concorde et de la paix ; et, s'il était offensé par quelqu'un, il pardonnait aussitôt cette offense de lui-même ou il insinuait par quelque autre qu'on demandât pardon. Je vis un jour le prêtre Basile, envoyé par lui au comte Armentarius, alors investi de la puissance judiciaire dans la ville de Lyon, pour lui dire : « Notre pontife a terminé par son jugement telle affaire qui néanmoins revient de nouveau, et il t'avertit de ne pas t'occuper de la reprendre. » Le comte enflammé de colère répondit au prêtre : « Va lui dire qu'il y a bien des causes portées en sa présence qui se termineront par le jugement d'un autre que lui. » Le prêtre étant de retour rapporta simplement la chose comme il l'avait entendue. Alors saint Nizier fâché contre lui : « En vérité, dit-il, tu ne recevras pas de ma main les eulogies, parce que tu as fait entendre à mes oreilles des paroles dictées par la colère. » Il était en ce moment à table, et j'étais le plus proche de lui à sa gauche, exerçant alors l'office de diacre, et il me dit tout bas : « Parlez aux prêtres afin qu'ils me prient pour lui. » Je leur parlai, mais ils se taisaient ne comprenant pas l'intention du saint. Ce que voyant il me dit : « Toi, il faut te lever et solliciter pour lui. » M'étant donc levé en tremblant, je baisai ses saints

tero. Quo indulgente, atque eulogias porrigente, ait : « Rogo, dilectissimi fratres, ut verba inutilia quæ ignave mussitantur, aures meas non verberent, quia non est dignum ut homines rationabiles irrationabilium hominum procacia verba suscipiant. Hoc tantum vos studere oportet, ut illi qui contra Ecclesiæ utilitatem quædam machinare cupiunt, vestris propositionibus confundantur; irrationabilia enim non solum non admirari, sed nec audire desidero. » O beatum virum qui omni intentione vitare cupiebat scandalum! Audiant autem hæc illi, qui si offensi fuerint, ignoscere nolunt, sed totam in sua ultione convocantes urbem, etiam testes adhibere non metuunt, qui vocibus nefariis dicant : « Hæc et hæc audivimus de te hunc loquentem. » Et ita fit ut pauperes Christi talibus accusationibus misericordia postposita opprimantur.

4. Quodam autem mane cum surrexisset ad matutinas sanctus Nicetius, exspectatis duabus antiphonis, ingressus est in sacrarium, ubi dum resideret, diaconus responsorium psalmum canere cœpit. Et ille commotus, ait : « Sileat, sileat, nec præsumat canere justitiæ inimicus. » Et dicto citius oppilato ore siluit. Jussitque eum vocari ad se sanctus, et ait : « Nonne præceperam tibi ne ingredereris ecclesiam Dei? et cur ausu temerario ingredi præsumpsisti? aut cur vocem in canticis dominicis es ausus emittere? » Stupentibus autem omnibus qui aderant, et nihil mali de diacono noverant, exclamavit dæmonium in eo, et se torqueri a sancto immensis cruciatibus confitetur. Ipse enim præsumpserat in ecclesia canere, cujus vocem ignorantibus populis sanctus agnovit, et ipsum verbis acerrimis, non diaconum, exsecravit. Tunc impositis sanctus diacono

genoux et je priai pour le prêtre. Il accorda la demande et présentant à celui-ci les eulogies il dit : « Je vous prie, mes chers frères, que des paroles inutiles qui ne sont qu'un grossier murmure ne viennent pas frapper mes oreilles, parce qu'il n'est pas convenable que des hommes raisonnables retiennent les vains discours d'hommes déraisonnables. Seulement vous devez vous appliquer à confondre par vos arguments ceux qui s'efforcent de machiner contre l'intérêt de l'Église ; quant aux paroles déraisonnables, non-seulement je n'en fais aucun cas, mais je ne veux même pas les entendre. » O heureux homme qui voulait de toutes ses forces éviter le scandale ! Que ceux-là entendent ces choses, qui, s'ils sont offensés, ne savent pas pardonner, mais appelant toute une ville à partager leur vengeance, ne craignent pas aussi d'avoir des témoins qui par de méchants rapports disent : « Nous avons entendu celui-ci disant de vous ceci et cela. » Et ainsi il arrive que les pauvres de Jésus-Christ sont opprimés, sans qu'on soit touché d'aucune miséricorde.

4. Un matin saint Nizier s'étant levé pour les matines, après avoir attendu que deux antiennes fussent chantées, entra dans le chœur, où, dès qu'il fut assis, un diacre entonna le psaume responsoire. Et voilà que l'évêque irrité dit : « Qu'il se taise, qu'il se taise, et que l'ennemi de la justice n'ait pas la hardiesse de chanter. » et ces paroles n'eurent pas été plutôt prononcées que le diacre se tut ayant la bouche obstruée. Le saint le fit venir auprès de lui et dit : « Ne t'avais-je pas recommandé de ne pas entrer dans l'église de Dieu ? Pourquoi as-tu été assez hardi pour y entrer ? et pourquoi as-tu osé mêler ta voix aux cantiques sacrés ? » Or tous les assistants s'étonnaient, ne connaissant rien de mal du diacre, lorsque le démon qui le possédait se mit à crier et à faire l'aveu que le saint lui faisait éprouver d'immenses tourments. Il avait osé, en effet, chanter dans l'église ; mais sa voix ignorée du peuple avait été reconnue par le saint qui maltraita, non pas le diacre, mais lui, démon, par les plus dures paroles. Puis ayant imposé les mains

manibus, ejecto dæmone, personam restituit integræ menti.

5. His et aliis signis declaratus in populis, episcopatus sui anno XXII, ætate sexagenaria, migravit ad Christum. Qui dum ferretur ad sepeliendum, cæcus quidam se sub feretro flagitavit adduci, statimque ingressus, vultus diu lumine viduatus, reseratis oculis, adornatur[1] : nec distulit divina pietas beatos artus glorificare signis, cujus beatam animam cum choris angelicis suscipiebat in astris. Post dies autem quos lex Romana sancivit, ut defuncti cujuspiam voluntas publice relegatur, hujus antistitis testamentum in foro delatum, turbis circumstantibus, a judice reseratum recitatumque est. Presbyter quoque basilicæ tumens felle, quod nihil loco illi in quo sepultus fuerat reliquisset, ait : « Aiebant semper plerique stolidum fuisse Nicetium : nunc ad liquidum verum esse patet, cum nihil basilicæ in qua tumulatus est delegavit. » Sequenti autem nocte apparuit presbytero cum duobus episcopis, id est Justo atque Eucherio, in veste fulgenti, dicens ad eos : « Hic presbyter, sanctissimi fratres, blasphemiis me obruit dicens quia nihil facultatis scripserim templo huic quo requiesco ; et nescit quia quidquid pretiosius habui ibidem reliqui, id est glebam corporis mei. » At illi dixerunt : « Injuste fecit ut detraheret servo Dei. » Conversusque sanctus ad presbyterum, pugnis palmisque guttur ejus illisit, dicens : « Peccator conterende, desine stulte loqui. » Expergefactus autem presbyter, tumefactis faucibus ita doloribus coarctatur,

(1) Vide lib. de Glor. conf. cap. LXI, quod est de ejus miraculis. (R.)

sur le diacre et chassé ainsi le démon, il rendit à l'homme tout son bon sens.

5. Après s'être fait connaître aux peuples par ces signes et par d'autres semblables, il passa à Jésus-Christ dans la vingt-deuxième année de son épiscopat et la soixantième de son âge[1]. Tandis qu'on le portait en terre, un aveugle demanda à être placé sous le cercueil, et aussitôt qu'il y fut il recouvra la vue qu'il avait perdue depuis longtemps, et ainsi la bonté divine ne différa pas de glorifier par des miracles les bienheureux membres de celui dont elle recevait l'âme dans les cieux au milieu des chœurs des anges. Lorsque furent écoulés les jours fixés par la loi romaine pour que le testament de tout défunt soit lu en public[2], celui de ce pontife fut apporté sur la place publique où, en présence du peuple, il fut ouvert et lu par le juge. Or un prêtre de la basilique gonflé de fiel, parce que le saint n'avait rien laissé à cette église où il était inhumé, dit : « Bien des gens disaient toujours que Nizier avait peu d'esprit : on le voit bien maintenant, puisqu'il n'a rien légué à l'église où il est enterré. » Mais la nuit suivante il apparut au prêtre, en habit éclatant, avec deux évêques, Just et Euchère[3], auxquels il disait : « Ce prêtre, mes très-saints frères, me couvre de blasphèmes en disant que je n'ai rien légué à ce temple où je repose, et il ignore que je lui ai laissé ce que j'ai de plus précieux, c'est-à-dire la poussière de mon corps. » Et ceux-ci répondirent : « Il a mal agi de dénigrer un serviteur de Dieu. » Le saint s'étant alors tourné vers le prêtre le frappa des poings et des mains sur la gorge en disant : « Pécheur digne d'être foulé aux pieds, cesse de parler sottement. » Le prêtre s'étant éveillé sentit sa gorge enflée prise de telles douleurs qu'il avait beaucoup de peine à

---

(1) On a conservé son épitaphe, en vingt-quatre vers latins, qui n'ajoute rien aux récits de Grégoire, si ce n'est la date exacte de la mort du saint : « Quarto nonas aprilis anno XXXIII° post Justinum et indictione sexta. » (2 avril 573.)

(2) Dans la législation impériale antéjustinienne, c'était du troisième au cinquième jour après la mort du testateur (Pauli *Sentent.* IV, VI). Voy. au Digeste (XXIX, tit. III) : *Testamenta quemadmodum aperiantur, inspiciantur et describantur.*

(3) Évêques de Lyon.

ut ipsas quoque salivas oris vix cum labore posset maximo deglutire. Unde factum est ut per dies quadraginta lectulo decubans graviter cruciaretur : sed, invocato confessoris nomine, sanitati redditus, nunquam ausus est ea verba quæ prius præsumpserat garrulare. Et quia novimus Priscum episcopum huic sancto semper fuisse adversum, diacono cuidam hujus casulam[1] tribuit. Erat autem valida, eo quod et ipse vir Dei robusto fuisset corpore. Cappa[2] autem hujus indumenti ita dilatata erat atque consuta, ut solent in illis candidis fieri quæ per Paschalia festa sacerdotum humeris imponuntur; ibatque diaconus cum hoc vestimento discurrens, ac parvipendens de cujus usibus remansisset, hoc habens in lectulo, hoc utens in foro, de cujus fimbriis, si credulitas certa fuisset, reddi potuit salus infirmis. Cui ait quidam : « O diacone, si scires virtutem Dei, et quis fuit cujus vestimento uteris, cautius te cum eo vivere oportebat. » Cui ille : « Vere, inquit, dico tibi, quia et hac casula tergo utor, et de capsa ejus parte prolixiore decisa tegumen pedum aptabo. » Fecit illico miser quod pollicitus est, suscepturus protinus divini judicii ultionem. Verum ubi deciso cucullo aptatis pedulis pedes operuit, extemplo arreptus a dæmone ruit in pavimento. Erat enim solus in domo, nec erat qui succurreret misero. Cumque spumas cruentas ore projiceret, extensis ad focum pedibus, pedes cum pedulibus ignis pariter devoravit. Hactenus de ultionibus.

---

(1) Colb., infra, *cusubulam*. Bell., *casublam*. Laud., *cabsulam*. (R.)

(2) Laud. et plerique edit. *capsa*. Vide Mabillon. lib. I Liturg. Gallic. cap. 7, n. 2. (R.)

avaler sa salive. D'où il résulta qu'il fut obligé de garder le lit pendant quarante jours en proie aux plus vives souffrances; mais ayant invoqué le nom du confesseur il fut rendu à la santé et il n'osa plus depuis proférer de telles paroles. L'évêque Priscus[1] que nous avons connu comme ayant été toujours fort ennemi de ce saint, donna à un certain diacre une cape que Nizier avait portée. Elle était ample car cet homme de Dieu était puissant de corps. Le capuchon de ce vêtement était large et cousu, comme on a coutume de le faire pour les chapes blanches qui se mettent pendant les fêtes de Pâques sur les épaules des prêtres. Or le diacre allait partout avec ce vêtement et faisait peu de cas de l'usage auquel il avait servi. Il le conservait au lit, il s'en servait dans la place publique, sans songer que ses franges, si la foi y eût été bien solide, pouvaient rendre la santé aux malades. Quelqu'un lui dit : « O diacre, si tu connaissais la vertu de Dieu et quel fut celui dont tu portes le vêtement, tu en userais avec plus de précaution. » Celui-ci répondit : « Je te dis en vérité que je me sers de cette chape pour me couvrir le derrière, et de ce qu'il y a de trop grand dans le capuchon pour moi, j'en ferai faire des chaussons. » Le misérable exécuta sur-le-champ ce qu'il avait dit, devant subir aussitôt la vengeance du jugement divin. En effet, dès qu'il eut défait le capuchon pour s'en faire des chaussures qu'il mit à ses pieds, le diable se saisit de lui et le rua sur le plancher. Il était alors seul dans sa maison et il n'y avait personne qui pût le secourir. Et comme il jetait de sa bouche une écume sanglante, ayant étendu ses pieds au foyer, le feu brûla ses pieds avec ses chaussons. Voilà ce que j'avais à dire touchant les vengeances.

---

1. Cf. *Hist.* IV, XXXVI.

6. Agiulfus[1] quoque diaconus noster a Roma veniens, beata nobis sanctorum pignora deferebat. Hic causa orationis tantum locum quo sanctus quiescit adivit, ingressusque ædem, dum diversorum miraculorum opus illustre perpendit, vidit immensum catervatim populum ad ejus sepulcrum, ac velut felicium examina apum ad consuetum alveare confluere; et alios, presbytero qui aderat ministrante, particulas ceræ pro benedictione sumere, alios parumper pulveris, nonnullos disruptas ab opertorio ejus fimbrias capere, et abire ferentes in disparibus causis unam gratiam sanitatis. Hæc ille cernens, fide compunctus, lacrymans, ait : « Si marinorum me moles fluctuum sulcare tonsis actum mei sacerdotis devotio fecit, ut lustrata Orientalium martyrum sepulcra, aliquid de eisdem pignoris deferre deberem, cur non Gallicani mei confessoris pignora capiam, per quæ mihi meisque salus integra reparetur? Et statim accedens, quasdam de herbulis[2], quas devotio populi sacrum jecit in tumulum, manu linteo operta, sacerdote porrigente suscepit, repositasque diligenter domum detulit : sed statim fidem hominis miraculorum actio comprobavit. Nam discerptis de his foliis, frigoriticis cum aquæ potu porrectis, protinus cum haustu salutem invexit, sed et multis deinceps. Quando autem nobis hæc retulit, jam quatuor exinde sanos factos ab hac infirmitate narravit. Joannes autem presbyter noster, dum ab urbe Massiliensi cum commercio negotiationis suæ rediret, ad hujus sancti sepulcrum in oratione prosternitur, de qua consurgens,

(1) Editi *Aigulfus*. (R.)
(2) Vide lib. VII Hist. cap. XII, et de Glor. conf. cap. L.

6. Aigulfe, notre diacre, revenant de Rome, nous en rapportait de bienheureuses reliques des saints. Il se rendit en passant, seulement pour y faire sa prière, au lieu où le saint reposait, et, étant entré dans l'édifice, il examinait le registre des miracles illustres qui s'y étaient passés, lorsqu'il vit une immense foule de peuple auprès du tombeau et qui s'y amassait comme des essaims d'abeilles autour de leur ruche, les uns prenant du prêtre qui se tenait là pour les leur donner des morceaux de cire qu'ils emportaient comme objet bénit, les autres un peu de poussière, quelques-uns s'emparant de quelques brins de frange qu'ils tiraient de la couverture du tombeau, croyant tous emporter pour cela une même grâce de santé applicable à des cas différents. Ce que le diacre plein de foi ne put voir sans verser des larmes, et il dit : « Si la dévotion de mon évêque m'a fait traverser les masses liquides de la mer pour aller visiter les sépulcres des martyrs de l'Orient et en rapporter des reliques, pourquoi n'en prendrai-je pas d'un saint confesseur des Gaules, par lesquelles je conserverai ma santé et celle des miens ? » Et en même temps s'approchant, il reçut quelques herbes de celles que la dévotion du peuple avait déposées sur le saint tombeau et que le prêtre lui donna de sa main enveloppée dans un linge. Il les porta soigneusement dans sa maison, et tout aussitôt l'action des miracles justifia la foi de l'homme. Car ayant fait prendre une infusion de ces feuilles à des gens qui avaient la fièvre, ils en furent guéris sur-le-champ, aussi bien que beaucoup d'autres qui le furent plus tard. En nous racontant cela, il nous dit que, par le même moyen, il avait déjà rendu la santé à quatre personnes atteintes du même mal. Jean, notre prêtre, revenant de la ville de Marseille avec de la marchandise de son commerce[1], vint faire son oraison au tombeau du saint; puis, se levant, il aperçut des chaînes

(1) Avec des reliques, veut-il dire peut-être ?

aspicit confractas compedes, disruptasque maculas catenarum, quæ culpabilium vel astrinxerant colla, vel suras attriverant, et admiratus est : sed hæc contemplatio non fuit vacua miraculis. Nam rediens ad nos presbyter, asserebat cum sacramento tres coram se ibi cæcos fuisse lumini redditos, ac domum rediisse salvatos. Nam apud Genabensem Galliarum urbem dum ejus reliquiæ cum honore psallentii portarentur, tantam ibi Dominus gratiam præstare dignatus est, ut suppliciter adorantes, et cæsi visum, et claudi reciperent gressum : nec dubitare poterat quispiam præsentem esse confessorem, cum videbant talia infirmis remediorum munera ministrari.

7. Seditio etenim in quodam loco exorta, cum vulgo sæviente volantibus saxis ac facibus, furor arma non mediocriter ministraret, unus elevato ensis acumine cum assultu gravi virum perculit. Post dies autem paucos nactus ab interempti germano, simili exitu trucidatur. Quod cum judex loci illius comperisset, vinctum virum in carcerem retrudi præcepit, dicens : « Dignus est letho hic scelestus occumbere, qui voluntatis propriæ arbitrio, nec exspectato judice, ausus est temere mortem fratris ulcisci. » In qua dum teneretur custodia, et multorum sanctorum nominibus invocatis misericordiam precaretur, quasi ad sanctum Dei proprie conversus, ait : « Audivi de te, sancte Niceti, quod sis potens in opere misericordiæ, ac pius in compeditorum flentium absolutione. Deprecor nunc, ut me illa supereminenti pietate visitare digneris, qua in reliquorum absolutione vinctorum sæpius claruisti. » Et post paululum obdormiens, apparuit ei vir beatus, dicens : « Quis es tu, qui nomen Nicetii invocas? aut

brisées et des fers rompus qui avaient retenu le col ou les jambes de criminels et de captifs, et il fut plein d'admiration; mais cette contemplation même ne fut pas privée de miracles. En effet, lorsqu'il revint vers nous, ce prêtre affirmait avec serment que trois aveugles y avaient recouvré la vue en sa présence et s'en étaient revenus chez eux guéris. Et comme on portait les reliques du saint avec honneur, en chantant des hymnes, à Orléans, ville des Gaules, le Seigneur y fit paraître tant de grâces que, se prosternant devant elles, les aveugles recouvrèrent la lumière et les boiteux marchèrent droit; et personne ne saurait douter que le saint confesseur ne fût présent quand on voyait de tels dons accordés aux infirmes.

7. Une sédition s'étant élevée quelque part, alors que la foule en fureur faisait voler les pierres et les torches et se procurait de tous côtés des armes, un homme armé d'une épée nue en vint frapper un autre d'un grand coup, et, peu de jours après, le frère de celui qui avait été tué en fit autant à ce meurtrier. Ce qu'ayant appris, le juge du lieu fit mettre cet homme en prison, disant : « Il est digne de mort, le scélérat qui, sans attendre la décision du juge, a la témérité de vouloir venger la mort de son frère[1]. » Le prisonnier, après avoir invoqué les noms de plusieurs saints pour exciter leur compassion, se tourna d'une manière en quelque sorte spéciale vers le saint de Dieu, et lui dit : « J'ai entendu dire de toi, saint Nizier, que tu es puissant dans les œuvres de miséricorde et généreux pour la délivrance des captifs qui pleurent devant toi. Je te supplie maintenant de daigner me visiter par cette bonté excellente qui a brillé si souvent dans la délivrance de ceux qui étaient enchaînés. » Peu de temps après, pendant qu'il dormait, le bienheureux lui apparut et lui dit : « Qui es-tu, toi qui invoques

(1) Le délinquant était donc un Romain, et le juge lui appliquait la loi romaine; car la loi barbare autorisait le meurtre en pareille circonstance. La phrase de Grégoire semble une protestation à mots couverts contre ces mœurs brutales.

unde nosti quis fuerit, quod eum obsecrare non desinis? » At ille causam delicti ex ordine reserans, adjecit : « Miserere, quæso, mihi, si tu es vir Dei quem invoco. » Cui sanctus ait : « Surge in nomine Christi, et ambula liber ; a nullo enim comprehenderis. » At ille in hac expergefactus voce se absolutum, catenis comminutis confractaque trabe, miratur. Nec moratus, nemine retinente, usque ad ejus sepulcrum perrexit intrepidus. Tunc a judice noxialis culpæ damnatione concessa, laxatus abscessit ad propria

8. Gratum est illud addi miraculis, quid accensus ad lectum ejus fecerit cicindilis, quia ingentia sunt quæ hic sanctus in cœlis habitans operatur in terris. Igitur lectulus, in quo sanctus quiescere erat solitus, sæpius miraculis adornatur illustribus, quique grandi studio ab Ætherio nunc episcopo fabricatus devotissime adoratur non immerito, cum frigoritici sæpius sub eo siti, compresso vapore ac frigore, salvantur, cæterique infirmi ibidem projecti protinus sublevantur. Palla etenim speciosa tegitur, lychni in ea jugiter accenduntur. Unus igitur ex his per quadraginta dies totidemque noctes, ut ipse æditiuus asseruit, absque ullius fomenti adjutorio perduravit splendens, in quo nec papyrus addita, nec gutta olei stillantis adjecta, sed in ipsa qua primum statutus est compositione, permansit in luce præclara. Hujus sancti reliquias Gallomagnus Tricassinorum pontifex devotus expetiit, quæ cum psallentio deducerentur, et cæcorum oculi illuminati sunt earum virtute, et aliorum morborum genera meruerunt recipere medicinam. Ad nos quoque facietergium, dependentibus villis intextum, quod sanctus super caput in die obitus sui habuit, est perlatum : quod nos tanquam

le nom de Nizier? et d'où sais-tu ce qu'il était, puisque tu ne cesses de le supplier? » Cet homme lui ayant fait le récit détaillé de son délit, ajouta : « Aie pitié de moi, je te prie, si tu es l'homme de Dieu que j'invoque. » Le saint lui dit : « Lève-toi, au nom du Christ, et marche libre; tu ne seras retenu par personne. » Celui-ci, s'étant éveillé, fut plein d'étonnement en voyant ses chaînes brisées et la poutre rompue, et aussitôt, sans que personne l'arrêtât, il se rendit sans crainte au tombeau du saint. Alors, le juge lui ayant fait grâce de la condamnation à la peine qu'il avait encourue, il fut relâché et retourna chez lui.

8. A ces miracles je me plais à joindre celui qu'il a fait par une lampe allumée auprès de son lit; car les choses que notre saint, habitant dans les cieux, opère maintenant sur la terre, sont vraiment grandes. Le lit donc, dans lequel le saint avait coutume de reposer, et qui avait été fabriqué avec le plus grand soin par Æthérius, maintenant évêque[1], a été illustré par de fréquents miracles; aussi y vient-on en grande dévotion; car ceux qui sont pris de la fièvre n'ont qu'à se placer dessous pour être guéris de leur frisson, ainsi que beaucoup d'autres malades qui, mis à la même place, sont soulagés aussitôt. Il est couvert d'une belle housse et des lampes sont continuellement allumées autour. Une de celles-ci continua de brûler pendant quarante jours et quarante nuits, comme le sacristain nous l'a assuré, sans qu'on y mît rien pour l'entretenir, ni papyrus pour la mèche, ni une goutte d'huile; mais, laissée dans le même état où elle avait été primitivement mise, elle demeura brillante de lumière. Gallomagnus, évêque de Troyes[2], vint en grande dévotion chercher des reliques de ce saint, et, tandis qu'on les emportait, au chant des psaumes, leur vertu ouvrit les yeux des aveugles, et beaucoup d'autres malades obtinrent d'être guéris. L'on nous a aussi apporté un mouchoir garni de sa peluche, que le saint avait sur la tête le jour de sa mort.

(1) Successeur de Priscus. Voy. *Hist.*, IX, XLI et X, XXVIII.

(2) Assista au concile de Paris en 573 et à celui de Mâcon en 581. (R)

munus cœleste suscepimus. Factum est autem, ut post dies plurimos ad benedicendam ecclesiam in parochia Paternacensi urbis Turonicæ invitaremur. Accessi, fateor, sacravi altare, decerpsi fila de linteo, locavi in templo : dictis missis, facta oratione, discessi. Paucis deinde diebus interpositis, advenit ad nos ille qui invitaverat, dicens : « Gaude in nomine Domini, sacerdos Dei, de virtute beati Nicetii antistitis, nam noveris quia ostendit magnum miraculum in ecclesia quam sacrasti. Cæcus enim erat in pago nostro diuturna cæcitatis et caliginis oculorum nocte detentus, cui apparuit vir quidam per visum noctis, dicens : « Si vis sanus fieri, prosternere in orationem coram basilicæ sancti Nicetii altari, et recipies visum. » Quod cum fecisset, disruptis tenebris, lumen ei virtus divina patefecit. Posui, fateor, de his pignoribus et in aliis basilicarum altaribus, in quibus et energumeni sanctum confitentur, et fidelis oratio sæpius promeretur effectum. Phronimii igitur Agathensis episcopi famulus epileptici morbi accessu fatigabatur, ita ut plerumque cadens ac spumans linguam suam propriis dentibus laceraret : et cum ei a medicis plurima fierent, accidebat ut, paucis mensibus interpositis, non tangeretur a morbo; sed iterum in recidivum cruciatum ruens, pejus quam prius egerat perferebat. Dominus vero ejus cum vidisset tantas virtutes ad sepulcrum beati Nicetii fieri, dixit ad eum : « Vade et prosternere coram sepulcro sancti, orans ut te adjuvare dignetur. » Qui cum jussa explesset, sanus regressus est, nec ultra eum hic attigit morbus. Septimus enim erat annus ab incolumitate pueri, quando eum nobis episcopus præsentavit.

9. Quidam vero pauper vivente sancto, litteras ab

Or, il arriva que, plusieurs jours après, nous fûmes invités à bénir une église dans la paroisse de Pernay, au diocèse de Tours. J'y allai, je consacrai un autel, j'arrachai quelques fils du mouchoir et je les plaçai dans le temple; puis, les messes étant dites et ayant fait ma prière, je me retirai. Quelques jours après, celui qui nous avait invités vint nous trouver et nous dit : « Réjouis-toi, au nom du Seigneur, prêtre de Dieu, à cause de la vertu du bienheureux évêque Nizier; car tu vas apprendre le grand miracle qu'il a opéré dans l'église que tu as consacrée. Il y avait dans notre pays un aveugle retenu depuis longtemps dans l'obscure nuit de la cécité, auquel apparut, la nuit en songe, un homme qui lui dit : « Si tu veux être guéri, va te prosterner, en priant devant l'autel de la basilique de saint Nizier, et tu recouvreras la vue. » Lorsqu'il l'eut fait, les ténèbres se dissipèrent et la puissance divine lui rendit la lumière. » J'ai placé encore, je le déclare, de ses reliques dans d'autres autels d'églises, et là les énergumènes confessent le saint, et souvent la prière pleine de foi obtient son effet. Le serviteur de Phronimius, évêque d'Agde[1], était atteint d'épilepsie, en sorte que fréquemment il tombait, rendant de l'écume par la bouche et déchirant sa langue de ses propres dents; en prenant divers remèdes des médecins, il lui arrivait, pendant plusieurs mois, de n'être pas atteint par la maladie; mais ensuite il retombait de nouveau dans ses souffrances et se trouvait encore plus mal qu'auparavant. Or, son maître voyant s'accomplir de si grands miracles au tombeau du bienheureux Nizier, lui dit : « Va et prosterne-toi devant le tombeau du saint, en le priant qu'il daigne te soulager. » Celui-ci, ayant exécuté cet ordre, revint guéri, et depuis, il ne se ressentit plus de sa maladie. Il y avait sept ans que cet esclave avait été guéri quand son évêque nous le présenta.

9. Un pauvre, du vivant du saint, avait tiré de lui des

---

(1) Voy. *Hist.*, IX, XXIV.

eo elicuit manu ejus subscriptas, qualiter sibi per devotorum domos eleemosynam flagitaret : post cujus obitum, adhuc cum ipsa circuiens epistola, non pauca ab eleemosynariis pro sancti memoria capiebat. Desiderium enim erat omnibus, ut quisque vidisset subscriptionem sancti, aliquid præberet egenti. Quod videns quidam Burgundio, non honorans neque venerans sanctum, observare pauperem cœpit a longe : vidensque eum silvas ingressum, irruit et abstulit ei sex aureos cum epistola, collisumque calcibus reliquit exanimem. At ille inter calces, et reliqua verbera, hanc vocem emisit : « Adjuro te per Deum vivum et virtutem sancti Nicetii, ut vel epistolam ejus mihi reddi facias, quia mihi ultra non erit vita si eam perdidero. » Ille vero ea projecta in terram abiit, quam pauper colligens venit ad civitatem ; erat enim ibi eodem tempore Phronimius episcopus, cujus supra meminimus. Ad quem accedens pauper ille, ait : « Ecce homo qui me graviter cæsum exspoliavit, abstulitque sex aureos, quos pro intuitu epistolæ sancti Nicetii acceperam. » Episcopus autem narravit hæc comiti. Judex vero vocatum Burgundionem, percunctari cœpit ab eo quid exinde diceret. Negavit autem coram omnibus, dicens « quia nunquam vidi hominem istum, neque res ejus abstuli. » Episcopus autem aspiciens epistolam, vidit subscriptionem sancti, et conversus ad Burgundionem, ait : « Ecce in hac epistola subscriptio sancti Nicetii tenetur. Si es innocens, accede propius, et jura tangens manu scripturam quam ipse depinxit. Credidimus enim de virtute illius quia aut te hodie reddet ab hoc scelere comprobatum, aut certe abire permittet innoxium. » At ille nihil moratus, accedit ad manus

lettres portant sa signature, avec lesquelles il allait demandant l'aumône dans les maisons des personnes dévotes. Lorsque le saint fut mort, il usait encore de cette lettre, tirant des gens charitables d'assez grosses sommes, grâce au souvenir du saint. Chacun, en effet, désirait voir la signature de ce dernier et donnait quelque chose au pauvre. Ce que voyant un certain Bourguignon, qui n'avait pour le saint aucun respect, se mit à suivre le pauvre de loin, et, l'ayant vu entrer dans une forêt, il se jeta sur lui, lui enleva six sols d'or avec la lettre, et l'ayant foulé aux pieds il le laissa demi-mort. Mais lui, au milieu des coups de pied et autres sévices, criait : « Je t'adjure, par le Dieu vivant et la vertu de saint Nizier, de me rendre au moins la lettre ; car, si je la perds, je n'aurai plus aucun moyen d'existence. » Or, celui-ci ayant jeté la lettre à terre s'en alla : le pauvre la ramassa et vint à la ville, où se trouvait alors comme évêque Phronimius, dont nous avons ci-dessus parlé. Le pauvre alla le trouver et lui dit : « C'est cet homme qui, après m'avoir violemment frappé, m'a dépouillé et m'a enlevé les six sols d'or que j'avais reçus en faisant voir la lettre de saint Nizier. » L'évêque raconta ces choses au comte. Celui-ci, comme juge, fit appeler le Bourguignon et lui demanda ce qu'il avait à dire là-dessus. Lui, nia le fait devant tout le monde, en disant : « Je n'ai jamais vu cet homme et ne lui ai rien pris. » L'évêque, regardant la lettre, vit la signature du saint, et se tournant vers le Bourguignon, dit : « Voici sur cette lettre la signature qu'on tient pour être celle de saint Nizier. Si tu es innocent, approche tout près et jure en touchant de la main l'écriture qu'il a tracée lui-même ; car nous avons cette confiance en sa puissance, ou qu'il te fera convaincre aujourd'hui de ce crime, ou qu'il te permettra, sans nul doute, de t'en aller innocent. » Celui-ci, sans hési-

episcopi, qui hanc epistolam extentam tenebat; elevansque manus suas ut sacramentum daret, cecidit retrorsum supinus, et clausis oculis, spumas ab ore projiciens, quasi mortuus putabatur. Transeunte autem quasi duarum horarum spatio, aperuit oculos suos, dicens : « Væ mihi quia peccavi auferendo res pauperis hujus! » Et statim retulit per ordinem qualiter injuriam intulerat homini illi. Tunc episcopus cum judice obtenta culpa, ea tantum quæ abstulerat inopi reddidit, et pro cæde duos insuper solidos addidit, et sic uterque a judicis conspectu discessit.

10. Quanti per hunc sanctum carcerali ergastulo revincti absoluti sint, quantorum compeditorum catenæ sive compedes sint confractæ, testis est hodie moles illa ferri, quæ in basilica ejus aspicitur, de supradictis suppliciis aggregata. Nuper autem in conspectu Guntchramni principis Syagrium Augustodunensem episcopum regi referentem audivi, in una nocte in septem civitatibus carcerariis apparuisse beatum virum, eosque absolvisse ab ergastulo, et abire liberos permisisse; sed nec judices contra eos quidquam agere deinceps ausi sunt. De cujus sepulcro si febricitans, si frigores habens, ac diversis morbis laborans quid pulveris sumpserit ac dilutum acceperit, mox recipit sanitatem. Quod non est dubium præstare eum qui ait sanctis suis : « Omnia quæcunque petieritis in nomine meo, credite quia accipietis, et venient vobis. »

11. Igitur apud vicum Prisciniacensem urbis Turonicæ ecclesia dudum constructa absque sanctorum pignoribus habebatur. Cumque incolæ loci plerumque peterent ut eam quorumpiam sanctorum cineribus

ter, s'avance vers les mains de l'évêque qui tendait la lettre ouverte, et, comme il élevait ses mains pour prononcer le serment, il tomba à la renverse, et les yeux fermés, écumant de la bouche, il semblait sur le point d'expirer. Au bout d'environ deux heures il ouvrit les yeux, disant : « Malheur à moi, parce que j'ai péché en enlevant le bien de ce pauvre ! » et aussitôt il raconta en détail comment il avait attaqué cet homme. Alors l'évêque ayant obtenu du juge la rémission de son crime, à condition qu'il rendrait seulement ce qu'il avait pris au pauvre et que pour les coups qu'il lui avait donnés il ajouterait encore deux sols de plus, les deux parties se retirèrent de la présence du juge.

10. Si l'on veut savoir combien de prisonniers le saint a délivrés, combien de chaînes il a brisées, on n'a qu'à voir cette masse de fers qui sont aujourd'hui dans son église. Dernièrement, en présence du roi Gontran, j'ai entendu Syagrius, évêque d'Autun, raconter que, pendant une nuit, le saint homme était apparu dans sept villes à des prisonniers, qu'il les avait délivrés de leur prison et que les juges n'avaient plus osé après cela rien entreprendre contre eux. Il suffit, d'ailleurs, à ceux qui ont la fièvre, ou des frissons, ou d'autres maladies, de prendre tant soit peu de la poussière de son sépulcre et d'en boire avec de l'eau pour être guéris ; ce qui, sans nul doute, est un bienfait provenant de celui qui a dit à ses saints : « Toutes les choses que vous demanderez en mon nom, croyez que vous les obtiendrez et qu'elles vous viendront. » (*Marc.* XI, 24.)

11. Il y avait au bourg de Précigny, dans le diocèse de Tours, une église récemment construite et dépourvue de reliques de saints. Comme les habitants du lieu demandaient souvent que nous la sanctifiassions avec les cendres de quelques saints, nous mîmes dans le saint autel des

sacraremus, de supradictis reliquiis sancto altari collocavimus : in qua ecclesia sæpius virtus Domini per beatum manifestatur antistitem. Nuperrimo autem tempore, mulieres quædam vexatæ a dæmonio, ex termino Biturigo venientes, tres numero, dum ad basilicam sancti Martini deducerentur, hanc ecclesiam sunt ingressæ : illico collisis in se palmis, dum sancti Nicetii faterentur se virtutibus cruciari, projicientes ab ore nescio quid purulentum cum sanguine, ab obsessis spiritibus protinus sunt mundatæ. Dado unus ex his pagensibus, cum in hostilitate illa quæ apud Convenas acta est accessisset, et plerumque in periculis mortis irrueret, vovit ut si domum reverteretur incolumis, ad memoratam ecclesiam exornandam in honore beati Nicetii aliqua ex his quæ acquisierit largiretur. Rediens igitur duos calices argenteos detulit, vovitque iterum in itinere, ut hos ecclesiæ conferret, si ad propria sospes accederet. Ad domum igitur accedens, unum tantummodo dedit, alium fraudare procuravit, dans coopertorium Sarmaticum quo altare dominicum cum oblationibus tegeretur. Apparuit autem viro vir beatus per somnium, dicens : « Quousque dubitas, et votum implere dissimulas? Vade, inquit, et calicem alterum quem vovisti redde ecclesiæ, ne pereas tu et domus tua : coopertorium vero, quia rarum est, non ponatur super munera altaris, quia non exinde ad plene tegitur mysterium corporis sanguinisque dominici. » At ille exterritus, nihil moratus, votum quod voverat velociter adimplevit. Hujus hominis frater ad vigilias dominici Natalis advenit, monuitque presbyterum, dicens : « Vigilemus unanimiter ad ecclesiam Dei, atque exoremus

reliques dont nous venons de parler. Et depuis la vertu de notre Seigneur s'est fort souvent manifestée dans cette église par le bienheureux pontife. Tout dernièrement, des femmes venues du pays de Berri au nombre de trois, tourmentées par le démon, et se rendant à la basilique de Saint-Martin, entrèrent dans cette église. Aussitôt frappant leurs mains l'une contre l'autre, tandis qu'elles s'écriaient qu'elles étaient tourmentées par les vertus de saint Nizier, et jetant par la bouche je ne sais quelle humeur mêlée de sang, elles furent immédiatement délivrées des esprits qui les possédaient. Dadon, un de ces paysans qui faisaient partie de la grande expédition contre Comminges [1], et qui s'était plusieurs fois trouvé en danger de mort, fit vœu, s'il revenait chez lui sain et sauf, de donner, en l'honneur de saint Nizier, pour l'ornement de ladite église, quelques-uns des biens qu'il avait acquis. Lors donc qu'il fut sur son retour, il emporta deux calices d'argent et fit vœu de nouveau en route de les remettre à l'église, s'il arrivait chez lui sauvé; mais, quand il fut arrivé, il n'en donna qu'un, et, pour trouver prétexte à garder l'autre, il donna un tapis sarmatique destiné à couvrir l'autel du Seigneur ainsi que les offrandes. Mais à cet homme apparut en songe le bienheureux qui lui dit: « Jusques à quand hésiteras-tu à accomplir ton vœu et chercheras-tu à le dissimuler? Va et rends à l'église le second calice que tu lui as promis, de peur que toi et ta famille vous ne périssiez. Quant au tapis, comme il est mince et transparent, qu'il ne soit pas placé sur les présents de l'autel, parce qu'il ne peut couvrir suffisamment le mystère du corps et du sang de notre Seigneur. » Celui-ci, effrayé, n'hésita plus et accomplit promptement son vœu. Le frère de cet homme vint pour assister aux vigiles de la fête de Noël et il s'adressa au prêtre, en lui disant : « Veillons ensemble dans l'église de Dieu et prions dévotement la puissance du

(1) Voy. *Hist.*, VII, xxxv et suiv.

devote beati Nicetii potentiam, ut eo obtinente hujus anni curriculum cum pace ducamus. » Quod presbyter audiens, gavisus jussit signum ad vigilias commoveri. Quo commoto, adveniente presbytero cum clericis et reliquo populo, hic gulæ inhians moras veniendi innectebat; misitque sæpius presbyter ad eum arcessendum. Quibus respondebat : « Paulisper sustinete, et venio. » Quid plura ? transactis vigiliis, data luce, hic qui prius commonuerat, ad vigilias non accessit. Presbyter vero, impleto officio, commotus contra hominem, ad metatum ejus properat, quasi eum a communione suspenderet : at ille correptus febre, sicut vino ita divino exurebatur incendio : nec mora, viso presbytero, datis vocibus cum lacrymis, supplicabat sibi pœnitentiam tradi. Cumque eum presbyter increparet, dicens : « Merito a sancti Nicetii virtute exureris, ad cujus ecclesiam venire ad vigilias neglexisti, » inter sermocinantium colloquia spiritum exhalavit. Facta quoque hora tertia, cum populus ad missarum solemnia conveniret, hic mortuus in ecclesiam est delatus. Quod virtute sancti antistitis actum nemo ambigere potest : hæc enim nobis ipse exposuit presbyter. Plurima etenim de his vel proprie experti sumus, vel per fidelium relationem cognovimus, quæ indicare longum putavimus.

12. Sed quoniam placuit libello clausulam dare, unum adhuc admirandum de libro Vitæ ejus, quem supra a quodam scriptum præfati sumus, memorabo miraculum : de quo virtus divina procedens non reliquit inglorium, sed ad comprobandam virtutem dictorum patefecit esse plurimis gloriosum. Diaconus enim Augustodunensis gravi oculorum cæcitate tur-

bienheureux Nizier afin que par son intercession nous passions cette année en paix. » Ce qu'entendant, le prêtre joyeux fit sonner la cloche pour les vigiles. Mais quand la cloche fut sonnée et que le prêtre fut venu avec les clercs de son église et tout le peuple, notre homme sujet à la gourmandise ne se hâtait nullement de venir, et le prêtre envoya plusieurs fois auprès de lui; mais il répondait : « Attendez un peu, je viens. » Qu'ajouterai-je? Les vigiles s'achevèrent et le matin arriva, et celui qui le premier avait parlé de les célébrer ne s'y trouva pas du tout. Quant au prêtre, ayant terminé l'office, il se hâta de venir tout courroucé au logis de cet homme, comme dans le but de le suspendre de la communion. Mais celui-ci, pris de la fièvre, était brûlé par un feu divin, de même que par le vin qu'il avait bu, et sitôt qu'il eut vu le prêtre, il le pria avec larmes de lui imposer une pénitence. Et comme le prêtre lui faisait des reproches et lui disait : « C'est à bon droit que tu brûles par la vertu de saint Nizier, dans l'église de qui tu as négligé de venir aux vigiles, » au milieu de ces discours, il expira. Puis à la troisième heure, comme le peuple était rassemblé pour la célébration de la messe, le mort fut apporté à l'église. Or personne ne pourrait douter que tout cela n'ait été accompli par la vertu du saint pontife; le prêtre lui-même nous l'a raconté. Nous pourrions rapporter beaucoup d'autres choses que nous avons connues par notre propre expérience ou par le récit de personnes dignes de foi, mais nous pensons que ce serait trop long.

12. Toutefois, puisqu'il faut mettre une fin à ce livre, nous rapporterons encore un miracle admirable relatif au livre qu'on a écrit sur sa Vie et dont nous avons parlé plus haut. La divine vertu sortie de ce livre, loin de laisser Nizier sans gloire, manifeste à beaucoup de gens combien il est glorieux, en prouvant l'efficacité des merveilles racontées dans le volume. Un diacre d'Autun, affligé d'une douloureuse cécité,

batus, audivit hæc quæ glorificator sanctorum suorum Deus ad sancti tumulum exercebat, dixitque suis : « Si ejus adirem sepulcrum, aut aliquid de sanctis pignoribus sumerem, aut certe si pallium, quo sancti artus teguntur mererer attingere, fierem sanus. » Cumque hæc et hujuscemodi cum suis verba conferret, astitit repente clericus quidam, dicens : « Bene, inquit, credis, sed si de iisdem firmare mentem cupis virtutibus, en volumen chartaceum, quod de his habetur scriptum, ut facilius credas ea quæ ad auditum tuarum aurium pervenerunt. » At ille priusquam legere appeteret, inspirante divinæ pietatis respectu, ait : « Credo quia potens est Deus egregia operari per famulos suos. » Et statim posuit volumen super oculos suos. Extemplo autem, fugato dolore disruptaque caligine, usum videndi recipere meruit voluminis a virtute, et in tantum claritate potitus est, ut ipse propriis oculis legens virtutum gesta cognosceret. Operatur hæc autem unus atque idem Dominus, qui gloriatur in sanctis suis, atque ipsos illustribus miraculis editos efficit gloriosos. Ipsi gloria et imperium in sæcula sæculorum. Amen.

CAPUT IX.

De sancto Patroclo abbate.

Cum egregia Moysis vatis prudentia, ad conformandum divinæ descensionis tabernaculum, juxta ipsum oris dominici præceptum, fabricare disponeret, atque ad hoc eumdemque apparatum multa congerere jussus, non haberet cuncta in regestu promptuarii, quæ ab ipso Domino ostensa fuerant in montis ardui summitate, jussit commoneri populum, ut offerret

apprit ce que faisait au tombeau du saint, Dieu glorificateur des saints, et dit à sa famille : « Si j'allais à son tombeau et que je prisse quelque chose de ses reliques, ou si au moins je touchais le manteau qui couvre ses membres, je serais guéri. » Et comme il répétait cela et autres choses semblables à ses amis, il se trouva là un clerc qui dit : « Tu as raison de croire cela; mais pour affermir encore ton opinion au sujet de ces miracles, voici un volume de parchemin qui y est relatif et qui te fera croire plus facilement encore ce que tes oreilles ont entendu dire. » Mais celui-ci, avant même d'avoir le désir de le lire, dit par une divine inspiration : « Je crois que Dieu a le pouvoir d'opérer des merveilles par ses serviteurs. » Et en même temps il posa le volume sur ses yeux. Aussitôt la douleur et les ténèbres furent dissipées et par la vertu de ce volume il recouvra la vue, et avec tant de netteté qu'il put lire de ses propres yeux ces récits de miracles. Ainsi c'est le Seigneur seul qui opère toutes ces choses et qui se glorifie dans ses saints, qu'il rend glorieux par des miracles illustres. A lui le règne et la gloire aux siècles des siècles. Ainsi soit-il.

CHAPITRE IX.

De saint Patrocle, reclus.

Lorsque la remarquable sagesse du prophète Moïse se disposait, suivant l'ordre du Seigneur lui-même, à bâtir un tabernacle à la divine Providence, et que chargé, pour accomplir cet ouvrage, d'amasser d'immenses matériaux, il n'avait point en réserve tous ceux qui étaient nécessaires, il ordonna de faire connaître au peuple ce que Dieu lui avait commandé sur le haut de la montagne, afin que chacun vînt offrir selon

unusquisque pro viribus quiddam muneris Deo, et hoc non ex necessitate sed sponte. Offerebant ergo donaria auri, argentique, æris ac ferri metalla; gemmarum etiam micantium pulchritudines, ac fila byssi duplicati coccique bis torti; nonnulli pelles arietum rubricatas, pilosque caprarum. Sed cum hæc omnia doctores ecclesiarum esse allegorica tradidissent, et in reliquis donariis gratiarum genera demonstrassent, in illis caprarum pilis laudationum verba comparaverunt; ita nunc et nos steriles sensu, imperiti studio, squalentes in actu, et si aurum, argentum vel gemmas, filaque duplicata ac torta non offerimus, saltem vel pilos caprarum, id est verba quæ sanctorum atque amicorum Dei prodant miracula, in Ecclesia sancta porrigimus, ut legentes eo incitentur studio quo sancti meruerunt scandere polum. Ergo quia nobis de beati Patrocli vita nuper data relatio quædam prodidit, non omittenda sed manifestanda curavi; et licet sermone rustico, non tamen occuli arbitratus sum quæ Deus gessit per famulum suum.

1. Igitur beatissimus Patroclus Biturigi territorii incola, Ætherio patre progenitus, cum decem esset annorum pastor ovium destinatur, fratre Antonio tradito ad studia litterarum. Erant enim non quidem nobilitate sublimes, ingenui tamen; cumque quodam meridie hic a scholis, ille a grege commisso ad capiendum cibum paterno in hospitio convenissent, dixit Antonius fratri suo : « Discede longius, o rustice; tuum est enim opus oves pascere, meum litteris exerceri : qua de re nobiliorem me ipsius officii cura facit, cum te hujus custodiæ servitus vilem reddat. » Quod ille audiens, et hanc increpationem quasi a Deo sibi

ses moyens quelque présent à Dieu, sans y être contraint, mais de lui-même (*Exod.* xxv). Ils offraient donc des pièces d'or et d'argent, de l'airain, du fer, de belles pierres précieuses qui étincelaient, des écheveaux doubles de fin lin et des torsades doubles de pourpre; quelques-uns apportaient des peaux de béliers teintes en rouge et des poils de chèvres. Mais comme les docteurs de l'Église ont dit que toutes ces choses étaient allégoriques et que ces divers dons signifiaient les divers genres de grâces, comparant même à ces poils de chèvre nos paroles de louanges, nous en effet qui sommes pourvus de peu de sens, inhabiles à l'étude, impropres à l'action, nous ne pouvons offrir ni or, ni argent, ni pierres précieuses, ni fils doubles ou tordus; mais du moins donnerons-nous des poils de chèvres, c'est-à-dire des récits qui fassent connaître les miracles des saints et des amis de Dieu, dans la sainte Église, afin que ceux qui lisent soient incités à suivre les routes par lesquelles les saints ont obtenu de prendre d'assaut le ciel. Puis donc qu'une relation qui nous a été donnée depuis peu nous apprend plusieurs choses sur la vie du bienheureux Patrocle, nous avons pensé qu'il ne fallait point les passer sous silence, mais plutôt les publier et, bien qu'en mauvais style, faire connaître ce que Dieu a accompli par son serviteur.

1. Le bienheureux Patrocle, habitant du territoire de Bourges, était fils d'Ætherius. Quand il eut dix ans il fut destiné à garder les brebis, tandis que son frère Antoine fut appliqué à l'étude des lettres. Ils n'étaient pas à la vérité d'une haute noblesse, cependant ils étaient de condition libre. Un jour qu'ils étaient venus tous deux vers l'heure de midi prendre leur repas au logis de leur père, l'un revenant des écoles et l'autre des champs où il avait gardé le troupeau, Antoine dit à son frère : « Mets toi plus loin, paysan, c'est à toi de faire paître les brebis, à moi de m'exercer aux lettres; le soin d'un tel office m'anoblit, tandis que tu te rends vil par ce service de garder les troupeaux. » Ce qu'entendant celui-ci, et regardant ce reproche comme un avertissement de Dieu,

transmissam putans, reliquit oves in campi planitie, et scholas puerorum nisu animi agili atque cursu velocissimo expetivit, traditisque elementis, ac deinceps quæ studio puerili necessaria erant, ita celeriter, memoria opitulante, imbutus est ut fratrem vel in scientia præcederet, vel alacritate sensus, adjuvante divini numinis auxilio, anteiret. Dehinc Nunnioni[1], qui quondam cum Childeberto Parisiorum rege magnus habebatur, ad exercendum commendatus est. A quo cum summa amoris diligentia nutriretur, ita se humilem atque subjectum omnibus præbebat, ut omnes eum tanquam proprium parentem in summa bonitate diligerent. Regressusque ad domum, patre defuncto, reperit matrem suam adhuc superstitem. Cui illa ait : « Ecce genitor tuus, o dulcissime nate, obiit; ego vero absque solatio dego. Requiram puellam pulchram ingenuamque, cui copulatus solatium præbeas maternæ viduitati. » At ille respondit : « Non conjungor mundanæ conjugi, sed quæ concepit animus cum Domini voluntate perficiam. » Cui cum genitrix non intelligens quæreret quid hoc esset, prodere noluit, sed abiit ad Arcadium, Bituricæ urbis episcopum, petiitque sibi comam capitis tonderi, asciriqne se in ordinem clericorum. Quod episcopus, Domino volente, sine mora complevit. Nec multo post diaconatus officium sumens, vacabat jejuniis, delectabatur vigiliis, exercebatur lectione, atque in oratione assidua promptus effundebatur, ut nec ad convivium mensæ canonicæ cum reliquis accederet clericis. Quod audiens archidiaconus, frendens contra eum, ait : « Aut cum reli-

(1) Ed., *Mumioni*. (R.)

il laissa les brebis dans la plaine et se rendit avec empressement aux écoles des enfants. Là il apprit si promptement, grâce à sa mémoire, tout ce que l'on enseigne au jeune âge qu'il dépassa son frère soit pour la science, soit pour la vivacité de l'esprit, assisté en cela par le secours de Dieu. Dans la suite, il fut recommandé à Nunnion (qui jouissait jadis d'un grand crédit auprès de Childebert, roi des Parisiens) pour se former auprès de lui. Celui-ci l'éleva avec toute la sollicitude d'une vive affection, et Patrocle se montrait si modeste et si soumis que tous le chérissaient et le traitaient avec l'amitié d'un véritable parent. De retour à la maison après la mort de son père, il trouva sa mère encore vivante. Elle lui dit : « Maintenant que ton père est mort, mon très-doux enfant, je vis sans consolation. Je vais donc chercher une belle jeune fille, de condition libre, avec laquelle t'étant marié tu pourras fournir des consolations à ta mère dans le veuvage. » Mais il répondit : « Je ne me joindrai point à une femme du monde, mais j'exécuterai ce que mon esprit a conçu avec la volonté de Dieu. » Et comme sa mère, ne le comprenant pas, lui demandait ce que cela voulait dire, il ne voulut pas s'expliquer, mais alla trouver Arcadius, évêque de la cité de Bourges, et le pria de lui faire couper les cheveux et de l'admettre au rang des clercs. Ce que l'évêque, par la volonté de Dieu, accomplit sans retard. Et peu de temps après, devenu diacre, il s'adonnait aux jeûnes, aux veilles, à la lecture, et se plongeait tellement dans une oraison continuelle qu'il manquait de venir avec les autres clercs prendre ses repas à la table canoniale. Ce qu'apprenant, l'archidiacre irrité contre lui s'écria : « Ou prends ton

quis fratribus cibum sume, aut certe discede a nobis; non enim rectum videtur ut dissimules cum his habere victum, cum quibus ecclesiasticum implere putaris officium. »

2. Non est autem de his servus Dei commotus animo, qui jam eremi sitiebat adire secretum : sed ab urbe egressus memorata, venit ad vicum Nereensem[1], ibique ædificato oratorio, sancti Martini reliquiis consecrato, pueros erudire cœpit in studiis litterarum. Veniebant autem ad eum infirmi et sanabantur, atque energumeni nomen ejus confitentes emundabantur : nec ei erat solitudo ut voluerat, sed patefacta virtus publicum usquequaque reddebat. Tunc pro auspicio quiddam brevibus conscriptis posuit super altare, vigilans et orans tribus noctibus, ut quid ei Dominus agere juberet, dignaretur manifestissime declarare. Sed pietatis divinæ inclyta miseratio, quæ eum præsciens eremitam esse decreverat, brevem illum accipere jubet, ut ad eremum properaret. Ille autem in cellula in qua degebat, congregatis virginibus, monasterium instituit puellarum, nihil de omni labore suo quod ibidem aggregaverat cum abscederet sumens, nisi rastrum unum, unamque bipennem : ingressusque altas silvarum solitudines, venit ad locum qui dicitur Mediocantus; ibique constructa cellula, in opere quod supra diximus, Deo vacabat; atque inibi cum multos energumenos, manu imposita, per signum crucis effugatis dæmonibus, mente integra reddidisset, unus ad eum adductus est rabidus, qui rictibus patulis dentibusque cruentis, quod attingere poterat dentibus propriis

(1) Bal., *Mereensem*, et sic infra. (R.) — *Nereensim*, 2204.

repas avec les autres frères, ou tu vas certainement t'en aller d'avec nous; car il n'est pas convenable que tu refuses de manger avec ceux dont on sait que tu partages les fonctions ecclésiastiques. »

2. Le serviteur de Dieu ne s'émut pas de ces paroles, vu que déjà il désirait ardemment se retirer dans la solitude; étant donc sorti de Bourges, il vint au bourg de Néris, et là il éleva un oratoire, consacré par les reliques de saint Martin, où il se mit à instruire les enfants dans l'étude des lettres. Il venait aussi à lui des infirmes et ils étaient guéris, et des énergumènes, qui étaient délivrés après avoir confessé son nom. Mais il n'avait point encore trouvé la solitude qu'il cherchait et sa vertu lui parut en ce lieu-là trop exposée en public. Pour connaître donc par un augure le lieu qu'il devait habiter, il écrivit de petits billets qu'il plaça sur l'autel, veillant et priant pendant trois nuits, afin que le Seigneur daignât lui manifester clairement ses volontés. Mais la grande miséricorde de la bonté divine, qui sachant d'avance ce qu'il serait avait résolu qu'il fût ermite, lui fit prendre le billet qui devait hâter son départ pour les déserts. S'étant donc retiré dans une cellule. il y rassembla des jeunes filles et institua un monastère de religieuses, n'ayant rien emporté de tout ce qu'il avait amassé par son travail qu'un râteau et une hache. Et étant entré dans la solitude des forêts, il arriva au lieu appelé Moichant, s'y construisit une cellule et, continuant l'œuvre que nous avons ci-dessus racontée, il songeait à Dieu. Et, comme en cet endroit il rendait à la santé un grand nombre d'énergumènes et chassait les démons par l'imposition des mains et par le signe de la croix, on lui amena un possédé en proie à une sorte de rage, qui, ouvrant démesurément la bouche et montrant des dents ensanglantées, déchirait tout

laniabat. Pro quo per triduum in oratione prostratus, obtinuit ad illam divinæ miserationis potentiam, ut, mitigato furore, letho obnoxius mundaretur, immissisque in os ejus digitis, fugato feralis atrocitatis spiritu, personam restituit incolumitati. Nullas enim ante eum vires habere poterat persuasionis iniquæ præstigium. Nam sicut hos qui vexabantur emundabat, ita et quæ immittebat occulte atrocia auctor criminis, repellebat per crucis sacratissimæ virtutem. Nam Leubellæ cuidam feminæ, cum per luem illam inguinariam diabolus, Martinum mentitus, oblationes quibus quasi populus salvaretur nequiter obtulisset, hæ ad sanctum delatæ, non solum revelante Spiritu sancto evanuerunt, verumetiam ipse incentor malorum sancto teterrimus apparens, quæ nequiter gesserat est professus. Transfigurat enim se sæpe diabolus in angelum lucis, ut hac fraude decipiat innocentes. Sed cum ei multas intentaret insidias, ne hic ascenderet unde ille corruerat, immisit ei cogitationem, ut prætermissa eremo, ad sæculum reverti deberet. Sed hic sanctus cum virus grassari sensisset in pectore, in oratione prostratus petebat ut nihil aliud nisi quod Deo esset placitum exerceret. Tunc apparuit ei angelus Domini per visum, dicens : « Si vis mundum videre, ecce columna, in quam ascendens contemplare omnia quæ geruntur in eo. » Erat enim ante eum per ipsam visionem columna miræ celsitudinis collocata, in quam ascendens vidit homicidia, furta, cædes, adulteria, fornicationes et omnia prava quæ geruntur in mundo. Et descendens ait : « Ne, quæso Domine, revertar ad has pravitates, quas dudum te confessus oblitus sum. » Tunc ait illi angelus qui cum eo loquebatur : « Desine

ce qu'il pouvait atteindre. S'étant donc mis en prière pour cet homme pendant trois jours, il obtint de la divine miséricorde du Tout-Puissant que sa fureur s'apaisât, que le péril de mort fût écarté du malade et qu'il le guérît en lui introduisant les doigts dans la bouche et en chassant le démon cruel qui l'obsédait. En effet l'imposture de l'inique séducteur ne pouvait avoir de force devant lui. Et de même qu'il purifiait ceux qui étaient possédés, de même repoussait-il aussi par la vertu de la sainte croix les terribles assauts que préparait en secret l'auteur de tout crime. Pendant la peste inguinaire dont nous avons déjà parlé, le diable, se faisant faussement passer pour saint Martin, avait méchamment apporté à une femme nommé Leubella des offrandes qui devaient, disait-il, sauver le peuple. Mais dès qu'elles eurent été montrées à saint Patrocle, non-seulement elles s'évanouirent par une révélation du Saint-Esprit; mais l'affreux instigateur du mal apparut au saint et lui avoua toutes ses mauvaises actions. Souvent, en effet, le diable se transfigure en ange de lumière (*II Cor.* XI, 14), pour tromper les innocents au moyen de cette fraude ; et, comme il lui tendait beaucoup d'embûches pour l'empêcher de monter au lieu d'où lui-même était tombé, il lui envoya la pensée de quitter la solitude et de retourner dans le monde. Le saint, sentant le poison se glisser dans son cœur, se mit en prière en demandant de ne jamais rien faire qui ne fût agréable à Dieu. Alors un ange du Seigneur lui étant apparu en songe lui dit : « Si tu veux voir le monde, voici une colonne ; tu n'as qu'à y monter et tu verras tout ce qui s'y passe. » Et en effet dans ce songe il avait devant lui une colonne d'une merveilleuse hauteur sur laquelle il monta et d'où il vit les homicides, les vols, les meurtres, les adultères, les fornications et tous les crimes qui se font dans le monde. Et étant descendu il dit : « Je te supplie, ô Seigneur, de ne pas permettre que je retourne à ces abominations que depuis longtemps j'ai oubliées pour te suivre. » Alors l'ange qui lui parlait lui dit : « Cesse donc de chercher le monde, de crainte

ergo quærere mundum, ne pereas cum eo; sed potius vade in oratorium in quo Dominum depreceris; et quod ibi inveneris, hoc tibi erit consolatio in peregrinatione tua. » Ingressusque cellulam oratorii, invenit tegulam fictilem, in qua signum crucis dominicæ erat expressum; agnoscensque munus divinum, intellexit sibi ad omnia mundanæ persuasionis incitamenta hoc esse inexpugnabile munimentum.

3. Post hæc ædificavit sanctus Patroclus monasterium Columbariense in milliaribus quinque a cellula eremi in qua habitabat, et congregatis monachis ut in solitudine libero potius fungeretur arbitrio, abbatem instituit qui gregi monasteriali presset. Octavum enim et decimum in hoc eremi loco expleverat annum. Tum, congregatis fratribus, transitum suum annuntians, obiit in senectute bona, sanctitate præcipua; qui aquis ablutus, feretroque impositus ferebatur ad monasterium suum, ubi se vivens sepeliri mandaverat. Tunc archipresbyter Nereensis vici, collecta clericorum cohorte, voluit vi auferre glebam sancti corpusculi, videlicet ut ad vicum suum unde egressus fuerat sepeliretur; sed cum furibundus veniens vidisset a longe pallam quæ tegebat artus sanctos eximio albere nitore, ita nutu Dei est metu perterritus, ut omni velocitate revocaret ab animo quod male conceperat levitatis arbitrio, conjunctusque psallentio in exsequiis sancti progressus, tumulavit eum cum reliquis qui aderant fratribus, in ipso Columbariensi monasterio : ad cujus sanctum sepulcrum Prudentia cæca cum alia Lemovicina puella, similiter lumine viduata, ut sepulcrum sanctum in oratione osculatæ sunt, lumen recipere meruerunt. Maxonidius autem post quintum cæcitatis

de périr avec lui ; mais plutôt va dans l'oratoire où tu prieras le Seigneur, et ce que tu trouveras là sera pour toi une grande consolation dans ton pèlerinage. » Etant entré dans l'oratoire, il trouva une tuile sur laquelle était l'image de la croix de notre Seigneur ; et reconnaissant le présent divin, il comprit que ce serait pour lui un rempart inexpugnable contre les appas de la séduction mondaine.

3. Après cela saint Patrocle construisit le monastère de Colombiers[1], à cinq milles de la cellule qu'il habitait dans le désert, et y rassemblant des moines il institua un abbé, chargé de conduire le troupeau monacal, afin de pouvoir se gouverner lui-même plus librement dans la solitude. Il y avait dix-huit ans qu'il était dans la retraite, quand, après avoir réuni ses frères pour leur annoncer son trépas, il mourut dans une pieuse vieillesse[2] et dans une sainteté parfaite. Enfin son corps ayant été lavé et placé sur le brancard, il fut porté à son monastère, où il avait demandé de son vivant à être enterré. Alors l'archiprêtre de Néris, ayant assemblé une troupe de clercs, voulut enlever de force le corps du saint pour l'ensevelir dans son bourg d'où il était parti ; mais, comme il venait tout furieux, il aperçut de loin le poêle qui couvrait les membres du saint et qui était d'une éclatante blancheur. Il fut alors, par la permission de Dieu, tellement effrayé qu'il se repentit aussitôt du dessein qu'il avait formé avec trop de légèreté, et, s'étant joint à ceux qui chantaient l'office aux obsèques du saint, il contribua avec les autres frères présents à l'ensevelir dans le monastère de Colombiers. Au tombeau du saint une femme aveugle nommée Prudence et une jeune fille de Limoges, également privée de la vue, furent guéries dès qu'elles

(1) Près Montluçon.
(2) A quatre-vingts ans ; voy. *Hist.*, V, x.

suæ annum, hunc tumulum sanctum adiit, lumenque recepit. Energumeni vero Lupus, Theodulfus, Rucco, Scopilia, Nectariola et Tacihildis ad hunc sancti tumulum sunt mundati : sed et puellæ duæ de Lemovicino venientes, oleo quod ipse sanctus benedixit perunctæ, a nequitia qua obsidebantur mundatæ sunt. Et quotidie ibidem ad corroborandam fidem gentium operatur Dominus, qui perpetualiter glorificat sanctos suos.

CAPUT X.

De sancto Friardo, recluso.

Multi variique sunt gradus per quos ad cœlorum regna conscenditur de quibus, ut opinor, et David dicit quia « ascensus in corde disposuit. » Accipiuntur ergo hi gradus diversorum operum ad cultum divinum profectus, et nullus in his gressum figere potest, nisi fuerit, sicut sæpe testati sumus, Dei adjutorio provocatus. Sic enim Psalmographus in illo mediæ profectionis gradu loquitur, dicens : « Nisi Dominus ædificaverit domum, in vanum laborant qui ædificant eam. » Quod adjutorium, non modo martyres, verum etiam et illi quos sacræ vitæ roboravit auctoritas, jugiter inquirentes, ad hoc quod sitis desiderii spiritalis promebat alacres pervenerunt. Nam si ad martyrium mens accensa est, hujus adjutorii opem poposcit martyr ut vinceret; si jejunii observantiam adhibere studuit, ut ab eo confortaretur afflictus est; si castitati artus reservare voluit impollutos, ut ab illo muniretur oravit; si post ignorantiam pœnitendo converti desideravit, ut ab eo nihilominus sublevaretur cum lacrymis flagitavit; et si quid operis boni exercere eorum

eurent baisé le saint tombeau. Il en fut de même des énergumènes Loup, Théodulfe, Ruccon, Scopilia, Nectariola et Tacihilde. Il y eut aussi deux filles qui vinrent de Limoges, lesquelles ayant été frottées de l'huile que le saint avait bénite furent délivrées de l'esprit malin qui les obsédait. Et là tous les jours le Seigneur, qui glorifie perpétuellement ses saints, opère des miracles pour confirmer la foi des peuples.

CHAPITRE X.

De saint Friard, reclus.

Il y a beaucoup de degrés divers par lesquels on peut arriver au ciel, et c'est d'eux, je pense, que David a dit : qu' « il a mis des degrés dans le cœur. » (*Ps.* LXXXIII, 6.) Ces degrés des diverses œuvres sont reçus comme des perfectionnements dans le culte de Dieu, et personne ne peut marcher dans cette voie sans y être appelé, comme nous l'avons dit plusieurs fois, par l'assistance de Dieu. C'est ainsi, en effet, que s'exprime le Psalmiste, lorsqu'il dit : « A moins que le Seigneur n'ait bâti cette maison, ceux qui l'édifient travaillent en vain. » (*Ps.* CXXVI, 1.) Et ce secours a été continuellement recherché non-seulement par les martyrs, mais encore par tous ceux qui ont fait profession d'une sainte vie et sont ainsi parvenus à ce qui excitait leur soif spirituelle. Et en effet, si le désir du martyre s'allume dans un cœur, le martyr sollicite ce secours pour vaincre ; s'il veut observer le jeûne, il le demande pour obtenir la force nécessaire ; s'il veut préserver ses membres de toute attaque contre la chasteté, il prie pour être défendu par lui ; si, au sortir de l'erreur, il se repent et brûle de l'envie de se convertir, il implore ce secours avec larmes pour en être soutenu ; et si quelqu'un essaye d'accomplir

quispiam meditatus est, ut ab hoc adjutorio juvaretur expetiit. Per hos ergo scalæ hujus ascensus tam difficiles, tamque excelsos, tam arduos, cum sint diversi, ad unum tamen Dominum per hujus adjutorii opem conscenditur. Idcirco semper ille poscendus, ille quærendus, ille invocandus erit, ut quod de bono mens concipit, adjutorio suo ipse perficiat, de quo et nobis sine fine oportet dicere : « Adjutorium nostrum in nomine Domini, qui fecit cœlum et terram. » Sicut et ille beatissimus, de quo nunc nobis futurus est sermo, qui inter diversas vel tentationes vel cruces sæculi, semper hujus adjutorii munimen expetiit.

1. Fuit igitur apud insulam Vindunittam[1] urbis Namneticæ vir egregiæ sanctitatis, Friardus nomine, reclusus, de cujus vita parumper ad ædificationem Ecclesiæ dicere delectat animum, quia ignoro si ab aliquo sit scripta. Hic ab infantia sua semper Deo devotus fuit atque pudicus : factus autem vir, semper in Dei laudibus, semper in oratione, semper in vigiliis degebat : victus necessaria propriis manibus exigebat a terra; et si in opera inter reliquos properaret, nunquam ab oratione cessabat. Quod vicinis aut extraneis, ut mos rusticorum habet, ridiculum erat. Quodam vero die, dum cum reliquis, in segetem culmis incisis, manipulos colligaret, examen miserabilium atque sævarum muscarum, quas vulgo vespas vocant, reperiunt; cumque acerrime messores, emissis aculeis lacerarent, undique circumeuntes messem, locum illum in quo hæ adunatæ erant transiliunt, atque irri-

---

(1) Plerique Ed., *Vindimittam*. Colb. et Bell. infra habent *Vindonitensem*. (R.)

quelque chose de tout cela pour bien faire, il demande également la grâce de cette assistance. Les degrés donc de cette échelle, si difficiles, si élevés, si pénibles sont fort divers, mais par son moyen l'on s'élève vers un Dieu unique. C'est pourquoi il faut toujours, ce moyen, le lui demander, il le faut toujours chercher, il le faut toujours invoquer, afin que ce que l'esprit a conçu de bien il l'accomplisse par son secours. Sur quoi nous devons toujours dire : « Notre aide soit dans le nom du Seigneur qui a fait le ciel et la terre. » (*Ps.* CXXIII, 8.) Ainsi a fait ce très-saint homme, dont nous devons parler, lui qui, au milieu des différentes tentations et des douleurs du siècle, a toujours réclamé la protection du secours céleste.

1. Il y avait donc auprès de l'île Vindunitta[1], sur le territoire de la cité de Nantes, un homme d'une remarquable sainteté, nommé Friard[2]; c'était un reclus, dont je me réjouis, pour l'édification de l'Eglise, de faire connaître un peu la vie, par la raison que j'ignore si elle a jamais été écrite par personne. Il fut toujours, dès son enfance, dévoué à Dieu et très-chaste. Devenu homme, il passait constamment sa vie dans les louanges de Dieu, dans la prière, dans les veilles. Il tirait de la terre avec ses propres mains les choses nécessaires à son existence, et quoiqu'il devançât les autres dans le travail, jamais il ne cessait de prier. Ce qui était, suivant la coutume particulière aux habitants de la campagne, un sujet de risée pour les voisins et les étrangers. Un jour qu'il ramassait des javelles dans un champ de blé avec les autres moissonneurs, on trouva un essaim de ces ennuyeuses et méchantes mouches vulgairement appellées guêpes; et, comme elles tournaient autour de la moisson, piquant de leurs dards les moissonneurs, ceux-ci laissèrent de côté le lieu

(1) On ignore quelle est cette île.
(2) Voy. *Hist.*, IV, XXXVII. — Mort vers l'an 577.

dendo beatum Friardum alloquuntur dolose, dicentes: « Veniat benedictus, veniat religiosus, qui orare non desinit, qui crucem auribus et oculis semper imponit, qui viis itineris sui salutaria vexilla præmittit : ipse metat super examen, ipse eum sua oratione mitescat. » Tunc quasi ad confusionem dominicæ virtutis hæc verba suscipiens, provolutus terræ orationem fudit ad Dominum; et accedens, facto desuper signo crucis, ait : « Adjutorium nostrum in nomine Domini, qui fecit cœlum et terram. » Ad hanc ejus orationem confestim omnes vespæ se infra antrum unde egressæ fuerant abdiderunt. Ille vero ad spectaculum omnium messem desuper illæsus expetiit. Quod non sine miraculo irridentibus fuit, eo quod Dominus in se sperantem ad confusionem eorum sic dignatus fuerit roborare. Denique post hæc, cum in arborem pro quadam necessitate ascendisset, subito colliso sub pedibus ramo ruere cœpit, cadensque deorsum per singulos quos percutiebat ramos, Christi beatissimum nomen invocabat, dicens : « Christe omnipotens, salva me. » Cumque pervenisset ad terram, nihil est nocitus sed aiebat semper : « Adjutorium nostrum in nomine Domini, qui fecit cœlum et terram. »

2. His et aliis virtutibus animatus, cœpit intra secreta cordis tacitus cogitare dicens : « Si crux Christi et invocatio nominis ejus, atque adjutorium postulatum ab eo tantam potentiam habet ut aspera quæque mundi devincat, periculosa obruat, tentationum atra depellat, et omnia quæ sunt sæculi hujus oblectamenta pro nihilo reputata fastidiat; quid mihi et mundo, nisi ut relictis omnibus quæ ejus sunt, in illius vacare solius debeam obsequiis, cujus nominis invocatione a

où était leur nid, et se moquant du bienheureux Friard, lui dirent en plaisantant : « Qu'il vienne l'homme béni, l'homme religieux, celui qui ne cesse de prier, qui fait toujours le signe de la croix sur ses oreilles et sur ses yeux, qui brandit toujours sur son chemin l'étendard du salut, qu'il moissonne sur l'essaim et l'adoucisse par sa prière. » Le saint, qui prit ces paroles comme un doute sur la puissance divine, se prosterna sur le sol en faisant sa prière au Seigneur, et, s'approchant des guêpes, fit le signe de la croix en disant : « Notre aide soit au nom du Seigneur, qui a fait le ciel et la terre. » A cette prière sortie de sa bouche, les guêpes allèrent toutes se cacher à l'intérieur du trou d'où elles étaient sorties, et Friard, à la vue de tous les moissonneurs, coupa le blé dans cet endroit sans éprouver aucun mal. Ce qui ne se fit point sans un miracle destiné aux rieurs, puisque le Seigneur daigna affermir pour leur confusion celui qui avait espéré en lui. Enfin, après cela, comme il était monté sur un arbre pour une certaine besogne, une branche ayant cédé sous ses pieds, il tomba, et tandis qu'il tombait, à chaque branche qu'il frappait, il invoquait le très-saint nom du Christ, en disant : « Christ tout-puissant, sauve-moi. » Et lorsqu'il fut arrivé à terre il se trouva sans aucun mal, mais il disait toujours : « Que notre aide soit au nom du Seigneur qui a fait le ciel et la terre. »

2. Encouragé par ces miracles et autres semblables, il se mit à réfléchir et à dire en son cœur : « Si la croix du Christ et l'invocation de son nom, ainsi que le secours demandé de lui ont tant de pouvoir qu'avec cela on puisse vaincre tout ce qu'il y a de difficile sur la terre, écarter les périls, dissiper les horreurs de la tentation et s'élever par le mépris au-dessus de toutes les délices du siècle, qu'ai-je à faire en ce monde, sinon d'abandonner toutes les choses qui lui appartiennent et de me consacrer au service de celui seul qui, lorsque j'ai invoqué son nom, m'a délivré de fu-

periculis sum salvatus iniquis? » Et egressus ab hospitiolo suo, oblitus parentes et patriam, eremum petiit, ne in sæculo habitanti impedimentum aliquod de oratione mundi sollicitudo conferret. Ipse quoque et abbas Sabaudus, qui quondam regis Clotarii minister fuerat, pœnitentiam accipientes, Vindunitensem Namnetici territorii insulam sunt aggressi : habebant autem secum et Secundellum diaconem. Abbas vero, ablata de aratro Domini manu, ab insula discedens ad monasterium rediit, nec multo post, occultis de causis, gladio est peremptus. Sanctus vero Friardus cum Secundello diacono in supradicta insula stetit immobilis. Habebat tamen uterque eorum propriam cellulam, sed procul a se positam. Cumque strenue in oratione persisterent, nocte Secundello diacono apparuit tentator in specie Domini, dicens : « Ego sum Christus, quem quotidie deprecaris. Jam enim sanctus effectus es, et nomen tuum libro vitæ cum reliquis sanctis meis ascripsi : egredere nunc ab hac insula et vade, fac sanitates in populos. » His et ille illectus deceptionibus discessit ab insula, nec socio nuntiavit : tamen cum infirmis in nomine Christi manus imponeret, sanabantur. Regressus autem post multum tempus ad insulam, venit ad socium cum vana gloria, dicens : « Abii enim extra insulam, et virtutes multas in populis feci. » Cumque conterritus ille interrogaret quid hoc sibi vellet, cuncta quæ gesserat simpliciter pandit. At senior obstupescens, suspiransque et lacrymans, ait : « Væ nobis, in quantum audio a tentatore delusus es! Vade, age pœnitentiam, ne ultra tibi prævaleant ejus doli. » Quod ille intelligens et periisse se timens, cum fletu ad pedes ejus prosternitur, rogans ut pro

nestes dangers. » Et, sortant de son petit logis, oubliant ses parents et sa patrie, il alla chercher la solitude, de peur que son séjour dans le monde ne fût un empêchement à son goût pour la prière. Lui donc et l'abbé Sabaudus, qui fut autrefois ministre du roi Clotaire, se soumettant à la pénitence, se retirèrent à Vindunitta, île du territoire de Nantes; ils avaient aussi avec eux le diacre Secondellus. Mais l'abbé, ayant retiré sa main de la charrue du Seigneur, quitta l'île, rentra dans son monastère, et peu de temps après il périt par l'épée pour des causes restées inconnues. Quant à saint Friard, il demeura dans l'île avec le diacre Secondellus et ne la quitta pas. Chacun d'eux avait sa cellule particulière et éloignée l'une de l'autre. Et comme ils persévéraient courageusement dans la prière, le tentateur apparut pendant la nuit, sous la forme du Seigneur, au diacre Secondellus, lui disant : « Je suis le Christ, que tu pries chaque jour. Déjà tu es saint et ton nom est inscrit dans le livre de vie avec celui des autres saints; sors donc de cette île et va faire des guérisons parmi les peuples. » Celui-ci, abusé par ce mensonge, quitta l'île sans rien dire à son compagnon, et toutefois, dès qu'il mettait les mains sur les infirmes au nom de Jésus-Christ, ils étaient guéris. Mais, étant revenu longtemps après dans l'île, il vint trouver son compagnon et lui dit avec une vaine gloire : « Je suis sorti de l'île et j'ai fait beaucoup de miracles parmi les peuples. » Et comme celui-ci, effrayé, lui demandait ce que cela voulait dire, il raconta simplement ce qu'il avait fait. Le vieillard, épouvanté à ce récit, dit en poussant des soupirs et en versant des larmes : « Malheur à nous, car, autant que je puis le comprendre, tu as été trompé par le tentateur. Va et fais pénitence, de peur que ses ruses ne triomphent de toi. » Comprenant ces paroles et craignant de périr, celui-ci se jeta à ses pieds avec larmes, en le priant d'intercéder pour lui auprès

se Dominum deprecaretur : « Vade, inquit, et pariter ejus omnipotentiam pro salute animæ tuæ poscamus. Non est enim difficilis Dominus se confitentibus misereri, cum ipse per prophetam dicat : « Nolo mortem peccatoris, sed ut convertatur et vivat. » Orantibus autem illis, advenit iterum tentator in simili specie ad Secundellum diaconem, dicens : « Nonne præceperam tibi, eo quod oves meæ morbidæ essent et pastore indigerent, ut egredereris et visitares, atque opem sanitatis eis tribueres? » Et ille : « In veritate enim comperi quod seductor sis, neque te Deum credo cujus te speciem mentiris habere. Tamen si Christus es, crucem tuam quam reliquisti ipsam ostende, et credam tibi. » Cumque non ostenderet, diaconus crucem Domini in os ejus faciens, confusus evanuit. Rursumque ad eum veniens cum multitudine dæmonum, tanta eum cæde mactavit, ut vix putaretur evadere, et discedens nusquam comparuit. Idem postea diaconus in summa sanctitate perdurans, die debito defunctus est.

3. Beatus vero Friardus, cum magnis virtutibus effulgeret, quadam vice effractum e vento ab arbore ramum, quem, ut ferunt, ipse inseruerat collegit, compositumque baculum sibi exinde, quem manu gereret, fecit. Post multum vero tempus jam arefactam virgam in terra plantavit, infusaque aqua sæpius, baculus ille frondens emisit et poma, atque infra duos aut tres annos in magnam arboris proceritatem distentus excrevit. Quod cum grande miraculum populis cernentibus haberetur, et quotidie ad hanc visendam immanis turba conflueret, ut etiam ipsam remotionem insulæ virtus prodita publicaret, sanctus

du Seigneur. « Va, lui dit-il, et supplions ensemble sa toute-puissance pour le salut de ton âme. Car le Seigneur a facilement pitié de ceux qui avouent leurs fautes, puisqu'il a dit, par son prophète : Je ne veux point la mort du pécheur, mais qu'il se convertisse et qu'il vive. » (*Ezech.* XXXIII, 11.) Mais, pendant qu'ils priaient, le tentateur apparut encore sous la même forme au diacre Secondellus, lui disant : « Ne t'avais-je pas recommandé, parce que mes brebis étaient malades et parce qu'elles manquaient de pasteur, d'aller les visiter pour les guérir ? » Et celui-ci répondit : « J'ai trouvé, en vérité, que tu es le séducteur, et je ne crois pas que tu sois Dieu, dont tu as pris faussement l'apparence. Cependant, si tu es le Christ, montre-moi ta croix que tu as laissée, et je croirai en toi. » Et comme il ne la montrait pas, le diacre fit le signe de la croix sur le visage du diable, qui aussitôt disparut couvert de confusion. Toutefois, celui-ci revint avec une multitude de démons, et il frappa le diacre avec une telle force qu'à peine en put-il réchapper ; mais enfin il se retira et ne reparut plus. Ce diacre vécut par la suite dans une grande sainteté et mourut quand son terme fut accompli.

3. Quant au bienheureux Friard, il brillait par d'éclatants miracles. Un jour, il ramassa une branche d'arbre que le vent avait abattue et qu'il avait, dit-on, lui-même greffée, et il s'en fit un bâton qu'il portait à la main. Longtemps après, il planta dans la terre ce bâton desséché qui, étant souvent arrosé, produisit des feuilles et des fruits, et au bout de deux ou trois ans devint un grand arbre. Mais ce fait étant aux yeux des peuples un grand miracle et tous les jours une immense multitude accourant pour voir l'arbre, en sorte que, par l'éloignement de l'île, la merveille qui s'était accomplie acquit une renommée plus grande encore, le saint de Dieu craignit de succomber au déshonneur de la

Dei, ne vanæ gloriæ labe subrueret, arborem arrepta securi succidit. Rursusque sanctus alterius arboris ruinam cernens, quæ acta venti violentia floribus plena corruerat, misericordia motus oravit dicens : « Ne pereat, quæso, Domine, hujus arbustæ fructus, quæ te jubente florum ornamenta produxit : sed potius a te incrementum reparationis indultum, fructuum adipisci mereatur effectum. » Et hæc dicens, accepta secure, amputata arboris columna, super radices quæ adhuc hærebant, columnam ipsam in modum sudis fecit acutam, eamque terræ defixit. Mox ligatis sine radice ramis, ad pristinum restituta statum, flores qui aruerant viruerunt, ipso quoque anno hæc arbor fructus cultori suo restituit. Credo ego de misericordia Dei, quod miraculum præsens exegit loqui, quia obtinere potuit hic oratione sua vitam mortuis a Domino impertiri, qui obtinuit arbores aridas in rediviva viriditate frondescere.

4. Idem cum plerumque transitum suum fratribus prædiceret, quadam die tactus a febre, dicit suis : « Ite ad Felicem episcopum, et nuntiate ei discessum meum, dicentes : Frater tuus Friardus dixit : Ecce, consummato cursu vitæ hujus, de hoc mundo absolvor, et ut sis certior de hoc verbo, die dominica transitum accipio, et vado ad requiem quam mihi promisit rex æternus Deus. Veni, obsecro, et videam te prius quam obeam. » Cumque ille occasione nescio qua detineretur, mandatum misit, dicens : « Rogo si fieri potest ut me modicum sustineas, donec, moris actionum dissolutis, ad te usque perveniam. » Revertentibus vero nuntiis et ista dicentibus, cum jam lectulo decubaret, ait : « Surgamus ergo et sustineamus fratrem

vaine gloire; il prit une hache et abattit l'arbre. Une autre fois le saint, voyant le désastre qui avait frappé un arbre tout couvert de fleurs que la violence d'un vent furieux avait renversé à terre, fut touché de compassion et se mettant en prière dit : « Je t'en prie, Seigneur, que les fruits de cet arbre ne périssent point, puisque c'est par ta volonté qu'il a produit ces fleurs dont il est orné; mais qu'il reçoive au contraire de toi de se relever et de croître et qu'il obtienne la maturité de ses fruits. » Ayant ainsi parlé, il prit une hache et sépara le tronc d'avec les racines; puis, ayant aiguisé ce dernier par le bas en forme de pieu, il le ficha en terre posant sur les racines qui tenaient encore. Bientôt les bourgeons nouèrent quoiqu'il n'y eût pas de racines, l'arbre reprit son premier état, les fleurs qui s'étaient desséchées reprirent leur première fraîcheur, et la même année l'arbre rendit des fruits à celui qui l'avait cultivé avec tant de soin. Ce miracle me ferait croire que la miséricorde de Dieu a bien pu accorder de ressusciter les morts à celui qui a obtenu par ses prières que des arbres desséchés reprissent leur première vigueur.

4. Le saint, après avoir plusieurs fois prédit à ses frères le moment de sa mort, se sentit un jour attaqué de la fièvre et leur dit : « Allez à l'évêque Félix et annoncez-lui mon trépas en disant : Ton frère Friard a dit : Voilà que le cours de ma vie est terminé, je vais me séparer de ce monde, et afin que tu aies de ma parole une certitude entière, sache que je trépasserai dimanche prochain pour aller au repos que Dieu, le roi éternel, m'a promis. Viens donc, je t'en prie, afin que je te voie avant mon départ. » Mais Félix ne put venir, retenu par je ne sais quelle circonstance, et lui envoya dire : « Je te prie, si cela est possible, de m'attendre un peu jusqu'à ce que, les débats judiciaires étant finis, je puisse t'aller trouver. » Ses messagers revinrent et lui ayant rapporté ces paroles comme il était déjà dans son lit, il s'écria : « Levons-

nostrum. » O virum sanctitate ineffabilem! qui quanquam festinaret dissolvi et cum Christo esse, non tamen oblitus charitatem, obtinuit apud Dominum adhuc esse in mundo, ut fratrem cerneret spiritali intuitu. Sed nec illum infimi reor fuisse meriti, cujus adventu Dominus hujus sancti dilatare dignatus est dies. De qua tarditate accepto nuntio, protinus quiescente febre sanus surrexit a lectulo. Post multum vero tempus adveniente episcopo, a febre corripitur, ingressumque ad se salutat et osculatur, dicens : « Grandes mihi moras de itinere debito facis, o sancte sacerdos! Quibus vigilantibus nocte, quæ erat dominica, mane facto tradidit spiritum. Quo emisso, mox omnis cellula ab odore suavitatis repleta tota contremuit; unde indubitatum est angelicam ibidem adfuisse virtutem, quæ sancti meritum signans cellulam divinis faceret aromatibus effragrare : cujus gloriosum corpus sacerdos ablutum recondit in tumulo, Christus animam suscepit in cœlo, relinquens terrigenis exempla virtutum. »

CAPUT XI.

De sancto Caluppane reclauso.

Semper paupertas sæculi regiam reserat cœli, atque utentes se non modo præparat polo, verum etiam glorificatos miraculis illustres esse declarat in mundo, quo fit ut dum illa ergastularis contritionis revinctio paradisi januam patefacit, anima angelicis choris inserta in requie sempiterna persultet : sicut, nunc de beato Caluppane reclauso, quod verum cognovimus prorsus silere nequimus.

1. Hic autem ab ineunte ætate semper religionis

nous donc et attendons notre frère. » O homme d'une sainteté ineffable! qui, bien qu'il eût hâte d'arriver à sa fin et d'être avec le Christ, n'oublia pas cependant son ami et obtint de Dieu de faire un plus long séjour dans ce monde pour voir son frère par la vue spirituelle. Et je ne crois pas non plus que le mérite fût petit de celui pour l'arrivée duquel le Seigneur consentit à retarder le départ du saint, qui sentit aussitôt la fièvre le quitter et se leva, bien portant, de son lit. Longtemps après, l'évêque arriva; le saint ayant été aussitôt pris de la fièvre le salua à son entrée et le baisa en disant : « Tu me fais longtemps attendre sur le chemin que je dois suivre, ô saint évêque. » Et ayant veillé ensemble toute la nuit, qui était celle du dimanche, sitôt que le matin fut venu il rendit l'esprit. Et aussitôt la cellule fut remplie d'une suave odeur et s'ébranla; d'où il est certain que la vertu des anges était là et que c'est elle qui pour marquer le mérite du saint parfuma toute sa cellule de divines odeurs. Son glorieux corps fut lavé et renfermé par l'évêque au tombeau et son âme reçue au ciel par le Christ, laissant aux habitants de la terre l'exemple de ses vertus.

CHAPITRE XI.

De saint Calupan, reclus.

Toujours la pauvreté du siècle ouvre la porte du palais céleste, et non-seulement elle dispose pour ce séjour ceux qui s'attachent à elle, mais encore elle rend illustres dans le monde ceux qui sont glorifiés par les miracles, en sorte que, tandis que les chaînes que nous portons dans cette prison terrestre nous ouvrent l'entrée du paradis, notre âme qui se trouve associée au chœur des anges se transporte d'une sainte allégresse dans le repos éternel. Aussi ne saurions-nous passer sous silence ce que nous avons connu de vrai sur le bienheureux reclus Calupan.

1. Celui-ci dès le commencement de sa vie rechercha tou-

ecclesiasticæ bonum quæsivit et reperit, et apud monasterium Meletense termini Averni conversus, in magna humilitate se fratribus præbuit. Erat enim summæ abstinentiæ, ita ut ab inedia nimium attritus, quotidianam cum reliquis fratribus operam explere nequiret. Unde, ut mos est monachorum, magnum ei improperium inferebant, dicente sibi præsertim præposito : « Qui non deliberat laborare, indigne postulat manducare. » Dum autem hic assidue ureretur his exprobrationum verbis, vallem haud procul a monasterio conspicatur, de cujus medio lapis natura præbente consurgens, provehitur in excelsum quasi in quingentis aut eo amplius pedibus, nullam penitus habens cum reliquis montibus circumpositis conjunctionem : cujus vallis medium fluvius alluit, qui hunc montem placide contingens dilabitur. In hujus ergo lapidis scissuram, quod priscis temporibus quondam propter transitum hostium receptaculum fuit, eremita sanctus ingreditur, et exciso lapide, habitacula statuit in quæ nunc per scalam valde difficilem scanditur : locus etenim ille tam difficilis est ad incedendum, ut etiam feris bestiis illuc accedere sit laboris. In hoc loco oratoriolum parvulum quodam modo fecit, cui oranti, ut ipse nobis cum lacrymis referre erat solitus, serpentes super caput ejus sæpius decidebant, et involventes se circa collum ejus, non minimum ei inferebant horrorem. Sed quia diabolus ad speciem callidi serpentis habetur, non ambigitur ejus hanc fuisse immissionis insidiam. Nam cum ille ad hæc perstaret immobilis, nec moveretur minorum anguium ictibus, quadam die duo dracones immensæ magnitudinis ad eum ingressi, astiterunt procul : quorum unus, ut

jours le bonheur qu'on obtient par l'obéissance à l'église et le trouva, et s'étant retiré au monastère de Méallet en Auvergne, il s'y comporta avec une grande humilité à l'Égard de ses frères. Il gardait une excessive abstinence en sorte que, s'en étant trouvé très-affaibli, il ne pouvait accomplir le travail de chaque jour avec les autres frères, par suite de quoi, suivant la coutume des moines, on lui faisait de vifs reproches, le prévôt principalement, qui lui disait : « Celui qui ne veut pas travailler ne mérite pas de manger. »(*S. Paul.*) Se trouvant donc tous les jours en butte à des reproches de ce genre, notre saint jeta les yeux sur une vallée située non loin du monastère et au milieu de laquelle s'élevait un rocher naturel, haut de plus de cinq cents pieds et complétement isolé des montagnes voisines. Cette vallée était traversée par un cours d'eau qui baignait mollement le pied du rocher. Ce fut dans une ouverture de ce rocher, qui avait servi autrefois de retraite en cas d'invasion des ennemis, que le saint ermite se retira et établit sa demeure, où l'on arrive maintenant par une échelle très-difficile ; car ce lieu est d'un abord si peu aisé que les bêtes sauvages elles-mêmes n'y parviennent qu'avec peine. Il se construisit là un petit oratoire où, comme il avait coutume de nous le raconter en versant des larmes, souvent des serpents tombaient sur sa tête, et s'enroulant autour de son cou le remplissaient de frayeur. Or comme le diable passe pour prendre la forme de cet animal rusé, il n'est pas douteux que c'était lui qui lui tendait des embûches. En effet, comme il demeurait malgré cela immobile et qu'il n'était point ému des atteintes de petits serpents, un jour deux énormes dragons se dirigèrent vers lui et s'arrêtèrent à une certaine distance. L'un d'eux, plus fort que

arbitror, ipse dux tentationis, validior altero erat, qui erecto pectore os suum contra os beati quasi aliquid mussitaturus erexit. At ille timore perterritus, tanquam æneus valde diriguit, nullumque penitus membrum movere potens, neque manum elevare ut signum beatæ crucis opponeret. Cumque ambo diutissime in silentio constitissent, venit in mentem sancto per spiritum, ut orationem dominicam, et si labia movere non poterat, vel corde clamaret. Quam dum tacitus loquitur, cœperunt paulatim membra ejus, quæ inimici fuerant arte revincta, dissolvi, et sentiens se manum dexteram habere jam liberam, ori signum beatæ crucis imponit, rursusque conversus ad hydrum, pingit iterum crucem Christi adversus eum, dicens : « Tune es ille, qui protoplastum de paradisi habitaculo projecisti, qui germani dexteram parricidio cruentasti, qui Pharaonem ut populum Dei persequeretur armasti? qui ad extremum ipsum Hebræum populum, ut invidia succendente persequeretur Dominum, excitasti? Discede a servis Dei, a quibus sæpius superatus discessisti confusus, tu es enim in Cain projectus, in Esau supplantatus, in Goliath prostratus, in Juda traditore suspensus; et in ipsa illa dominicæ virtutis cruce cum potestatibus et dominationibus tuis triumphatus atque contritus es. Abde nunc, Dei inimice, caput et humiliare sub signaculo crucis divinæ, quia non est tibi portio cum servis Dei, quorum est hæreditas regnum Christi. » Hæc et hujuscemodi sancto dicente, crucemque per singula faciente, draco hujus vexilli virtute confusus, vicissim se humilians terræ subditur. Sed dum hæc agerentur, ille alius circa pedes et tibias sancti in insidiis volve-

l'autre, et qui était à ce que je pense le chef même de toute tentation, releva son poitrail et haussa sa bouche à la hauteur de la bouche du saint, comme s'il eût voulu lui dire quelque chose. Celui-ci fut tellement épouvanté qu'il devint roide comme bronze, n'osant ni remuer un membre, ni lever la main pour faire le signe de la croix. Et après qu'ils furent restés tous les deux dans un long silence, il vint dans l'esprit du saint de dire en son cœur, s'il ne pouvait remuer les lèvres, l'oraison dominicale. Tandis qu'il le faisait en silence, ses membres, qui avaient été enchaînés par l'art de son ennemi, se déliaient peu à peu, et lorsqu'il sentit libre sa main droite, il fit le signe de la croix sur son visage ; puis se tournant vers l'hydre, il fit de nouveau contre elle le signe de la croix, en disant : « N'es-tu pas celui qui fit sortir le premier homme du paradis, qui rougit la main d'un frère du sang de son frère, qui arma Pharaon pour persécuter le peuple de Dieu et qui enfin excita le peuple hébreu à poursuivre le Seigneur d'une fureur aveugle ? Éloigne-toi des serviteurs de Dieu, par qui tu as été tant de fois vaincu et couvert de confusion ; car tu as été chassé en Caïn et supplanté en la personne d'Ésaü ; tu as été terrassé en Goliath ; tu as été pendu en la personne du traître Judas, et c'est dans la croix même où a brillé la vertu de Notre-Seigneur que tu as été vaincu et abattu avec tes puissances et tes dominations. Cache donc ta tête, ennemi de Dieu, et humilie-toi sous le signe de la croix divine, parce que tu n'as pas de part avec les serviteurs de Dieu, dont l'héritage est le royaume de Jésus-Christ. » Tandis que le saint disait ces choses et d'autres semblables, et qu'à chaque parole il faisait le signe de la croix, le dragon vaincu par la vertu de cet emblème s'alla cacher en s'humiliant au fond de la terre. Mais, tandis que ces choses se passaient, l'autre serpent s'enroulait insidieusement autour

batur. Cumque hunc ad pedes suos confusum sanctus eremita videret, orationem faciens eum abire jussit, dicens : « Vade retro Satana, nihil mihi in nomine Christi mei poteris ultra nocere. » At ille usque ad limen cellulæ egressus, sonum validum per inferiorem partem emisit, et tanto cellulam fetore replevit, ut nihil aliud quam diabolus crederetur; nec ultra coram sancto aut serpens aut draco comparuit.

2. Erat enim assiduus in opere Dei, nec vacabat ad aliud, nisi aut legeret aliquid, aut oraret : etiam cum parumper cibi caperet, semper orabat. Sumebat interdum piscem de flumine, raro quidem, sed cum voluisset, opitulante Domino confestim aderat. Cibum panis non aliunde sumebat, nisi qui de monasterio mittebatur : si quis vero devotorum panes detulisset aut vinum, id in cibos deputabatur egentium, in illorum duntaxat qui ab eo aut signum salutare suscipere, aut infirmitatum remedia sumere flagitabant : scilicet ut quos per orationem saluti dabat, etiam cibi refectione foveret, illud Domini recolens, quod in Evangelio de turbis quas a diversorum morborum contagio sanaverat dixit : « Dimittere eos jejunos nolo, ne deficiant in via. » Sed nec illud beneficium occuli arbitror, quod ei in loco illo divina pietas est largita. Nam cum a profundo vallis illius, quasi per stadia decem aqua deferretur, oravit ad Dominum, ut ei in ipso cellulæ suæ habitaculo fontis venam ostenderet. Sed non defuit virtus illa cœlestis, quæ quondam sitientibus populis aquas produxit a silice. Statim igitur ad hujus orationem gutta laticis a caute prorumpens, cœpit solum stillis frequentibus irrigare : at ille munus cœleste congaudens, concavum in lapide parvulum in

des pieds et des jambes du saint. Celui-ci le voyant roulé à ses pieds fit son oraison et lui ordonna de se retirer en disant : « Va-t'en, Satan, tu ne me saurais plus nuire au nom du Christ mon Seigneur. » Celui-ci se retira jusqu'à l'entrée de la grotte en lâchant un bruit formidable par sa partie inférieure, et il remplit la cellule d'une telle puanteur qu'il était impossible de ne pas croire que ce ne fût pas le diable ; et depuis lors n'apparut plus au saint ni serpent, ni dragon.

2. Il était assidu dans l'œuvre de Dieu et ne faisait autre chose que lire ou prier, et même quand il prenait un peu de nourriture il priait encore. Il pêchait de temps en temps, mais très-rarement, du poisson dans la rivière, et quand il en désirait, le poisson se présentait aussitôt par le vouloir de Dieu. Pour du pain, il n'en recevait que du monastère ; si quelque personne dévote lui apportait des pains ou du vin, il destinait le tout à la nourriture des pauvres, de ceux du moins qui demandaient à recevoir de lui ou le signe salutaire de la croix ou le soulagement de leurs infirmités ; c'est-à-dire qu'à ceux auxquels il avait rendu la santé par ses prières il donnait encore à manger, se rappelant ce que le Seigneur dit dans l'Évangile à cette foule qu'il avait guérie de diverses maladies : « Je ne veux pas renvoyer à jeun ces hommes, de peur qu'ils ne viennent à défaillir en chemin. » (*Matth.* xv, 32.) Et je ne pense pas devoir cacher le bienfait que la bonté divine lui départit en ce lieu. Comme on lui apportait de l'eau du fond de la vallée, d'une distance de près de dix stades, il pria le Seigneur pour qu'il lui plût de faire sortir une source dans le lieu même où était sa cellule. Alors ne lui fit point défaut cette vertu céleste qui autrefois faisait jaillir l'eau d'un rocher pour apaiser la soif de tout un peuple ; car à l'instant une source s'élançant du rocher se répandit sur la terre et forma des filets d'eau de tous côtés. Le saint ravi du présent creusa dans la pierre un

modum cisternæ faciens, tenentem quasi congia duo, lymphas divinitus sibi indultas suscipiebat, de quibus tantum ei ministrabatur per dies singulos, quantum ipsi pueroque sufficeret qui ei minister fuerat datus.

3. Accessimus autem et nos ad locum cum beato Avito episcopo, et omnia quæ narravimus, quædam ab ipso relata cognovimus, quædam oculis propriis inspeximus. A memorato autem pontifice diaconatus ac presbyterii sortitus est gradum : multa populo diversis vexato morbis remedia contulit. Nulli tamen cellulam egressus se præbuit contemplandum, nisi tantum per fenestellam extendens manum salutare signaculum imponebat, et si a quoquam visitatus fuisset, ad hanc accedens speculam orationem colloquiumque præbebat. Denique in hac religione cursum vitæ consummans, ævi anno quinquagesimo, ut opinor, migravit ad Dominum.

CAPUT XII.

De sancto Æmiliano eremita, et Brachione abbate [1].

Quantum disciplina cœlestis se custodientibus præbeat, quantumque non custodita negligentibus irrogare debeat, per os Psalmographi Spiritus sanctus pandit : « Apprehendite, inquit, disciplinam nequando irascatur Dominus et pereatis a via justa. » De bonis autem Salomon ait : « Disciplina pacis erit super eum. » Disciplina ergo hæc timorem Domini facit, timor autem Domini initium sapientiæ præbet, sapientia vero diligere Deum docet : dilectio autem

(1) Laud. et Colb., *De Æmiliano et Brachione abbatibus.* (R.)

petit bassin qui lui servait de citerne et qui tenait près de deux conges, afin de conserver l'eau qui lui était divinement donnée et dont il ne recevait chaque jour que la quantité nécessaire pour lui et pour le garçon qu'on avait chargé de le servir.

3. Nous nous rendîmes aussi en ce lieu avec le bienheureux évêque Avitus ; et de toutes les choses que nous avons racontées nous tenons les unes du saint lui-même, et les autres nous les avons vues de nos propres yeux. Il fut ordonné diacre et prêtre par le pontife que nous venons de nommer. Il donna beaucoup de remèdes salutaires à ceux qui étaient travaillés de diverses maladies. Il ne sortait pourtant jamais de sa cellule pour se montrer à qui que ce fût, mais il étendait sa main par une petite fenêtre pour donner sa bénédiction avec le signe de la croix ; et s'il était visité par quelqu'un, il approchait de cette fenêtre et lui accordait de prier et de parler avec lui. Enfin il acheva le cours de sa vie dans cette pratique religieuse, en la cinquantième année de son âge, si je ne me trompe, pour aller au Seigneur [1].

CHAPITRE XII.

De saint Émilien, ermite, et de saint Brachion, abbé.

Le Saint-Esprit nous apprend par la bouche du psalmiste comment la discipline céleste se communique à ceux qui la gardent, et comment elle se doit imposer à ceux qui ne l'observent pas : « Recevez, dit-il, la discipline, de peur que le Seigneur ne s'irrite et que vous ne périssiez en sortant de la droite voie. » (*Psal.* II, 12). Et quant à celui dont l'âme est bonne, Salomon a dit : « La discipline du père sera sur lui. » (*Isaï.* LIII, 5.) Cette discipline fait donc la crainte du Seigneur, la crainte du Seigneur est le commencement de la sagesse, la sagesse enseigne à aimer Dieu, l'amour de Dieu élève

(1) Vers l'année 576. Voy. *Hist.*, V, IX.

Dei hominem a terrenis sublevat, ad cœlos evocat, paradiso locat, in quo felicium animæ ex illius vitis vitalis sumpto vini novi liquore epulantur in regno Dei. Desiderare ergo oportebat homines hujus vitis haurire mysterium, ut accedere valerent ad illum tam jucundæ habitationis amœnissimum locum. Quod si istæ quas nunc cernimus vites, quæ per traduces extensæ, emissis palmitibus pampino intextæ, dependentibus uvis, amœna nos contemplatione lætificant, dum non solum proferunt copiam fructuum, verum etiam opportuno nos umbraculo protegunt igniti solis ab æstu, quas scimus post assumptum fructum temporis legitimi deciduis foliis quasi aridas reddi; quanto magis illa desiderare debemus, quæ nullo fine deficiunt; neque ullo tentationis æstu marcescunt : ubi, spe præterita, res ipsa quæ sperabatur et tenetur et fruitur. Hæc multi desiderantes non modo facultates proprias reliquerunt, verum etiam deserta quæque et inculta aggressi sunt, ut sitim hujus desiderii solitariæ ac remotioris orationis patrocinio lacrymarumque fluento restinguerent : sicut nunc beatus Æmilianus, novus nostris temporibus eremita, fecisse probatur.

1. Hic igitur, relictis parentibus ac facultate propria, eremi deserta petivit et se intra secreta silvarum Ponticiacensium Arverni territorii abdidit, in qua decisa silva modicum deplanans campum, rastro ipsam effodiens humum, vitæ eliciebat alimentum. Habebat et hortum parvulum, quem aqua superveniente rigabat, de quo olus ad refectionem nullo impinguatum adipe præsumebat : solatium vero absque Dei adjutorio nullum habens, cohabitatores enim bestiæ avesque illi erant, quæ ad eum quotidie tanquam ad Dei fa-

l'homme au-dessus des choses de la terre, elle le fait monter au ciel et le place dans le paradis, où les âmes bienheureuses, ayant pris du vin nouveau de la vigne de vie, sont en festin au royaume de Dieu. Il fallait donc que les hommes désirassent boire le vin mystique de cette vigne pour être capables d'aller au lieu de délices d'une si agréable habitation. Que si les vignes que nous voyons maintenant étendant leurs rameaux, où les feuillages et les raisins s'entremêlent parmi les pampres, ont tant de charmes pour la vue, non-seulement à cause des fruits abondants qu'elles portent, mais pour l'ombrage dont elles nous protégent quand nous sommes brûlés par les rayons du soleil; si de plus nous les voyons après avoir donné du fruit en leur saison perdre leurs feuilles et se dessécher; combien davantage devons-nous désirer celles qui ne font jamais défaut et jamais ne dessèchent par la chaleur de la tentation, qui même après ce terme où il n'y a plus d'espérance nous donnent tout ce que nous espérions et nous en font jouir. Plusieurs l'ont assez désirée non-seulement pour faire abandon de leurs richesses, mais encore pour se retirer courageusement dans les déserts les plus incultes, afin d'éteindre la soif de leur aspiration à la vie solitaire par le secours de la prière et par les larmes de la pénitence; et il est certain qu'ainsi fit le bienheureux Emilien, qui a renouvelé de nos jours la vie des anachorètes.

1. Emilien donc, ayant quitté ses parents et ses biens, alla chercher la solitude dans le désert et se retira dans les lieux les plus reculés des forêts de Pionsat [1] en Auvergne, où en abattant des arbres il fit un petit champ qu'il cultiva et qui lui fournit ce qui était nécessaire à sa subsistance. Il avait aussi un petit jardin qu'il arrosait avec les eaux des pluies et d'où il tirait des légumes qu'il mangeait sans aucun assaisonnement. Il n'avait d'autres consolations que celles qui lui venaient de Dieu, car il n'y avait point là d'autres habitants que des bêtes et des oiseaux, qui s'empressaient tous les

(1) Punsat ou Pionsat en Combraille, lieu récemment illustré par la découverte qui y fut faite des monnaies gauloises au type de Vercingétorix. *Saint Brachio* y est appelé *saint Bravy*. A peu de distance se trouvait le prieuré de S. Saturnin de Vensat, le *domus Vendiciacensis* du paragraphe 3 ci-après.

mulum confluebant. Vacabat autem jejuniis et orationi, nec eum ab hac causa ulla mundanæ sollicitudinis occasio impedire poterat, quia præter Deum aliud nihil habebat.

2. Erat autem tunc temporis apud Arvernam urbem Sigivaldus[1] magna potentia præditus, in cujus servitio erat adolescens quidam, nomine Bracchio[2], quod in eorum lingua interpretatur Ursi catulus. Hunc antedictus vir ad capessendam porcorum silvestrium venationem delegerat, ibatque cum ingenti molossorum turba, circuiens silvas, et si quid cepisset domino deferebat. Quadam vero die dum suem immensi corporis cum hac latrantium turba prosequeretur, sus intra septa quæ circa cellulam erant sancti ingreditur : prosequens vero canum turba cum latratu, usque ad aditum accessit vestibuli, moxque in suis hæsit vestigiis nec ingredi est permissa post suem. Quod cernens Bracchio, et cœlitus hæc evenisse admirans, ad cellulam sancti se confert, viditque suem ante ostium stantem nihil penitus formidantem. Consalutatus autem ac osculatus a sene, invitatur ad residendum. Quibus consedentibus, ait senex : « Video te, fili dilectissime, in grandi elegantia compositum, et sequi ea quæ magis detrimentum animæ præparant quam salutem. Relinque, quæso, terrenum dominum et sequere Deum verum, cœli terræque factorem, cujus nutu omnia gubernantur, cujus imperio cuncta subduntur, cujus majestate ipsa quam cernis bestia astat

(1) Colb. et Laud., *Sigiuualdus*. (R.)

(2) Iidem codd. qui habent hic et alias *Bracchio*, quandoque *Brachio* exhibent. Fuit genere Thoringus, ex lib. V Hist. c. XII. (R.)

jours autour de lui comme auprès du serviteur de Dieu. Il donnait tout son temps au jeûne et à la prière, et aucune sollicitude mondaine ne pouvait l'en détourner, parce qu'il ne cherchait que Dieu seul.

2. Il y avait alors dans la ville de Clermont un homme, nommé Sigivald, doué d'un pouvoir considérable[1], qui avait à son service un jeune homme, nommé Brachion, ce qui veut dire en leur langue « le petit d'un ours[2]. » L'homme dont je viens de parler avait chargé ce dernier de chasser le sanglier; accompagné d'un grand nombre de chiens, Brachion parcourait les forêts, et s'il prenait quelque chose, il le rapportait à son maître. Un jour donc, comme il poursuivait avec sa meute un sanglier d'une taille énorme, celui-ci entra dans un enclos voisin de la cellule du saint. La meute l'y suivit en aboyant et arriva jusqu'à l'entrée de la première pièce; mais bientôt elle s'arrêta court; il ne lui était pas permis d'entrer après le sanglier. Ce que voyant, Brachion reconnut avec étonnement qu'il y avait là quelque chose de divin, et se dirigeant vers la cellule du saint il y aperçut le sanglier qui se tenait sans aucune crainte devant la porte. Le vieillard vint saluer Brachion, l'embrassa, l'invita à s'asseoir, et lorsqu'ils furent assis, il lui dit : « Je te vois mis avec une grande élégance, mon très-cher fils, et occupé à la recherche de choses qui sont plus propres à perdre l'âme qu'à la sauver. Abandonne, je te prie, le maître que tu sers ici-bas, et suis le vrai Dieu, le créateur du ciel et de la terre, qui gouverne tout par sa volonté, qui soumet tout à son empire, et dont la majesté toute-puissante, comme tu le vois, rend cette bête intrépide.

(1) Voy. *Hist.*, III, XIII, etc.
(2) En allemand *Bærchen*.

intrepida. Non te tumidum faciat aut extollat potentia domini tui, quæ nihil est. Sic enim ait Paulus apostolus : « Qui gloriatur, in Domino glorietur. » Et alibi : « Si hominibus placerem, Christi servus non essem. » Subde te ejus servitio qui ait : « Venite ad me omnes qui laboratis et onerati estis, et ego reficiam vos. » Ipse enim est Dominus, cujus onus leve est, cujus jugum suave est, cujus cultus et tribuit præsentia et vitam largitur æternam. Sic enim ait : « Si quis renuntiaverit omnibus quæ possidet, centuplum accipiet, et insuper vitam æternam possidebit. » Hæc et his similia sene viriliter disserente, sus illæsus silvas petiit, puerque discessit ab eo non sine grandi admiratione, quod aprum quem inchoaverat sequi ferum, in conspectu senis mansuetum astare videbat ut agnum. Plurima igitur animo tractans, ac multa secum revolvens quid ageret quidve faceret, utrum sæculum relinqueret an sæculo deserviret, tandem compunctus a divina pietate et credo sancti Æmiliani oratione, aditum quærere cœpit occulte qualiter clericus esse posset, quia publice propter terrenum dominum non audebat. Tamen cum esset adhuc laicus, in nocte bis aut ter de stratu suo consurgens, terræ prostratus orationem fundebat ad Dominum. Nesciebat tamen quid caneret, quia litteras ignorabat. Videns autem sæpius in oratorio litteras super iconicas apostolorum reliquorumque sanctorum esse conscriptas, exemplavit eas in codice. Cumque ad occursum domini sui clerici vel abbates assidue convenirent, hic ex junioribus quem primum potuisset accersire, secretius interrogabat nomina litterarum, et ob hoc eas intelligere cœpit : antea autem, inspirante Domino, et legit et

Que la puissance de ton maître, laquelle n'est rien, ne te rende pas vain et orgueilleux. Car ainsi le dit l'apôtre Paul : « Que celui qui se glorifie, se glorifie au Seigneur. » (*I Cor.* I, 31.) Et ailleurs : « Si je plaisais aux hommes, je ne serais pas le serviteur du Christ. » (*Gal.* I. 10.) Assujettis-toi au service de celui qui a dit : « Venez à moi vous tous qui travaillez et qui êtes chargés, et je vous soulagerai. » (*Matth.* XI, 28.) Car il est le Seigneur dont le fardeau est léger, dont le joug est doux (*Ibid.* 30), dont le culte procure et les choses présentes et la vie éternelle. Telles sont en effet ses paroles : « Si quelqu'un renonce à tout ce qu'il possède, il recevra au centuple, et il possédera en outre la vie éternelle. » (*Matth.* XIX, 29.) Tandis que le vieillard tenait ces discours et d'autres également dignes d'un homme, le sanglier se retira sain et sauf dans les bois ; le jeune homme quitta le saint non sans une grande admiration, de ce qu'il avait vu le sanglier qu'il avait commencé de chasser devenir, malgré son naturel sauvage, à la vue du vieillard, aussi doux qu'un agneau. Roulant donc dans son esprit diverses pensées et s'étant demandé ce qu'il ferait, s'il quitterait le siècle ou s'il continuerait de le servir, enfin touché par la bonté divine, et je crois par la prière de saint Émilien, il commença à chercher quelque voie secrète pour arriver à la cléricature ; car il n'osait le faire publiquement à cause de son maître terrestre. Cependant bien qu'il fût encore laïque, se levant deux ou trois fois de son lit pendant la nuit, il se prosternait pour prier Dieu. Mais il ne savait que chanter parce qu'il n'avait pas été instruit aux lettres. Or, ayant vu souvent dans l'oratoire des lettres écrites au-dessus des images des apôtres et des autres saints, il les copia dans un livre ; et, comme il venait continuellement chez son maître des clercs et des abbés, il demandait aux plus jeunes qu'il pouvait aborder les noms des lettres, et de là il commença à comprendre ce qu'elles signifiaient ; et, par une grâce particulière du Seigneur, il sut lire et écrire avant de connaître la suite

scripsit quam litterarum seriem cognovisset. Exin, mortuo Sigivaldo, ad antedictum senem properat, et cum eodem duos vel tres annos faciens, psalterium memoriæ commendavit. Quem ejus germanus plerumque interficere voluit, quod nollet matrimonio copulari. Dehinc monachi ad eos additi sunt.

3. Impletis autem beatus Æmilianus diebus vitæ suæ et circiter nonagenaria ætate, egrediens a corpore Brachionem reliquit hæredem. Hic stabilito monasterio, obtinuit a Ranichilde[1], Sigivaldi memorati filia, multa terrarum spatia, quæ ad hoc monasterium dereliquit; erat enim saltus ex domo Vindiacensi[2]. Hic vero de hoc egressus monasterio, Turonis venit ibique ædificatis oratoriis, duo monasteria congregavit. Quodam autem tempore advenientes homines peregrini reliquias sanctorum detulerunt secum, quas super altare basilicæ sancti Martini Turonis locaverunt, quasi in crastinum profecturi. Adfuit ei Bracchio abba, qui vigilans in basilica, circa medium fere noctis vidit quasi globum ignis immensi de sanctis pignoribus emicare et usque ad templi cameram cum lumine magno conscendere. Quod non est dubium aliquid fuisse divinum : nulli tamen de astantibus aliis, nisi illi tantum fuit ostensum. Post hæc autem regressus est Arvernum ad prius monasterium, in quo per quinque annos inhabitans, venit Turonis, stabilitisque abbatibus in monasteriis supradictis, Arvernum regressus est. Cumque ad priorem cellulam resideret,

(1) Sic Colb., Bad., Gon., et cæteri; Bell. vero habet *Ranihilde*, quod perinde est; Bal., *Rachinilde*; et Laud., *Rahnilde*. (R.)

(2) Colb., *Vindiciacense*. (R.)

des lettres. Ensuite Sigivald étant mort, il se hâta d'aller trouver le vieillard, et ayant passé deux ou trois ans avec lui, il apprit le psautier par cœur. Cependant son frère voyant qu'il ne voulait pas se marier eut souvent la pensée de le tuer. Dans la suite des moines vinrent se joindre au vieillard et à lui.

3. Enfin le bienheureux Émilien remplit la mesure des jours comptés pour sa vie ; il mourut environ dans la quatre-vingt-dixième année de son âge et laissa Brachion pour successeur. Celui-ci ayant fondé un monastère obtint de Ranichilde, fille de Sigivald, plusieurs pièces de terre qu'il laissa à la communauté. Elles se composaient des bois de la villa de Vensat. Étant ensuite sorti de ce monastère, Brachion vint à Tours, où il bâtit des oratoires et fonda deux monastères. Or un jour des étrangers arrivèrent portant des reliques de saints, qu'ils placèrent sur l'autel de l'église de Saint-Martin, comme s'ils devaient partir le lendemain. Là se trouvait l'abbé Brachion qui, veillant dans l'église, aperçut vers minuit un globe immense de feu qui sortait des saintes reliques [1] et s'élevait avec une grande lumière jusqu'à la voûte du temple. Ce qui sans aucun doute était quelque chose de divin, mais ne fut vu que de lui parmi tous les assistants. Après cela il retourna en Auvergne dans son premier monastère d'où, après y être resté cinq ans, il revint à Tours où il établit des abbés dans les monastères qu'il avait fondés, puis retourna encore une fois en Auvergne. Et comme il résidait dans son ancienne cellule, il fut chargé

(1) Cf. *Gloire des conf.*, xx.

in monasterium Manatense quod per incuriam abbatis intepuerat ordinatur, ut scilicet ejus studio congregatio ipsa canonice regeretur. Erat enim castissimæ conversationis, sed et alios strenue distringebat castam agere vitam. Qui erat suavis colloquio, et blandus affectu; in transgressoribus vero regulæ ita severus habebatur, ut aliquoties putaretur esse crudelis : in jejuniis vigiliisque et charitate perfectum reddiderat virum. Cumque tempus migrationis appropinquaret, vidit in visu, sicut ipse beato Avito episcopo retulit[1], ductum se ad æthera in præsentiam Domini, ibique cherubin ac seraphin obumbrare majestatem Domini, et Esaiam prophetam, extenso volumine, verba quæ vaticinaturus erat intimare, turbam circumstantem angelorum in laudem Dei sedentis super æthera clamare. Dumque hoc attonitus spectaret, expergefactus, somniumque suum attente discutiens ut finem vitæ suæ, Domino revelante cognosceret, dicit abbati quem in priorem statuerat in monasterio : « Locus ille secus fluvium, in quo oratorium facere computabam, jucundus est valde. Ideo rogo ut quod ego volui tu expleas, atque illuc ossa mea transferre non abnuas. » Quo migrante et in oratorio prioris cellulæ sepulto, cum abbas injunctum cuperet opus explere, nutu Dei et calces coctos antiquitus, et fundamentum in ea mensura quam ipse ponere cogitabat, nactus est, perfectoque ædificio, detexit abbatis sepulcrum. Quo patefacto, reperit corpusculum illæsum, ut putaretur ante diem alterum fuisse defunctum; et sic cum gau-

(1) Bell., *beato episcopo retulit*. Quæ sequuntur in ed. et mss. videntur corrupta. (R.)

de rétablir dans le monastère de Ménat la règle qui s'y était relâchée par la négligence de l'abbé. Il menait en effet la vie la plus pure et forçait vaillamment les autres à garder également la chasteté. Sa conversation était douce, son air affable, mais il se montrait si sévère pour les infractions à la règle que parfois il passait pour cruel. Quant à ce qui était des jeûnes, des veilles et de la charité, il avait atteint la perfection. Et comme le temps de sa mort approchait, il eut un songe, comme lui-même l'a raconté au bienheureux évêque Avitus, dans lequel il fut transporté jusqu'aux cieux en présence du Seigneur. Là il vit les chérubins et les séraphins qui ombrageaient la divine majesté, et ayant ouvert un livre, prescrivaient au prophète Isaïe les paroles qu'il devait prononcer, tandis qu'une troupe d'anges entourant le trône de Dieu faisait retentir les cieux de ses louanges. Et tandis qu'il contemplait cela tout ravi, il s'éveilla, et examinant attentivement ce songe il reconnut que Dieu lui annonçait ainsi la fin de sa vie. Il dit alors à l'abbé qu'il avait établi pour chef du monastère : « Le lieu voisin de la rivière, où je comptais faire un oratoire, est fort agréable ; je te prie donc d'accomplir mon désir qui est de vouloir bien y transporter mes os. » Quand il fut mort[1], on l'ensevelit dans l'oratoire de sa cellule primitive ; et comme l'abbé désirait accomplir l'ouvrage que le saint lui avait commandé, il rencontra dans ce lieu, par la permission de Dieu, de la chaux dès longtemps prête et une fondation de la grandeur même qu'il la voulait faire ; puis, l'ouvrage achevé, il ouvrit le sépulcre de l'abbé Brachion, dont le corps fut trouvé intact, comme s'il fût décédé

(1) 9 févr. 576. (R.)

dio, prosequente caterva monachorum quam ipse edocuerat, in locum illum post duos annos translatus est.

CAPUT XIII.

De sancto Lupicino.

Athletæ Christi atque triumphatores mundi vitæ istius fugitivæ jacturam facere cupientes, pertendere ad illam vitam voluerunt, quæ in exsultatione perpetua manet, quæ nullo gemitu obstrepit, nec quoquam fine concluditur; cujus lumen nunquam exstinguetur, cujus serenitas nulla obscuritate nubis obtegitur. Ideoque semper præsentium dolorum contumelias pro nihilo habuerunt, scientes se in paucis vexatos, in multis bene disponendos. Et ob hoc quisquis ille est, qui in isto agone contendit, metu non terretur, pœna non solvitur, dolore non frangitur, ut tantum illa æternæ jucunditatis amœnitate cum electis Dei perfrui mereatur : sicut multos fecisse novimus de sanctis viris, quorum nunc vita tractatur aut legitur.

1. Igitur Lupicinus quidam magnæ sanctitatis, fortissimusque in operibus Dei, qui primum eleemosynam per domos devotorum deposcens, quæ acquirere potuisset sibi similibus erogabat : ad extremum jam mediam habens ætatem, vicum Berberensem, qui nunc Lipidiaco dicitur, veniens, parietes antiquos reperit, ibique reclusus ab omnium se hominum aspectibus inhibebat : ac per modicam fenestellam parumper panis vel aquæ accipiens, quod ei aliquoties, cum esset valde exiguum, usque ad diem tertium perdurabat. Aqua enim per canalem parvulum inferebatur, fesnestella vero velo operiebatur;

de la veille. Et ainsi deux années après sa mort, il fut transporté dans cet endroit avec une grande joie par la congrégation des moines qu'il avait formés lui-même.

CHAPITRE XIII.

De saint Lupicin.

Les athlètes du Christ et les triomphateurs du monde, désireux de perdre cette vie fugitive, ont souhaité de parvenir à la vie qui demeure dans une joie perpétuelle, où l'on n'entend aucun gémissement et qui ne se termine par aucune fin ; dont la lumière ne s'éteindra jamais et dont la sérénité ne sera obscurcie par aucun nuage. Et par cette raison ils ont toujours tenu pour rien les opprobres et les douleurs de la vie présente, sachant bien que pour de petites angoisses qu'ils ont souffertes ils obtiendront plus tard de grandes jouissances. C'est pourquoi quiconque aspire à prendre part à ce combat, ne se laisse effrayer par aucune crainte, détourner par aucune peine, décourager par aucune douleur, afin de mériter d'être admis à la jouissance d'une félicité éternelle avec les élus de Dieu. C'est ainsi, nous le savons, qu'ont agi plusieurs saints dont la vie s'écrit et se lit à présent.

1. Un certain Lupicin, personnage de grande sainteté, et d'une très-grande vaillance en fait d'œuvres dignes de Dieu[1], qui s'était premièrement adonné à demander l'aumône dans les maisons des personnes dévotes et qui donnait à ses semblables tout ce qu'il pouvait acquérir par ce moyen, ayant enfin atteint l'âge moyen de la vie, vint au bourg de la Bèbre, qu'on nomme à présent Lubié[2]. Là il trouva de vieilles murailles, dans lesquelles il se renferma, et se retira de la vue de tous les hommes, recevant par une petite fenêtre un peu de pain et d'eau, qui lui durait quelquefois trois jours, bien qu'on lui en donnât très-peu. Pour l'eau, on la faisait couler par un petit canal, et quant à sa petite fenêtre,

---

(1) Mort le 24 janv. 500. (R.)

(2) Hameau dépendant de la Palisse, petite ville du Bourbonnais située sur la Bèbre, affluent de la Loire. Trésel, autrefois Trésaille, est un bourg du voisinage. Voyez sur ce point, et en général sur la géographie de Grégoire de Tours, la traduction de son *Histoire*, pub. chez Firmin Didot, 2 vol. in-12, 1862.

utriusque tamen rei aditus ita obtectus erat, ut nullus beatum ejus vultum posset advertere. Et dum ibidem die noctuque in Dei laude psalmorum modulis delectatur, tormentum sibi quod corpusculum plus gravaret adhibuit, non immemor illius Apostoli dicti, quia « non sunt condignæ passiones hujus temporis ad futuram gloriam quæ revelabitur in nobis. » Lapidem namque grandem, quem duo homines vix levare poterant, cervici impositum tota die, dum Deo caneret, per cellulam deportabat: nocte autem ad additamentum injuriæ, in virga quam manu gerebat, duas defixerat sudes, desuper acumina parans, quæ ad mentum suum ne somnum caperet supponebat. Denique ad extremum vitæ tempus, corrupto pectore a pondere saxi, sanguinem per os ejicere cœpit: quem per parietes præsentes projiciens spuebat. Sed et plerumque fidelibus viris nocte ad cellulam clam appropinquantibus, quasi vox multi psallentii resonabat: sed et multos infirmos, et præsertim ab accessionibus frigoriticis vel pusulis malis oppressos, tactu tantum vel signo salutari imposito, sanitati restituebat.

2. Cum autem jam senio inclinatus esset, vocavit ministrum suum, dicens: « Præterito tempore occulendi, manifestandi tempus advenit. Scito ergo me post triduum ab hoc sæculo liberandum. Voca nunc fideles quosque fratres et filios, quibus sum vale dicturus, ut veniant ad nos visitandum. » Illucescente autem die tertia, confluentibus fratribus, ostium quod clausum erat aperuit, atque ingredientibus, cunctis qui aderant consalutatis deosculatisque, orationem fudit ad Dominum, dicens: « Gratias tibi ago, Domine Jesu Christe, qui me salvari jussisti ab hujus mundi

elle était fermée par un linge. Et l'une et l'autre ouverture étaient tellement cachées qu'il n'était pas possible à qui que ce fût d'apercevoir le bienheureux visage du solitaire. Comme il se plaisait en ce lieu, chantant jour et nuit des psaumes à la louange de Dieu, il chercha le moyen d'affliger davantage son corps, car il se rappelait ces paroles de l'Apôtre : que « les souffrances du temps présent n'ont rien qui puisse être comparé à la gloire qui doit être manifestée en nous. » (*Rom.* VIII, 18.) Il portait, en effet, à son cou, pendant tout le jour, tandis qu'il chantait dans sa cellule les louanges de Dieu, une grosse pierre, que deux hommes pouvaient à peine remuer. Et la nuit, pour se mortifier davantage il avait fixé au bout de son bâton deux épines dont les pointes étaient tournées en l'air et qu'il mettait sous son menton afin de s'empêcher de dormir. Enfin dans les derniers temps de sa vie, sa poitrine étant abîmée par le poids du rocher qu'il portait, il commença à cracher du sang contre les murailles qui étaient devant lui. Mais fort souvent pendant la nuit, des personnes dignes de foi s'étant approchées de sa cellule, y ont entendu comme les voix de plusieurs personnes qui chantaient des psaumes, et beaucoup d'infirmes et surtout des malades tourmentés par la fièvre ou par de mauvaises pustules ont été guéris pour avoir été seulement touchés de sa main, ou pour avoir reçu sa bénédiction avec le signe salutaire de la croix.

2. Étant devenu tout courbé par la vieillesse, il appela son serviteur et lui dit : « Le temps est passé de cacher les choses, et le temps est venu de les dire. Sache donc que dans trois jours je serai délivré de ce monde. Maintenant appelle tous les fidèles, mes frères et mes fils, à venir nous visiter; je veux leur dire adieu. » Le troisième jour ses frères étant venus en foule à sa porte, il l'ouvrit, et quand il les eut tous salués et embrassés, il fit son oraison au Seigneur en disant : « Je te rends grâces, ô Seigneur Jésus-Christ, qui as ordonné ma délivrance de tous les empêchements de ce monde, et

impedimentis, et ita me fovere dignatus es in hoc sæculo, ut nihil suum in me auctor criminis inveniret. » Et conversus ad plebem, ait : « Magnificate, quæso, dilectissimi, Dominum mecum et exaltemus nomen ejus in commune, qui me erectum de stercore, erutum de tenebrarum opere, amicorum suorum fecit esse consortem; qui misit angelum suum ad me accersendum ab hac mundana statione, et pollicitus est me in requiem sempiternam perducere, ut collega amicis ejus effectus, mererer regno ejus ascribi. » O beatum virum qui ita consolari meruit in hoc corpore, ut prius cognosceret quod erat fruiturus in cœlo quam migraret a sæculo, meruitque hic obtinere apud divinam potentiam quod David sæpius decantabat : « Notum fac mihi, Domine, finem meum, et numerum dierum meorum, ut sciam quid desit mihi. » Dehinc humo incumbens, spiritum cœlo intentum præmisit ad Dominum. Tunc omnes in fletu prostrati, alii plantas osculantur, alii fimbrias vestimenti diripiunt, alii de pariete beatum sanguinem qui ab ejus fuerat ore projectus, inter se certantes excudunt : miserum se quisque dicebat, si immunis ab ejus pignoribus discessisset. Testis est hodieque et ipse paries, qui tot fossulis patet, quot ab ore beati confessoris sputos emeruit : testis est ipse canalis de quo vir beatus aquam sumpsit ad usus, de quo fideliter osculantes hauriunt sanitatem. Nam vidi ego multos, qui evulsos a pariete sacrati oris sputos, in diversis infirmitatibus positi meruerunt accipere medicinam.

3. Denique hoc, ut diximus, defuncto, adfuit quædam matrona, quæ ablutum dignis induit vestimentis,

qui as daigné me préserver de telle sorte dans ce siècle que l'auteur de tout crime n'a rien trouvé de mis en moi par lui. » Et se tournant vers le peuple, il dit : « Je vous supplie, mes bien-aimés, magnifiez le Seigneur avec moi, et tous ensemble exaltons son nom (*Psal.* XXXIII, 3). C'est lui qui m'a élevé de la fange, qui m'a retiré de l'œuvre des ténèbres et m'a fait participant de la joie de ses amis; c'est lui qui m'a envoyé son ange pour me rappeler de cette habitation mondaine et m'a promis de me conduire au repos éternel, afin qu'étant devenu collègue de ceux qu'il honore de son amitié, je mérite aussi d'être admis en son royaume. » O homme bienheureux qui mérita d'être consolé dans ce corps, au point de connaître ce dont il devait jouir dans le ciel avant de sortir du siècle, et qui put obtenir ici-bas de la puissance divine ce que demandait si souvent David : « Faites-moi connaître, Seigneur, ma fin et le nombre de mes jours, afin que je sache ce qui me manque. » (*Psal.* XXXVIII, 5, 6.) Ensuite, s'étant couché par terre, il rendit au Seigneur son âme qui soupirait après le ciel. Alors tous se prosternent et versent des larmes; ils s'efforcent les uns de baiser ses pieds, les autres d'enlever quelque bribe de son vêtement, d'autres de recueillir à l'envi sur la muraille le bienheureux sang qu'il avait craché, et chacun se disait malheureux s'il se retirait n'ayant pu emporter de lui quelques reliques. La muraille aujourd'hui encore témoigne de ce que nous venons de dire; car elle présente autant de petits creux qu'elle eut le mérite de recevoir de crachats expectorés de la bouche du bienheureux; il en est de même de ce canal d'où le saint homme tirait l'eau nécessaire à son usage : en le baisant avec foi l'on y puise la santé. J'en ai vu également moi-même beaucoup qui, ayant extrait de la muraille les crachats de cette bouche sanctifiée, ont eu l'honneur d'en recevoir du soulagement dans diverses maladies.

3. Le saint mort, comme nous l'avons dit, il y eut une dame respectable qui, après avoir fait laver le corps et l'avoir

et cum eum ad vicum Transalicensem[1] inferre vellet, restitit ei populus pagi Lipidiacensis, dicens : « Nostrum hunc solum fovit, nobis corporis ejus gleba debetur. » Matrona autem respondebat ad hæc : « Si aliqua de victus ejus exprobratis necessitate, sæpius ei ego et triticum misi et hordeum, quod vel ille sumeret, vel aliis ministraret. » At illi dicebant : « Nostri generis homo effectus est, nostri fluminis aquas hausit, nostra eum terra cœlo transmisit. Æquumne ergo est ut tu de terra aliena veniens rapias eum de manu nostra? Noveris enim quia non hoc sustinebit quisquam nostrum, sed hic sepelietur. » Matrona respondit : « Si germen stirpis ejus inquiritis, ex aliis hic regionibus adventavit, si aquas fluminis ingeritis, parum sitim ejus mollierunt, quam potius e cœlo manans fons ille restinxit. » Cumque hæc et hujuscemodi inter se verba proferrent, et Lipidiacenses effossa humo et deposito sarcophago eum sepelire niterentur, convocatis matrona solatiis, fugatis pagensibus, rapuit sanctum corpus, ac ferre cœpit in feretro ad vicum Transaliacensem, dispositis in itinere psallentium turmis cum crucibus cereisque, atque odore fragrantis thymiamatis. Quod illi cernentes, pœnitentia moti, miserunt post matronam, dicentes : « Peccavimus resistendo tibi, profecto enim cognoscimus in hoc esse Domini voluntatem; nunc autem petimus ut non abjiciamur ab hujus funeris obsequiis, sed admittamur officiis ejus. » Illa quoque permittente ut

---

1. Colb. *Transiliensem* et infra bis *Transaliacensem*; Laud et Bad. *Transaliensem* et infra *Transaliacensem*; Bell. *Transsaliensem*; Sur. semper *Transaliacensem* et Gon. *Transiliensem*. (R.) — 2204, *Transaliensim* et infra bis *Transaliacensim*.

revêtu d'habits convenables, voulut le transporter au bourg de Tresel; mais le peuple de Lubié s'y opposa en disant : « C'est notre terre qui l'a nourri, son corps nous appartient. » Mais la dame répondait : « Si vous vous fondez sur les besoins de sa vie pour vous opposer à moi, moi aussi je lui ai souvent envoyé du blé et de l'orge, qu'il a mangé lui-même ou qu'il a donné à d'autres. » Et ceux-ci disaient : « Il est sorti de chez nous, il a bu l'eau de notre rivière, et de la terre où nous sommes il est monté au ciel. Est-il donc donc juste que toi qui viens d'un autre pays tu nous l'arraches des mains ? Or sache qu'il n'est personne de nous qui le souffrît et qu'il sera enseveli ici. » La matrone répondit : « Vous voulez rechercher son origine et sa race? il est venu des pays étrangers. Vous parlez des eaux de votre rivière? elles ont moins contribué à apaiser sa soif que les eaux du ciel. » Et, comme ils se renvoyaient ainsi mutuellement les paroles, les habitants de Lubié creusèrent une fosse, et ils se disposaient à ensevelir le corps du saint, lorsque la dame appela du secours, mit en fuite les paysans et enleva de force le saint corps, puis le fit transporter dans un cercueil au bourg de Tresel, après avoir disposé sur le chemin des troupes de chantres et de prêtres avec des croix, des cierges et de l'encens. Ces gens, voyant cela, se repentirent et envoyèrent après la dame pour lui dire : « Nous avons péché en te résistant, et nous reconnaissons sincèrement que la volonté du Seigneur est qu'il en soit ainsi. Nous te demandons maintenant de n'être pas exclus de ses funérailles et de participer à son office. » Celle-ci leur permit de suivre le convoi, et ainsi

sequerentur, conjunctus est uterque populus; et sic pariter usque ad Transaliacensem vicum venientes, celebratis missis, beatum corpus cum summo honore gaudioque sepelierunt. In quo vico sæpius se beatissimus in virtutibus declaravit. Sed et Lipidiaco, ut supra præfati sumus, plerumque opus ejus sanctum ostenditur, uterque enim locus unius sancti præsidiis communitur. Et fortassis quorumdam incredibilium latratus de his conatur obstrepere, noverint a me visum Deodatum presbyterum, summam octogenarii ævi ferentem, qui mihi hæc ut scripta sunt contulit, confirmans sacramento nihil se de his admixto mendacio enarrasse.

CAPUT XIV.

De sancto Martio abbate.

Magnum nobis divina pietas largitur augmentum, cum delictis nostris fieri præcepit de remissione refugium, si ignoscamus negligentibus, si indulgeamus lædentibus, si odientibus nos e contrario commodum benedictionis impertiamur, dicente Domino Jesu Christo : « Diligite inimicos vestros, benefacite his qui oderunt vos, et orate pro calumniantibus et persequentibus vos, ut sitis filii Patris vestri qui in cœlis est. » Ecce quam magnum thesaurum congregat contemptus iræ, reconciliatio damnati, remissio judicati : filium te Dei Patris facit, cohæredem Christi ascribit, cœlestibus te regnis habitatorem statuit. Unde manifestum est oblitterari delicta ejus in cœlo qui delinquenti beneficium veniæ impertitur in sæculo. Sic enim Dominici oris sententia prolata testatur : « Si, inquit, dimiseritis hominibus peccata eorum, dimittet

l'un et l'autre peuple se réunirent et s'avancèrent ensemble jusqu'au bourg de Trescl, où le saint corps fut enseveli avec grand honneur et en grande joie. Le saint s'y est manifesté plusieurs fois par ses miracles et n'a point négligé de donner encore depuis sa mort beaucoup de marques de sa vertu à Lubié, comme nous l'avons déjà dit; car ces deux endroits sont protégés par le même saint. Et peut-être quelques incrédules s'efforceront-ils par leurs aboiements de réfuter ce que nous avons dit; mais qu'ils sachent que j'ai vu le prêtre Dieudonné chargé de quatre-vingts ans, qui m'a raconté ces choses telles que je les ai écrites, en me déclarant sous serment qu'il n'y avait mêlé aucun mensonge.

CHAPITRE XIV.

De saint Mars, abbé.

La divine bonté nous accorde un grand bienfait lorsqu'elle nous a ménagé un refuge pour la rémission de nos péchés si nous excusons les négligences d'autrui, si nous sommes indulgents pour ceux qui nous ont offensés, si nous répondons à la haine par notre bénédiction, notre Seigneur Jésus-Christ nous ayant dit : « Aimez vos ennemis, faites du bien à ceux qui vous haïssent et priez pour ceux qui vous calomnient et qui vous persécutent, afin que vous soyez les enfants de votre Père, qui est dans les cieux. » (*Matth.* v, 44, 45.) Voilà le grand trésor qu'on s'amasse quand on méprise la colère, qu'on se réconcilie avec celui qui vous a condamné, qu'on absout celui qui vous a jugé. Le mépris de la colère te rend fils de Dieu le Père, cohéritier de Jésus-Christ, et t'institue habitant des royaumes célestes. Il est donc manifeste que les péchés de celui-là sont effacés au ciel qui accorde en ce siècle la grâce du pardon à celui qui l'a offensé. Car telle est la sentence que Notre-Seigneur a portée à ce sujet : « Si, dit-il, vous avez remis les fautes aux hommes, votre Père

et Pater vester cœlestis peccata vestra. » Cum vero supplices famulos docet orare, ait : « Sic enim dicetis ad Patrem : Dimitte nobis debita nostra, quemadmodum et nos dimittimus debitoribus nostris. » Hic igitur sanctus Martius beatus abbas, sanctitate præclarus, divinis eruditus studiis, hujus sententiæ bonum retinuit corde, ut libenter dimitteret delinquenti; et non solum ignovit noxam, verum etiam munere præbuit gratiam, ne in aliquo vilem redderet culpati personam. Sed ante de conversatione ejus pauca locuturi sumus, priusquam ad hujus gratiæ beneficium accedamus.

1. Igitur beatissimus Martius, Arvernæ urbis abbas, ejusdem territorii fuisse incola fertur, et a pueritia sua religiosam agens vitam, totum se Dei operibus dedicavit. Erat enim parcus in cibis, largus in eleemosynis, promptus in vigiliis, in orationibus valde devotus : totis viribus luxuriam abstinentiæ freno, ac parcitatis agone coercens, ne sibi aliquid subrepere posset. Non immerito Martius vocitatus, qui marte triumphali pullulantes actionum mortalium cogitationes gladio Spiritus sancti in ipso emicationis exordio succidebat, non surdus auditor apostolicæ exhortationis dicta commemorans : « Accingite vos armatura Dei et gladio Spiritus sancti, ut possitis ignita diaboli tela contemnere. » Cumque ad illam ætatis legitimæ perfectionem venisset, et tanquam sidus egregium in hac urbe fulgeret, adhuc aliquid sibi deesse putans, haud procul ab ea secessit, acceptoque sarculo, montem lapideum cædere cœpit, in quo cellulas sculpens, habitacula sibi parvula fecit : scilicet ut arctius sobrietatis catena constrictus, facilius Deo omnipotenti

céleste vous remettra les vôtres. » (*Matth.* VI, 14.) Et, quand il apprend à ses humbles serviteurs à le prier, il dit : « Vous parlerez ainsi à votre Père : Pardonne-nous nos offenses, comme nous pardonnons à ceux qui nous ont offensés. » (*Ibid.*, 12.) Ce bienheureux abbé, saint Mars, fut un personnage célèbre par sa sainteté, instruit dans les lettres divines, et qui retint en son cœur le bien de cette sentence, de pardonner de bon cœur à celui qui vous offense; et non-seulement il pardonnait la faute, mais encore il accompagnait le pardon de quelque présent, afin de ne jamais avilir la personne de l'offenseur. Mais nous dirons d'abord quelques mots de sa vie, avant de parler de cette grâce dont il avait reçu le bienfait.

1. Le bienheureux Mars[1], abbé dans la ville de Clermont, était, dit-on, originaire de ce pays. Dès son enfance il menait la vie religieuse, et il se consacra tout entier aux œuvres de Dieu. Il était, en effet, sobre dans ses repas, large dans ses aumônes, assidu aux veilles, très-dévot en ses prières. Il mettait toutes ses forces à dompter la luxure par le frein de l'abstinence et le combat de la frugalité, de peur de donner la moindre prise sur lui. Ce ne fut pas sans raison qu'il fut appelé Mars, lui qui, avec le glaive du Saint-Esprit, tranchait à leur naissance, en martial triomphateur, les pensées d'hostilité qui pullulent dans les âmes mortelles; il n'était pas sourd à ces exhortations de l'épître qui nous dit : « Soyez revêtus de l'armure de Dieu et du glaive du Saint-Esprit, afin que vous puissiez mépriser les traits enflammés du diable. » (*Ephes.* VI, 11, 16.) Lorsqu'il eut atteint l'âge légal de la majorité et qu'il brillait dans la ville comme un astre éclatant, il pensa cependant qu'il lui manquait encore quelque chose; il s'éloigna à quelque distance, prit une pioche et commença d'attaquer une montagne rocheuse dans laquelle il creusa des cellules et se fit de petites habitations. Et cela afin que, retenu plus étroitement par la chaîne de la sobriété, il offrît plus facilement au Dieu tout-puissant l'encens

(1) Mort le 13 avril 525. (R.)

precum thura laudationumque holocaustomata super cordis mundi altare proferret, recolens Dominum dixisse per Evangelium : « Intra in cubiculum, et clauso ostio ora Patrem tuum, et Pater tuus qui videt in absconso reddet tibi. » Sciebat enim et angelicæ sibi visitationis consolationem adfore si se ab humanis aspectibus longius amovisset. In hac ergo rupe cavati montis, habitationis necessaria præparabat, formans in antris ex ipso lapide scamnum, et sellulam sive lectulum, in quo post laborem multum fessi corpusculi requiem indulgeret. Sed erant hæc immobilia, quia ex ipso lapide incisa massæ ipsi petreæ inhærebant : nihil autem super eam cum quiesceret sternebat, nisi tantum cum vestimento quo indutus erat decumbebat, nec alios habens tapetes, plumellas aut stragula, quibus hæc operirentur, nisi cum ipse desuper consedisset. Nihil enim habebat proprium nisi Dei cultum, in quo indeficiens permanebat. Victum ei interdum devotorum largitio ministrabat.

2. Denique et æternus Dominus, qui jugiter glorificat sanctos suos, cœpit cœleste famuli meritum terrigenis declarare, vel qualis esset cultor suæ divinitatis ostendere, dum ei curationum gratiam dignatus est impertiri. Nam dæmones de obsessis corporibus in nomine Jesu Christi verbo fugabat, venenum malæ pusulæ crucis signaculo opprimebat, quartanis tertianisve febribus infuso benedicti olei liquore pellebat, et multa alia beneficia populis, annuente Domino largitore bonorum omnium, tribuebat. Ad tanti viri famam cœperunt quidam ad eum confluere, gaudentes ejus instrui disciplinis. Quid plura? colligit viros, format monachos, efficit ad opus Dei perfectos. Erat

de ses prières et les holocaustes de ses louanges sur l'autel d'un cœur pur, se rappelant ces paroles de Notre-Seigneur dans son Évangile : « Entre dans ta chambre, et ayant fermé la porte, prie ton Père, et ton Père, qui te voit dans le secret, te le rendra. » (*Matth.* VI, 6.) Il savait, en effet, que les anges ne manqueraient pas de le consoler en le visitant, s'il s'éloignait des regards humains. Il se préparait donc, dans ce rocher qu'il avait creusé sur la montagne, les choses nécessaires à une habitation, se formant au sein de ces grottes et de la pierre même un banc et une chaise longue ou lit sur lequel reposer son corps fatigué par un travail pénible. Mais tous ces objets étaient immobiles, parce qu'ils étaient taillés dans le roc; et quand il voulait reposer, il ne mettait rien dessus que le seul habit dont il était revêtu, n'ayant que cela pour tapis, plumes et couvertures. Il ne possédait en propre que le culte de Dieu, où il demeurait constamment. Pour sa subsistance, il y était pourvu par la libéralité des personnes dévotes.

2. Enfin le Seigneur éternel, qui ne cesse de glorifier ses saints, commença de faire connaître aux hommes le mérite de son serviteur et de leur montrer de quelle manière celui-ci rendait à la divinité le culte qui lui était dû, quand il daigna lui accorder la grâce de guérir les maladies. Car il chassait les démons du corps des possédés, au nom de Jésus-Christ, et arrêtait le venin des pustules malignes par le signe de la croix. Il guérissait aussi les fièvres quartes et les fièvres tierces par une infusion d'huile bénite, et accordait aux peuples beaucoup d'autres bienfaits par la volonté de celui qui dispense tous les biens. Attirées par la renommée d'un si grand homme, quelques personnes commencèrent à s'empresser auprès de lui, joyeuses de pouvoir se former à ses leçons. Bref, il rassemble des hommes, forme des religieux et les rend parfaits en l'œuvre de Dieu. Il était en effet d'une

enim ei magna patientia, tantamque adversus sustinendarum injuriarum tela sumpserat bonitatem, ut putares eum lorica dulcedinis esse vallatum. Erat autem monachis hortus, diversorum olerum copia ingenti refertus, arborumque fructuum, et amœnus visibus et fertilitate jucundus : sub quarum arborum umbraculo susurrantibus auræ sibilo foliis, beatus senex plerumque sedebat. Quidam autem impudens et sine timore Dei, gulæ circumscriptus desiderio, effracta sepe horti, furtivo est ingressus accessu, sicut Dominus exprobrat in evangelio, quia « qui non intrat per januam, hic fur est et latro. » Porro autem erat noctis tempus, nec enim poterant hæc nisi in nocte perpetrari, quia « omnis qui male agit, odit lucem. » Hic vero collectis oleribus, cepisque et alliis sive pomis, oneratus fasce fraudis iniquæ, ad aditum quo ingressus fuerat pergit ; sed nequaquam reperit ut egrederetur. Gravatur onere, consciencia terretur, et inter labores ponderum alta suspiria ducit : sustentatur interdum super columnas arborum. Circuit iterum iterumque omnem ambitionem horti; et non modo ostium non reperit, verum etiam nec ipsum, quem inter nocturnas tenebras patefecit, advertit ingressum. Torquetur enim duplici cruciatus dolore, ne aut teneatur a monachis, aut a judice capiatur. Inter has cogitationum faces nox ei elongatur, jubar lucis non desideratæ redditur : abbas vero in psallentio noctem ducit, et ut credo revelante Deo, quæ gerebantur agnoscit. Etenim albescente jam polo vocat præpositum, dicens : « Accurre velocius ad hortum, bos enim petulcus ingressus est in eum, sed nihil læsit ex eo, accede nunc, et impositis necessariis dimitte eum. Sic

grande patience, et il s'armait de tant de bonté pour repousser les traits lancés pour lui nuire, que vous l'eussiez cru protégé par une vraie cuirasse de douceur. Les moines avaient un jardin rempli d'une grande quantité de divers légumes et d'arbres à fruits, et qui était à la fois très-agréable à la vue et très-délectable par sa fertilité. A l'ombre de ces arbres, dont les feuilles murmuraient doucement au souffle du zéphyr, le bienheureux vieillard était ordinairement assis. Un homme hardi et sans crainte de Dieu, que tourmentaient les désirs de la gourmandise, força la haie du jardin et entra d'un pas furtif, ce que condamne le Seigneur dans l'Évangile, où il est dit que « celui qui n'entre pas par la porte est un voleur et un larron. » (*Joan.* x, 1.) Or c'était pendant la nuit, et ces choses-là ne se peuvent faire qu'en ce temps, parce que « tout homme qui agit mal, hait la lumière. » (*Joan.* III, 20.) Cet homme donc, après avoir cueilli des légumes, des oignons, des aulx et des fruits, s'en retournait chargé du fardeau de sa coupable tromperie à l'ouverture par laquelle il était entré; mais il ne put trouver d'issue nulle part, et accablé par le poids qu'il portait, pressé par sa conscience, il poussait de profonds soupirs sous le faix de cette double peine, s'appuyant de temps en temps contre le tronc des arbres. Il parcourt et parcourt encore tout le tour du jardin, et non-seulement il ne trouve pas de porte, mais même il ne voit plus l'entrée qu'il s'était ouverte à la faveur des ténèbres. Il était donc dans une double crainte, ou de tomber entre les mains des moines, ou d'être pris par le juge. Au milieu de ces cuisantes pensées, la nuit s'écoulait et le jour, qu'il ne désirait pas, s'approchait. Pendant ce temps l'abbé employait la nuit à chanter les psaumes, et il apprit, par une révélation de Dieu, je pense, ce qui se passait. En effet, au point du jour il appelle le prévôt du monastère et lui dit : « Va vite au jardin; un bœuf échappé y est entré, mais il n'a causé aucun dégât; approche de lui, et, lui ayant donné les choses nécessaires,

enim legitur : « Bovi trituranti os non colligabis. » Præpositus quoque non intelligens quæ narraret, abiit implere jussionem. Quem cum vidisset homo appropinquantem, projectis in terram quæ sumpserat, fugere cœpit, ac inter spinas et rubos caput immergit, et in modum porcorum aditum unde egrederetur, ictu facili conatur aperire. Quem monachus apprehendens, ait : « Ne timeas, fili, quia senior noster misit me ut educam te ab hoc loco. » Tunc collectis monachus quæ ille projecerat, tam pomis quam oleribus, imposuit humeris ejus, et aperto ostio dimisit eum, dicens : « Vade in pace, et ne ultra repetas quæ ignavia comitante gessisti. »

3. Ipse quoque sacerdos, velut jubar veri luminis in orbe resplendens, infirmitatum morbida virtutum efficacia pellebat assidue. Nivardus quidam diuturna febre detentus, dum aquas æstuans ab ardore haurit assidue, ab hydrope intumuit, ita ut tam venter quam stomachus in modum vesicæ cerneretur extensus. In desperatione ergo pro tali infirmitate positus, deferri se ad sanctum beneficio plaustri deposcit. Denique a lectulo elevatur, imponitur super vehiculum, atque ad cellulam sancti Martii perducitur, deprecans humiliter ut sibi sacerdos Dei manus imponeret. At ille prostratus in orationem coram Domino, conversus est ad infirmum, tactuque blandissimo ejus membra contrectans, eum in contemplatione astantium reddidit sanum. Nam ita fertur tumor omnis ante digitos ejus aufugisse de corpore obsesso, ut nullum in eo ulterius ægritudinis hujus remaneret indicium. Hæc autem a mei genitoris relatione cognovi, eo quod ei fuerit hic Nivardus in amicitiæ conjunctione devinctus. Asserebat

laisse-le aller, car il est dit dans l'Écriture : « Tu ne lieras pas la bouche au bœuf qui foule le grain. » (*I Cor.* IX, 9.) Le prévôt ne comprit pas ce que cela voulait dire, mais il alla remplir l'ordre. L'homme, l'ayant vu venir, jeta à terre les choses qu'il avait prises, se mit à fuir, puis plongeant sa tête au milieu des épines et des ronces, à la manière des pourceaux, il s'efforçait de s'en aller comme il était venu. Le moine le saisit et lui dit : « Ne crains rien, mon fils; car notre seigneur m'a envoyé pour te faire sortir de ce lieu. » Puis, ayant rassemblé tout ce que cet homme avait jeté, les fruits comme les légumes, il lui mit ce fardeau sur les épaules, et ayant ouvert la porte, il le congédia en disant : « Retire-toi en paix et ne recommence pas à l'avenir la lâche action que tu as commise. »

3. Cet abbé, comme un flambeau véritable éclairant le monde d'une lumière pure, chassait fréquemment les infirmités par l'efficace de ses vertus. Un certain Nivard, pris depuis longtemps de la fièvre et qui buvait constamment de l'eau pour apaiser le feu de la maladie, en devint hydropique, au point que son ventre et son estomac enflèrent visiblement comme une vessie. Désespéré d'une telle infirmité, il demanda à être transporté en voiture à la demeure du saint. On le leva de son lit, on le mit sur une voiture et on le conduisit à la cellule de saint Mars, qu'il pria humblement de lui imposer les mains. Le saint s'étant mis en oraison devant le Seigneur, se tourna vers le malade, et lui caressant doucement les membres, il lui rendit la santé à la vue de tout le monde. Et on dit que cette enflure, dont le corps de Nivard était affligé, disparut si complétement sous les doigts du saint que dans la suite il ne lui resta aucune trace de cette maladie. J'ai connu ces choses par mon père, car ce Nivard était lié avec lui d'une amitié très-étroite. Il assurait même avoir

autem idem vidisse se sanctum, his verbis : Cum esset adhuc puer, quasi annorum undecim, ab illo tertianarum accessu febrium occupatur. Tunc amici apprehensum puerum, duxerunt eum ad virum Dei. Erat enim jam senex et proximus resolutionis diei, caligabantque oculi ejus. Posita vero manu super puerum, ait : « Quis est hic, vel cujus est filius? » Responderunt : « Famulus tuus est, puer Florentius Georgii quondam filius senatoris. » Et ille : « Benedicat, inquit, tibi Dominus Deus, fili mi, et sanare dignetur languores tuos. » At ille osculans manus ejus, et gratias agens abscessit sanus. Asserebat autem nunquam deinceps se in omni vita sua ab hoc contagio fuisse pulsatum.

4. Ipse vero jam ætate nonagenarius, bono desudans certamine, consummato cursu vitæ, servans in Deo fidem, ad illam coronam justitiæ quam in illa retributionis die redditurus est ei Dominus, commigravit. Dehinc cum summo honore ablutus, dignisque vestimentis indutus, intra oratorium monasterii est sepultus. Quod autem beatus ejus tumulus divinis virtutibus illustretur, ipsa quæ astitit caterva poterit contestari, quæ cum infirmos mittit ad tumulum, extemplo incolumes remittit ad domum. Nam cum de diversis partibus confluentes, deferentesque morborum genera, inibi capiunt medicinam, frigoriticorum tamen vibrantia tremore membra sæpius ad soliditatem integram restaurantur, tribuente hoc Domino nostro Jesu Christo, qui glorificat illustribus miraculis sanctorum nunc tumulos, quondam mortuos reducens e tumulis. Ipsi gloria in sæcula sæculorum. Amen.

vu le saint, et disait que comme il était encore enfant, ayant onze ans environ, il eut quelques accès de fièvre tierce. Alors des amis le menèrent à l'homme de Dieu qui, déjà vieux et proche de la fin de ses jours, n'y voyait presque plus. Et quand il eut mis la main sur l'enfant, il demanda : « Qui est celui-ci ou de qui est-il fils? » On lui répondit : « Cet enfant est ton serviteur, Florent, fils de feu Georges le sénateur. » Et le saint homme, reprenant la parole, dit : « Que le Seigneur te bénisse, mon fils, et qu'il daigne guérir tes langueurs. » L'enfant ayant baisé ses mains et lui ayant rendu grâces s'en alla guéri. Et il affirmait qu'il ne ressentit plus de toute sa vie aucune atteinte de cette maladie.

4. Cependant, âgé de quatre-vingt-dix ans, couvert de la sueur du bon combat, arrivé au bout du cours de sa vie et gardant toujours sa foi en Dieu, le saint alla recueillir cette couronne de justice que le Seigneur doit lui donner au jour de la récompense. Puis son corps, lavé en grand honneur et revêtu de vêtements convenables, fut enseveli dans l'oratoire du monastère[1]. Or, que son saint tombeau ait été rendu fameux par les divines vertus qui s'y sont manifestées, il n'en faut point d'autres témoins que la foule d'infirmes qui s'y rendent et s'en retournent aussitôt guéris chez eux. Et certes les malades qui y viennent de divers côtés n'y trouvent pas seulement du soulagement; mais le plus souvent encore ils sentent aux frissons de la fièvre qui agitaient leurs membres succéder une parfaite santé, par la grâce de notre Seigneur Jésus-Christ, qui glorifie par des miracles illustres les tombeaux des saints, après en avoir rappelé autrefois quelques-uns à la vie. A lui donc soit gloire dans les siècles des siècles. Ainsi soit-il.

---

(1) Dom Ruinart nous apprend que de son temps existait encore dans l'abbaye de S. Allyre, à Clermont, un petit oratoire renfermant, disait-on le tombeau de S. Mars.

CAPUT XV.

De sancto Senoch abbate.

« Vanitas vanitantium, dicit Ecclesiastes, et omnia vanitas. » Verumne est ergo quod omnia quæ geruntur in mundo cuncta sint vanitas? unde fit ut sancti Dei, quos nullus libidinum æstus exussit, nullus concupiscentiæ exagitavit stimulus, quos nullum luxuriæ cœnum nec in ipsa, ut ita dicam, cogitatione tentavit, astu tentatoris elati, visi sunt sibi esse justissimi, et ob hoc jactantiæ cothurnosæ perflati supercilio, sæpius corruerunt : factumque est ita, ut quos non valuit majorum criminum gladius trucidare, levis vanitatis fumus addictos facile pessumdaret. Sicut et ipse ille, de quo nunc nobis sermo futurus est, cum multis virtutibus floruisset, pene in illo arrogantiæ barathro obrutus occumberet, si eum non exhortatio fratrum fidelium attenta recuperasset.

1. Igitur beatus Senoch, gente Theiphalus, Pictavi pagi, quem Theiphaliam vocant, oriundus fuit, et conversus ad Dominum clericusque factus, monasterium sibi instituit. Reperit enim infra territorii Turonici terminum parietes antiquos, quos eruderans a ruinis, habitationes aptavit dignas; reperitque ibi oratorium, in quo ferebatur celebre nostrum orasse Martinum. Quod diligenti cura compositum, erecto altari, loculumque in eo ad recipiendas sanctorum reliquias præparatum, ad benedicendum invitat episcopum. Adfuit tunc Euphronius beatus episcopus, qui consecrato altari, diaconatus eum honore donavit. Celebratis igitur missis, cum capsulam reliquiarum in

CHAPITRE XV.

De saint Senoch, abbé.

« Vanité des vanités, dit l'Ecclésiaste, et tout est vanité. » (*Eccle.* I, 2.) Est-il donc vrai que tout ce qui se fait dans le monde, tout soit vanité? C'est de là qu'il arrive que les saints de Dieu, que nulle ardeur des passions ne brûle, nul aiguillon de concupiscence ne pique, nul bourbier d'une infâme luxure ne souille, et que le tentateur avec ses artifices ne blesse pas même, pour ainsi dire, en imagination, se sont regardés eux-mêmes comme étant parfaitement justes, et par suite enflés de l'orgueil d'une présomption arrogante, sont souvent tombés; en sorte que ceux que le glaive des plus grands crimes n'a pu égorger ont été facilement étouffés par une légère fumée de vanité. Ainsi arriva-t-il à celui dont nous allons parler, qui, alors qu'il brillait par beaucoup de vertus, serait certainement tombé dans l'abîme de l'arrogance, s'il n'avait été retenu par l'exhortation soigneuse de frères fidèles.

Le bienheureux Senoch[1], Teiphale de nation, naquit dans le bourg du Poitou appelé Tiffauge, et, s'étant tourné vers le Seigneur, il se fit clerc et fonda un monastère. Il trouva en effet, sur le territoire de Tours, de vieilles murailles sur les ruines desquelles il bâtit des habitations commodes; il rencontra aussi un oratoire, où notre illustre saint Martin aurait, dit-on, prié. Il le rétablit avec beaucoup de soin, et, ayant dressé dedans un autel dans lequel était pratiquée une cachette propre à recevoir des reliques de saints, il invita l'évêque à venir le bénir. Le bienheureux évêque Euphronius y alla, et après avoir béni cet autel, il gratifia Senoch de l'honneur du diaconat. Après la célébration des messes, lorsqu'on voulut enfermer la châsse des reliques dans le lieu

(1) Mort le 24 octobre 576. (R.) — Vulgairement *saint Senoux;* il existe un village de ce nom près de Rennes.

loculo cuperent collocare, exstitit capsa prolixior, nec recipi in loculum poterat. Tunc prostratus diaconus cum ipso sacerdote pronus ad orationem, lacrymas precibus mixtas effudit obtinuitque petita. Mirum dictu! ita enim loculus divinitus amplificatus, capsulaque constricta est, ut in eum spatiosissime non sine admiratione reciperetur. In hoc loco collectis tribus monachis, Domino assidue serviebat, et in primis arcto vitæ tramite incedebat, exiguosque cibos et tenues potiones sumens : diebus autem Quadragesimæ sanctæ addebatur augmentum abstinentiæ ciborum diminutione. Nam esus illi panis tantum hordeaceus erat, et aqua, de utrisque elementis libras singulas per dies singulos sumens, rigorem vero hiemis sine ullo pedum tegmine contentus, manibusque ac pedibus, sive et collo, ferrea catena revinctus. Dehinc a fratrum contemplatione demotus solitarie se reclusit in cellula; orans assidue, atque in vigiliis et orationibus die noctuque sine ambiguitate perdurans. Conferebat ei devotio fidelium plerumque pecuniam, sed non eam in abditis loculis, sed in pauperum marsupiis condebat, illud Dominici eloquii oraculum sæpe commemorans : « Nolite thesaurizare vobis thesaurum super terram, quia ubi fuerit thesaurus tuus, illic et cor tuum. » Dabat enim hic quæ accipiebat pro Dei intuitu, in diversis necessitatibus indigentium. Unde factum est ut in vita sua de his amplius quam ducentos a nexu servitutis debitique onere sublevaret.

2. Cum autem nos in Turonicum venissemus, egressus est de cellula, venitque ad inquirendos nos, salutatisque ac deosculatis regressus est iterum. Erat enim, ut diximus, valde abstinens, sanans infirman-

qui leur était préparé, il se trouva que cette châsse était trop grande et qu'elle ne put entrer. Alors le diacre, s'étant prosterné, se mit à prier avec l'évêque lui-même, en versant des larmes, et il obtint ce qu'il demandait. Chose étonnante! le lieu qui était trop étroit s'élargit par un effet de la puissance divine, et la châsse se rétrécit de telle sorte que celle-ci entra très-aisément, à la grande admiration des assistants. Ayant rassemblé en cet endroit trois moines, saint Senoch servait le Seigneur avec assiduité et marchait au commencement dans l'étroit sentier de la vie en prenant très-peu de nourriture et en buvant très-peu. Au temps du saint Carême, il augmentait encore son abstinence, car alors il ne mangeait que du pain d'orge et ne buvait que de l'eau, ayant soin de ne prendre de chacune de ces deux substances qu'une livre chaque jour. Enfin il supportait la rigueur de l'hiver, content de ne mettre absolument rien pour couvrir ses pieds, et portant le col, les pieds et les mains attachés par des chaînes de fer. Puis s'étant écarté de la vue de ses frères pour mener une vie tout à fait solitaire, il s'enferma dans une cellule, priant continuellement, passant les jours et les nuits dans les veilles et les oraisons, sans se permettre aucune distraction. Les fidèles, dans leur dévotion, lui portaient fréquemment de l'argent; mais au lieu de l'enfouir dans des cachettes, il le mettait dans la bourse des pauvres; car il se rappelait souvent cet oracle de la bouche de Notre-Seigneur : « Ne vous amassez point de trésor sur la terre » (*Matth.* VI, 19), parce que « là où est votre trésor, là est aussi votre cœur. (*Ibid.*, 21.) Il donnait donc ce qu'il recevait, ne regardant qu'à Dieu, pour subvenir aux diverses nécessités des indigents. D'où il arriva que pendant sa vie il délivra des liens de la servitude et du fardeau de leurs dettes plus de deux cents malheureux.

2. Lorsque nous fûmes arrivé dans le pays de Tours, il sortit de sa cellule et vint nous voir; puis après nous avoir salué et embrassé, il s'en retourna. Il était, comme nous l'avons dit, très-sobre, et guérissait les malades; mais, de même que la

tum languores : sed ut de abstinentia sanctitas, ita de sanctitate vanitas cœpit obrepere. Nam egressus de cellula, jactantia cothurnosa ad requirendos visitandosque parentes in pago Pictavensi, cujus supra meminimus, abiit. Regressusque, tumidus arrogantia sibi soli placere nitebatur; sed objurgatus a nobis, et accepta ratione quod superbi longe fiant a regno Dei, ita se purgatus jactantia humilem reddidit, ut nulla in eo penitus radix superbiæ remansisset; ita ut profiteretur, dicens : « Vera nunc esse cognovi, quod beatus Apostolus sacri oris contestatur eloquio : Qui gloriatur, in Domino glorietur. » Sed cum per eum Dominus super infirmos multas faceret virtutes, et ille ita se duxit includere, ut nunquam humanis aspectibus appareret, consilium suasimus ut non se perpetuo in hac conclusione constringeret, nisi in illis duntaxat diebus, qui inter depositionem sancti Martini ac dominici Natalis solemnitatem habentur, vel in illis similiter quadraginta diebus quos ante Paschalia festa in summa duci abstinentia Patrum sanxit auctoritas; reliquis vero diebus infirmorum gratia populis se præberet. Audito autem consilio nostro, libenter quæ dicta sunt accepit, implevitque sine ambiguitate.

3. Denique, quia de conversatione ejus pauca prolocuti sumus, ad virtutes quas per illum medicabilis divinæ potentiæ dextera operari dignata est accedamus. Cæcus quidam, Popusitus nomine, ad eum venit; erat enim tunc beatus Senoch jam presbyter ordinatus. Qui dum aliquid alimenti postulat, tactis a sancti sacerdotis manu oculis, ut signum salutare meruit, protinus visum recepit. Alius quoque Pictavensis

sainteté lui vint de l'abstinence, de même aussi la vanité s'éleva en lui venant de la sainteté. Car étant sorti de sa cellule, il s'en alla avec une fierté arrogante rendre visite à ses parents dans ce bourg du Poitou que nous avons ci-dessus nommé. Et étant de retour, tout gonflé d'orgueil, il ne cherchait plus qu'à se plaire à lui-même; mais repris par nous et ayant écouté ce que nous lui disions au sujet des superbes qui sont éloignés du royaume de Dieu, il se purgea entièrement de sa vanité et se rendit si humble qu'il ne demeura pas en lui la plus petite racine d'orgueil. Ce qu'il confessait en disant : « Je reconnais maintenant la vérité des paroles sorties de la bouche sacrée de l'Apôtre : Que celui qui se glorifie se glorifie dans le Seigneur. » (I *Cor.* I, 31.) Mais comme le Seigneur opérait par lui beaucoup de miracles sur les infirmes et qu'il disait vouloir s'enfermer de manière à ne plus voir aucun visage humain, nous lui donnâmes le conseil de ne point s'astreindre à une telle réclusion, si ce n'est pendant les jours qui sont compris entre la mort de saint Martin et la solennité de Noël, ou bien pendant les quarante jours qui précèdent la fête de Pâques, durant lesquels l'autorité des Pères nous oblige de jeûner avec une grande abstinence, mais que pendant le reste de l'année il se mît à la disposition des infirmes. Il écouta notre avis, reçut volontiers nos paroles et y obéit sans détour.

3. Enfin, après avoir dit quelque chose du genre de vie de ce saint, arrivons maintenant aux miracles qu'il a plu à la puissance divine d'accomplir par lui pour guérir beaucoup de maladies. Un aveugle, nommé Popusitus, vint le trouver (le bienheureux Senoch, à cette époque, était déjà ordonné prêtre) et lui demanda quelque chose à manger; mais ses yeux ayant été touchés par la main du saint prêtre avec le signe de la croix, il recouvra la vue aussitôt. Un autre garçon

puer hujuscemodi morbo laborans, audita confessoris hujus opera, pro luminis perditi receptione precatur. Nec moratur ille, sed invocato Christi nomine, crucem oculis cæci imponit, statimque defluente rivo sanguinis lux intravit, ac post viginti annorum curricula, orbatæ fronti geminorum siderum jubar inclaruit. Duo pueri membris omnibus debiles, et in modum sphæræ in rotundidate contracti, ejus conspectibus sunt delati : quibus impositis manibus, reintegratis artubus, unius horæ momento utrumque reddidit absolutum; geminavitque deinde geminæ virtutis beneficium. Puer cum puella coram eo contractis manibus astiterunt, erat autem tunc medium paschalis festum solemnitatis;, cumque pro suæ directionis medela Dei famulo supplicarent, et ille pro ea quæ ad ecclesiam convenerat populi frequentia hæc agenda differret, indignum se clamitans per quem Deus infirmis præbere beneficia dignaretur, supplicantibus cunctis, manus eorum suis suscepit in manibus, quibus attrectatis, directis digitis, sanos abscedere jubet. Sic et Benaia, hoc enim erat nomen mulieris, oculos deferens clausos, tactu salutaris dextræ benedicta, illuminata discessit. Sed nec illud occuli puto, quod sæpius ejus oratio virus serpentium exinanire obtinuit. Duo enim tumidi morsu hydri ejus pedibus prosternuntur, deprecantes ut virus quod dens malæ bestiæ artubus moribundis injecit, sua virtute discuteret. At ille orationem fudit ad Dominum, dicens : « Domine Jesu Christe, qui in principio cuncta mundi elementa creasti, et serpentem illum humanis dignitatibus æmulum sub maledicto esse sanxisti, tu depelle ab his famulis tuis veneni hujus malum, ut non anguis de his, sed hi de angue

du Poitou, atteint de la même maladie, ayant entendu parler des œuvres du confesseur, le pria pour obtenir de recouvrer la lumière qu'il avait perdue. Celui-ci, sans retard, invoqua le nom du Christ, et ayant fait le signe de la croix sur les yeux de l'aveugle, aussitôt il s'en échappa du sang, et la lumière y entra, et après un intervalle de vingt années, le flambeau du jour éclaira les deux astres éteints au front de ce malheureux. Deux garçons infirmes de tous leurs membres et qui étaient courbés en rond comme des boules furent apportés en présence du saint. Quand il les eut touchés de ses mains, leurs membres se redressèrent, et dans l'espace d'une heure il les délivra l'un et l'autre, et il doubla son action bienfaisante par un double miracle. Un garçon et une fille lui furent aussi présentés, ayant les mains toutes contractées. On était alors au milieu des fêtes de la solennité pascale, et comme ils suppliaient le serviteur de Dieu de leur rendre l'usage de leurs mains, et que celui-ci, à cause de la grande affluence de peuple qui était accourue à l'église, différait de faire ce qu'ils demandaient, disant tout haut qu'il n'était pas digne que Dieu accomplît par lui de telles merveilles sur les infirmes, enfin il céda aux prières de tous, prit les mains de ces infortunés dans les siennes, et lorsqu'il les eut touchées les doigts se redressèrent, et il les renvoya tous deux guéris. De même une femme, appelée Benaia, étant venue avec les yeux fermés, se retira les mêmes yeux ouverts, après qu'il les eut touchés de sa main salutaire. Je ne crois pas devoir non plus passer sous silence que souvent, par ses paroles, il obtint que le venin des serpents ne fît aucun mal. En effet, deux personnes enflées pour avoir été mordues par un serpent, vinrent se prosterner à ses pieds, le priant de chasser par sa vertu le venin que la dent d'une mauvaise bête avait répandu dans leurs membres mortellement atteints. Celui-ci fit sa prière au Seigneur, disant : « Seigneur Jésus-Christ, qui, au commencement, as créé tous les éléments du monde, et qui as ordonné que le serpent, envieux de l'excellence de l'homme, demeurât sous la malédiction (*Gen.* III), chasse de tes serviteurs que voici le mal de son venin, afin qu'ils triomphent du

valeant triumphare. » Hæc autem cum dixisset, palpavit omnem compagem corporis eorum, statimque compresso tumore, virus mortiferum nocendi perdidit vires. Dies dominicæ resurrectionis advenerat, et homo quidam dum ad ecclesiam pergeret, vidit pecorum multitudinem suam segetem depascentem, ingemuitque et ait : « Væ mihi, quia annualis mei laboris opera ita deperit ut nihil prorsus ex ea remaneat. » Et accepta secure, amputatis ramis, aditum sepis claudere cœpit : confestimque contracta manus invita retinuit quod voluntarie comprehendit. Dolore etiam instigante ad sanctum confessorem mœstus accessit, trahens post se ramum quem manu constrinxerat, narravitque omnia sicut gesta erant. Tunc ille oleo benedictione sanctificato manum manu perungens, abstracto ramo, sanitati restituit. Sed et deinceps multos a serpentium morsu et a pusulæ malignæ veneno, signo crucis locato desuper, reddidit sospitati. Nonnullos autem obsessos dæmonis sævi livore, ut manus imposuit, extemplo fugatis dæmonibus mentem energia turbatam ad integritatem intelligentiæ reparavit. Omnes enim quoscunque per eum a diversis infirmitatibus dextera divina salvavit, si inopes fuissent, ipse cibum vestitumque dispensatione hilari porrigebat; tantaque ei cura de egentibus fuit, ut etiam pontes super alveos amnium diligenter instrueret, ne quis inundantibus aquis naufragia sæva lugeret.

4. In his ergo virtutibus clarus in populis declaratus, cum esset annorum circiter quadraginta, modica pulsatus febre, per triduum lectulo decubavit, nuntiatumque est mihi cum transitus esset propinquus. At ego velocius illuc properans, ad lectulum

serpent, et non pas celui-ci d'eux. » En prononçant ces mots, il touchait toutes les parties de leurs corps, et bientôt la tumeur fut comprimée et le venin privé de toute sa malignité. Le jour de la résurrection de Notre-Seigneur était arrivé; or un homme, en se rendant à l'église, vit un grand troupeau qui dévastait sa moisson, et il gémit, disant : « Malheur à moi, car le travail de toute mon année va périr sans qu'il en reste rien. » Et ayant pris une hache, il se mit à couper des rameaux pour boucher l'ouverture de la haie; mais aussitôt sa main se contracta pour retenir malgré elle ce qu'elle avait volontairement saisi. Pressé par la douleur, cet homme vint trouver tout triste le saint confesseur, traînant derrière lui le rameau que sa main avait saisi, et lui raconta tout ce qui s'était passé. Alors celui-ci, ayant frotté avec de l'huile sanctifiée par la bénédiction la main de cet homme, il en sépara le rameau et la guérit. Depuis il guérit encore beaucoup de gens de la morsure des serpents et du venin des pustules malignes, en faisant dessus le signe de la croix. Quelques-uns, tourmentés par la haine du démon funeste, recouvrèrent, dès qu'il leur eut imposé les mains, l'intégrité de leur intelligence troublée auparavant par ces démons qu'il chassait. Et tous ceux qu'il guérissait par la main de Dieu, s'ils étaient pauvres, il leur donnait encore avec grande joie la nourriture et le vêtement; et il avait tant de soin des nécessiteux qu'il prenait la peine de leur construire des ponts pour passer les rivières, de peur que quelqu'un n'eût à déplorer les cruels naufrages qui arrivent par la crue des eaux.

4. Ce saint homme s'étant donc illustré dans le monde par de telles merveilles et ayant atteint l'âge d'environ quarante ans fut pris d'une petite fièvre qui le retint trois jours au lit, ce que l'on m'annonça lorsque sa fin était proche. Je me hâtai de me rendre à son chevet, mais je ne pus tirer de lui

ejus accessi, sed nihil ab eo collocutionis elicere potui, erat enim valde defessus : dehinc, interposito quasi unius horæ spatio, spiritum exhalavit. Congregataque est ad ejus exsequias multitudo illa redemptorum, quos supra diximus, ab eo vel a jugo servitutis vel a diversis debitis absolutos, quos vel alebat cibo vel vestitu tegebat. Plangebant enim dicentes : « Cui nos, Pater sancte, relinquis? » Post hæc sepulturæ locatus, sæpius se manifestis virtutibus declaravit. Nam trigesimo ab ejus obitu die, cum ad ejus tumulum missa celebraretur, Chaidulfus[1] quidam contractus dum stipem postulat, ad ejus sepulturam accedit : qui dum pallam superpositam osculis veneratur, dissolutis membrorum ligaturis directus est. Sed et multa alia ibi gesta comperi, de quibus hæc tantum memoriæ habenda mandavi.

CAPUT XVI.

De sancto Venantio abbate.

Solitarium atque multiplex donum ecclesiis populisque terrigenis cœlestis potentia præstat, cum largitur jugiter sæculo non modo peccatorum suffragatores, verum etiam vitæ doctores æternæ; quod unicum cernitur, dum a majestate divina tribuitur multiplex; quia cunctis qui expetere voluerint, affluenter indulgetur, juxta illud : « Petite et accipietis, » et reliqua. Unde vigilanter incessanterque debet investigare mens humana sanctorum vitam, ut hoc provocata studio, accensa exemplo, ad ea semper exten-

(1) Editi *Caidulphus*. (R).

aucune parole, car il était très-abattu, et après l'intervalle d'une heure environ, il rendit l'esprit. A ses funérailles accourut la multitude de ces rachetés dont nous avons parlé, c'est-à-dire de ceux qu'il avait délivrés de la servitude ou de leurs dettes, ou qu'il nourrissait ou habillait. Ils se lamentaient en disant : « A qui nous laisses-tu, saint père? » Plus tard, lorsqu'il fut couché dans le sépulcre, il se manifesta souvent par d'évidents miracles. En effet, le trentième jour après sa mort, comme on célébrait la messe à son tombeau, un infirme nommé Chadolphe s'en étant approché pour demander l'aumône, recouvra l'usage de ses membres dès qu'il eut baisé le poêle qui couvrait le sépulcre. J'ai su bien d'autres merveilles qui s'accomplirent en ce lieu, mais je n'ai pas cru devoir en consigner davantage par écrit.

CHAPITRE XVI.

De saint Venant, abbé.

La puissance céleste fait aux églises et aux peuples de la terre un présent à la fois unique et multiple, lorsqu'elle accorde continuellement au monde non-seulement des intercesseurs favorables pour les pécheurs, mais encore des docteurs pour la vie éternelle. Ainsi ce qui paraît n'être qu'un seul don est cependant double quand cela est accordé par la majesté divine, parce que ceux qui ont voulu demander ont obtenu abondamment, suivant cette parole : « Demandez et vous recevrez » (*Joan.* XVI, 24), etc. Donc, l'esprit humain doit rechercher soigneusement et incessamment quelle a été la vie des saints, afin que, provoqué per cette étude, enflammé par cet exemple, il tende toujours vers ce qu'il con-

datur quæ Deo novit esse acceptabilia, ut ab ipso vel mereatur erui, vel possit audiri. Hæc autem ab ejus majestate quærebant sancti percipere, poscentes jugiter ut ipse insinuaret cordi, ipse perficeret in opere, ipse loqueretur in ore; quo facilius purgata mens cogitatione, eloquio, actione, cogitaret sancta, loqueretur justa, operaretur honesta. Unde factum est ut dum in his quæ Divinitati sunt placita famulabantur, obtinerent sibi remitti peccati debitum, eruerentur a cœni sordentis contagio, cœleste pro meritis invitarentur ad regnum. Ponebant etiam et præcessorum exempla ante oculos suos, et omnipotentem Dominum pro eorum affectibus collaudabant, quorum, ut diximus, exempla sequi meditabantur. Unde et nos in præconio devoti Deo famuli Venantii abbatis effari nitentes, Divinitati potius dona sua referimus, quæ dexteram ejus manifestum est effecisse quod sanctos constitit operasse, deprecantes ut aperiat os muti ad publicanda opera antistitis sui : quia sicut esse nos recognoscimus scientia tenues, ita novimus in conscientia peccatores.

1. Igitur sanctus Venantius Biturigi territorii incola fuit, parentibus secundum sæculi dignitatem ingenuis atque catholicis. Qui dum esset juvenili ætate florens, a parentibus sponsali vinculo obligatur. Cumque ut ætati huic convenit, amori se puellari præstaret affabilem, et cum poculis [1] frequentibus etiam calciamenta deferret, contigit ut urbem Turonicam, Domino inspirante, veniret. Erat enim tunc temporis monasterium basilicæ sancti Martini propinquum, in quo Silvinus

(1) Forte *pauculis?*

naît être agréable à Dieu et mérite d'être délivré par lui ou d'en être exaucé. Voilà ce que les saints ont recherché de la divine majesté, lui demandant continuellement de leur insinuer ces vertus dans le cœur, de les accomplir dans leurs œuvres, de les exprimer par leur bouche, afin que l'esprit étant purgé de pensée, de parole et d'action, il pensât saintement, parlât avec justice et agît avec honnêteté. Il arriva de là que, tandis qu'ils se soumettaient à ce qui pouvait être agréable à la divinité, ils obtinrent d'être déchargés de la dette du péché, d'être tirés du bourbier contagieux des vices et invités, à cause de leur mérite, à entrer dans le royaume céleste. Ils se mettaient en effet devant les yeux les exemples de leurs prédécesseurs et célébraient le Seigneur tout-puissant à cause des vertus de ceux qu'ils cherchaient, comme nous l'avons dit, à prendre pour modèles. Et nous aussi, en essayant de dire quelque chose à la louange du dévot serviteur de Dieu, l'abbé saint Venant, nous rendons plutôt à la divinité ses propres dons, qui ont été certainement accomplis par sa main divine, que nous ne parlons des choses mêmes que les saints ont opérées, et nous la supplions d'ouvrir la bouche d'un muet pour publier les œuvres de ce prélat, car si nous nous reconnaissons véritablement fort petit en savoir, nous savons bien aussi en notre conscience que nous sommes pécheur.

1. Saint Venant habitait le territoire de Bourges[1]. Il était, quant à son rang dans ce monde, né de parents libres et catholiques. Arrivé à l'âge où la jeunesse est dans sa fleur, il fut engagé par ses parents dans le lien des fiançailles. Et comme, suivant le penchant de cet âge, il se prêtait avec grâce à aimer la jeune fille, lui portant souvent des friandises et allant jusqu'à lui offrir les pantoufles[2], il lui arriva, par une inspiration de Dieu, de venir à Tours. Il y avait alors un monastère[3] voisin de la basilique de Saint-Martin, où l'abbé Silvin conduisait, sous un sceptre austère, un troupeau

(1) Mort vers l'an 400, le 13 octobre. (R.)

(2) La solennité de cet hommage de pantoufles entre fiancés se retrouve de nouveau signalée par Grégoire ci-après chap. xx, § 1.

(3) Il existait encore, sous le même vocable de S. Venant au temps de dom Ruinart, et l'on y conservait, dans la crypte, le sépulcre du saint. (R.) — Voy. *Gl. des conf.*, xv.

abbas gregem Deo devotum regulari sceptro regebat. Ad hoc vir iste devotus accedens, virtutesque cernens beati Martini, ait intra se : « Ut conjicio, melius est servire impollutum Christo, quam per copulam nuptialem contagio involvi mundano. Relinquam sponsam territorii Biturigi, et annectar catholicæ per fidem Ecclesiæ, ut qui credo corde, etiam opere merear effectui condonare. » Hæc intra se volvens, advenit ad antedictum abbatem, provolutusque ad pedes ejus, quid intimo corde gereret cum lacrymis patefecit. At ille gratias agens Deo pro fide pueri, et addita etiam prædicatione sacerdotali, juvenem totondit et gregi monasteriali ascivit. Ex hoc se in humilitate fratribus exhibens, charitatem cum omnibus diligens, in tanto sanctitatis apice evectus asseritur, ut ab omnibus tanquam parens proximus summo studio coleretur. Unde factum est ut, decendente abbate jam dicti monasterii, ipse in loco abbatis eligentibus fratribus substitueretur.

2. Denique quadam die dominica ad missarum celebranda solemnia invitatur, dixitque fratribus : « Jam enim oculi mei caligine obteguntur, nec possum libellum aspicere. Presbytero igitur hæc alteri agenda mandate. » Dicente igitur presbytero, ipse proximus astitit, ventumque est ut sanctum munus, juxta morem catholicum, signo crucis superposito, benediceretur. At ille intuitus, vidit quasi ad fenestram absidæ scalam positam, et quasi descendentem per eam virum senem, clericatus honore venerabilem, atque oblatum altario sacrificium dextera extensa benedicentem. Hæc enim agebantur in basilica sancti Martini, quod nullus videre meruit nisi ipse tantum, reliqui vero cur non

consacré au service de Dieu. Le saint homme vint trouver l'abbé, et, voyant les vertus de saint Martin, dit en lui-même : « Il me semble qu'il vaut mieux servir le Christ sans souillure que d'être engagé par l'union maritale dans la contagion mondaine. J'abandonnerai ma fiancée du pays de Bourges et je m'attacherai par la foi à l'Église catholique, afin que je ne démente pas par mes œuvres les sentiments que j'ai dans le cœur. » Roulant ces pensées dans son esprit, il arriva devant l'abbé, et s'étant jeté à ses pieds, il lui découvrit ses sentiments intimes en versant des larmes. Et celui-ci, rendant grâces à Dieu de la foi de ce jeune homme et lui adressant une allocution sacerdotale, lui fit couper les cheveux et l'admit dans les rangs de la troupe monacale. Dès ce moment, celui-ci se montra si plein d'humilité à l'égard de ses frères, de charité envers tous, et il parvint à un si haut degré de sainteté, que tous lui étaient attachés comme à un proche parent. En sorte que, l'abbé étant mort, il fut appelé par le choix de ses frères à le remplacer.

2. Un certain dimanche, invité à célébrer le sacrifice de la messe il dit aux frères : « Déjà mes yeux se couvrent de ténèbres, et je ne puis plus lire dans un livre. Faites-moi donc remplacer par un autre prêtre. » Tandis que le prêtre officiait, il se tenait tout près de lui, et lorsqu'arriva le moment où, suivant la coutume catholique, la sainte offrande devait être bénie par le signe de la croix, il aperçut à une fenêtre de l'abside comme une échelle posée, par laquelle descendait un vénérable vieillard, honoré des marques de la cléricature, qui de sa main étendue bénissait le sacrifice offert sur l'autel. Ces choses se passaient dans la basilique de Saint-Martin; mais personne ne mérita de les voir que lui, et nous ne savons pour quelle raison les autres ne le

viderint ignoramus. Ipse tamen deinceps fratribus retulit, nec enim est dubium hæc fideli famulo Dominum demonstrasse, cui etiam dignatus est arcanorum secreta cœlestium revelare. Nam idem dum de basilicis sanctorum die dominica expleta oratione reverteretur super bacillum sustentatus, in medio beati confessoris atrio, erectis auribus, oculisque ad cœlum diutissime attentis, stetit immobilis : deinde motus a loco, cœpit dare gemitus ac suspiria longa producere. Interrogatusque a suis quid hoc esset, aut si aliquid divinum fuisset intuitus enarraret, respondit : « Væ nobis inertibus et pigris. Ecce jam in cœlo missarum solemnia expediuntur, et nos segnes nec inchoare cœpimus hujus mysterii sacramentum. Vere, inquit, dico vobis, quod ego audivi voces angelorum in cœlis, Sanctus, Sanctus in laude Domini proclamantes. » Et dicto citius in monasterio missarum solemnia jussit expleri. Sed nec illud præteribo, quod quadam vice dum juxta consuetudinem, ut supra diximus, de basilicis quas orationis gratia adierat repedaret, et in basilica ad missas dominicæ orationis verba decantarentur, cum illi dixerunt : « Libera nos a malo, » audivit e tumulo cujusdam vocem dicentem similiter : Libera nos a malo. Quod non sine perfectionis merito censetur ut hæc meruisset audire. Sed et ad Passivi[1] presbyteri tumulum veniens, et qualitatem ejus meriti et quantitatem refrigerii, ipso docente cognovit.

3. Et licet hæc magna sint, ad illam tamen sanitatum gratiam, quam per eum Dominus infirmis protulit, libet accedere. Non enim ambigitur quod per eum,

---

(1) Editi et Mai m. duo, *Passini*; Sur. et Gon., *Bassini*. (R.)

virent point. Il le raconta toutefois depuis à ses frères, et il n'y a pas de doute que le Seigneur n'ait fait voir ces choses à son fidèle serviteur, à qui il avait daigné révéler les secrets des mystères célestes. Le même saint Venant, en effet, revenant un dimanche, appuyé sur son bâton, de visitèr les basiliques des saints après y avoir fait ses prières, s'arrêta immobile au milieu du parvis de l'église du saint confesseur, prêtant l'oreille, et les yeux fixés longtemps vers le ciel; puis ayant fait quelques pas, il se mit à gémir et à pousser de longs soupirs. Interrogé par ceux qui l'accompagnaient pour savoir ce que c'était, ou s'il avait aperçu quelque chose de divin, il répondit : « Malheur à nous, languissants et paresseux que nous sommes. Je vois que dans le ciel la solennité de la messe est fort avancée, tandis que nous paresseux nous n'avons pas encore commencé la célébration de ce mystère. Je vous dis en vérité que j'ai entendu les voix des anges dans le ciel, chantant : « Saint! Saint! » et proclamant les louanges du Seigneur. » Puis il ordonna que la messe fût aussitôt célébrée dans le monastère. Je ne veux point non plus passer sous silence qu'une fois, comme il revenait encore des églises, selon sa coutume, après y avoir fait ses prières, et qu'on chantait à la messe, dans la basilique de Saint-Martin, les paroles de l'oraison dominicale, au moment où les chantres disaient : « Délivrez-nous du mal, » il entendit une voix qui sortait d'une tombe et disait de même : « Délivrez-nous du mal. » Ce qu'on peut bien croire qu'il n'entendit pas sans être d'un mérite parfait. Il lui fut aussi donné, étant venu au tombeau du prêtre Passivus, d'apprendre de lui et la nature de son mérite et la quantité de soulagement qu'il recevait.

3. Bien que ce soient là de grandes choses, je crois devoir parler maintenant de la grâce que par son intermédiaire le Seigneur accordait aux malades, car il ne faut pas

sicut supra diximus, operata sit dextera Dei, cui ista quæ memoravimus tanta voluit revelare. Puerulus enim quidam, Paulus nomine, crurum poplitumque gravi dolore vexatus, sanctum adiit prostratusque genibus ejus, exorare cœpit ut ei medicinam oratione sua a Domini misericordia obtineat impertiri. Qui protinus oratione facta, cum oleo benedicto palpata membra infirmi, eum super lectulum suum requiescere fecit. Quo paululum quiescente, post unius horæ curriculum surgere jubet. Qui consurgens, sanus matri suæ sancti est manibus restitutus. Faretri[1] cujusdam servus, infensus domino suo, hujus sacerdotis oratorium expetivit : sed ille elatus superbia, absente beato viro, servum abstrahit, ceciditque. Sed mox a febre correptus spiritum exhalavit. Quartanarum, tertianarumve, vel reliquarum accessus febrium oratione facta sæpius mitigavit. Venenum malæ pusulæ, imposito salutari signo, restinxit, obsessos dæmonibus, invocato Trinitatis nomine, emundavit. Nam et ab ipsis dæmonibus sæpius impulsatus est, sed victor in certamine perstitit. Nam surgente eo quadam nocte de stratu suo ad reddendum officium, vidit duos arietes magnos suis foribus assistentes, quasi præstolantes adventum ejus : quo viso furibundi ad eum cum impetu valido dirigunt. At ille signum crucis opponens, illis evanescentibus absque metu oratorium est ingressus. Alia nocte, regressus ab oratorio, invenit cellulam suam plenam dæmoniis, dixitque eis : « Unde venitis ? » — « A Roma, aiunt, hesterna die egressi, ad hunc locum accessimus. » Quibus ille : « Abscedite, inquit,

(1) Ed., *Pharetri;* Germ., *Raretri.* (R.)

douter, ainsi que nous l'avons dit plus haut, que la main de Dieu n'ait agi par celui à qui le Seigneur voulut bien faire les grandes révélations que nous avons rapportées.

Un jeune garçon nommé Paul, qui souffrait de grandes douleurs aux cuisses et aux jarrets, vint trouver le saint, et s'étant jeté à ses pieds, se mit à le prier d'obtenir de la miséricorde de Dieu par sa prière un soulagement à ses maux. Celui-ci fit sur-le-champ sa prière; puis ayant frotté les membres du malade avec de l'huile bénite il le fit reposer sur son lit, et au bout d'une heure il lui ordonna de se lever. L'enfant se leva et par les mains du saint fut rendu guéri à sa mère. L'esclave d'un certain Farétrus que haïssait son maître, se réfugia dans l'oratoire du saint abbé. Le maître rempli d'orgueil, et profitant de l'absence du saint homme, enleva son serviteur et le tua. Mais bientôt il fut saisi de la fièvre et rendit l'âme. Très-souvent par ses prières le saint arrêta des fièvres quartes, tierces et autres. Par le signe salutaire de la croix, il combattit le venin des pustules malignes, et en invoquant le nom de la Trinité il délivra du démon les possédés. Souvent il eut aussi à lutter contre les démons, mais il sortit vainqueur de ces combats. S'étant levé de son lit une certaine nuit pour aller dire l'office, il vit deux grands béliers debout devant sa porte, comme s'ils eussent attendu son arrivée, qui sitôt qu'ils l'aperçurent s'élancèrent sur lui avec fureur. Mais lui, leur ayant opposé le signe de la croix, les vit disparaître et entra sans crainte dans son oratoire. Une autre nuit, revenant de l'oratoire, il trouva sa cellule pleine de démons et il leur dit: « D'où venez-vous? » — « De Rome, répondirent-ils, nous en sommes partis hier pour venir ici. » Et il leur dit: « Retirez-vous, détestables, et n'approchez pas

detestabiles, et nolite accedere ad locum in quo nomen Domini invocatur. » Hæc eo dicente sicut fumus evanuerunt.

4. His et talibus virtutum magnarum gratia pollens, impleto vitæ præsentis curriculo, vitam percepturus æternam emicuit sæculo, cujus beatum sepulcrum miraculorum illustrium effectu plerumque redditur gloriosum. Mascarpionis servi ipsius monasterii mentem iniquus dæmon obsederat, qui per trium annorum curricula energumenus factus, ad sepulcrum beati viri debacchans, tandem ejus est, ut credimus, oratione ejecto dæmone expurgatus, multos deinceps mente integra vivens annos. Juliani conjux quartanæ febris accensu laborans, ut sepulcrum beati viri attigit, compresso ardore ac tremore corporali, sanata discessit. Simili sorte et Baudimundi uxor ab hac febre laborabat: sed ubi ad lectulum sancti viri prostrata fudit orationem, mox incolumitati restituta convaluit. Multa quidem et alia de eo audivimus, sed sufficere hæc ad credulitatem catholicorum quæ scripta sunt arbitramur.

CAPUT XVII.

De sancto Nicetio Treverorum episcopo.

Si fides dictis adhibetur, relatoribus sacrorum operum pro fidei merito fideliter arbitror esse credendum, quia non omnia quæ in scripturis leguntur, obtutibus propriis cerni potuerunt : sed quædam ipsius scripturæ relatione firmata, quædam aliorum auctorum testimonio comprobata, quædam vero proprii intuitus auctoritate creduntur. Sed sunt, quod pejus est, qui perverso sensu ut scripta non credunt, ita testificata

d'un lieu où le nom de Dieu est invoqué! » A ces paroles, les démons s'évanouirent comme la fumée.

4. L'homme qui avait reçu la grâce d'accomplir ces grands miracles et d'autres semblables, après avoir rempli le cours de la vie présente, sortit du siècle pour jouir de la vie éternelle, et son sépulcre est souvent glorifié par un grand nombre de miracles éclatants. Un méchant démon avait troublé l'esprit d'un serviteur du monastère nommé Mascarpion, lequel en fut possédé pendant trois années et venait faire des contorsions démoniaques au tombeau du saint homme. Il fut, à ce que nous croyons, délivré de ce démon par la prière du bienheureux et il vécut pendant de longues années sain d'esprit. La femme de Julien, qui était travaillée de la fièvre quarte, fut délivrée de tout feu et de tout frisson dès qu'elle eut touché le tombeau du saint homme. La femme de Baudimond était dans le même cas et elle fut guérie aussitôt qu'elle se fut prosternée et qu'elle eut fait sa prière auprès du lit du même saint. Nous avons entendu dire beaucoup d'autres choses de lui, mais celles que nous avons écrites suffisent, si je ne me trompe, pour en établir la créance dans l'esprit des catholiques.

CHAPITRE XVII.

De saint Nizier, évêque de Trèves.

S'il faut ajouter foi aux choses qui se disent, c'est principalement, je pense, à celles qui nous sont racontées des œuvres des saints pour le mérite de la foi, parceque nous n'avons pas vu toutes les choses que nous avons écrites, mais quelques-unes nous ont été confirmées par des relations certaines, quelques-unes par le témoignage d'auteurs approuvés, et nous en avons vu d'autres par le témoignage de nos propres yeux. Mais ce qu'il y a de pire, c'est qu'il est des gens dont l'intelligence pervertie ne veut point croire ce qui est écrit, et ne veut pas davantage se sou-

reprehendunt, visa vero tanquam conficta fastidiunt; non habentes illud in sua credulitate, quod Thomas apostolus gestabat in corde, dicens: « Nisi videro non credam. » Beati quidem qui non viderunt, et crediderunt. Sed iste ut vidit, statim credidit. Nam, ut diximus, multi videntes non modo non credunt, sed et derident. Unde et ego aliqua de sancti Nicetii Treverici sacerdotis virtutibus, virilitate, magnanimitate, sanctitate scripturus, reprehendi ab aliquibus vereor, dicentibus mihi : « Tu cum sis junior, quomodo seniorum gesta poteris scire? qualiter ad te eorum facta venerunt? Nempe non aliud nisi conficta a te hæc quæ scripta sunt decernuntur. » Qua de causa relatorem hujus operis in medio ponere necesse est, ut hi qui veritati derogant confundantur. Noverint igitur a beato Aredio abbate urbis Lemovicinæ, qui ab ipso Nicetio antistite enutritus et clericatus ordinem sortitus est, hæc quæ subjecta sunt me audisse : quem in hoc non credo fefellisse, cum per eum Deus eo tempore, quando mihi ista retulit, et cæcorum oculos illuminavit, et paralyticis gressum præstitit, et energumenos ejectis dæmonibus sanæ menti restituit. Nec credendum est eum mendacii nube obumbrari posse, quem Deus sæpius ab imbrium nube obtectum ita protexit, ut imbutis sociis, ipse nulla stillarum cadentium infusione madesceret. Denique si de tali relatore dubitatur, de beneficiis Dei diffiditur. Aiebat ergo memoratus sacerdos de antedicto antistite : « Multa quidem, dulcissime frater, de sancto Nicetio bonorum virorum testimonio divulgata cognovi, sed plura meis oculis propriis inspexi, vel etiam ab eo vix elicita cognovi. Et cum mihi quæ-

mettre à ce qui leur est prouvé, dédaignant comme des fictions les choses mêmes qu'ils ont vues. Ils n'ont pas même cette confiance que l'apôtre saint Thomas portait dans son cœur, quand il disait : « Je ne croirai point que je n'aie vu (*Joan.* xx, 25). » Heureux ceux qui n'ont point vu et qui ont cru (*Joan.* xx, 29); car dès que Thomas eut vu, aussitôt il crut. Mais, comme nous l'avons dit, il y en a beaucoup qui non-seulement ne croient pas les choses qu'ils ont vues, mais qui s'en raillent. Aussi me proposant d'écrire quelque chose sur les vertus, le courage, la grandeur d'âme, la sainteté de saint Nizier, évêque de Trèves, je crains bien d'être blâmé par quelques-uns, qui me diront : « Toi qui es un jeune homme comment peux tu savoir les actions des anciens? Comment ce qu'ils ont fait serait-il venu à ta connaissance? Ces choses que tu as écrites ne sont pas regardées autrement que comme des fictions qui viennent de toi. » C'est pourquoi il est nécessaire de faire connaître le narrateur de qui j'ai appris les choses que je dirai, afin de confondre ceux qui veulent obscurcir la vérité. Qu'ils sachent donc que les choses ci-dessous rapportées, je les tiens de saint Yrieix, abbé de Limoges, élevé par saint Nizier lui-même [1], et qui reçut de lui l'ordre de la cléricature. Et je ne crois pas qu'il ait pu se tromper, puisqu'au temps où il m'a raconté cela il éclairait les yeux des aveugles, faisait marcher les paralytiques et rendait la raison aux énergumènes, après avoir chassé les démons qui les obsédaient. Et il n'est pas croyable non plus qu'il eût voulu s'envelopper des nuages du mensonge celui que Dieu souvent protégea si bien contre les nuages de pluie qu'il n'était pas atteint par une seule des gouttes qui tombaient, tandis que ceux qui l'accompagnaient étaient complétement mouillés. Enfin, s'il faut douter d'un semblable témoin, il faut aussi se défier des bienfaits de Dieu. Le prêtre que j'ai nommé me disait donc de l'évêque en question : « Il est vrai, très-doux frère, que j'ai connu beaucoup de choses de saint Nizier par le témoignage de gens de bien; mais j'en ai vu davantage de mes propres yeux, ou je les ai apprises de lui-même, quoique je les lui aie arrachées avec peine. Et comme il m'avouait sim-

(1) Cf. *Hist.* X, XXIX.

piam de his quæ per illum Deus operatus est explanaret, non cothurno jactantiæ tumescebat, sed compunctus corde cum lacrymis aiebat : « Ideo tibi hæc, fili charissime, pandere videor, ut et tu cum summa conversans innocentia cordis similia mediteris. Non enim ad excelsa virtutum Dei contendere quis poterit, nisi fuerit « Innocens manibus et mundo corde, » sicut canna Davidici carminis canit. » Hæc ergo de eo præfatus, relator exorsus est.

1. Igitur sanctus Nicetius episcopus ab ipso ortus sui tempore clericus designatus est. Nam cum partu fuisset effusus, omne caput ejus, ut est consuetudo nascentium infantum, a capillis nudum cernebatur : in circuitu vero modicorum pilorum ordo apparuit, ut putares ab eisdem coronam clerici fuisse signatam. Exinde a studiosissimis enutritus parentibus, litteris institutus, abbati cuidam in monasterio commendatur : in quo loco ita se devotum Deo exhibuit ut migrante abbate ipse succederet. Jam vero assumpto abbatis officio, tantum se talemque ad instructionem atque districtionem fratrum exhibuit, ut non modo agere, verum etiam nulli liceret aliquid vel loqui perverse, dicens : « Cavenda est scurrilitas, dilectissimi, et omne verbum otiosum, ut sicut corpus omne purum exhibere debemus Deo, ita etiam et os non ad aliud aperire, nisi ad laudem Dei. Quia tria sunt in quibus genus dilabitur humanum : aut enim cogitat, aut loquitur, aut agit. Ergo vos, dilectissimi, oportet vitare scurrilitatem, malitiam et omne opus pessimum. » Multa et alia exhortabatur fratres, ut eos dignos Domino exhiberet ac mundos. Venerabatur autem eum et rex Theodericus magno honore, eo quod

plement certaines choses que Dieu avait daigné accomplir par lui, il était si éloigné de s'enfler pour cela d'une vaine gloire, qu'il ne m'en parlait point sans regret et sans les larmes aux yeux, me disant : « Je veux, très-cher fils, te découvrir ces choses, afin que, vivant en grande innocence de cœur, tu médites des choses semblables. Car personne ne saurait s'élever à la sublimité des vertus de Dieu, « si ses mains ne sont pures et si son cœur n'est point net, » comme le chantait David (*Ps.* XXIII, 4) en son poëme. M'ayant ainsi parlé, il commença son récit.

1. L'évêque saint Nizier fut désigné, dès le moment de sa naissance, pour la cléricature[1]. En effet, sitôt qu'il fut né, on vit sa tête complétement dépouillée de cheveux, comme il arrive aux nouveau-nés, mais il s'y trouvait tout autour une rangée de petits poils, si bien qu'on eût dit une couronne cléricale. Par suite de cela, ses parents l'élevèrent avec le plus grand soin, l'instruisirent dans les lettres et le remirent à l'abbé d'un monastère. Il se montra en ce lieu si dévot au Seigneur, que l'abbé étant décédé, il lui succéda. Dans la pratique de ses fonctions, il se comporta de telle sorte pour l'instruction et pour la correction de ses frères que non-seulement il voulait qu'on s'abstînt de mal agir, mais qu'il ne permettait à personne de pécher en paroles, et disait : « Mes bien-aimés, il faut éviter les plaisanteries et toute parole oiseuse; car, ainsi que nous devons présenter à Dieu notre corps entièrement pur, de même nous ne devons jamais ouvrir la bouche que pour la louange de Dieu, parce qu'il y a trois écueils où échoue le genre humain, c'est quand il pense, quand il parle ou quand il agit. Vous donc, mes bien-aimés, évitez la légèreté, la malice et les œuvres pires. » Il faisait ainsi ces exhortations et bien d'autres à ses frères, afin de les rendre purs et dignes de Dieu. Il était aussi très-respecté et très-honoré par le roi Théodéric, parce qu'il avait souvent dévoilé à celui-ci ses

(1) Mort le 5 décembre 566. (R.)

sæpius vitia ejus nudaret ac crimina [ut] castigatus emendatior redderetur : et ob hanc gratiam, decedente Trevericæ urbis sacerdote, eum ad episcopatum jussit accersiri : cumque dato consensu populi ac decreto regis ad ordinandum, a viris summo cum rege honore præditis adducebatur. Verumtamen cum propinqui ad urbem cadente sole fixis tentoriis mansionem pararent, illi confestim, laxatis equitibus, per segetes pauperum dimiserunt. Quod cernens beatus Nicetius misericordia motus, ait : « Expellite quantocius equos vestros a segete pauperis, alioquin removebo vos a communione mea. » At illi indignantes dixerunt : « Quænam est hæc causa quam loqueris? adhuc enim episcopalem apicem non es adeptus, et jam excommunicationem minaris? » Et ille : « Vere, inquit, dico vobis quia destinavit rex ut me avulsum a monasterio huic oneri consecrari juberet. Fiet quidem voluntas Dei, nam regis voluntas in omnibus malis me obsistente non adimplebitur. » Tunc cursu rapido abiens, ejecit equos a segete, et sic cum admiratione hominum illorum ad urbem deductus est. Non enim honorabat personam potentis, sed Deum tantum et in corde et in operibus metuebat. Impositus itaque in cathedra, dum lectionum seriem auscultaret, sensit nescio quid grave super cervicem suam. Cumque bis aut ter manum clam ad tentandum injecisset, nullius rei causam invenire potuit, quæ hoc pondus inferret; divertensque caput ad dexteram et lævam, odoratus est odorem suavitatis : intellexit quoque hoc onus esse sacerdotii ipsius dignitatem.

2. Assumpto vero episcopatu tam terribilem se præbuit omnibus, si Dei mandata non servarent, ut

péchés et ses crimes, afin de le rendre meilleur par ses réprimandes. Et à cause de cela, l'évêque de la cité de Trèves étant mort, le roi désigna Nizier pour l'épiscopat. Le peuple par son consentement et le roi par son décret étant unanimes à cet égard, il fut amené par les personnages honorés des plus hautes dignités auprès du roi, pour être consacré évêque. Or, ceux-ci étant arrivés près de la ville au coucher du soleil et se disposant à dresser leurs tentes pour s'y arrêter, se dépêchèrent de mettre leurs chevaux en liberté et de les lâcher dans les blés des pauvres. Voyant cela, le bienheureux Nizier fut touché de compassion et dit : « Chassez vite vos chevaux de la moisson du pauvre, autrement je vous retrancherai de ma communion. » Ceux-ci lui répondirent avec indignation : « Qu'est-ce que tu dis? Tu n'es pas encore entré dans la dignité épiscopale, et déjà tu menaces d'excommunication? » Il reprit : « Je vous dis en vérité que le roi m'a arraché de mon monastère pour m'imposer cette charge; et certes la volonté de Dieu s'accomplira et non la volonté du roi lorsqu'il voudra le mal, à cause de la résistance que j'y ferai. » Alors, s'élançant d'une course rapide, il chassa les chevaux du champ, et il fut conduit à la ville au milieu de l'admiration de ces hommes. Il n'honorait point la personne des puissants, mais craignait seulement Dieu et dans son cœur et dans ses œuvres. Un jour donc qu'assis dans la chaire épiscopale il écoutait la suite des leçons, il se sentit je ne sais quoi de pesant sur la nuque; ce qu'ayant essayé par deux ou trois fois d'ôter avec la main, il n'y put rien trouver qui fût capable de le charger si fort; tournant alors la tête à droite et à gauche, il respira une douce odeur et comprit que ce fardeau était celui de la dignité épiscopale.

2. Dès qu'il fut évêque (527), il se montra si terrible pour tous ceux qui n'observaient pas les commandements de Dieu,

imminere mortem proximam voce præconis testaretur. Quibus de causis pauca loqui placet ad roborandam sacerdotum censuram, vel ad instructionem populi, sive etiam ad ipsorum regum præsentium emendationem. Nam cum Theoderico decedente Theodebertus filius ejus regnum ambiisset, ac multa inique exerceret, et ab eodem plerumque corriperetur, quod vel ipse perpetraret, vel perpetrantes non argueret : advenit dies dominicus; et ecce rex cum his qui ab hoc sacerdote communioni abesse jussi fuerant, ecclesiam est ingressus. Lectis igitur lectionibus, quas canon sanxit antiquus, oblatis muneribus super altare Dei, ait sacerdos : « Non hic hodie missarum solemnia consummabuntur, nisi communione privati prius abscedant. Hæc rege renitente, subito exclamat unus de populo arreptus a dæmone, puer juvenis, cœpitque voce valida inter supplicia torturæ suæ et sancti virtutes et regis crimina confiteri. Dicebatque episcopum castum, regem adulterum; hunc timore Christi humilem, illum gloria regni superbum; istum sacerdotio impollutum a Deo in posterum præferendum, hunc ab auctore sceleris sui velociter elidendum. Cumque rex timore concussus peteret ut hic energumenus ab ecclesia ejiceretur, dixit episcopus : « Prius illi qui te secuti sunt, id est incesti, homicidæ, adulteri ab hac ecclesia extrudantur, et hunc Deus silere jubebit. » Et statim rex jussit omnes hos, qui sacerdotis sententia damnati fuerant, egredi ab ecclesia. Quibus expulsis, jussit sacerdos dæmoniacum foris extrahi. Sed cum apprehensa columna evelli a decem viris non posset, sanctus Dei, sub vestimento suo propter jactantiam, faciens crucem Christi e contra, dæmonem

que d'une voix pour ainsi dire officielle il les menaçait de mort prochaine. A cette occasion, je crois devoir dire quelques mots propres à fortifier la censure des prêtres, soit pour l'instruction du peuple, soit aussi pour l'amendement de la vie des rois actuels. A la mort du roi Théodéric, son fils Théodebert entra en possession du royaume et fit beaucoup de choses injustes, au sujet desquelles l'évêque le reprit fort souvent, soit que lui-même en fût l'auteur, soit qu'il négligeât de punir ceux qui les commettaient[1]. Un dimanche, voilà que le roi entra dans l'église avec des gens que le pontife avait excommuniés. Après qu'on eût lu les leçons prescrites par l'antique canon, et qu'on eut offert les présents sur l'autel consacré à Dieu, l'évêque dit : « On n'achèvera pas ici aujourd'hui le sacrifice de la messe, à moins que ceux qui sont privés de la communion ne sortent d'abord de l'église. » Le roi voulant résister, un jeune homme d'entre le peuple se trouva tout à coup saisi du démon, et se mit à crier de toute sa force, au milieu des douleurs du tourment qu'il souffrait, en proclamant les vertus du saint et les crimes du roi. Il disait que l'évêque était chaste et le roi adultère, que celui-ci était humble par la crainte de Jésus-Christ, et que celui-là était orgueilleux de la gloire royale; que l'un serait présenté devant Dieu sans souillure, dans la dignité du sacerdoce, et que l'autre serait bientôt détruit par l'auteur de son crime. Et comme le roi, frappé de crainte, demandait que cet énergumène fût chassé de l'église, l'évêque dit : « Que d'abord ceux qui te suivent, c'est-à-dire les incestueux, les homicides et les adultères, soient expulsés de l'église, et Dieu ordonnera à celui-ci de se taire. » Aussitôt le roi donna l'ordre à tous ceux qui avaient été condamnés par la sentence épiscopale de quitter l'église. L'expulsion ayant eu lieu, l'évêque commanda de mettre hors de l'église le démoniaque. Mais celui-ci avait embrassé une colonne, et dix hommes ne pouvaient l'en arracher; alors le saint de Dieu, faisant le signe de la croix sous son vêtement, de peur de s'attirer une vaine gloire, commanda au démon de le lâ-

(1) Cf. *Hist.*, l. III, ch. xxv. Grégoire y parle tout autrement de Théodebert qui, probablement dans l'intervalle des deux rédactions, s'était réconcilié avec l'Église par des largesses aux pauvres.

relaxari præcepit. Qui protinus corruens cum his qui eum trahere nitebantur, post paululum sanus erectus est. Deinde post acta solemnia requisitus nunquam reperiri potuit, nec ullus scivit unde venerit vel quo abierit. Conjiciebatur tamen a plurimis eum a Deo missum, qui regis sacerdotisque opera non taceret. Unde factum est ut sacerdote orante rex mitior fieret, pastor a Domino remunerandus digne propheticum illud audiret, quia « qui reddiderit pretiosum de vili, tanquam os meum erit. » Quotidie autem prædicabat sacerdos populis, denudans crimina singulorum et pro remissione deprecans assidue confitentium. Unde adversus eum sæpius odii virus exarsit, quod tam veraciter multorum facinora publicaret. Nam plerumque se persecutoribus ultro obtulit, et gladio exserto cervicem præbuit, sed nocere eum Dominus non permisit; voluit enim pro justitia mori, si persecutor fuisset infestior. Aiebat enim : « Libenter moriar pro justitia ! » Sed et Clotarium regem pro injustis operibus sæpius excommunicavit, exsiliumque eo minitante nunquam est territus.

3. Quodam vero tempore, cum jam ad exsilium ductus, ab episcopis reliquis qui adulatores regis effecti fuerant removeretur, atque a suis omnibus derelictus, uni diacono qui adhuc perstabat in fide ait : « Quid tu nunc agis? quare non sequeris fratres tuos, ut eas quo volueris sicut illi fecerunt? » Qui ait : « Vivit Dominus Deus meus, quia usquequo spiritus meus infra hos artus contentus fuerit, nunquam derelinquam te. » Et ille : « Quia, inquit, hæc dixisti, dicam tibi quæ Domino revelante cognovi. Cras enim in hac hora, et honorem recipiam et ecclesiæ meæ

cher. Immédiatement l'homme tomba à terre avec ceux qui le tiraient de toute leur force, puis un instant après il se releva guéri. Après la cérémonie, on ne put le retrouver et personne ne put savoir d'où il était venu ni où il était allé. Cependant la plupart pensaient qu'il avait été envoyé par Dieu pour faire connaître les œuvres du roi et celles de l'évêque. Il arriva de là qu'à la prière de l'évêque le roi se montra plus doux, de façon que le pasteur désigné aux récompenses célestes put avec justesse entendre comme étant dite de lui-même cette parole prophétique : « Si d'une chose vile tu as fait une chose précieuse, tu auras été comme ma propre bouche. » (*Jerem.* xv, 19.) Le saint évêque prêchait tous les jours le peuple, découvrant les vices de chacun et priant continuellement pour la rémission de ceux qui les confessaient. Aussi le venin de la haine s'alluma-t-il souvent contre lui, à cause de la franchise avec laquelle il signalait les actions de bien des gens. Mais il allait s'offrir de lui-même aux persécuteurs et tendait le col au glaive levé pour le frapper; et Dieu ne permit pas qu'il éprouvât aucun mal. Il eût bien voulu mourir pour la justice, s'il eût trouvé pour cela un assez cruel ennemi, et il disait : « Je mourrai volontiers pour la justice! » Il excommunia aussi plusieurs fois le roi Clotaire pour des actions injustes, et vainement celui-ci le menaça de l'exil, il n'en fut jamais effrayé.

3. Un jour qu'ayant été conduit en exil, il était repoussé par les autres évêques, qui étaient des flatteurs du roi, et abandonné par tous les siens, il dit à un diacre qui seul persistait à lui demeurer fidèle : « Maintenant, toi que fais-tu? pourquoi ne suis-tu pas tes frères pour aller où tu voudras, comme les autres ont fait? » Celui-ci répondit : « Vive le Seigneur mon Dieu, je ne t'abandonnerai pas tant que j'aurai un souffle de vie dans le corps. » — « Puisque tu parles ainsi, lui dit l'évêque, je veux te révéler ce qu'il a plu à Dieu de me faire connaître : Demain à cette heure je reprendrai l'honneur qu'on me veut ôter, et je serai rendu à mon église,

restituar; hi autem qui me reliquerunt cum magno pudore ad me confugient. » Præstolabatur itaque diaconus rem promissam attonitus, quod postea est expertus. Illucescente autem die crastina, subito advenit legatus Sigiberti regis cum litteris, nuntians regem Clotarium esse defunctum, seque regnum debitum cum episcopi charitate debere percipere. Hæc ille audiens ad ecclesiam regressus, potestati restituitur, confusisque his a quibus derelictus fuerat, omnes in charitate recepit. Jam vero quam fortis fuerit ad prædicandum, quam terribilis ad arguendum, quam constans ad sustinendum, quam prudens ad docendum, quis evolvere queat? Unus enim ei semper erat rigor in prosperis et adversis; nec minitantem timuit, nec a blandiente delusus est. Nam vere, ut aiebat relator ille (sanctus Aredius) memoratus, parum fuit quin juxta Paulum apostolum non fuisset injuriatus periculis fluminum, periculis latronum, periculis in civitate, periculis in falsis fratribus, et reliqua. Nam quadam die dum Mosellam fluvium navigio transnataret, inter pilas pontis fluctuum actus impulsu, palmis tantum pilæ adhæsit, pede continens navem, et sic ab intuentibus jam ad demersionem paratus erutus est, quod non sine tentatoris insidiis se pertulisse ferebat. Sed et ipse auctor criminis plerumque se obtutibus ejus quasi nociturus ostendit. Denique dum quadam die iter ageret, descendens ab equo, inter vepres condensas ventris purgandi gratia est ingressus : et ecce assistit ei umbra teterrima, statu procera, crassitudine valida, colore tetra, oculorum scintillantium immensitatem in modum tauri petulantis habebat, ore patulo quasi ad deglutiendum virum Dei

et ceux qui m'ont délaissé reviendront à moi avec une grande confusion. » Le diacre, étonné, attendit l'effet de ces paroles qu'il éprouva bientôt. Dès le lendemain il arriva un envoyé du roi Sigebert, chargé de lettres et annonçant la mort du roi Clotaire. Sigebert écrivait qu'il allait prendre possession de son royaume et qu'il voulait avoir l'amitié de l'évêque. En apprenant cela, ce dernier revient à son église, rentre dans son pouvoir, à la grande confusion de ceux qui l'avaient abandonné, et les reçoit cependant tous avec bonté. Qui pourrait dire maintenant combien il eut de force dans la prédication, de vigueur dans la discussion, de constance dans la lutte, de sagesse dans l'instruction? Il avait en effet toujours une égale fermeté dans le malheur comme dans la prospérité, sans craindre les menaces et sans se laisser tromper par les caresses. Car véritablement, comme le disait le même qui m'a raconté ces choses (S. Yrieix), peu s'en fallut qu'il ne fût exposé, comme l'apôtre saint Paul (*II Corinth.* xi, 26), aux périls des fleuves, aux périls des voleurs, aux périls de la cité, aux périls parmi les faux frères, et à bien d'autres. Un jour il traversait la Moselle en bateau, lorsqu'il fut poussé par le courant contre les piles d'un pont, et s'accrochant des mains seulement à une pile, il maintint le bateau avec le pied et put ainsi être sauvé par les spectateurs, quoique près d'être noyé, ce à quoi les embûches du tentateur, à ce qu'il pensait, n'étaient pas étrangères. D'ailleurs l'auteur de tout crime s'offrit plusieurs fois à ses yeux comme pour lui nuire. En voyage, étant un jour descendu de cheval pour satisfaire un besoin du ventre et s'étant mis parmi d'épais buissons, voici que tout à coup il vit devant lui une ombre affreuse, de haute taille, de grosseur formidable, de couleur noire, avec des yeux étincelants et immenses comme ceux d'un taureau furieux, et une large bouche qu'elle ou-

parata. At illo faciente signum crucis e contra, in modum fumi ascendentis evanuit : quod non ambigitur ipsum ei sceleris principem fuisse monstratum.

4. In jejuniis autem valde, ut diximus, fortis erat. Nam cæteris reficientibus, sæpe ipse, contecto capite a cucullo ne agnosceretur in publico, cum uno tantum puero sanctorum basilicas circuibat. Sed et curationum gratia data est ei a Deo. Dum autem hæc in illo, ut supra diximus, habitu sanctorum habitacula circuiret, ad templum sancti Maximini antistitis accessit, in cujus atrio post multas debacchationes tres energumeni pressi sopore quiescebant, cernensque eos somno deditos fecit signum crucis e contra : statimque expergefacti, elevantes in sublime voces, dato impetu ad vomitum, emundati sunt. Cum autem lues inguinaria Trevericum populum in circuitu civitatis valde vastaret, et sacerdos Dei pro ovibus commissis Domini misericordiam imploraret assidue, factus est sonus de nocte magnus, tanquam tonitrum validum, super pontem amnis, ita ut putaretur urbs ipsa dehiscere. Cumque omnis populus exterritus in lectulis resedisset, lethiferum sibi interitum opperiens, audita est in medio rumoris vox una cæteris clarior, dicens : « Et quid hic, o socii, faciemus? Ad unam enim portam Eucharius sacerdos observat, ad aliam Maximinus excubat, in medio versatur Nicetius; nihil hic ultra prævalere possumus, nisi sinamus hanc urbem eorum tuitioni. » Hac voce audita, statim morbus quievit, nullusque ab eo ultra defunctus est. Unde non ambigitur virtute memorati antistitis fuisse defensam. Invitatus autem quodam tempore sacerdos a rege, dicit suis : « Quærite nobis piscium multitudinem in abun-

vrait comme pour avaler l'homme de Dieu. Mais lorsqu'il eut fait le signe de la croix, cette apparition s'évanouit comme une fumée qui monte, et il n'y a point de doute que le prince du crime ne se soit montré lui-même au saint dans cette circonstance.

4. Il était, comme nous l'avons dit, d'une très-grande force pour les jeûnes. Car c'était pendant le temps où les autres prenaient leur repas que lui, la tête couverte de son capuchon de peur d'être reconnu en public, parcourait souvent les basiliques des saints suivi d'un seul serviteur. Dieu lui fit aussi le don des guérisons. Comme il parcourait vêtu, ainsi que nous venons de le dire, les demeures des saints, il arriva au temple de l'évêque saint Maximin, dans le parvis duquel trois énergumènes reposaient accablés de sommeil, après beaucoup de convulsions. Les voyant profondément endormis, il fit en face d'eux le signe de la croix, et aussitôt, s'étant éveillés en poussant de grands cris, ils firent effort pour vomir et furent délivrés. La peste inguinaire sévissait cruellement sur la population de Trèves, dans l'enceinte de la cité; et le prêtre de Dieu implorait assidûment la miséricorde divine pour les brebis qui lui étaient confiées, quand tout à coup, la nuit, un grand bruit se fit entendre, comme un violent coup de tonnerre qui aurait éclaté sur le pont, et tel qu'on eût dit que la ville allait se fendre en deux. Et comme tout le peuple, rempli de frayeur, était séant sur son lit, attendant la mort, on distingua du milieu de la rumeur une voix plus claire que les autres qui disait : « Que devons-nous faire, ô compagnons? Car à l'une des portes veille l'évêque Eucher, à l'autre se tient Maximin; Nizier est établi au milieu; nous n'avons donc rien de mieux à faire que d'abandonner cette ville à leur protection. » Dès que cette voix se fut fait entendre, aussitôt la maladie cessa, et depuis ce moment personne n'en mourut plus. Aussi ne doute-t-on pas que cette ville n'ait été protégée par la vertu de l'évêque. Invité un jour à fournir le repas au roi, il dit à ses gens : « Cher-

dantiam, ut euntes ad occursum regis, et nostrum expleatur opus et amicis ministretur affatim. » Dixeruntque ei : « Labsus noster, in quem pisces decidere soliti sunt, prorsus desertus habetur : sed et maceriæ ipsæ de locis suis amnis impetu evulsæ noscuntur. Non est qualiter jussio vestra adimpleatur, dum non est in promptu qualiter capiantur quæ præcipis. » Et ille hæc audiens, ingressus in cellulam suam vocavit puerum, et ait : « Vade, et dic coquorum præposito ut exhibeat pisces ab amne. » Qui jussa referens, derisus est ab homine. Reversoque ait sacerdos : « Scio quia locutus es ea quæ præcepi, sed audire noluerunt. Vade, et dic eis ut eant. » Cumque bis aut tertio hanc ordinationem dure susciperent, commoti tandem abierunt ad labsum, et aspicientes invenerunt eum ita refertum piscibus, ut decem viri quæ repererant vix exhibere potuissent. Ostendebat enim ei virtus divina sæpius quæ ei opportuna erant.

5. Sed nec hoc silendum putavi, quod eidem de regibus Francorum a Domino fuit ostensum. Vidit enim in visu noctis turrem magnam, tanta celsitudine præditam, ut polo propinqua suspiceretur, habentem fenestras multas, Dominumque stantem super cacumen ejus, et angelos Dei per speculas illas positos. Unus autem ex eis tenebat librum magnum in manu, dicens : « Tantum temporis rex ille et ille victurus est in sæculo. » Nominavitque omnes viritim, vel qui eo tempore erant, vel deinceps nati sunt dixitque et qualitatem regni, et quantitatem vitæ eorum. Sed post uniuscujusque nomen semper Amen cæteri angeli respondebant. Sicque de his in posterum impletum est, sicut sanctus per præfatam revelationem

chez-nous force poisson, afin que quand nous irons au-devant du roi, nous ayons de quoi nous acquitter de notre devoir et de quoi fournir abondamment à nos amis. » Et ceux-ci lui dirent : « Notre nasse, où le poisson avait accoutumé de venir, est entièrement vide, et nos réservoirs eux-mêmes ont été arrachés de leurs places par l'impétuosité du fleuve. Il est donc impossible d'accomplir votre ordre, puisqu'on n'a rien pour prendre ce que tu commandes. » Ayant entendu cela, le saint entra dans sa cellule, appela un serviteur et lui dit : « Va dire au chef des cuisiniers de tirer du poisson de la rivière. » Celui-ci, exécutant l'ordre, ne fit qu'exciter le rire de cet homme. Lorsqu'il fut de retour, l'évêque lui dit : « Je vois que tu as porté l'ordre que je t'avais donné, et qu'on n'a pas voulu l'écouter. Va et dis-leur qu'ils y aillent. » Et comme par deux ou trois fois ils eurent reçu avec répugnance le même commandement, ils finirent par aller avec colère à la pêcherie, et en y regardant ils la trouvèrent tellement remplie de poissons, qu'à peine dix hommes eussent pu tirer tout ce qu'il y avait. La vertu divine fournissait souvent à Nizier les choses qui lui étaient utiles.

5. Je n'ai pas cru non plus qu'il fallût passer sous silence ce qui lui fut montré par le Seigneur touchant les rois des Francs. Il vit la nuit, en songe, une grande tour dont la hauteur était telle qu'elle touchait presque au ciel; elle avait un grand nombre de fenêtres par lesquelles regardaient les anges, tandis que Dieu se tenait debout sur le sommet. Un des anges tenait à la main un grand livre et disait : « Ce roi vivra tant de temps, et celui-ci tant, » et il les nomma tous les uns après les autres, tant ceux qui vivaient alors que ceux qui étaient encore à naître ; et il annonça la nature bonne ou mauvaise de leur règne et la durée de leur vie. Lorsqu'il appelait le nom de chacun, les autres anges répondaient : « Ainsi soit-il. » Et pour chaque roi il fut accompli par la suite ainsi que le saint l'avait annoncé dans cette révéla-

annuntiavit. Regressus autem a rege evectu navali, obdormivit. Et ecce commotus vento fluvius cœpit fluctus in excelsa porrigere, ita ut putaretur navis ipsa demergi. Sacerdos autem, ut præfati sumus, dormiens somno nescio quo, ut plerumque dormientibus evenit, quasi ab aliquo oppressus est. Excitatus quoque a suis fecit signum crucis super aqua, et cessavit procella. Deinde suspirans crebrius, interrogatus a suis est quid vidisset. Qui ait : « Silere quidem decreveram, sed tamen dicam. Vidi enim me quasi per universum orbem retia ad capiendum extendere, et nullus erat adjutor meus, nisi tantum hic puer Aredius. » Et merito eum Dominus retificem ostendere voluit, qui quotidie populos ad divinum officium capiebat. Venit autem ad eum homo quidam, cæsariem barbamque prolixam efferens, prostratusque ad pedes ejus ait : « Ego sum, domine, qui in maris periculo positus, tuo adjutorio sum salvatus. » At ille objurgans hominem, cur de eo laudationis hujus proferret gloriam, ait : « Dic qualiter te Deus ab hac necessitate eripuit, nam virtus mea nullum juvare potest. » Qui ait : « Nuperrimo tempore cum navem ascendens Italiam peterem, multitudo paganorum mecum ingressa est, inter quos et ego tantum solus eram inter illam rusticorum multitudinem christianus. Orta autem tempestate cœpi invocare nomen Domini, atque ut me intercessio tua eriperet flagitare; pagani vero invocabant deos suos, et ille Jovem, iste Mercurium proclamabat, alius Minervæ, alius Veneris auxilium flagitabat. Cumque jam in discrimine essemus, aio ad eos : « O viri, nolite hos deos invocare, non enim sunt dii isti, sed dæmones. Nam si vultis de præsenti inte-

tion. Lorsque Nizier s'en revint, après avoir été trouver le roi, faisant le trajet par eau, il s'endormit. Et voici que le fleuve, soulevé par le vent, commença de s'élever en vagues très-hautes, en sorte que l'on eût cru le bateau sur le point d'être submergé. Or l'évêque, comme nous venons de le dire, dormait de ce je ne sais quel sommeil où il semble au dormeur que quelqu'un l'étouffe. Éveillé par ceux qui l'entouraient, il fit sur l'eau le signe de la croix, et la tempête cessa. Ensuite, comme il poussait de fréquents soupirs, les siens lui demandèrent ce qu'il avait vu. Il leur répondit : « J'avais résolu de me taire, mais je parlerai. Il me semblait que je tendais des rets pour pêcher par tout le monde, et que je n'avais d'autre aide que ce jeune Aredius. » Et c'est avec raison que le Seigneur voulut le montrer adroit pêcheur, car il prenait tous les jours des peuples entiers pour le service divin. Il vint à lui un homme qui avait la chevelure et la barbe fort longues, et qui, s'étant jeté à ses pieds, lui dit : « Je suis celui, seigneur, qui m'étant trouvé en danger sur la mer, en fus délivré par ton secours. » Mais le saint l'ayant repris aigrement de ce qu'il voulait lui donner la gloire de cela, lui repartit : « Dis comment Dieu t'a sauvé de ce danger, car ma vertu ne peut aider personne. » Cet homme répondit : « Dernièrement, comme je m'étais embarqué sur un navire pour me rendre en Italie, une multitude de païens entra avec moi dans le vaisseau, en sorte que je me trouvais le seul chrétien au milieu de cette foule de paysans. Mais une tempête s'étant élevée, je commençai à invoquer le nom du Seigneur et à le supplier que ton intercession pût me délivrer du périr. Les païens, de leur côté, invoquaient leurs dieux, celui-ci Jupiter, celui-là Mercure, cet autre Minerve, cet autre encore Vénus. Et comme nous étions en danger de périr, je leur dis : « O hommes, cessez d'invoquer ces dieux. car ce ne sont pas des dieux, mais des démons. Et si vous

ritu erui, invocate sanctum Nicetium, ut ipse obtineat cum Domini misericordia vos salvari. » Cumque una voce elevata in hujuscemodi clamore dixissent : « Deus Nicetii eripe nos, » protinus mare mitigatum est, ceciditque ventus, ac sole reducto, eo quo voluntas nostra fuit navis accessit. Ego autem vovi ne prius comam capitis tonderem quam tuis obtutibus præsentarer. » Tunc jussu episcopi tonsuratus homo Arvernum adiit, unde se esse confessus est. Innumera sunt etiam quæ de hoc viro relata a memorato abbate cognovimus, sed finiendum libellum puto.

6. Cum autem propinquum transitus tempus migrationis suæ cognovisset, fratribus retulit, dicens : « Vidi Paulum apostolum cum Joanne Baptista invitantem me ad requiem sempiternam, atque exhibentem mihi coronam cœlestibus margaritis ornatam, ac dicentibus mihi viris : « Talibus enim speciebus perfrueris in regno Dei. » Hæc quibusdam fidelibus referens, post paucos dies modica febre pulsatus spiritum præmisit ad Dominum, sepultusque est in basilica sancti Maximini antistitis. Cujus nunc tumulus plerumque divinis virtutibus illustratur.

CAPUT XVIII.

De Urso et Leobatio abbatibus.

Legiferi vatis oraculum cum de principio principium fandi sumpsisset, et Dominum extendisse cœlos dextera majestatis fuisset effatus, ait : « Et fecit Deus duo luminaria magna et stellas, et posuit ea in firmamento cœli, ut præessent diei ac nocti, et lucerent in firmamento cœli; » sic nunc et in illo mentis humanæ

voulez être tirés du danger où nous sommes, invoquez saint Nizier, afin qu'il obtienne de la miséricorde de Dieu que vous soyez sauvés. » D'une seule voix ils firent entendre ces paroles : « Dieu de Nizier, sauve-nous. » Et alors la mer fut aussitôt calmée, le vent tomba et le soleil ayant reparu, notre navire se dirigea où nous voulûmes. Pour moi, je fis vœu de ne pas faire couper mes cheveux avant que je ne me fusse présenté à tes regards. » Alors cet homme, s'étant fait couper les cheveux par l'ordre de l'évêque, s'en alla à Clermont, d'où il dit qu'il était. J'aurais pu dire encore bien des choses que je tiens de l'abbé que j'ai cité, mais j'ai pensé qu'il fallait terminer ce livre.

6. Lorsqu'il sut que le moment de son départ approchait, il en instruisit ses frères en disant : « J'ai vu l'apôtre Paul avec Jean-Baptiste qui m'invitaient au repas éternel, et qui me montraient une couronne ornée de perles célestes, et me disaient : « Voilà les choses dont tu jouiras dans le royaume de Dieu. » Il rapporta ces paroles à un petit nombre de personnes fidèles, puis au bout de peu de jours, s'étant trouvé atteint d'une petite fièvre, il rendit l'esprit à Dieu, et fut enseveli dans l'église de l'évêque saint Maximin. Son tombeau est aujourd'hui fameux par les miracles divins qui s'y accomplissent[1].

CHAPITRE XVIII.

De saint Ours et saint Leubasse, abbés.

Quand le législateur-prophète commence à parler de la création du monde et qu'il montre le Seigneur formant de la majesté de sa main droite l'étendue des cieux, il ajoute : « et Dieu fit deux grands luminaires et les étoiles, et les mit au firmament, afin qu'ils présidassent au jour et à la nuit, et qu'ils brillassent dans le ciel. » (*Gen.* I, 16, 17.) De même aussi dans le firmament de l'entendement humain, il a placé, comme l'affirme l'autorité des saints Pères, deux

(1) Voy. *Gl. conf.* XCIV.

cœlo, sicut priorum sanxit auctoritas, luminaria magna dedit, Christum scilicet et Ecclesiam ejus, quæ luceant in tenebris ignorantiæ et illuminent sensus humilitatis nostræ, sicut Joannes evangelista de ipso ait, quia hic est lux mundi, qui « illuminat omnem hominem venientem in hunc mundum. » Posuit etiam in eo et stellas, patriarchas videlicet, prophetas apostolosque, qui vel doctrinis nos erudiant, vel mirabilibus suis illuminent, sicut in Evangelio ait, quia « vos estis lux hujus mundi. » Et : « Sic luceat lux vestra coram hominibus ut videant opera vestra bona et glorificent Patrem vestrum qui est in cœlis. » Hi enim apostoli merito pro tota accipiuntur Ecclesia, quæ non habens rugam aut maculam impolluta subsistit, sicut Apostolus ait, quia « ipse sibi exhibuit Ecclesiam mundam, non habentem maculam aut rugam, aut aliquid hujuscemodi. » Ex horum ergo doctrina et usque ad nostra fuerunt tempora, qui in hoc sæculo quasi astrorum jubar, non solum meritorum radiantes luce, verum etiam dogmatum magnitudine coruscantes, orbem totum radio suæ prædicationis illustraverunt, euntes per loca singula prædicando, ac monasteria ad divinum cultum locando, docendo homines a curis sæcularibus abstinere, et relictis tenebris concupiscentiæ Deum verum sequi, per quem facta sunt omnia; sicut de Urso Leobatioque abbatibus fidelium fratrum relatio signat.

1. Igitur Ursus abbas Cadurcinæ urbis incola fuit, ab ineunte ætate religiosus et in Dei amore devotus. De quo egressus loco, Bituricum terminum est ingressus, fundatisque monasteriis apud Tausiriacum, Oniam atque Pontiniacum, stabilitisque præpositis

grands luminaires, à savoir le Christ et son Église, afin qu'ils reluisent dans les ténèbres de l'ignorance et illuminent notre humble intelligence ainsi que Jean l'évangéliste le dit du Seigneur lui-même, parce qu'en effet il est la lumière du monde, qui « éclaire tout homme venant en ce monde. » (*Joan.* I, 9.) Il mit aussi en lui les étoiles, c'est-à-dire les patriarches, les prophètes et les apôtres, qui nous instruisent de leur doctrine et qui nous illuminent de leurs miracles, comme il l'a dit lui-même dans l'Évangile : « Vous êtes la lumière de ce monde » (*Matth.* V, 14) ; et ensuite : « Que votre lumière luise ainsi devant les hommes, afin qu'ils voient vos bonnes œuvres et qu'ils glorifient votre Père qui est aux cieux. » (*Ibid.*, 16.) Les apôtres auxquels ces paroles s'adressent sont bien justement pris pour toute l'Église, qui n'a point de rides et qui subsiste sans tache, comme le dit l'Apôtre : « Afin que lui-même offrît pour la gloire de soi-même l'Église pure n'ayant ni tache, ni ride, ni rien de semblable. » (*Eph.* V, 27.) Or grâce à la doctrine des apôtres il y a eu jusqu'à notre temps des hommes qui, semblables en ce monde à des astres, non-seulement furent resplendissants par la lumière de leurs mérites, mais encore éclatants par la grandeur de leurs enseignements, qui ont éclairé tout l'univers par les rayons de leur prédication, allant enseigner en tout lieu, fondant des monastères pour le culte divin, instruisant les hommes à s'abstenir des soins terrestres et à mépriser les ténèbres de la concupiscence pour suivre le vrai Dieu, par qui tout a été créé. C'est ce que prouve le récit fait par des frères dignes de foi sur les abbés Ours et Leubasse.

1. L'abbé Ours[1] habitait la ville de Cahors et dès le commencement de sa vie il fut très-dévot et rempli de l'amour de Dieu. Étant parti de Cahors, il vint dans le pays de Berri, où il fonda trois monastères, à Touri, Heugne et Pontigni, et après qu'il les eut laissés sous le gouvernement

(1) Mort vers l'an 500. (R.)

sanctitate honorificis, dispensatione libratis, Turonicum territorium est ingressus, et ad locum quem Senapariam vocitari priscus instituit auctor accessit. Ædificatoque oratorio, monasterium stabilivit; commissaque Leobatio præposito summa regulæ, monasterium aliud statuit, quod nunc Loccis[1] vocant, situm scilicet super fluvium Angerem in recessu montis, cui nunc castrum supereminet, ipso nomine ut monasterium vocitatum. Ubi adjuncta congregatione, statuit apud animum suum, ne ultra alium proficisceretur in locum, sed in eo cum omni congregatione manibus propriis operari, et victum a terra in sudore vultus exigere, illud fratribus inter reliqua prædicationum dona commendans, quod Paulus apostolus ait : « Labora manibus, ut habeas unde possis retribuere necessitatem patientibus. » Et illud : « Quia qui non laborat, nec manducet. » Dedit autem ei Dominus et gratiam curationis, ita ut insufflatis energumenis, protinus dæmonia ejicerentur a corporibus obsessis. Sed et alias per eum Dominus dignatus est operari virtutes. Erat enim abstinens a cibis et potu, interdicens monachis sine cessatione avertere oculum et cogitationem ab omni luxuria.

2. Dum autem hæc ageret, ac fratres molam manu vertentes triticum ad victus necessaria comminuerent, pro labore fratrum visum est ei molendinum in ipso Angeris fluvii alveo stabilire; defixisque per flumen palis, aggregatis lapidum magnorum acervis exclusas fecit, atque aquam canale collegit, cujus impetu fa-

(1) Laud. et plerique ed., *Locis* Bal. *Locias.... fluvium Ligerim*, et sic infra ; Labb. *Lucas*. (R.)

de prévôts recommandables par la sainteté de leur vie et par leur sage économie, il passa en Touraine et vint en un lieu à qui quelque ancien a jadis imposé le nom de Sénevières. Il y construisit un oratoire, y fonda un monastère, et ayant laissé celui-ci au prévôt Leubasse avec le soin d'y faire observer la règle, il alla bâtir encore un autre monastère, qu'on appelle maintenant Loches, situé sur la rivière d'Indre, dans le creux d'une montagne, au-dessus de laquelle s'élève un château qui porte le même nom que le monastère. Là, ayant établi une congrégation de moines, il prit dans son cœur la résolution de ne plus aller dans un autre lieu, mais de travailler dans celui-ci de ses propres mains avec toute la congrégation et d'y gagner sa vie à la sueur de son front, recommandant entre autres choses à ses frères ce que l'apôtre Paul disait aux siens : « Travaillez de vos mains, afin que vous ayez de quoi donner du vôtre à ceux qui sont dans la nécessité. » (*Eph.* IV, 28.) Et ailleurs : « Celui qui ne travaille point ne doit point manger. » (*II Thes.* III, 10.) Le Seigneur lui accorda aussi le don de guérir, en sorte que du souffle seul de sa bouche il chassait les démons du corps des possédés ; il a daigné également accomplir par lui d'autres miracles. Ours était d'une grande abstinence pour la nourriture et la boisson, et recommandait sans cesse à ses moines de détourner leurs yeux et leurs pensées de toute idée de luxure.

2. Ainsi faisait-il, et comme ses frères broyaient le blé nécessaire à leur nourriture en tournant la meule avec la main, il eut la pensée de diminuer leur fatigue en établissant un moulin dans le lit de la rivière d'Indre. Ayant fait mettre deux rangées de pieux dans la rivière, avec de gros amas de pierres pour faire des écluses, il rassembla l'eau en un canal et se servit alors du courant pour faire

bricæ rotam in magna volubilitate vertere fecit : hoc opere laborem monachorum relevans, atque uni fratrum delegans, opus necessarium implebatur. Hanc autem fabricam Sichlarius[1] quidam Gotthus, qui magno cum Alarico rege amore diligebatur, æmulus monasterio concupivit, dixitque abbati : « Dona mihi hoc molendinum, ut sit sub ditione mea, et quod volueris repensabo. » Cui ille : « Cum grandi, inquit, hoc labore paupertas nostra statuit, et nunc non possumus ipsum donare, ne fratres mei fame pereant. » Et ille : « Si vis, inquit, ipsum bona voluntate tribuere, gratias ago ; sin aliud, vi ipsum auferam : aut certe faciam aliud, cujus exclusis aqua retrorsum conversa, rotam tuam vertere amplius non permittent. » Abbas respondit : « Non facies autem quod Deus non voluerit, nam a nobis ipsum penitus non accipies. » Tunc Sichlarius fervens felle, similem sub hoc fabricam adaptavit. Cumque aqua retrorsum conversa sub hujus operis rotam inundans gurgitem fecisset, restitit prorsus, nec omnino verti potuit ut consueverat; venitque custos ejus ad abbatem, media ut ferunt nocte, illo in oratorio cum fratribus vigilante, et ait : « Surge, abba, deprecare attentius Dominum. Restitit enim rota molendini ab inundatione canalis alieni, quem Sichlarius fecit. » At ille hæc audiens misit confestim fratres singulos ad monasteria illa quæ statuerat, dicens : « Prosternite vos in oratione, et non sit vobis opus aliud, donec iterum ad

(1) Colb. et Bel., *Silarius*. Et quidem sic appellatur in libro de castro Ambasia, cap. III, t. X Spicilegii Acheriani pag. 522 (aut. *Chroniques d'Anjou pub. pour la Soc. de l'Hist. de France*, t. I, p. 18), ubi Alarici proximus et amicus appellatur. (R.)

tourner avec une grande rapidité la roue du moulin. Par ce moyen il diminua le travail des moines, en sorte qu'un seul frère suffisait à cet ouvrage. Or un Goth appelé Sichlaire, favori du roi Alaric, fut désireux de s'approprier cette machine, et dit à l'abbé : « Donne-moi ce moulin, pour en faire ma propriété, et je te donnerai en retour ce que tu voudras. » L'abbé lui répondit : « Notre pauvreté n'a établi cela qu'avec bien de la peine ; nous ne pouvons maintenant le donner, de peur que mes frères ne meurent de faim. — Si tu veux, dit Sichlaire, me le donner de bonne volonté, je t'en remercie ; autrement je le prendrai de force, ou j'en ferai certainement faire un autre pour lequel je détournerai l'eau par des écluses qui ne permettront plus à votre roue de tourner. » L'abbé répliqua : « Tu ne feras pas ce que Dieu ne voudra pas, et tu ne nous le prendras pas du tout[1]. » Alors Sichlaire tout bouillant de colère fit faire au-dessous une autre machine semblable à celle-là. Et comme il fit que l'eau remontant jusque sous la roue du moulin s'amassait au point d'empêcher la roue de tourner comme d'habitude, le moulin devint inutile et le gardien vint trouver, à ce qu'on dit, l'abbé sur le minuit, tandis qu'il veillait dans l'oratoire avec ses frères, et lui dit : « Père abbé, lève-toi et prie dévotement le Seigneur, car la roue de notre moulin est arrêtée par l'inondation du nouveau canal que Sichlaire a fait. » L'abbé envoya aussitôt un frère à chaque monastère qu'il avait établi, pour dire aux religieux : « Mettez-vous en prières, et ne faites rien autre chose, jusqu'à ce que je vous mande d'autres nou-

(1) On voit encore aujourd'hui ce moulin, dit Ruinart. Il ajoute que le tombeau de saint Ours était aussi conservé de son temps dans l'église de Loches qui lui est dédiée.

vos dirigam. » Sed et ipse non est egressus ab oratorio, deprecans Dominum attente ac præstolans adventum ejus misericordiæ. Sic fecit per integros duos dies totidemque noctes. Tertia jam illucescente die, accessit iterum monachus ille qui custos fuerat, nuntians rotam fabricæ suæ juxta consuetudinem priorem in summa verti velocitate. Egressusque abbas cum fratribus de oratorio accedit ad littus, conspiciensque molendinum quod Sichlarius fecerat, non reperit : accedensque ad littus, et fundum alvei intuens, indicium nullum de eo accepit. De quo non quidquam ligni, non lapidis, non ferri, vel ullius unquam genus indicii potuit ostendi, nisi quod conjici potuit, ipso quo fabricatum fuerat loco, virtute divina dehiscens ab oculis hominum est ablatum. Tunc misit nuntios ad fratres, dicens : « Requiescite jam a labore, quia ultus est Deus injuriam fratrum nostrorum. »

3. His et talibus virtutibus præditus, consummato cursu vitæ, migravit ad Dominum : ad cujus tumulum postea et energumeni sanati et cæci illuminati sunt ; post cujus obitum præpositi qui per monasteria erant, abbatum officium, episcopis largientibus, susceperunt. Sed et Leopatius[1] apud Senaparium monasterium, quod infra territorium Turonicum erat, abbas instituitur, in summa sanctitate ac senectute perdurans, ibique et obiit ac sepultus est.

---

(1) Hic omnes Mss. *Leopatius*; ed. *Leubatius*. (R.)

velles. » Lui-même ne sortit point de l'oratoire, où il adressa dévotement sa prière au Seigneur, attendant la venue de sa miséricorde, ce qu'il fit pendant deux jours et deux nuits. Le troisième jour commençait à luire quand le moine qui avait la garde du moulin vint dire que la roue tournait comme d'habitude avec une grande rapidité. Alors l'abbé, étant sorti de l'oratoire avec ses frères, s'approcha du rivage et chercha des yeux le moulin que Sichlaire avait établi, mais il ne le trouva pas ; et s'approchant de plus près pour regarder au fond de l'eau, il n'en aperçut aucune trace, et personne aussi n'en vit jamais depuis ni bois, ni pierre, ni fer, ni quoique ce puisse être, et on ne peut que conjecturer qu'au même lieu où il avait été bâti la terre s'ouvrit par une force divine, pour l'engloutir et le faire disparaître des yeux des hommes. L'abbé alors envoya des messagers dire à ses frères : « Reposez-vous maintenant de votre labeur; car Dieu a vengé notre injure. »

3. C'est rempli de telles vertus qu'ayant achevé le cours de sa vie, il passa au Seigneur. A son tombeau dans la suite les énergumènes furent guéris, les aveugles recouvrèrent la vue. Après sa mort, ceux qu'il avait mis à la tête des monastères qu'il avait fondés y furent établis abbés par la bienveillance des évêques. Leubasse fut institué abbé au monastère de Sénevières, qui est du diocèse de Tours, où il vécut avec une grande sainteté et parvint à une grande vieillesse ; il y mourut et y fut enseveli.

CAPUT XIX.

De Monegunde[1] religiosa.

Insignia divinorum beneficiorum charismata, quæ humano generi cœlitus sunt indulta, nec sensu concipi, nec verbis effari, nec scripturis poterunt comprehendi; cum ipse Salvator mundi ab illo rudis sæculi exordio patriarchis se præstat videri, prophetis annuntiari, ad extremum semper virginis intactæque Mariæ dignatur utero suscipi, et præpotens immortalisque Creator mortalis carnis patitur amictu vestiri, mortem pro hominis peccato mortui reparatione adire, victorque resurgere; qui nos gravium facinorum spiculis sauciatos, ac latronum insidiantium vulneribus affectos, infuso meri oleique liquore, ad stabulum medicinæ cœlestis, id est Ecclesiæ sanctæ, dogma perduxit; qui nos exemplis sanctorum vivere incessabili præceptionis suæ munere cohortatur, nobisque non modo viros, sed etiam ipsum inferiorem sexum, non segniter sed viriliter agonizantem, præbet exemplum; qui non solum viris legitime decertantibus, verum etiam feminis in his præliis favorabiliter desudantibus, siderea regna participat : sicut nunc beata Monegundis, quæ relicto genitali solo, tanquam regina prudens quæ audire sapientiam Salomonis adivit, ita hæc beati Martini basilicam, ut ejus miracula quotidianis indulta momentis miraretur, expetiit hauriretque de fonte sacerdotali quod posset aditum nemoris paradisiaci recludere.

(1) Colb. et Bell. *Monigunde*, et infra *Monagundis* et *Monegundis*. (R.)

CHAPITRE XIX.

De Monegonde, religieuse.

Les dons excellents d'en haut qui sont départis au genre humain ne sauraient se concevoir par les sens ni s'exprimer par les paroles, ni se représenter par l'écriture, puisque le sauveur du monde, dès le commencement de la création, a bien voulu se faire voir lui-même aux patriarches, être annoncé par les prophètes, et enfin n'a pas dédaigné, lui créateur tout-puissant et immortel, de s'enfermer dans le sein de Marie toujours vierge et toujours pure, de s'envelopper du vêtement d'une chair mortelle, d'aller à la mort pour la réparation de l'homme mort par le péché et de ressusciter victorieux, lui qui, alors que nous étions gravement blessés par les traits de nos péchés et tout couverts des plaies que nous avions reçues des brigands qui nous attendaient au passage, après avoir mêlé l'huile et le vin, nous a conduits à l'hôtellerie de la médecine céleste, c'est-à-dire au dogme de l'Église sainte, lui qui par la récompense infaillible promise à ceux qui gardent ses préceptes, nous exhorte de vivre à l'exemple des saints ; lui qui nous donne pour modèles, non-seulement des hommes robustes, mais encore le sexe fragile, combattant non faiblement mais d'une vigueur toute virile ; lui qui fait part de son royaume céleste, non-seulement à des hommes qui combattent comme il convient, mais encore à des femmes qui par leurs salutaires fatigues se mêlent à ces combats. Ce qu'il nous fait bien voir aujourd'hui dans sainte Monegonde, qui, ayant quitté son pays natal comme fit cette reine prudente qui vint écouter la sagesse de Salomon, s'est rendue à l'église de Saint-Martin afin d'y admirer les miracles qui s'y faisaient chaque jour et d'y puiser comme à une source sacerdotale de quoi se rendre digne d'être admise dans les bosquets du paradis.

1. Igitur beatissima Monegundis, Carnotenæ urbis indigena, parentum ad votum copulata conjugio, duas filias habuit, super quibus valde gavisa lætabatur, dicens quia : « Propagavit Deus generationem meam, ut mihi duæ filiæ nascerentur. » Sed hoc mundiale gaudium prævenit sæculi hujus amaritudo, dum puellæ modica febre pulsatæ metam naturæ debitam concluserunt. Ex hoc genitrix mœsta deplorans, orbatamque se lugens non diebus, non noctibus a fletu cessabat, quam non vir, non amicus, non ullus propinquorum poterat consolari. Tandemque in se conversa, ait : « Si nullam consolationem de obitu filiarum capio, vereor ne ob hoc lædam Dominum meum Jesum Christum. Sed nunc hæc lamenta relinquens, cum beato Job consolata decantem : « Dominus dedit, Dominus abstulit, quomodo Domino placuit ita factum est : sit nomen Domini benedictum. » Et hæc dicens, exuta veste lugubri, jussit sibi cellulam parvulam præparari, in qua unam tantummodo fenestellulam, per quam modicum lumen posset cernere, præcepit aptari : ibique contempto mundi ambitu, spreto viri consortio, soli Deo in quo erat confisa vacabat, fundens orationem pro suis populique delictis, habens puellulam unam cujus ei famulatu ministrabantur ea quæ necessitas exigebat. Accipiebat etiam et farinam hordeaceam, infusosque lymphis cineres, ac diligenter colans, ex ea aqua mixturam massæ conficiebat, formatosque propriis manibus panes et ipsam coquens, post longa jejunia reficiebatur : reliquum domus suæ cibum pauperibus dispensabat. Factum est autem quadam die ut memorata puella, quæ ei consueverat famulari, et credo inimici astu seducta cui semper

1. La bienheureuse Monegonde, de la ville de Chartres[1], ayant été mariée selon le désir de ses parents, eut deux filles, à cause desquelles elle se livrait à une joie profonde et disait : « Dieu m'a rendue féconde et m'a donné deux filles. » Mais l'amertume de ce monde dissipa bientôt cette joie terrestre, toutes deux ayant été conduites par une petite fièvre au terme obligé de la mort. Depuis ce moment, cette mère désolée et se lamentant sur la perte de ses enfants ne cessait de pleurer nuit et jour, sans que ni son mari, ni ses amis, ni aucun de ses proches, pussent la consoler. Enfin ayant fait un retour sur elle-même, elle dit : « Si je ne reçois aucune consolation de la mort de mes filles, je crains par là d'offenser mon Seigneur Jésus-Christ. Aussi laissant ces plaintes, je chanterai avec le bienheureux Job, en me consolant : « Le Seigneur me les avait données, le Seigneur me les a ôtées ; il a été fait comme il a plu au Seigneur, que le nom du Seigneur soit béni ! » (*Job* I, 21.) Et disant cela, elle se dépouilla de ses vêtements de deuil, se fit arranger une chambrette où il n'y avait qu'une petite fenêtre par laquelle elle pouvait voir le jour, et là, méprisant toutes les choses mondaines, et n'ayant plus souci de la compagnie de son mari, elle s'occupait uniquement de Dieu en qui elle se confiait, priant pour ses péchés et pour les péchés du peuple, et n'ayant qu'une seule fille à son service pour lui procurer les choses nécessaires. Elle prenait de la farine d'orge et des cendres mêlées avec de l'eau, pétrissait le tout avec soin et en faisait une pâte dont elle fabriquait des pains de ses propres mains et les faisant cuire elle-même elle s'en réconfortait après de longs jeûnes. Le reste de la nourriture provenant de sa maison, elle le donnait aux pauvres. Il arriva qu'un jour la fille qui la servait (je crois qu'elle fut séduite par les artifices de notre ennemi

(1) Morte le 2 juillet 530. (R.)

bonis injurias irrogare mos est, se ab ejus famulatu subtraheret, dicens : « Non potero ego cum hac domina permanere, quæ in tali abstinentia commoratur, sed potius utar sæculo ac cibum potumque in abundantia sumam. » Quintus autem jam fluxerat abcessionis ejus dies, quo hæc religiosa neque farinam consuetam, neque aquam acceperat : sed perstabat immobilis, et fixa manens in Christo, in quo quisquam locatus nec venti turbine, nec fluctuum impulsione dilabitur; nec sibi illa de mortali cibo vitam, sed de verbo Dei, sicut scriptum est, putabat inferri, commemorans illud sapientiæ Salomoniacæ proverbium, quia « non necabit Dominus fame animam justi. » Et illud, quia « justus ex fide vivit. » Sed quoniam corpus humanum absque esu terreno sustentari nequit, prostrata in oratione, petiit ut qui manna populo esurienti de cœlo, lymphasque sitienti produxit e saxo, ipse quoque alimentum quo parumper corpusculum fessum confortaretur, dignaretur indulgere. Protinusque ad ejus orationem nix de cœlo decidua humum operuit. Quod illa cum gratiarum actione cernens, educta manu per fenestram quod circa parietem erat ex ipsa nive collegit, de qua aquam exprimens panem solito formavit, quousque ad alios quinque dies victum corporeum ministravit. Habebat enim contiguum cellulæ parvulum viridarium : in illud autem pro quadam relevatione prodire erat solita, in quod ingressa intuens herbas loci ac deambulans, mulier quæ triticum supra tectum suum siccandum posuerat, quasi de eminentiori loco, curis oppleta mundanis, importune prospexit moxque oculis clausis lumine caruit. Cognoscens autem reatum suum, ad

qui toujours a coutume de nuire aux bons) se retira d'auprès d'elle, disant : « Je ne peux pas durer avec cette maîtresse qui pratique une telle abstinence, et j'aime mieux aller dans le monde ou j'aurai en abondance le boire et le manger. » Cinq jours étaient déjà écoulés depuis le départ de cette fille, et sa religieuse maîtresse n'avait eu ni sa farine, ni son eau ; cependant elle demeurait immobile, ayant toujours son cœur en Jésus-Christ, en qui celui qui se fonde ne peut être ébranlé, ni par aucun tourbillon de vent, ni par aucune agitation des flots ; aussi ne crut-elle jamais que cette vie lui pût être donnée par aucun aliment mortel, mais bien par la parole de Dieu, ainsi qu'il est écrit (*Deut.* VIII, 3 ; *Matth.* IV, 4), se souvenant de ce proverbe de la sagesse de Salomon : « Que le Seigneur ne fera point périr l'âme du juste par la faim » (*Prov.* X, 3), et de celui-ci : « Que le juste vit de la foi. » (*Rom.* I, 17.) Mais comme le corps humain ne peut subsister sans l'usage des choses terrestres, elle demanda par une humble prière que celui qui avait donné au peuple la manne du ciel pour le nourrir (*Exod.* XVI) et les eaux du rocher pour le désaltérer (*Num.* XX, 11) voulût bien aussi lui donner l'aliment nécessaire pour soutenir son pauvre corps. Aussitôt, à sa prière, de la neige tomba du ciel et couvrit la terre. Ce que voyant elle rendit des actions de grâces à Dieu, et étendant sa main par la fenêtre elle recueillit sur la muraille de cette neige, au moyen de laquelle obtenant de l'eau elle fit du pain, comme elle avait coutume de faire jusqu'à ce que cinq jours après le Seigneur lui fournit quelque autre aliment. Elle avait, joignant sa cellule, un petit verger où elle avait l'habitude d'aller pour prendre un peu de récréation. Y étant donc entrée, elle regardait les plantes en se promenant lorsqu'une femme qui avait mis du blé sur le toit de sa maison pour le sécher, parce que c'était un endroit élevé, n'étant remplie que de pensées mondaines, se mit à regarder la sainte d'une manière indiscrète. Bientôt les yeux de cette femme s'obscurcirent et elle devint aveugle. Connaissant alors sa faute, elle vint

eam accedit, remque ut gesta fuerat pandens. At illa dejiciens se in orationem, ait : « Væ mihi, quia pro parvitatis meæ persona peccatrice aliorum clausi sunt oculi. » Et consummata oratione imposuit manum mulieri : confestim autem ut signum crucis expressit, mulier visum recepit. Homo quidam ex pago illo, qui olim auditum perdiderat, ad ejus cellulam devotus advenit, pro quo deprecati sunt parentes ejus, ut ei manum hæc benedicta dignaretur imponere. Sed illa indignam se esse proclamans per quam Christus hæc operari dignaretur, solo prostrata et quasi ipsa dominicorum pedum vestigia lambens, humiliter pro eo divinam clementiam supplicavit; illaque adhuc solo decumbente, aures surdi apertæ sunt, rediitque ad domum propriam mœrore ablato, cum gaudio.

2. His signis glorificata inter parentes, ne vanæ gloriæ lapsum incurreret, sancti Martini antistitis basilicam, relicto conjuge cum familia vel omni domo sua, fideliter expetivit. Cumque iter cœptum carperet, venit ad vicum urbis Turonicæ, cui nomen est Evena[1], in quo beati Medardi Suessionenci confessoris reliquiæ continentur, cujus et vigiliæ ea nocte celebrabantur; in quibus illa attente excubans in oratione, hora debita cum reliquo populo ad missarum accessit solemnia. Quæ dum a sacerdotibus Dei celebrantur, advenit quædam puella, pusulæ malæ veneno conflata, proceditque ad pedes ejus, dicens : « Subveni mihi, quia mors iniqua vitam conatur eripere. » At illa, more solito in oratione prostrata, suggessit pro ea Deo om-

(1) Ibi Perpetuus episcopus ædificavit ecclesiam, ex lib. X Historiæ cap. XXXI. (R.)

trouver la sainte, et lui dit ce qui s'était passé. Celle-ci courut se mettre en prières et dit : « Malheur à moi, si pour une petite offense qui s'est faite contre ma petitesse, d'autres ont les yeux fermés. » Et quand elle eut achevé sa prière, elle mit la main sur cette femme, en faisant le signe de la croix et aussitôt celle-ci recouvra la vue. Un homme du même pays, qui avait autrefois perdu l'ouïe, vint plein de dévotion à la cellule de la sainte, que les parents de ce malheureux prièrent de vouloir bien lui imposer les mains. Mais elle dit n'être point digne que le Christ opérât par elle de telles choses; cependant s'étant jetée à terre, comme si elle eût voulu baiser les pas de Notre-Seigneur, elle supplia humblement pour l'infirme la clémence divine, et tandis qu'elle était encore couchée sur le sol, les oreilles du sourd s'ouvrirent et il revint joyeusement chez lui délivré de toute tristesse.

2. Glorifiée entre ses parents par de tels prodiges, Monegonde pour ne point tomber dans le péché de vanité, abandonna son époux, sa famille, toute sa maison, et se rendit pleine de foi à l'église du saint pontife Martin. Étant en chemin, elle arriva dans un bourg de Touraine, nommé Avoine, où sont conservées des reliques du bienheureux confesseur Médard de Soissons, dont on célébrait cette nuit même les vigiles. La sainte, après avoir attentivement passé la nuit en oraison, se rendit à l'heure marquée avec le peuple à la solennité de la messe. Comme les prêtres célébraient le service, survint une jeune fille, gonflée par le venin d'une pustule maligne, et qui se jeta à ses pieds, disant : « Aide-moi, car une mort cruelle s'efforce de m'arracher la vie. » Et celle-ci, s'étant comme d'habitude prosternée en prières, supplia pour cette fille Dieu créateur de toutes

nium creatori, erectaque signum crucis imposuit. Sicque in quatuor partes vulnere excrepante, puellam pure decurrente mors importuna reliquit. Post hæc ad basilicam sancti Martini Monegundis beata pervenit, ibique prostrata coram sepulcro, gratias agens quod tumulum sanctum oculis propriis contemplari meruerat, in cellula parva consistens, quotidie orationi ac jejuniis vigiliisque vacabat. Sed nec ille locus ab ejus virtute fuit inglorius. Nam viduæ cujusdam filia manus contractas detulit, quæ ut exorata signum salutis imposuit, manibus suis digitos puellæ contrectare cœpit, extensis digitis nervisque directis, volas laxavit incolumes. Dum autem hæc agerentur, audita vir ejus fama beatæ, convocans amicos vicinosque suos, perrexit post eam ac reduxit ad propria, et eam in cellulam in qua prius habitaverat intromisit. At illa non cessabat ab opere quod consueverat, sed exercebatur in jejuniis obsecrationibusque, ut tandem locum in quo habitare desiderabat posset acquirere. Inchoat iterum iter desideratum, implorans beati Martini auxilium, ut qui dederat desiderium tribueret et effectum perveniendi ad basilicam. Revertitur ad cellulam illam in qua prius fuerat commorata, in ea perstitit inconcussa, nec est amplius a viro suo quæsita; ibique paucas colligens monachas[1], cum fide integra et oratione degebat; non sumens panem nisi hordeaceum, non vinum nisi parumper in diebus festis, et hoc ipsum nimio latice temperatum; nullum habens stratum feni paleæque mollimen, nisi tantum illud quod

(1) Hoc cœnobium dictum est sancti Petri Puellaris, quod etiamnunc nomen retinet. (R.)

choses, puis s'étant relevée elle fit le signe de la croix. Il en résulta l'ouverture de la tumeur qui se fendit en quatre, le pus s'écoula, et la fâcheuse mort abandonna cette jeune fille. Après cela la bienheureuse Monegonde parvint à la basilique de Saint-Martin et là, s'étant mise à genoux devant le sépulcre, elle rendit grâce à Dieu de pouvoir contempler de ses propres yeux le saint tombeau. Elle s'établit dans une petite chambre où elle vaquait tous les jours à la prière, aux jeûnes et aux veilles. Elle ne laissa pas non plus ce lieu sans l'honorer de ses miracles. En effet, la fille d'une certaine veuve y apporta ses mains toutes contractées, et sitôt que la sainte l'eut touchée avec le signe de la croix, après avoir fait sa prière, ses doigts se redressèrent et laissèrent les paumes des mains libres. Comme ces choses se passaient, son mari ayant entendu parler de la réputation de la sainte, rassembla ses amis et ses voisins, courut après elle et la ramena chez lui où il la mit dans la même cellule qu'elle avait occupée auparavant. Mais elle ne cessait point de travailler à son labeur ordinaire, et se livrait à des prières et des jeûnes continuels, afin de pouvoir obtenir à la fin le lieu qu'elle désirait habiter. Elle prit de nouveau le chemin désiré, en implorant le secours de saint Martin afin qu'il lui donnât moyen d'arriver à son église, comme il lui en avait fait concevoir le désir. Elle retourna donc dans la même cellule qu'elle avait habitée déjà, et y demeura sans aucun trouble, sans être recherchée davantage par son mari. Puis ayant rassemblé un petit nombre de religieuses en ce lieu, elle y resta persévérant dans la foi et dans la prière, ne mangeant que du pain d'orge, ne buvant que fort peu de vin les jours de fête, et encore trempé de beaucoup d'eau, n'ayant point de douce litière de foin ni de paille fraîche, mais seulement des brins

intextis junci virgulis fieri solet, quas vulgo mattas vocant; hoc superponens formulæ, hoc solo supersternens : hoc erat quotidianum scamnum, hoc culcitra, hoc plumella, hoc erat stragulum, hoc omnis lectuli necessitudo, sic docens easdem facere quas secum ascivit. Ibique in Dei laudibus degens, multis infirmis oratione facta salutaria impertiebat medicamenta.

3. Mulier quædam filiam suam exhibuit vulneribus plenam, et ut quidam vocant, potæ hæc causa genuerat. Tunc illa, facta oratione, salivam ex ore suscipiens, vulnera sæva perunxit, puellamque reddidit sanam, opitulante ejus virtute qui cæci nati oculos sputo formavit. Puer vero incola loci maleficium in potione hausit, de quo medificatus, ut asserunt, serpentes generati in intraneis pueri magnum dolorem suis morsibus excitabant, ita ut nulla quiescendi mora vel in modicum momentum indulgeretur. Sed neque cibum aut potum capere poterat; et si post diu aliquid accipiebat, protinus rejiciebat. Qui adductus ad beatam feminam, petiit se ejus virtute mundari. Cumque illa reclamaret indignam se esse quæ hæc agere posset, implicita precatu parentum, ventrem pueri palpat et palma demulcet; sensitque ibi anguium venenatorum nequitiam latitare. Tunc accepto pampini viridis folio, saliva linivit, fixitque super eum crucis beatæ signaculum, quod ponens super alvum juvenculi, dolore paululum sedato, obdormivit in scamno, qui olim doloribus insistentibus caruerat somno. Post unius vero horæ momentum consurgens, ad purgandum ventrem egressus, pestiferæ generationis germen effudit, gratiasque referens ancillæ Dei, sanus abscessit.

de joncs entrelacés, qu'on appelle vulgairement des nattes ; elle mettait ces nattes sur un banc ou les étendait à terre, c'était là son siége ordinaire, sa couche, son oreiller, sa couverture, en un mot tout l'appareil de sa literie; et elle enseignait à faire de même celles qu'elles avait appelées auprès d'elle. Et vivant là dans les louanges de Dieu, elle donnait aux infirmes, après avoir prié, une foule de remèdes salutaires.

3. Une certaine femme lui présenta sa fille qui était pleine d'ulcères et qu'elle avait engendrée, comme on dit quelquefois, pour faire du pus. La sainte fit sa prière, prit de la salive, en oignit ces plaies cuisantes, et rendit saine cette jeune fille, à l'aide de la même grâce dont usa celui qui d'un peu de salive forma des yeux pour un aveugle-né. Un jeune garçon, habitant du lieu, avait avalé une boisson malfaisante, par suite de quoi, dit-on, des serpents ayant été engendrés dans l'intérieur de son corps lui causaient de vives douleurs par leurs morsures, en sorte qu'il ne pouvait goûter le moindre repos, fût-ce un instant. Il ne pouvait non plus ni boire, ni manger, et si au bout d'un certain temps il prenait quelque chose, il le rejetait aussitôt. Ce malheureux fut amené à la sainte et la supplia de le guérir par sa vertu. Et comme elle protestait qu'elle était indigne d'accomplir un tel miracle, néanmoins, cédant aux prières des parents du jeune homme, elle lui palpa plusieurs fois le ventre, le caressant doucement de la main, et elle y sentit l'endroit où se cachait la corruption des serpents venimeux. Elle prit alors une feuille de vigne verte, l'enduisit de salive, y fit le signe de la croix bienheureuse, puis la mit sur le bas-ventre du jeune homme. La douleur s'étant un peu apaisée, celui-ci s'endormit sur le banc, lui qu'auparavant des douleurs continuelles privaient de sommeil. Au bout d'une heure il se leva pour aller purger son ventre, épancha le germe d'une race empestée et se retira guéri, rendant grâces à la

Alius vero puer paralysis ægritudine contractus, ante eam inter manus delatus est aliorum, deprecans a beata sanari. At illa in oratione prostrata, precem pro eo fudit ad Dominum; consummata vero oratione consurgens, apprehensa manu pueri erexit eum, sospitemque abire permisit. Mulier erat cæca, quæ adducta ad eam, deprecata est ut ei manus imponeret. At illa respondit : « Quid vobis et mihi, homines Dei? nonne sanctus Martinus hic habitat, qui quotidie illustrium virtutum opere refulget? Illuc accedite, ibi obsecramini, ut ipse vos visitare dignetur. Nam ego peccatrix quid faciam? » Illa vero in sua petitione perdurans, aiebat : « Deus per omnes timentes nomen suum quotidie opus exercet egregium; ideoque supplex ad te confugio, cui præstita est divinitus gratia curationum. » Tunc commota Dei famula, luminibus sepultis manus imposuit, statimque reseratis cataractis mundum late patentem quæ fuerat cæca prospexit. Multis etiam energumenis ad eam ingressis, ut manus imposuit, fugato hoste nequam, sospitatem restituit; nec morabantur ex his curari, quos ad se sancta permisisset accedere.

4. Jam autem tempus vocationis ejus appropinquabat, et defessa corpore solvebatur. Quod cum viderent sanctimoniales quas secum habebat, flebant valde, dicentes. « Et cui nos, mater sancta, relinquis? vel cui commendas filias, quas in locum hunc pro Dei intuitu congregasti? » At illa parumper lacrymans, ait : « Si pacem sanctimoniamque sequamini, Deus erit protectio vestra; habebitisque sanctum Martinum antistitem pastorem magnum. Nam et ego non discedam a vobis, sed invocata adero in medio charitatis

servante de Dieu. Un autre jeune garçon contracté par un mal de paralysie fut apporté sur les bras d'autres personnes à la sainte, qu'il supplia de le guérir. Celle-ci se mit à prier pour lui le Seigneur; puis sa prière faite elle se leva, prit l'enfant par la main, le mit sur ses pieds et le renvoya guéri. Une femme aveugle, qui lui fut amenée, la supplia de lui imposer les mains, mais celle-ci répondit : « Quel rapport y a-t-il entre vous et moi, ô hommes de Dieu ? Saint Martin n'habite-t-il pas ici, lui qui chaque jour brille par les œuvres de tant de vertus? Allez à lui et priez-le qu'il daigne vous visiter. Car moi qui ne suis qu'une pécheresse, que ferais-je? » Mais la femme persistant dans sa demande disait : « Dieu accomplit toujours des œuvres remarquables par tous ceux qui craignent son nom; c'est pourquoi je viens vous supplier, vous qui avez reçu de Dieu le don de guérir. » Alors la servante de Dieu toute émue, imposa les mains sur ces yeux morts et aussitôt, les cataractes disparaissant, celle qui avait été aveugle put voir au loin le monde à découvert. Beaucoup d'énergumènes venaient aussi la trouver; dès qu'elle leur imposait les mains, elle mettait en fuite l'ennemi mauvais et ramenait la santé ; et de tous ceux à qui la sainte permettait de s'approcher d'elle aucun n'attendait longtemps sa guérison.

4. Mais déjà le temps approchait où Dieu devait l'appeler à lui, et ses forces commençaient à l'abandonner. Ce que voyant, les religieuses qui étaient avec elle pleuraient amèrement et disaient : « Et à qui nous laisses-tu, sainte mère ? A qui confies-tu tes filles, que tu as rassemblées ici pour songer à Dieu ? » Celle-ci leur dit en versant quelques larmes : « Si vous conservez la paix et la sainteté, Dieu vous protégera, et vous aurez le grand évêque saint Martin pour pasteur. Quant à moi, je ne m'éloignerai pas d'auprès de vous, car si vous m'invoquez je serai dans vos cœurs. »

vestræ. » At illæ rogabant dicentes : « Venturi sunt multi infirmi ad nos, flagitantes benedictionem a te accipere; et quid faciemus cum te non viderint esse superstitem? confusæ enim eos foris emittemus, cum tuam faciem non contemplabimur. Rogamus autem ut, quia hæc ab oculis nostris absconditur, saltem digneris oleum salemque benedicere, de quo possimus ægrotis benedictionem flagitantibus ministrare. » Tunc illa benedicto oleo ac sale tradidit eis, quæ suscipientes diligentissime servaverunt. Sicque beatissima obiit in pace, et sepulta est in ipsa cellula, multis se in posterum virtutibus repræsentans. Nam de memorata benedictione multi post ejus transitum ægroti incolumitatis beneficia sunt experti. Bosonis denique diaconi[1] pes unus a pusula mala conflaverat, ita ut gressum facere non valeret, deportatusque ad ejus tumulum, orationem fudit; puellæ vero accipientes ex oleo memorato, quod sancta reliquerat, posuerunt super pedem ejus, et extemplo erumpente vulnere, defluente veneno sanatus est. Cæcus quidam adductus ad ejus tumulum in oratione prosternitur; irruente autem in eum sopore obdormivit, apparuitque ei beata dicens : « Indignam quidem me judico exæquari sanctis, sed tamen unius hic oculi recipies lumen ; deinceps autem propera quantocius ad beati pedes Martini, et prosternere in compunctione animi coram eo. Ipse enim tibi restituet alterius oculi visionem. » Expergefactus homo, unius oculi recepto lumine, abiit quo jussio impulit imperantis; ibique iterum obsecrans beati confessoris virtutem, depulsa cæci oculi nocte, videns

(1) Mai m., *Basenus denique diaconus*. (R.)

Mais les religieuses la suppliaient en disant : « Beaucoup d'infirmes viendront à nous, demandant à recevoir ta bénédiction, et que ferons-nous lorsqu'ils verront que tu n'es plus? Nous les mettrons dehors toutes confuses, lorsque nous ne contemplerons plus ton visage ; nous te supplions donc, pour le temps où il sera caché à nos yeux, de daigner au moins bénir de l'huile et du sel dont nous puissions donner aux malades qui solliciteront une bénédiction. » Alors elle leur bénit de l'huile et du sel qu'elle leur remit et que celles-ci conservèrent avec le plus grand soin. Et ainsi la bienheureuse sainte mourut en paix; elle fut ensevelie dans sa cellule[1] et elle s'est manifestée depuis par de nombreux miracles; car la bénédiction dont nous venons de parler rendit la santé après sa mort à des malades qui en éprouvèrent les effets bienfaisants. Un diacre nommé Boson eut un pied fort enflé à la suite d'une pustule maligne, en sorte qu'il ne pouvait plus marcher. Il se fit donc porter au tombeau de la sainte et y dit sa prière. Les dévotes filles, ayant pris de cette huile en question que la sainte avait laissée, en mirent sur son pied et aussitôt la pustule s'étant ouverte le venin s'écoula et l'homme fut guéri. Un aveugle amené au même tombeau se mit en prières, et aussitôt ayant été pris de sommeil il s'endormit et il vit en songe la sainte qui lui dit : « Je me juge indigne d'être égalée aux saints ; cependant tu recouvreras ici la lumière d'un œil ; cours ensuite aux pieds du bienheureux Martin et prosterne-toi devant lui dans la componction de ton âme. Il te rendra l'usage de l'autre œil. » Cet homme s'étant éveillé et ayant recouvré la lumière d'un œil alla où le poussait l'ordre qu'il venait de recevoir ; et là, suppliant par une nouvelle prière le bienheureux confesseur de montrer sa vertu, il sentit se dissiper la nuit qui enveloppait son œil encore

(1) Dans l'église de l'abbaye de Saint-Pierre-le-Puellier où ses reliques furent trouvées et en partie détruites par les Huguenots en 1562. (R.)

abscessit. Mutus etiam ad hunc beatæ tumulum prostratus accubuit, qui in tantum fide compunctus est, ut rivis lacrymarum cellulæ inficeret pavimentum. Qui consurgens absoluta lingua virtute divina regressus est. Alius denique mutus veniens, et in oratione decumbens, corde tantum implorabat, et non voce solubili, beatæ feminæ auxilium : in cujus ore de memorata benedictione parte infusa, erumpente sanguine mixto cum pure, vocis officium meruit adipisci. Frigoriticus quoque accedens ad hoc monumentum, ut pallam tegentem attigit, restincta contagionis febre, convaluit. Contractus vero, Marcus nomine, manibus deportatus aliorum ad sepulcrum beatæ, orationem diutissime fudit. Hora autem nona pedibus propriis stetit domumque regressus est. Leodinus puer cum in valetudinem gravem irruens quarto ægrotaret mense, et non solum gressum, verum etiam ciborum usum, insistente febre nimia perdidisset, ad ejus deportatus sepulcrum præmortuus, accepta salute surrexit e tumulo redivivus. Quid de frigoriticis reliquis loquar, cum plerisque hoc fuit beneficium remedii, cum pallam tumuli ejus sunt fideliter osculati? Quid etiam de energumenis, qui adducti ad cellulam beatæ, cum limen sanctum fuerint ingressi integræ menti restituuntur? Nec moratur larva egredi e corpore, cum sanctæ hujus senserit adesse virtutem, operante hoc Domino nostro Jesu Christo, qui timentibus nomen suum præmia largitur æterna.

aveugle et se retira voyant pleinement. Un muet vint aussi se prosterner au tombeau de la sainte, et son cœur était tellement contrit de foi qu'il mouillait d'un ruisseau de larmes le pavé de la cellule ; quand il se fut relevé il partit sa langue déliée par la vertu divine. Un autre muet vint ensuite, et se mettant en prière il implorait de cœur, ne le pouvant de bouche, le secours de la sainte ; on lui mit dans la bouche un peu de l'huile et du sel bénit dont nous avons parlé, et aussitôt s'échappa de ses lèvres du sang mêlé avec du pus et il obtint l'usage de la voix. Un homme qui avait la fièvre s'approcha aussi de ce tombeau, et il eut à peine touché le poêle qui le couvrait que la fièvre se calma et il s'en alla guéri. Un perclus nommé Marc, ayant été transporté à bras au tombeau de la sainte, y pria longtemps. Au bout de neuf heures il se tint sur ses pieds et rentra chez lui. Un garçon nommé Leodinus qui était gravement malade depuis quatre mois, ne pouvant ni marcher, ni même manger, par suite de la violence d'une fièvre persistante, fut transporté au tombeau étant à l'extrémité ; il y trouva le salut et en revint rendu à la vie. Que dirai-je de tant d'autres qui ont été guéris de la fièvre, pour avoir seulement baisé avec foi le poêle qui couvre le sépulcre de la sainte ? Que dirai-je des énergumènes qui amenés à la cellule de la sainte n'en eurent pas plutôt franchi le seuil sacré qu'ils recouvrèrent le bon sens ? Le spectre ne tarde pas à sortir de leur corps, lorsqu'il sent la vertu de cette sainte sous l'influence de notre Seigneur Jésus-Christ, qui donne libéralement d'éternelles récompenses à ceux qui redoutent son nom.

CAPUT XX.

De sancto Leobardo reclauso in Majori Monasterio prope Turonum.

Ecclesia fidelis ædificatur quotiescumque sanctorum gesta devotissime replicantur : et licet de his teneat maximum gaudium, quod hi qui ab initio ætatis religiosam vitam ducentes pervenire meruerunt perfectionis ad portum, tamen et de his Domino jubente lætatur, qui conversi a sæculo opus inchoatum valuerunt perducere, divina opitulante misericordia, ad effectum.

1. Igitur beatissimus Leobardus Arvernici territorii indigena fuit, genere quidem non senatorio, ingenuo tamen, qui ab initio Deum in pectore tenens, cum non floreret natalibus, gloriosis meritis præfulgebat. Qui tempore debito cum reliquis pueris ad scholam missus, quæpiam de Psalmis memoriæ commendavit, et nesciens se clericum esse futurum, jam ad dominicum parabatur innocens ministerium. Sed cum ad legitimam pervenisset ætatem, cogentibus juxta consuetudinem humanam parentibus ut arrham puellæ, quasi uxorem accepturus, daret impellitur. Illo quoque respuente, ait pater : « Cur, dulcissime fili, voluntatem paternam respuis, nec te jungere vis connubio, ut semen excites nostro de genere sæculis sequentibus profuturum ? Casso enim labore exercemur ad operandum si possessor deerit ad fruendum. Quare implemus domum opibus, si de genere nostro non processerit qui utatur ? Quid mancipia dato pretio nostris ditionibus subjugamus, si rursum alienis debent dominationibus subjacere ? Obedire debere filios voci paren-

CHAPITRE XX.

De saint Liphard, reclus à Marmoutier près Tours.

L'Église fidèle est édifiée toutes les fois qu'on rapporte avec dévotion les actes des saints. Et, quoiqu'elle éprouve une grande joie de voir ceux qui dès le commencement de leur jeunesse ont mené une vie religieuse arriver heureusement au port de leur perfection, elle se réjouit aussi, comme Dieu l'ordonne, en ceux qui, se détournant du siècle, ont eu la force de mener à fin, avec l'aide de la miséricorde divine, une pieuse entreprise.

1. Le bienheureux Liphard, né au pays Arverne, n'était pas à la vérité de naissance sénatoriale, mais de condition libre. Il eut Dieu dans son cœur dès le commencement de sa jeunesse, et s'il n'était pas sorti de parents illustres, il fut glorieux du moins par ses propres mérites. Quand il fut temps, on l'envoya avec les autres enfants à l'école, où il apprit par cœur des fragments des psaumes, et sans savoir qu'il serait clerc un jour, il se préparait déjà au service du Seigneur. Lorsqu'il fut arrivé à l'âge nubile, ses parents, suivant l'usage du monde, le voulurent engager à donner à une jeune fille les arrhes des fiançailles pour l'épouser. Comme il montrait de la répugnance à le faire, son père lui dit : « Pourquoi, très-doux fils, résistes-tu à la volonté paternelle et refuses-tu de te marier, afin de faire sortir de notre race une semence qui profite aux temps futurs? Car nous nous adonnons à de vains travaux, si personne ne doit en jouir. Pourquoi remplir notre maison de richesses, si personne de notre sang n'en doit user? Pourquoi nous procurer à prix d'argent tant d'esclaves pour nos domaines, si tout cela doit passer sous une domination étrangère? Les divines Écritures attestent que les enfants doivent obéir à la voix de leurs parents (*Ephes.* VI, 1), et prends garde

tum Scripturæ testantur divinæ; et tu cum inobediens esse parentibus probaris, vide ne te cœlestibus eruere nequeas ab offensis.» Hæc patre loquente, licet haberet alium filium, facile tamen tali ætatulæ persuasit voluntati propriæ contraire. Denique dato sponsæ annulo porrigit osculum, præbet calciamentum, celebrat sponsaliæ diem festum. Interea genitor et genitrix[1] mortis somno sopiti migraverunt a sæculo, vitæ presentis curriculo jam peracto. Hic vero cum germano tempore luctus expleto, oneratus donis nuptialibus, fratris pergit ad domum; quem in tantum reperit vino madidum, ut nec cognosceret, nec reciperet propria in domo germanum. Ille vero suspirans et lacrymans secessit in partem, venitque ad tugurium in quo fenum fuerat aggregatum, ibique colligato præbens equiti pabulum, decubuit super fenum ad quiescendum. Expergefactus autem media nocte, surgit de stratu suo, erectisque ad cœlum manibus, gratias agere cœpit omnipotenti Deo, quod esset, quod viveret, quod aleretur donis ejus; et alia hujuscemodi prosecutus. Cum suspiria longa protraheret, atque lacrymis crebris genas ubertim rigaret, Deus omnipotens, qui illos quos præscivit et prædestinavit conformes fieri imaginis Filii sui, compunxit cor ejus ut relicto sæculo manciparetur ad cultum divinum.

2. Tunc ille, quasi jam sacerdos custosque animæ suæ, prædicare sibi ipsi exorsus est, dicens : « Quid agis, anima? quid in ambiguo suspensa teneris? Vanum est enim sæculum, vanæ sunt concupiscentiæ ejus,

---

(1) Supra lineam, et tyron. notis, 2204 addit: *Genitor ejus et Genitrix.*

si tu te montres désobéissant envers tes parents de ne pouvoir te soustraire aux châtiments célestes! » En parlant ainsi, bien qu'il eût un autre fils, son père le persuada aisément, dans un âge si tendre, de faire ce que le jeune homme ne voulait pas. Liphard donne enfin la bague à sa fiancée, puis lui offre le baiser, lui remet la chaussure[1] et célèbre la fête du jour des fiançailles. Sur ces entrefaites, son père et sa mère s'endormirent du sommeil de la mort et sortirent du monde après y avoir parcouru le cercle de la vie. Lorsque Liphard ainsi que son frère eurent accompli le temps de leur deuil, le premier se rendit à la maison de l'autre chargé des présents qu'il voulait lui faire à l'occasion de ses noces, et il le trouva tellement ivre de vin qu'il n'en fut pas seulement reconnu et que celui-ci ne voulut pas le recevoir chez lui. Il se retira en poussant des gémissements et en versant des larmes. Arrivé à une cabane qu'on avait remplie de foin, il en fit manger à son cheval, qu'il attacha auprès, et se coucha sur le foin pour dormir. Au milieu de la nuit, il s'éveilla, se leva de sa couche et, tendant les mains au ciel, il rendit grâces au Seigneur tout-puissant de ce qu'il existait, de ce qu'il vivait et de ce que Dieu le nourrissait de ses dons, et il continua longtemps ainsi. Comme il poussait de longs soupirs et que d'abondantes larmes coulaient sur ses joues, le Dieu tout-puissant « qui a prédestiné ceux qu'il a connus d'avance pour être faits conformes à l'image de son Fils » (*Rom.* VIII, 29), lui toucha le cœur en lui inspirant de quitter le siècle pour s'asservir au culte divin.

2. Alors, devenant comme le prêtre et le gardien de son âme, il commença à se prêcher lui-même en disant : « Que fais-tu, mon âme? Quoi, tu restes dans l'hésitation? Vain est le siècle, vaines sont ses concupiscences, vaine est la gloire

(1) Voy. ci-dessus, p. 333, n. 2, et ci-après *Éclaircissements*.

vana gloria mundi, et ea quæ in illo sunt omnia vanitas. Melius est igitur relinquere eum et sequi Dominum, quam ad ejus opera præbere consensum. » Hæc effatus cum diem terris reddere lux diurna cœpisset, ascenso equite cœpit ad hospitium suum reverti. Cumque per viam jam alacris pergeret, volvere intra se cœpit quid ageret, quo abiret. Dixitque : « Expetam Martini beati tumulum, unde procedit virtus alma super infirmos. Credo enim quod et mihi ejus oratio iter reserabit ad Deum, qui deprecatus Dominum mortuos reduxit a tartaro. » Et sic viam carpens, oratione comite, sancti Martini basilicam est ingressus; circa quam paucis diebus demoratus, transito amne, ad cellulam Majori monasterio propinquam, de qua Alaricus quidam recesserat, devotus accessit; ibique se, propriis manibus membranas faciens, ad scribendum aptavit; ibi se ut Scripturas sanctas intelligeret ac Davidici carminis psalmos, qui dudum excesserant memoriæ, retineret, exercuit : sicque divinarum Scripturarum lectionibus eruditus, cognovit verum esse quod ei Dominus prius inspiravit in corde. Sed ne hæc cuiquam fabulosa videantur quæ retulimus, testor Deum quia ab ipsius benedicti Leobardi hæc ore cognovi. At vero, interposito pauci temporis spatio, humilem se tantumque præbuit ut honoraretur ab omnibus; acceptoque sarculo, cellulam in quam ingressus fuerat, incidens lapidem, ampliavit. In qua cellula delectabatur jejuniis, oratione, psallentio, lectione, nec unquam a divinis officiis et oratione cessabat; scribebat interdum, ut se a cogitationibus noxiis discuteret.

3. Interea ut se tentator manifestaret Dei servis

du monde, et tout ce qui est en lui n'est que vanité. Mieux vaut l'abandonner et suivre le Seigneur que de donner aucun consentement aux œuvres mondaines. » Ayant ainsi parlé, dès le lendemain matin il monta à cheval pour retourner en sa maison, et comme il poursuivait joyeusement sa route, il se mit à rouler dans son esprit ce qu'il ferait et où il irait. Et il dit : « J'irai au tombeau du bienheureux Martin, d'où procède une vertu bienfaisante pour les infirmes, et je crois que son oraison m'ouvrira le chemin pour aller à Dieu, puisque sa prière au Seigneur a retiré les morts du tartare. » Et ayant continué son chemin, toujours priant, il entra dans la basilique de Saint-Martin, aux environs de laquelle il demeura quelques jours; puis il passa la rivière et se rendit dévotement à la cellule située près de Marmoutier, de laquelle venait de se retirer un certain Alaric. Là, il se mit à fabriquer de ses propres mains du parchemin et s'appliqua à écrire[1]; là il s'exerça à comprendre les saintes Écritures et à retenir les psaumes de David, qui depuis le temps étaient sortis de sa mémoire, et instruit de cette manière par la lecture des divines Écritures, il reconnut la vérité de ce que le Seigneur avait mis auparavant dans son cœur. Et qu'on ne regarde pas comme des fictions ce que je raconte: j'atteste Dieu que je le tiens de la propre bouche du bienheureux Liphard. Au bout d'un court intervalle de temps, il se montra si parfaitement humble qu'il fut honoré de tous. Et ayant pris un pic, il creusa la pierre de la cellule où il était pour l'agrandir. Dans cette cellule, il se livrait avec délices aux jeûnes, à l'oraison, à la psalmodie, à la lecture, et ne cessait jamais de célébrer le culte divin et la prière, et de temps en temps il écrivait pour se distraire des mauvaises pensées.

3. Cependant, afin de ne pas manquer de se montrer

(1) Seul art que pratiquassent les religieux de Marmoutier, comme on peut le voir dans la Vie de S. Martin par Sulpice Sévère. (R.)

semper inimicum esse ac invidum, cum aliquis de illius monaculis litem quemdam cum vicinis habuisset, immisit ei cogitationem, ut, relicta cellula illa, ad aliam transmigraret : cumque ibi ad orationem solite devenissemus, dolum nobis veneni grassantis aperuit. Ego vero suspirans non minimo dolore, increpare hominem cœpi, asserens diaboli esse calliditatem; librosque ei et Vitas Patrum ac Institutionem monachorum, vel quales qui recluduntur esse debeant, vel cum quali cautela monachos vivere oporteat, abscedens ab eo direxi. Quibus relectis, non solum cogitationem pravam a se discussit, verum etiam tanto sensum acumine erudivit, ut miraremur facundiam locutionis ejus. Erat enim dulcis alloquio, blandus hortatu, eratque ei sollicitudo pro populis, inquisitio pro regibus, oratio assidua pro omnibus ecclesiasticis Deum timentibus. Verumtamen non ille, ut quidam, dimissis capillorum flagellis aut barbarum demissione plaudebat, sed certo tempore capillum tondebat et barbam. In qua cellula viginti et duos annos in hoc opere degens, tanta Domini gratia confortatus est, ut pusulis malis saliva oris sui perunctis, vim veneni sævientis opprimeret; frigoriticis vero per poculum vini charactere crucis beatæ sanctificatum, frigorem accedentem æstumque restinxit : non immerito discutiens incommodas febres ab aliis, qui in se exstinxerat incentiva criminis noxialis. Quodam autem tempore cæcus ad eum veniens, ærumnam doloris sui humiliter deplorabat, ac deposcebat ut tactu dexteræ suæ sanctus lumina clausa palparet. Quod ille diutissime renuens, tandem fletibus hominis victus, misericordia motus, cum per triduum pro eo orationem fudisset

toujours ennemi et envieux des serviteurs de Dieu, le tentateur, à l'occasion d'un débat qu'un humble moine du Seigneur eut avec ses voisins, lui mit en l'esprit la pensée de sortir de sa cellule pour passer dans une autre. Comme nous étions en ce lieu, étant venus pour y prier comme de coutume, il nous découvrit la corruption du venin qui ravageait son cœur. Moi, soupirant avec une vive douleur, je me mis à exhorter cet homme, en l'assurant que c'était là un artifice du diable. Et après l'avoir quitté, je lui envoyai des livres avec les Vies des Pères et l'Institution des moines, afin qu'il apprît ce que doivent être les reclus et avec quelle prudence il faut que se comportent les religieux. Les ayant relus, non-seulement il chassa de son esprit la mauvaise pensée qu'il avait eue, mais encore il développa tellement son instruction qu'il nous étonna par sa facilité à parler sur ces matières. Il s'exprimait d'une manière fort douce, ses exhortations étaient pleines de charme, il était rempli d'amour pour le peuple, il avait l'œil ouvert sur les rois, et il priait continuellement pour tous les ecclésiastiques craignant Dieu. Il n'était pas comme quelques-uns qui se plaisent à porter de grands cheveux et la barbe longue, car à des époques fixes il se coupait la chevelure et la barbe. Il demeura vingt-deux ans occupé de la sorte dans sa cellule et obtint une si grande grâce de Dieu que de sa seule salive il ôtait toute force au venin des pustules malignes ; il éteignait le feu de la fièvre avec du vin qu'il avait sanctifié par le signe de la croix, réprimant avec justice l'ardeur fébrile chez les autres, lui qui avait étouffé en lui-même l'ardeur des passions criminelles[1]. Un jour vint à lui un aveugle, qui pleurait avec humilité sur son infortune et priait le saint de vouloir bien toucher de la main ses yeux privés de lumière. Celui-ci refusa longtemps ; enfin, vaincu par les pleurs de cet homme, touché de compassion, il pria le Seigneur pendant trois

(1) Dom Ruinart rapporte qu'il existait contre les murs de Tours, près du château, un oratoire placé sous l'invocation de S. Liphard et très-fréquenté de son temps par les fiévreux.

ad Dominum, quarta die imponens manum super oculos ejus, ait : « Domine omnipotens, Fili unigenite Dei Patris, qui cum eo ac Spiritu sancto regnas in sæcula, qui homini a nativitate cæco reddidisti lucem beati oris sputo, tu redde huic famulo tuo luminis visum, ut cognoscat quia tu es Dominus omnipotens. » Et hæc dicens, ut crucem super oculos cæci depinxit, mox pulsis tenebris lucem de præsenti restituit. Hujus virtutis testimonio Eustachius abba astipulator astitit.

4. Denique hic de labore lapidis submontani, quam assidue cædebat, confractus, jejunii austeritate confectus, oratione indeficienti corroboratus cœpit paulatim corporis infirmitate destitui. Quadam autem die dum nimium fessus haberetur, nos ad se vocari præcepit. Ad quem accedentes, postquam funeris sui necessitatem deflevit, eulogias a nobis peccatoribus flagitavit. Quibus acceptis, hausto mero, ait : « Tempus meum jam impletur, jubente Domino, ut me ab hujus corporis vinculis jubeat relaxari, sed adhuc paucis diebus erit spatium. Verumtamen ante diem sanctum Paschæ vocandus ero. » O beatum virum, qui sic servivit Creatori omnium ut suum obitum revelatione divina cognosceret! Erat enim mensis decimus quando hæc est effatus : duodecimo autem mense cœpit iterum graviter ægrotare. Advenit dies Dominica, vocat ministrum suum, et ait : « Præpara quiddam cibi quod accipiam, quia valde defessum me sentio. » Illo quoque respondente : « Præsto est, domine, » ait ad eum : « Egredere foras, et aspice si jam, celebratis solemnibus, populus de missis egreditur. » Hoc autem dicebat, non quod cibum capere vellet, sed ut transi-

jours et le quatrième, mettant les mains sur ses yeux, il dit : « Seigneur tout-puissant, Fils unique de Dieu le père, qui règnes avec lui et le Saint-Esprit dans la suite des siècles, qui rendis la lumière à un aveugle-né (*Joan.* IX, 6) avec la salive de ta bienheureuse bouche, rends la vue à celui-ci, ton serviteur, afin qu'il reconnaisse que tu es le Seigneur tout-puissant. » Et disant cela, il figura le signe de la croix sur les yeux de l'aveugle, et aussitôt les ténèbres se dissipèrent et la vue lui fut rendue. L'abbé Eustache, qui était présent, peut attester la vérité de ce miracle.

4. A la fin, brisé par le continuel travail d'avoir à tailler le roc qu'il ne cessait de creuser sous la montagne, épuisé par l'austérité de ses jeûnes, quoique raffermi par ses incessantes oraisons, il commença à sentir peu à peu la force abandonner son corps. Un jour qu'il était extrêmement fatigué, il nous fit appeler auprès de lui. Nous y allâmes, et après avoir pleuré sur la nécessité de son trépas, il nous sollicita, nous pécheur, de lui donner les eulogies. Les ayant reçues et ayant bu le vin, il dit : « Mon temps est rempli : Dieu ordonne que je sois délivré des liens de ce corps, mais il s'écoulera encore quelques jours. Je serai appelé par lui avant le saint jour de Pâques. » O heureux homme, qui servit le Créateur de toutes choses, au point de connaître par la révélation divine le moment de sa mort ! On était au dixième mois de l'année[1] quand il parla de la sorte, et au douzième il retomba de nouveau fort malade. Un jour de dimanche, il appelle son serviteur et lui dit : « Prépare-moi quelque nourriture à prendre, car je me sens très-faible. » Et celui-ci lui ayant répondu : « C'est prêt, maître, » il lui dit : « Sors, et vois si déjà l'office est terminé et si le peuple sort de la messe. » Il avait dit cela, non pas qu'il voulût prendre de la nourriture, mais afin que personne ne fût

(1) De l'année 592. (R.) — Ordinairement pour Grégoire, comme pour nous, le dixième mois est décembre. Ici ce serait octobre, et décembre serait appelé par lui le douzième mois, si l'on admet avec les martyrologes que S. Liphard mourut le 18 janvier.

tus sui nullus testis adesset. Quo egrediente et revertente, cum ingressus fuisset cellulam, invenit virum Dei extensum corpore, clausis oculis spiritum exhalasse. Unde factum manifestum est eum ab angelis susceptum, qui hominem adesse noluit suum sacer heros ad transitum. Hæc cernens minister ille, elevavit vocem in fletu. Sicque concurrentibus reliquis fratribus, ablutus ac vestimentis dignis indutus, in sepulcro quod ipse sibi in antedicta cellula sculpserat reconditus est, quem in consortio sanctorum ascitum nulli fidelium haberi reor incertum.

EXPLICIT LIBER DE VITIS PATRUM.

témoin de sa mort. Le serviteur, après être sorti revint, et en entrant dans la cellule il trouva l'homme de Dieu, le corps roide et les yeux fermés, qui avait rendu l'esprit. Ce qui prouve évidemment que les anges le prirent, puisque le saint héros ne voulut point qu'un homme fût présent à son trépas. A cette vue, celui qui le servait jeta des cris en pleurant. Et les autres frères étant accourus, on lava le corps, on le revêtit d'une manière convenable et on le mit dans le tombeau qu'il s'était taillé lui-même dans sa cellule. Qu'il ait été admis dans la compagnie des saints, c'est ce qui ne sera douteux, je pense, pour aucun des fidèles.

FIN DU LIVRE DES VIES DES PÈRES.

FRAGMENTS

DU COMMENTAIRE DE GRÉGOIRE DE TOURS

SUR LES PSAUMES.

A la fin de son *Histoire ecclésiastique des Francs* Grégoire de Tours, donnant la liste des ouvrages qu'il a composés, cite les *Sept livres des miracles*, puis celui des *Vies des Pères*; et il ajoute :

« In psalterii tractatum librum unum commentatus sum. »

Ce commentaire qu'il avait écrit sur le livre des psaumes paraît être perdu. Cependant dom Ruinart en a donné la préface tirée d'un manuscrit du Vatican[1], et il y a joint deux courts passages du commentaire lui-même retrouvés par dom Mabillon dans un manuscrit de saint Martin de Tournai.

A ces faibles débris nous ajoutons les titres des quatre-vingt-neuf premiers chapitres de l'ouvrage qui nous sont fournis par un manuscrit de la bibliothèque de la ville d'Angers. Ce ne sont que les titres mêmes des psaumes, mais tels que Grégoire les a rédigés et indiquant dans quel esprit mystique son ouvrage était conçu. Le manuscrit d'Angers (in-4°, coté n° 280, olim 253) est du neuvième siècle et provient de la célèbre abbaye de Saint-Aubin. Il contient vingt-et-un opuscules différents dont le dernier est le commencement du traité de Grégoire occupant, sur deux colonnes, les feuillets 197-199 et intitulé : *De titulis psalmatorum*. La fin du volume a été arrachée, et comme il est

---

(1) Ex manuscripto codice Vaticano eruta a viro claro Josepho Thomaso.

resté longtemps dans cet état, sans couverture, la dernière page est en partie effacée. Nous devons la copie de ces trois feuillets à l'obligeance d'un habile paléographe, M. Célestin Port, archiviste du département de Maine-et-Loire.

Incipit explanatio[1] Florenti Georgii sancti (?) Gregorii
De titulis Psalmorum.

Denique psalmi qui fugam persecutionemque David explicant, ostendunt persecutionem passionemque dominicam. Illi autem qui *In finem* scribuntur, perfectionem bonorum operum produnt, quia hic finis dissimilis est aliis finibus ; cum illi habent terminum, hic replimentum. *Finis enim Legis Christus ad justitiam omni credenti*[2]. *Pro torcularibus*, pro æternorum munerum fructibus hymnus est. *Pro his quæ hereditabuntur*, retributionem sanctorum sive Ecclesiæ, quæ est corpus Christi, et hereditatem capiat et regna cœlorum docent. *Pro Octava.* Quidam hunc numerum Evangeliis deputant, eo quod contenentur in his octo beatitudines per quas venitur in regnum Dei ; sive illius arcæ octo animæ. *In dedicatione* vel *consummatione* vel *tabernaculi*, perfectio Ecclesiæ intelligitur. *Pro his qui commutabuntur.* Populi Judaici ac gentilis, vel Synagogæ Ecclesiæ commutationem providet. *Pro Octavis*[3]. De adventu Filii Dei pronuntiat, qui Judæis occultus fuit. *Canticum resurrectionis*, ipsius dominicæ resurrectionis veritatis. *Oratio Moysi hominis Dei.* Ad Legem Dei revertitur, et ipsa nos Redemptoris resurrectionem satiare[4] pronuntiat. *Psalmus in Salamonem.*

---

(1) Cod. Vatic. : *explicatio.* Andegavensem ms sequimur.
(2) *Rom.* x, 4.
(3) Cod. Vatic. : *prædicit. Pro occultis.*
(4) Cod. Vatic. : *resurrectioni sociari.*

Id est pacificum quod est in Christo, qui *est pax nostra*[1]. *In confessione* vero docet ut jugiter homo Deum et voce fateatur et corde. Illi sane qui res gestas secundum litteram narrant veritatem spiritalis intellegentiæ cognoscuntur habere. *Psalmus filiis Core*, per passionem Christi redemendum populum præfiguravit, quia Core interpretatur calvicium, sicut Dominus noster Jesus Christus in loco Calvariæ crucifixus est. *Pro verbis Chusi fili Gemini.* Hoc est quod Chusi, relicto David, ad Abysalon transiit, qui erat hostis patris sui, sicut Judas Christi. *In assumptione matutina*, quia Dominus resurgens mane assumptam reduxit captivitatem ex inferis. *In prima Sabbati*, in ipsa resurrectione. *Priusquam lineretur*, antequam resurrectione clarificaretur. *In rememoratione delictorum*, utique suorum. *Canticum graduum*, namque cælestem designat ascensum. Psalmus ergo ille qui in medio canticorum graduum, tanquam turris pulcherrima ponitur.

Sed nec hoc sine mysterio arbitror esse, quod hic liber in tribus quinquagenariis constat scriptus, quorum hæc, ut opinor, ratio est : Primus enim remissione nos criminum præstat; secundus ad spem regni cælestis invitat; tertius nos ad regnum æternæ beatitudinis in civitatem mittit.

Diapsalmæ vero quæ *semper* interprætantur, docent ut animæ semper in his exerceantur fidelis intentio.

I. Primus psalmus ostendit quod ipse sit lignum vitæ.

II. Secundus quod ipse in hereditatem capiat omnes gentes a patre.

---

(1) Cod. Vatic. addit : *cantatus intelligitur.*

III. Quod ipse pro nobis in mortis somno obdormiat et resurgat.

IV. Quod ipse post resurrectionem sit a Deo patre glorificatus.

V. Quod ipse sit inhabitator sanctorum et exauditor ecclesiæ.

VI. Quod ipse sit expugnator inimicorum nostrorum.

VII. Quod ipse sit omnium scrutator conscientiarum.

VIII. Quod ipse filius hominis paululum in passione minoratus sit ab angelis.

IX. Quod ipse sacro adventu suo oppressurus sit Anti Christum.

X. Quod ipse unum quemque secundum justitiam æquitatemque discernat.

XI. Quod ipse propter inopias nostras miseriasque surrexit.

XII. Quod ipse oculos nostros [qui] in æterna morte obdormiant inluminat.

XIII. Quod ipse plebi suæ captivitatem avertat.

XIV. Quod ipse sit mons in quo animæ justorum requiescant.

XV. Quod ipse pro nobis passus in inferno non sit derelictus.

XVI. Quod ipse extra urbem ejectus a Judæis sit circumdatus.

XVII. Quod ipse fundator sit ecclesiæ et eam a temptationibus multis eripiat.

XVIII. Quod ipse virginalis talami[1] ingressu processerit oculta hominum deleturus.

---

(1) Hic annotatum a coætaneo scriptore : *Thalamus græce, latine voluptas; inde dicitur locus ubi devirginantur virgines.*

XIX. Quod in ipso resurgimus et laetamur.

XX. Quod ipse clibano infernali consumendos tradat iniquos.

XXI. Quod ipse transfixus clavis vestimenta sua sorte dividi permiserit.

XXII. Quod ipse ecclesiæ suæ pascua preparat sempiterna.

XXIII. Quod ipse ecclesiam suam sanguine suo redempta [m deferat] collo et super fluctus seculi.

XXIV. Quod ipse distructum corporis sui templum post tres raparet dies resurgendo.

XXV. Quod ipse ecclesiam suam innocentia melioris vita constituit.

XXVI. Quod presens[1] inluminatio protectio et salus sit sperantium in se famulorum.

XXVII. Quod ipse adjuvatus a patre florescente de sepulchro carne resurrexit.

XXVIII. Quod ipse ob aulam scripturarum sanctarum solitudinem errantes per spiritum sanctum pandat.

XXIX. Quod ipse planctum ecclesiæ resurgendo in gaudia æterna vertat.

XXX. Quod ipse cruci adfixus spiritum manibus patris commendavit velociter recepturus.

XXXI. Quod ipse festinus remissionem tribuat peccantium, si pura sit confessio delictorum.

XXXII. Quod in ipso qui est verbum patris cœli virtutesque eorum firmati sunt.

XXXIII. Quod ipse justos in diversis tribulationibus angelica opitulatione custodiat.

---

(1) Forte *pars* (*p̄s.*).

XXXIV. Quod ipse nos spiritalibus armis muniat ac defendat.

XXXV. Quod ipse fons vitæ sit et lumen æternum.

XXXVI. Quod ipse sit justorum omnium in se sperantium salus.

XXXVII. Quod ipse temporis passionis ab amicis et proximis relictus sit.

XXXVIII. Quod ipse nos propter iniquitatem corripit, ut emendet.

XXXIX. Quod ipse in capite Testamenti Veteris sit scriptus.

XL. Quod ipse pro nobis ægenus et pauper factus intelligendus est.

XLI. Quod ipse sitim nostram baptismi ablutione restinguat.

XLII. Quod ipse sit lux mundi, via, veritas et vita.

XLIII. Quod ipsius virtute et non nostro brachio sumus liberati.

XLIV. Quod ipse speciosus forma pre filiis hominum a Deo patre conjunctam ecclesiam benedicat et ungat.

XLV. Quod ipse spiritali flumine lætificat animæ civitatem.

XLVI. Quod ipse obtensis gentibus in sempiterna gloria locutus sit.

XLVII. Quod ipse Dominus magnus regat nos in secula sempiterna.

XLVIII. Quod ipse sit sapientia patris quæ prophetæ locuntur.

XLIX. Quod ipse Deorum Deus discernat justis ab impiis.

L. Quod ipse sine peccato pro peccatis populi judicatus vicerit judicantes.

LI. Quod ipse omnem impietatem aut bonitatis suæ divitiis dissidentem exterminet et emigret.

LII. Quod ipse salutem adventu suo præstiterit.

LIII. Quod ipse ad cœlos ascendens inimicos facie adversa respexerit.

LIV. Quod ipse Deus ante secula ab unanimo discipulo venundatus sit.

LV. Quod ipse nos a peccati lacrimis et a lapsu perditionis eriperit.

LVI. Quod ipse resurgens diabolicæ damnationis dentes infringat.

LVII. Quod ipse sanctis suis de impiorum nece vindictam juditio justo retribuat.

LVIII. Quod ipse nobis per resurrectionem matutinam lætitiam prestat matutinam.

LIX. Quod ipse sit oportunum in tribulatione præsidium.

LX. Quod ipse sit turris fortissima ab inimici facie collocata.

LXI. Quod ipse sit adjutor in quem conventus ecclesiæ debet sperare.

LXII. Quod ipse sit in quem per splendorem me..is[1] debeamus in matutinis meditationibus exercere.

LXIII. Quod ipse innocentes animas a sagittis eruat impiorum.

LXIV. Quod ipse sit spes cunctarum finium terrarum.

LXV. Quod ipse sit a cunctis gentibus adorandus.

---

(1) Non est *mentis* legendum.

LXVI. Quod ipse credentium lumen sit.

LXVII. Quod ipsi soli omnia regna terræ decantent.

LXVIII. Quod ipse esca fellis et asperitate aceti sit potituspro nostra salute.

LXIX. Quod ipse adjutor ac liberator sit in se credentium alumnorum.

LXX. Quod ipse labiæ nostræ tribuat ob gloriam nominis sui nunciandam.

LXXI. Quod ipse humiliato calumniatore ab hominibus terrenis regibus adorandus sit.

LXXII. Quod ipse iniquis propter dolositatem mala restituat.

LXXIII. Quod ipse creaverit cuncta ælementa quæ cernimus.

LXXIV. Quod ipse ob redemptionem hominis calicem hauserit passionis.

LXXV[1]. Quod ipse non solum in Judæa sed etiam in cunctis finibus terræ [apost]olica est predicatione vulgatus.

LXXVI. Quod ipse faciat [m.... clementius hilia magna salus].

LXXVII. Quod ipse populum spiritalis manna reficiat alimento.

LXXVIII. Quod ipse ulciscatur sanguinem mortuorum ob gloriam nominis sui effusum.

LXXIX. Quod ipse super cherubin residens ecclesiam ut vineam dilatet ac defendat.

LXXX. Quod ipse (*sic*) debeamus spiritalibus tubis tota mente concinere.

---

(1) Ab hoc capite usque ad finem codicis, temporis injuria, scriptura pœne tota erasa est.

LXXXI. Quod ipse in Deorum medio solus omnipotentis (*sic*) cognoscatur.

LXXXII. Quod ipse sit omnis et altissimus habitator.

LXXXIII. Quod ipse cœlestis domus nobis regna pandat.

LXXXIV. Quod ipse nobis misericordiam suam adventu corporeo fuerit dignatus ostendere.

LXXXV. Quod ipse suavis .... deprecantium se preces exaudiat.

LXXXVI. Quod ipse ecclesiæ suæ portas in sanctis mentibus conlocatas subtra cuncta Israelis templa dixerit.

LXXXVII. Quod ipse pro nobis dignatus sit mortem suscipere et matutina sit resurrectione glorificatus.

LXXXVIII. Quod ipse cumpatit ac qua[lis] omnia potent (*sic*) dominetur.

LXXXIX. Quod ipse populi resu[1]. . . . .

FRAGMENTA DUO EX COMMENTARIO IN PSALMOS[2].

I. In capitulo *De compunctione*, GREG. TURONENSIS in Comm. in Psalmos : Si enim disrupta fuerint vincula delictorum nostrorum et delectata fuerit in Christo mens nostra, tunc nosmetipsos offerimus Deo hostiam vivam et sanctam, permanentes cum eo in cœlesti Jerusalem.

---

(1) Hic desinit codex Andegavensis.

(2) Eruta a D. J. Mabillonio ex vetustissima collectione de virtutibus et vitiis in codice manuscripto sancti Martini Tornacensis. (R.)

II. In ultimo capitulo *De retributione Justorum*, Greg. in Expositione Psalmorum : Et nos igitur si in præceptis Dei aures non obduramus, si sanctorum monita cum innocentia exsequamur, si nostrorum spinis facinorum non affligamur, si manus ab omni sanguine immunes cum innocentibus abluamus, honorabit nos Dominus Deus noster dignis præmiis, quibus sancti cum ipso perpetualiter collætantur. Ipsi gloria cum æterno Patre et Spiritu sancto in æternum. Amen.

FIN DES FRAGMENTS DU COMMENTAIRE
SUR LES PSAUMES.

ÉCLAIRCISSEMENTS

ET OBSERVATIONS.

PAGE 7, NOTE 2.

Le tombeau de Thaumaste, renommé jusqu'à nos jours pour guérir les enfants de la colique, était placé dans la crypte d'une chapelle de saint Barthélemy, située à Poitiers, près l'église de Saint-Hilaire, dans la rue de ce nom. Près de deux siècles avant dom Ruinart, un chroniqueur poitevin, Jehan Bouchet, en parlait en ces termes :

« .... Ledit Grégoire récite en ce mesme livre, au 53e chapitre, que Theomastus, merveilleux en saincteté, Evesque de la cité de Moniacense, laissa son Evesché (on ne sçait pourquoy) et s'en alla demeurer en la cité de Poictiers, où il demeura jusques à la fin de ses jours, vivant et conversant en merveilleuse sainctetė; et fut son corps mis et ensevely près de l'Eglise et Abbaye de Saint-Hilaire dudit Poictiers, où furent faicts plusieurs grands miracles; car ceux qui enduroient le mal des dents et la fievre, trouvoient guerison en visitant son tombeau et se recommandant à Dieu et aux prières dudit saint; duquel tombeau les malades racloient et mangoient de la pierre, en sorte qu'il en est encores en plusieurs lieux perforé et y a plusieurs pertuis : j'estime que ce soit l'un des tombeaux de la chapelle de S. Barthelemy, où l'on voit lesdits pertuis, et encores les femmes le raclent avec un cousteau et en font manger à leurs petits enfans, pour guerir du mal et passions du ventre; il y a d'autres tombeaux, et aucuns disent que ce sont les sépultures des pere et mere de S. Barthelemy; mais je n'en ay veu certain tesmoignage, et ne puis penser qui les auroit amenez du païs de Judée à Poictiers, sinon qu'ils y fussent venus avec S. Marcial, comme firent S. Amateur et saincte Verone, ainsi qu'il a esté dit cy-dessus. » (*Annales d'Aquitaine*, avant-dernier alinéa de la 1re partie.)

La chapelle de saint Barthélemy a été démolie en 1851, et depuis longtemps déjà l'on ne savait plus ce qu'étaient devenus les trois tombeaux signalés par Jean Bouchet. Je tiens de l'archiviste du

département de la Vienne, M. Rédet, à l'obligeance duquel je dois toute la substance de la présente note, qu'étant entré, il y a une vingtaine d'années, dans la chapelle de saint Barthélemy, qui appartenait alors à un boulanger et lui servait à déposer ses fagots, il n'y trouva qu'une architecture sans caractère et ne put pas voir la crypte; elle était fermée et l'on ignorait même où en avait été l'entrée. On remarquait seulement, au-dessus de la porte de la chapelle, l'inscription de saint Nectaire (*Ic requiescit nectarius antites*), qui a été transportée, en 1844, au musée de la ville et dont on trouve un *fac simile* dans la planche V du volume des *Mém. de la Soc. des Antiquaires de l'Ouest* publié en 1856.

On ne connaît aucune inscription qui rappelle, à Poitiers, le nom de saint Thaumaste. On n'aurait même aucun souvenir de l'aspect que son tombeau présentait, si la bibliothèque de cette ville n'eût conservé un dessin qui paraît être du commencement de notre siècle, et au bas duquel est écrit : « Tombeau de saint Thaumaste trouvé « dans la cave de saint Barthélemy, près saint Hilaire. » D'après ce dessin, le monument représente trois tombeaux de même forme placés parallèlement dans un caveau. Le couvercle de chacun est un prisme triangulaire, dont l'extrémité tournée vers le spectateur est sculptée. Ce pignon ou espace triangulaire sculpté porte, dans le premier tombeau, des pampres et des raisins, dans l'autre, un vase et un oiseau; le troisième est fracturé à cet endroit. Tous trois ont des traces très-apparentes des dégradations résultant de la dévotion populaire.

Page 35, note 1.

« Procès-verbal du brisement des châsses de la cathédrale de Troyes exécuté le 10 janvier 1794 :

« 1° Le chef de S. Loup ayant été brisé, la tête en a été tirée et jetée dans une balle d'ozier; ensuite la châsse ouverte, on en a tiré l'os de la cuisse et un morceau du crâne que ledit Charpentier (sonneur de l'église) a su détourner et emporter; et dans le fond de la châsse ont été trouvés deux sacs de peau où étaient renfermés tous les ossements. » (*Mém. de la Soc. d'agr. etc. du départ. de l'Aube*, t. XIX, p. 213.)

Page 83, note 2.

Un homme attaché avec des cercles de fer. « Pénitence singulière qui existait de toute antiquité chez les peuples du centre de

la France, suivant la relation des miracles de S. Florian et de S. Florent, et devait probablement tirer son origine de quelque coutume religieuse des Gaulois. » (Lud. Lalanne, étude sur les pèlerinages, *Biblioth. de l'éc. des chartes*, t. VII, p. 13). Dom Mabillon explique en effet (*Acta SS. ord. S. Bened.*, sæc. IV, t. II, præf., §§ 4 et 41) qu'assez fréquemment dans les premiers siècles du moyen âge, lorsqu'un homme avait tiré le fer contre un de ses parents et l'avait tué, l'évêque faisait forger des chaînes avec la lame du glaive homicide et les faisait attacher à la ceinture, au col, aux bras du coupable, qu'on chassait ensuite du pays et qui n'obtenait son pardon qu'après avoir fait, sans quitter ses fers, un certain nombre de pieux pèlerinages, quelquefois jusqu'à ce qu'il eût visité Rome et Jérusalem. Voy. l'Histoire de Moutier-Saint-Jean, par Pierre Rouvière (note 75), et les Bollandistes, au t. II de janvier (p. 866). Ces sortes de pénitents étaient encore assez répandus au temps de Charlemagne pour qu'on ait rendu alors un capitulaire dans le but d'arrêter le dangereux vagabondage auquel ils se livraient. Voy. Canciani, *Leges barbaror.*, t. III, p. 209. Le nom du vainqueur de Staffarde et de la Marsaille, *Catinat*, qui appartenait comme on sait à une famille bourgeoise du Perche, nous semble porter en lui une trace de ce vieil usage; ce qui donnerait lieu de croire en même temps qu'il y avait encore des *Catenati homines* au XIe siècle, époque où les sobriquets commencent à devenir des noms de famille.

PAGE 95, NOTE 3.

Le tombeau de S. Aubin était conservé dans l'église abbatiale élevée sous son nom à Angers. Les bâtiments de cette abbaye magnifique servent maintenant à loger la préfecture du département de Maine-et-Loire, mais l'église a été détruite au commencement de notre siècle. On ne sait ce que le tombeau est devenu. On en a seulement conservé un croquis qui suffit pour démontrer que sa disparition n'est point une perte pour l'archéologie. C'était simplement une auge rectangulaire dépourvue de toute marque extérieure, élevée à la tête et aux pieds sur deux blocs de pierre, et adossée du côté de la tête à une sorte d'autel ou de prie-Dieu également grossier. Ce croquis a été tracé en 1623 par un estimable avocat d'Angers, nommé Bruneau de Tartifume, qui a joint à son dessin les lignes suivantes : « Descendant en une voûte qui est soubz le grand autel de la dicte ecclise, cambrée a branches d'au-

gives ou a tiercerons dont les ronds servent de clefs pendentes ou souspentes, on y void le tombeau de Mr S. Aubin faict d'une grosse pierre dure, eslevé de deux grosses pierres dures en forme de contre bases avec un autel au chef d'iceluy, aussi de pierre dure en la forme et façon que dessus.» (Page 188 du volume intitulé : Angers, *contenant ce qui est remarquable en tout ce qui estoit anciennement dict la ville d'Angers.* » Manuscrit de la bibliothèque d'Angers coté 940.) Avec peu ou point de talent, mais un intelligent respect des antiquités de son pays, ce vieil avocat a en effet composé trois volumes de dessins et de notices qui, malgré leur rudesse, ont beaucoup de prix aujourd'hui. Je dois ces renseignements à l'obligeance de M. Célestin Port, archiviste de Maine-et-Loire.

Page 119.

Voici le texte de dom Ruinart, pour les chapitres cvii, cviii et cix du livre de la *Gloire des confesseurs :*

CVII. « *De Tetrico episcopo.* Licet Mss omnes hæc tria capita in indice habeant; nullum tamen invenire licuit qui præter nudos titulos quidquam de illis repræsentet. Ut tamen eorum sanctorum quos indicant aliqua habeatur notitia, pauca quæ de iis observavimus huc proferre visum est.

« Sanctus Tetricus episcopus Lingonensis sancto Gregorio patri suo successit (an. 572, 18 mart.); de quo passim Gregorius loquitur. Plura de eo observavimus ad lib. IV, cap. xvi, quæ hic repetere non vacat.

CVIII. « *De sancto Orientio episcopo.* Sancti Orientii Vitas duas habes apud Bollandianos die 1 maii. Ex priori, quæ vetustior est, colligimus eum circa sæculi quinti medium Auxitanam ecclesiam rexisse (an. 450, 1 maii), eo scilicet quo Littorius dux Romanus a Gothis captus atque occisus est. In posteriori Vita dicitur sancto Ursiniano successisse. Ejus corpus in ecclesia suo nomini consecrata cum adjuncto monasterio ordinis Cluniacensis in ipsa urbe Ausciensi asservatur.

CIX. « *De Quiteria virgine.* Quiteriæ acta habentur, sed omnino fabulosa. Colitur potissimum Aduræ in Wasconia (ann.... 22 maii) cujus ecclesia in Manso sanctæ Quiteriæ juxta urbem sita concathedralis privilegio et abbatiæ titulo gaudet, ejusque abbas idem est ac episcopus. Ejus ossa, quæ in monasterio sancti Severi, in capite Wasconiæ ord. S. Bened. et congreg. S. Mauri servabantur a Calvinianis in rogum conjecta, catholici semiusta ut potuere ab

incendio eripuerunt. Colitur die 22 maii, ad quem diem vide Bollandianos et Gononum (lib. III). Tamagus vero de ea multas habet fabulas. »

Pages 333 et 391.

On voit dans les auteurs romains, notamment dans Festus (v° *Clavis*) que l'époux futur faisait à sa fiancée un présent symbolique en lui remettant des clefs; mais on ne trouve mention nulle part, ni dans l'antiquité ni au moyen âge, de ces *calceamenta* dont parle Grégoire comme figurant dans les cérémonies nuptiales. Jacob Grimm a cependant admis le mot dans ses *Deutsche Rechtsalterthümer* (édit. de 1854, p. 154), mais sans en fournir d'autre exemple que ces deux passages mêmes de Grégoire, qui semblent viser une coutume gauloise plutôt que germanique. Du Cange (v° *Calceamenta*) insinue, un peu témérairement, ce me semble, qu'il n'y a peut-être ici de la part de l'évêque de Tours qu'une allusion au vers. 8, chap. IV du livre de Ruth : « Ut esset firma concessio solvebat homo calceamentum suum et dabat propinquo suo. » — Le *baiser* des fiançailles est spécifié dans les lois romaines (Rescrit de Constantin, *Cod. Just.*, III, v, fr. 5 et *Cod. Theod.*, V, 3, fr. 16), comme prouvant la validité du contrat et ouvrant en faveur de la femme, en cas de mort de son fiancé, le droit à la moitié des objets compris dans la donation anténuptiale.

FIN DU TROISIÈME VOLUME.

TABLE DES MATIÈRES.

DE LA GLOIRE DES CONFESSEURS.

(Suite.)

VIES DES PÈRES.

FIN DE LA TABLE DES MATIÈRES.

PARIS. — IMPRIMERIE DE CH. LAHURE ET Cie
Rue de Fleurus, 9

www.ingramcontent.com/pod-product-compliance
Lightning Source LLC
LaVergne TN
LVHW020558110826
845149LV00002B/305

* 9 7 8 2 0 1 4 5 0 5 2 4 5 *